D1720328

FRITZ LANG

FRITZ LANG

EINE RETROSPEKTIVE DER VIENNALE

UND DES ÖSTERREICHISCHEN FILMMUSEUMS

18. OKTOBER BIS 29. NOVEMBER 2012

EINE PUBLIKATION DER VIENNALE

HERAUSGEGEBEN VON ASTRID JOHANNA OFNER

Impressum

VIENNALE – Vienna International Film Festival
Siebensterngasse 2, 1070 Wien
T (+43-1) 526 59 47, F (+43-1) 523 41 72
office@viennale.at www.viennale.at

Präsident Eric Pleskow
Direktor Hans Hurch
Geschäftsführerin Eva Rotter

Textauswahl Astrid Johanna Ofner, Stefan Flach
Redaktion, Layout Claudia Siefen
Lektorat Roland Faltlhansl
Übersetzungen Julia Bantzer, Johannes Beringer, Stefan Flach, Annika Wisniewski
Grafik Rainer Dempf
Bildbearbeitung Sigrid Mölg
Herstellung Remaprint, Wien
Umschlagfoto Fritz Lang in LE MÉPRIS, Frankreich/Italien 1963, Jean-Luc Godard
(Kadervergrößerung: Nada Torucar)

Fotonachweis Deutsche Kinematek, Friedrich-Wilhelm-Murnau-Stiftung, Filmarchiv Austria, Kinowelt GmbH, Národní filmový archiv Praha, Österreichisches Filmmuseum, VIENNALE

Besonderer Dank an Bernard Eisenschitz

ISBN 978-3-901770-32-6

Im Vertrieb des Schüren Verlags, www.schueren-verlag.de
ISBN 978-3-89472-816-8

INHALT

TEXTE UND ESSAYS

FILME VON FRITZ LANG

FILME MIT UND ÜBER FRITZ LANG

LE MÉPRIS, 1963

PETER NAU

ÜBER EINIGE BEGEGNUNGEN MIT FRITZ LANG-FILMEN

Während eines heißen Pariser Sommers in den 1970er Jahren saß ich im Foyer der Cinémateque, im Palais Chaillot, und blickte ins Leere. Niemand war außer mir da, niemand kam und niemand ging, bis ein beleibter älterer Herr sich neben mich setzte: Henri Langlois, der Direktor der Cinémateque. «Pauvre Lang», sagte er nach einer Weile, «armer Lang». Er wartete darauf, dass ich ihn fragte, warum er Fritz Lang bedauere. Ich sagte: «Warum?» Er rutschte in seinem Sessel herum, soweit sein Umfang und die Weite des Sessels ihm das gestatteten. Seine Besorgnis, dass nur ganz wenige Zuschauer kämen zu THE RETURN OF FRANK JAMES verriet mir, dass auch er ein Mensch war, zur Sorge geboren, den gleichen langen Kampf kämpfend wie ich auch. Dann war er plötzlich, mit einer Behendigkeit, die an Dicken oft zu beobachten ist, auf eine mir heute noch rätselhafte Weise verschwunden, wie eine Faust, wenn man die Hand öffnet.

An THE RETURN OF FRANK JAMES gefiel mir die Nähe zu Viscontis Filmen über das 19. Jahrhundert. Gut, scheint auch Lang zu sagen, die Bourgeoisie löst die Aristokratie ab, spät genug. Aber die Bourgeois sind Durchschnitt, farblos, heimtückisch, wie diese Leute von der Eisenbahngesellschaft, die es auf die James-Brüder, die nicht nur Gesetzlose waren, sondern auch noch auf Seiten der Südstaaten gekämpft hatten, abgesehen haben. – Märchenhaft schön, wie dieser Film durch das Medium von Technicolor in Symbiose mit der Malerei tritt, so dass er in der Zeit so hängen bleibt wie ein Bild im Raum. Eine geradezu musikalische Innerlichkeit (Frank James rächt seinen Bruder Jesse, ohne selbst töten zu müssen) assimiliert das Auswendige, Historische und fügt es in die Legende ein. Dieser friedfertige, vom träumerisch lässigen Henry Fonda gespielte Titelheld, mit seiner Abneigung gegen robustes und lautes Wesen, wird von der Dynamik, in die die Rächerstory ihn stellt, nicht verzehrt. Nur Zeit wandert in ihn ein und verändert ihn ganz allmählich, wie die empirische Zeit ein Gesicht verändert. Angesichts der gerafften Zeit des aufkommenden Industrialismus wird die lebendige Dauer zum filmischen Wunschbild, der Vergängnis zu widerstehen.

Als ich Langlois danach wiedertraf und ihm meine Eindrücke geschildert hatte, sagte er zunächst nichts. Seine Augen prüften und beurteilten. Dann sagte er in freundlich gleichgültigem Ton etwas in dem Sinn, daß man in Regisseuren wie Lang und Visconti herrliche Überbleibsel zu sehen habe, wunderbare Fremde, an denen das Glück früherer Zeiten hängt. «Dieses trifft auch auf Sie zu, Henri Langlois», dachte ich damals und denke ich heute noch umso mehr.

Draußen begann es sehr langsam zu dämmern. Es war nicht viel mehr als ein winziger Wechsel in der Art des Lichts.

Den ganzen Tag schon hatte es geregnet, als ich an einem stürmischen Novemberabend Anfang der 1960er Jahre auf den Vorplatz des Hauptbahnhofs Frankfurt am Main hinaustrat. Ich überquerte das von stattlichen Gründerzeitbauten eingerahmte Halbrondell, während die Straßenbahnen und Automobile ununterbrochen Lichtpfützen auf den nassen Asphalt warfen. Dann verschlang mich sogleich die Kaiserstraße, diese spezialisierte Meile mit ihren Nachtbars, Kneipen und Kinos, gegen deren Fenster und Schaukästen der Regen schlug, bevor er sich darauf ausbreitete und in einer dicken Welle wie geschmolzene Gelatine an den Scheiben herunterrann.

Fritz Lang war mir damals schon ein Begriff, so dass ich mich in die Eingangspassage eines Kinos treiben ließ (es hieß, glaube ich, «Hansa»), das mit dem Titel GEFÄHRLICHE BEGEGNUNG (THE WOMAN IN THE WINDOW) Leute wie mich anlockte. Nach der Vorstellung dachte ich, dass das gar kein so schlechter Ort sei, die Kaiserstraße, um einen Film zu zeigen, in dem ein alternder Professor, kaum dass seine Frau mit den Kindern eine Reise angetreten ist, eines harmlosen erotischen Abenteuers wegen in Teufels Küche gerät.

Warm und gemütlich umschloss mich der für damalige Verhältnisse eher kleine Kinosaal, dessen Wände, Decke und Fußboden, wie die Sitze, gepolstert zu sein schienen. Dazu kam, dass Professor Wanley (Edward G. Robinson) vor seinem Absturz mir als die Behaglichkeit in Person erschien. In einem exklusiven New Yorker Club trifft er seine Freunde. Später lässt er sich dort in einem länglichen Ohrensessel nieder, während die abgeschirmte Leselampe einen matten Lichtfleck auf den schweren Teppich wirft. Den dicken Rauch einer Zigarre rollt er im Mund herum, bevor er den Qualm in die Luft bläst. Auch des Professors eher kissenartiger als kompakter Leibesumfang, sein schwammiges Gesicht, fahl wie Teig, verstärkten den Eindruck von Weichheit, Gedämpftheit und Schläfrigkeit, der seither mein Bild von diesem Film und dem Kino, in dem er lief, prägt. Damals machte ich zum ersten Mal die Erfahrung, dass es dem Prinzip Interieur nicht genügt, sich in Filmen Geltung zu verschaffen (die besagten Club-Räumlichkeiten). Vielmehr hat es die Tendenz, die Außenwelt als ganze (Passagen, Shoppingmalls, Kreuzfahrtschiffe) in eine magische, von Luxus und Kosmopolitismus verklärte Immanenz zu versetzen.

Als ich den Film jetzt nach einem halben Jahrhundert wiedersah, war er noch ganz der alte. Wiederum klingelte und klingelte am Ende das Telefon, ohne dass sein Weckruf den Professor, der in Reichweite sitzt, dessen Leben aber verdämmert, noch erreichte. Schließlich wird auch das Klingeln müde und gibt es auf.

Sehr gut gefiel mir die nächtliche Autofahrt des Professors mit der Leiche des von ihm Getöteten, die er verschwinden lassen will. Gefahrenmomente tauchen auf und entfernen sich wieder, in einem langsamen Gleiten, das jederzeit neue Komplikationen mit sich bringen könnte.

Das Erzählte sind die konkreten Einzelheiten, der filmische «Inhalt» im engeren Sinne. Die Erzählung aber ist der Strom des Ganzen, auf dem jene Einzelmomente schwimmen.

DER MÜDE TOD (1921)

Ein durchreisendes junges Liebespaar macht in einem altdeutschen Wirtshaus Rast. Mit am Tisch sitzt ein anderer Fremder, der den beiden wie auch den Einheimischen instinktiv Furcht einflößt: der Tod (großgewachsen und mild-majestätisch: Bernhard Goetzke). Vor Jahren, so wird berichtet, hat er ein Grundstück am Friedhof in der Nähe erworben und eine hohe Mauer um es herum gezogen ohne Fenster und Tor. Dorthin, in sein Totenreich, nimmt er den Liebsten des Mädchens unversehens mit. Die Sehnsucht der jungen Frau nach dem Verstorbenen ist indessen so groß, dass sich ihr in der dunklen, undurchdringlichen Mauer ein strahlend heller Spalt in der Form eines gotischen Spitzbogens öffnet, durch welchen sie in die schweigende, zeitlose Welt des Jenseits gelangt.

Dort bewegt sie sich zaghaft in einem Wald aus Kerzen, die jeweils für das Lebenslicht eines Menschen stehen. Hat einer noch lange zu leben, so ragt seine brennende Kerze mannshoch auf, stirbt einer, so erlischt im selben Moment der Kerzenstummel. Obwohl man annehmen möchte, dass der Tod, dessen Tätigkeit schon so lange währt wie es Leben gibt, inzwischen jeglichen Gefühls beraubt sei, nimmt ihn sein Amt doch sehr mit. Er ist es müde, immer nur die Leiden der Menschen mitanzusehen und hasst seinen Beruf. Nicht mehr wirkt sich etwas Göttliches in seinem Tun aus, vielmehr sieht sich dieses durch den irreligiösen Begriff der Arbeit ersetzt.

Wir sehen dem Tod, der zu einem Erfüllungsgehilfen des Schicksals, des Inbegriffs der unpersönlichen Mächte, geworden ist, bei der Arbeit zu. Dabei stellt Fritz Lang einen einzigen Lebensaugenblick seiner Heldin, der jungen Frau, in einen weiten Zeit- und Erinnerungsraum hinein: Drei eingeblendete Episoden mit ihr im Zentrum spielen im Bagdad der Kalifen, im Venedig der Renaissance und im alten China. Das Fremdartige dieser vergangenen Menschheitsepochen – speziell bei den Nachtaufnahmen mit ihrem kalten gespenstigen Mondlicht – lässt uns auf einen Schlag bewusst werden, wie sehr unser heutiges Vergangenheitsbewusstsein ein Geschichtsbewußtsein im engeren Sinne ist, bedeutet doch Geschichtlichkeit immer eine Entfremdung der Vergangenheit.

In dieser Hinsicht stellen die alten Ägypter den extremsten Gegensatz zu unserer eigenen Zeiterfahrung dar. Bei ihnen erscheint das vom Sterben bedrohte und begrenzte menschliche Leben eingebettet in einen umgreifenden Horizont von Dauer und Ewigkeit. Für sie war der Tod Ursprung und Ziel alles Lebendigen, das Umfassende, in dessen

Umarmung sich alles Lebendige auflöst, um als neues Leben aus ihm wieder hervorzugehen. Allerdings hing das für den Verstorbenen davon ab, ob er im Leben «ein Gerechter» war. Vergänglichkeit und Tod resultierten aus Zerfall und Vereinzelung, Gerechtigkeit aber war das todüberwindende, lebenspendende Prinzip der Bindung, durch die der Mensch mit den Mitmenschen und diese zur Gemeinschaft verbunden werden.

In diesem erlösenden Sinne endet auch DER MÜDE TOD, jedoch – entsprechend dem ganz anders gearteten kulturellen Gedächtnis eines Zeitalters, das sein Heil in der Zukunft sucht – halb als Märchen, halb als Legende.

(Buch: Jan Assmann, «Der Tod als Thema der Kulturtheorie». Frankfurt am Main, 2000)

Was verdanke ich dem Theater? Jedenfalls nichts, was mit seiner sinnlich-gesellschaftlichen Öffentlichkeit zusammenhängt, die mich ihm von jeher abgeneigt machte. Trotzdem konnte man mir Anfang der 1960er Jahre mitunter im Hamburger Deutschen Schauspielhaus begegnen, wo Gustav Gründgens als Intendant, Regisseur und Schauspieler tätig war. Meine damalige Freundin war Beleuchterin, hatte unzählige Stücke in sich aufgesogen und pflegte über weite Strecken in Zitaten aus diesen Stücken zu mir zu sprechen. Sie wollte mich unbedingt für Gründgens, für «Faust» (Teil I und II), sowie fürs Theater ganz allgemein gewinnen und gebrauchte dann wohl auch gelegentlich die Aufforderung Tassos: «Gehorche gern, denn es geziemt dem Manne, / Auch willig das Beschwerliche zu tun.»

Gründgens' Art zu spielen kam gut bei mir an. Seine Stimme hatte etwas Schillerndes, Funkelndes, dabei blieb er mit jedem Satz diszipliniert. Als Regisseur nahm er Goethe wie ein Schuljunge wörtlich. «Ich kann nicht anders», sagte er einmal, «als sachlich Zeile für Zeile zu inszenieren.» Obwohl er Schauspieler war, sah er in «Faust», zumal dem 2. Teil, nicht das Schauspiel, sondern die Gedankengänge, eine «Revue des Geistes». Den Mephisto gab er als eleganten Weltmann, der sich vom Satan des Volksbuchs und Teufel des Mysterienspiels zum Elementargeist und Dämon erhob. Er beherrschte alle Punkte der Welt, zu denen er Faust im 2. Teil als Reisebegleiter hinführt. Selbst sein Verlierertum (nie erreicht Mephisto ganz, was er will) handhabt er souverän.

Während jener Hamburger Jahre war M in den BRD-Kinos angelaufen, und so saßen wir denn – die Freundin und ich, der sie seinerseits fürs Kino zu gewinnen suchte – im Filmkunsthaus eines noblen Villenvororts an der Unterelbe und warteten – zusammen mit den Revierchefs seines Syndikats, die er in ein verräuchertes großbürgerliches und weiträumiges Wohnzimmer einbestellt hatte – mit einiger Ungeduld auf den ersten Auftritt von Schränker/Gründgens. Der jedoch ließ auf sich warten, einem der Ganoven Gelegenheit gebend, von ihm, dem «Schränker», als dem besten Mann zwischen Berlin und Erisco zu sprechen. Als er dann schließlich eintrat – mit Melone, Ledermantel und Glacehandschuhen ausgestattet –, 30 Jahre jünger als der Gründgens/Mephisto auf der Hamburger Bühne, lag in seiner Stimme sogleich wieder dessen schneidend scharfe, vor Spannung begehrliche Insistenz. Allerdings ist dieser Schränker beileibe kein gefallener Engel, auf den Goethes Bemerkung zuträfe: «Das, was wir bös nennen, ist nur die andere Seite vom Guten.» Sein wahres, faschistoides Gesicht zeigt er am Ende, vor dem Tribunal der Unterwelt gegen den Kindermörder, wo seine Anklagerede ins Drohende übergeht, und selbst schon etwas von kaum kontrollierter körperlicher Gewalt an sich hat. Anders als am Anfang, wo er nur die Geschäfte des «Ringvereins» in Gefahr sieht, betritt er nun, gegenüber einem wehrlosen Opfer, die Bühne als Ordnungsmacht. Er offenbart sich als Chaos- und Ordnungsprinzip zugleich: «Von Caligari zu Hitler».

Nach der Vorstellung sprachen wir nur noch von einem kleinen, fetten und kugelrunden Darsteller, den wir bis dahin noch gar nicht gekannt hatten: Peter Lorre, der mit einer faulen und weichlichen Brutalität den Mörder spielte. Nicht ohne einen Einschlag von Erbarmen blieb die Teilnahme, die seine träumerische, leicht in Geistesabwesenheit sich verlierende Art in uns auslöste. Obwohl er, wie Gustav Gründgens, vom Theater kam, erlebten wir ihn auf Anhieb als authentischen Filmschauspieler.

HANGMEN ALSO DIE! (1942)

Dieser Film, dessen Titel sich einer Sekretärin verdankt, die damit einen Wettbewerb innerhalb des Filmstudios gewann und 100 Dollar Preisgeld erhielt, erreichte mich sehr verspätet Ende der 1970er Jahre. Da mein Buch über den politischen Film gerade erschienen war, in welchem Lubitschs TO BE OR NOT TO BE (ebenfalls 1942, wie der

THE RETURN OF FRANK JAMES, 1940

THE WOMAN IN THE WINDOW, 1944

Lang-Film) detailliert beschrieben wurde, sprangen mir die Ähnlichkeiten beider Werke, mit ihnen aber auch die Unterschiede, sogleich ins Auge. Beide Filme vibrieren zwischen Ernst und Heiterkeit. Der Realität, die sie schildern, sind sie entronnen und gleichwohl von ihr durchdrungen. In ihnen zeichnet ein Absterben der Alternative von Tragik und Komik, beinahe von Leben und Tod, sich ab. Im Gegensatz zum Lubitsch-Touch jedoch, der sich in Komödien herausbildete, verrät der Lang-Film im Labyrinthischen der Verwicklungen die Herkunft seines Regisseurs vom Abenteuer-Serial.

Bei der Titelfigur, dem Henker, handelt es sich um Heydrich, den Reichsprotektor in Böhmen und Mähren, der 1942 eines gewaltsamen Todes starb, «des natürlichsten Todes also, den ein Bluthund wie er sterben konnte» (Thomas Mann). Hans von Twardowski spielt diesen Henker in seiner einzigen Szene mit exzentrischer, bellender, durch keinen Erfolg zu stillender Wut darüber, dass die tschechischen Arbeiter ihrer Pflicht, Kriegsmaterial für die Ostfront zu produzieren, nicht nachkommen. Er gibt also eine Figur, die blind vor Wut ist, jedoch nicht ohne das Schreckliche an ihr mit Genuss seinem Publikum zu zeigen. Während sie alles gewannen, wüteten die Deutschen schon als die, welche nichts mehr zu verlieren haben, als ob sie des eigenen Untergangs von vornherein gewiss gewesen wären.

Ungefähr gleichzeitig mit dem Film tauchte Brechts «ArbeitsJournal» erstmals in der BRD auf. Nicht zuletzt dank der in ihm durchgehend praktizierten Kleinschreibung wurde es in studentischen Kreisen rasch zum Kultbuch. Brecht und Lang hatten die Story von HANGMEN ALSO DIE! geschrieben, zusammen mit John Wexley werden die beiden in den Credits als Drehbuchautoren genannt. Aber sowohl dem fertigen Film als auch den beiden Mitstreitern wurde von Brecht im «Arbeitsjournal» übel mitgespielt. Bei einem anderen, der als Schriftsteller nicht so gut ist wie er, würde man sagen, dass in den betreffenden Passagen das Private, vor allem was Geldangelegenheiten betrifft, sich ungebührlich, ja vampirhaft vordränge. Hier jedoch erging es mir beim Lesen wie Brecht selbst, dem Egozentrismus durchaus Spaß bereitete, vorausgesetzt, dass er plastisch ausgedrückt, auf eine ästhetische Formel gebracht wird. (Lang reagierte übrigens gelassen und sachlich auf die gegen ihn erhobenen Vorwürfe.)

Gäbe es diesen Film zweimal: den von Lang realisierten und dazu den anderen, wie er Brecht vorschwebte, könnte man beide wohl dennoch nicht wertend miteinander vergleichen. Je höher ihr Rang ist, umso entschiedener beanspruchen Filme die Schönheit in ihrer jeweiligen unvergleichlichen Einzigkeit für sich.

Manchmal erfüllen Filme ganz nebenbei die Aufgabe, verblichene Erinnerungen wieder aufzufrischen. Bei alten Menschen, die sich selbst historisch geworden sind, flechten sie ein Band um verschiedene Lebensalter. Mit den Jahren immer häufiger tritt dann der Fall ein, dass Geister der Jugend beim Sehen eines Films wiederkehren und dann wohl auch die alte Empfindung noch einmal rege wird. So erging es mir bei MINISTRY OF FEAR (1944), der nach dem gleichnamigen Roman von Graham Greene (deutscher Titel: ZENTRUM DES SCHRECKENS) entstand. Zu jener Zeit, als ich alles von diesem Schriftsteller las, stand ich an der Schwelle zur Welt der Literatur. Es waren die ersten Bücher meines Lebens. Damals ging es mir ausschließlich darum, mich lesend fort zu träumen. Kaum wurde die Sprache des Autors wahrgenommen, worin Packendes doch erst gesagt werden muss.

Indessen ist die stille Fruchtbarkeit unserer ersten und frühesten Eindrücke ganz unschätzbar, die man genießend und leidend, ohne zersplitterndes Urteil, in sich aufnimmt. Die Jugend ist dieses höchsten Glücks fähig, wenn sie nicht kritisch sein will, sondern das Vortreffliche und Gute ohne Untersuchung und Sonderung auf sich wirken lässt. Sagt Goethe.

Graham Greene hatte «The Ministry of Fear» im Winter 1941/42 in Freetown, Sierra Leone, geschrieben, wo er in Diensten des britischen Geheimdienstes stand. (Er empfing verschlüsselte Telegramme aus London, dechiffrierte sie und konnte, nachdem er sie beantwortet hatte, an die literarische Arbeit gehen). Es kam ein Thriller mit Tiefgang dabei heraus, von dem er selbst nicht allzu viel hielt. Er spielte im London jener Jahre, zur Zeit der deutschen Fliegerangriffe, und handelte von einem schuldgeplagten Mann mittleren Alters, der seine schwerkranke Ehefrau aus Mitleid vergiftet hatte. Allerdings weiß er am Ende selbst nicht mehr genau, ob dieses Mitleid wirklich ihr oder doch vielleicht mehr ihm selbst gegolten hat. Kaum aus der

Haft entlassen, gerät er durch eine Verwechslung, deren Opfer er wird, in die Fänge von Nazispionen. Er bleibt jedoch nicht nur eine Schachfigur im Krieg der Spione, vielmehr sind es Urmotive der Angst, die ihn viel tiefer betreffen als die äußere Kriegsgefahr.

Wenngleich in Fritz Langs Verfilmung das Populär-Unterhaltsame des Spionage-Genres obenauf schwimmt, teilte sich mir auch noch durch sie jene für Greenes Romane bezeichnende Spannung und Tragik des Existierens mit: Sobald der Held aus der Haft entlassen ist, gleich am Anfang des Films, ist alles um ihn herum Gefahr und Geheimnis; und das bleibt auch so bis zum Ende des Films. Ray Milland, der mir vertraut ist aus späteren B-Filmen, gelingt es gerade dadurch, dass er in seiner Rolle nicht «aufgeht», eine Figur zu verkörpern, deren psychische Energie vorwiegend auf die eigene Innenwelt gerichtet ist.

Fritz Lang, dem wie immer die Genauigkeit, ja die Pedanterie der Bildausmalung bis ins kleinste Detail zu verdanken ist, litt sehr unter dem Zwang, das vom Producer verfertigte Drehbuch akzeptieren zu müssen. Mit seinen dahin gehenden Äußerungen leistete er der späteren Zuordnung von MINISTRY OF FEAR zur Kolportagewelt eines Edgar Wallace Vorschub. Damit müssen diejenigen, die den Film als atmosphärischen, ökonomisch gebauten und kurzweiligen Agentenstreifen zu goutieren imstande sind, leben.

Es ist schon genug, wenn Filmliebhaber das Vollkommene übereinstimmend anerkennen; über das Mittlere lässt sich der Streit nicht endigen.

Zusammen mit meinem alten Freund Fred Guiol war ich bei einem jungen Ehepaar namens Strong in Berlin-Lichtenberg zum Abendessen eingeladen. Wir verabschiedeten uns gegen zwölf Uhr. Unsere Gastgeber gingen mit uns noch die Treppe hinunter zur Haustür und ließen uns dann in die Nacht hinaus. Es war Sommer. Über der leeren, gleichmäßig erhellten Vorstadtstraße stand ein großer Mond im leicht bewölkten und dadurch weiter ausgebreiteten Himmel. Wir schlugen einen Schleichweg ein, der direkt zum Bahnhof Lichtenberg führt.

Zunächst gingen wir schweigend, bis ich Fred fragte, was er von den Filmen Fritz Langs halte. Während ich darauf achtete, wie unsere Schritte klangen, sann er über eine Antwort nach und sagte dann, dass die Filme perfekt, für seinen Geschmack aber zu glatt seien. – Ob er das an einem bestimmten Film erläutern könne, fragte ich ihn. – Wieder dachte er konzentriert nach, wobei er die Unterlippe ein wenig in den Mund zog. «Ich möchte es dir anhand von THE BIG HEAT erklären», sagte er dann, «erinnerst du dich an ihn?» – «Ja, der Polizeifilm mit Glenn Ford als Cop, Gloria Grahame als Gangsterbraut und Lee Marvin als ihrem sadistischen Kumpan, der ihr kochenden Kaffee ins Gesicht schüttet, so dass es verunstaltet wird. Es wundert mich, dass du gerade diesen Film als Beispiel gewählt hast, in dem doch ziemlich drastische Dinge passieren.» – «Das ist nicht der Punkt», sagte Fred, während eine Straßenbahn groß in der Nähe vorüberfuhr, «was ich als ‹glatt› bezeichne, betrifft den Ablauf des Films, seine Lineatur, das Fließende der Übergänge, mithin dasjenige, worin Filme in Musik hinüberspielen.» – Hier horchte ich auf, hatte ich mir selbst doch noch vor kurzem vorgestellt, THE BIG HEAT einmal so zu sehen, wie man ein Musikstück hört: Die Handlung wäre mir ja nun genauestens bekannt, so dass es auf die Buchstäblichkeit der erzählten Geschichte nicht mehr so sehr ankäme.

Schweigend überließ der Freund mich meinen Gedanken, und erst, als wir den schwach beleuchteten, menschenleeren Bahnhofsvorplatz erreichten und hören konnten, wie sich oben am Bahnsteig die Waggontüren einer S-Bahn quietschend schlossen, sagte er nachdenklich: «Schon bei M hatte ich es bedauert, dass Lang kaum aus dem Atelier hinausging, so dass vom authentischen Berlin jener Jahre nichts zu spüren ist und alles auf mich wie luftdicht abgeschlossen wirkte. Ich könnte mir gut vorstellen, dass Hollywoods Formgesetz, das ‹streamlining›, in dem es keine Brüche mehr gibt, die ein ‹Atmen› der Filme ermöglichten, Lang geradezu entgegenkam. Kannst du mir darin folgen?» – «Ja, was du sagst, empfinde ich auch so. Aber dennoch widerstreitet das Tiefste an THE BIG HEAT diesem äußerlich Bruchlosen, ist dieser Film doch verkrallt mit den innersten Widersprüchen unseres Gesellschaftssystems.» – «Das stimmt allerdings», sagte Fred, «es ist ein finsterer Film, der aufs Verhängnis der Welt durch dessen Darstellung deutet.»

Die S-Bahn, in der wir saßen, fuhr so langsam an, dass man sich die Umdrehung der Räder vorstellen konnte. Dann aber waren wir sehr schnell am Ziel. Diesen undurchdringlichen Kreis, der sich mit einem Film um mich bildet, versuche ich nicht zu durchdringen, hüte mich auch, ihn zu überspringen, was ich wohl imstande wäre, sondern bleibe ruhig bei meinen Gedanken, die in der Verengung sich entwickeln und ablaufen.

THE BLUE GARDENIA (1952/53)
Heraufsteigen dieses schon so oft gesehenen Films aus der Erinnerung, während er noch einmal vor mir abläuft. Die Highways von Los Angeles, danach das Vorfahren eines Cabrios vor dem Gebäude der Telefongesellschaft. Richard Conte, der den Zeitungsmann vom «Chronicle» spielt, durchquert die Reihen der Telefonfräuleins, die permanent stöpselnd Verbindungen herstellen. Was für eine Geschichte wird sich aus Bruchstücken von denen, die diese federleichte, schwingende Ouvertüre bilden, entfalten? So schön der Film begonnen hat, wird er weitergeführt.

Die drei in Wohngemeinschaft zusammenlebenden Frauen. Der Eindruck großen Behagens, den ihre geräumige Wohnung vermittelt. Von jedem der Zimmer aus blickt man durch geöffnete Türen in weitere Tiefe des Raums. In den Interieurs bei Fritz Lang bewährt sich ein Raumgefühl, das dem korrespondiert, was im Akustischen das Musikalische heißt.

Die eine dieser drei Frauen, Norah (Anne Baxter), die, um eigenen Liebesschmerz zu betäuben, sich auf einen windigen Porträtmaler einlässt. Er führt sie groß aus, in ein Restaurant mit exotisch-fernöstlichem Flair. Während Nat King Coles dortigem Auftritt (er singt den Titelsong «Blue Gardenia») bietet Norah einen bezaubernden Anblick. Verursacht durch das Flechtwerk der ornamenthaft ihren Oberkörper umrahmenden, weit geschwungenen Rückenlehne, fächert die Brechung des Lichts dessen ganzen Reichtum auf.

Danach die gemütliche Dachgeschoß-Atelierwohnung von Norahs ebenso gönnerhaftem wie berechnendem Begleiter. Wie er sie auf den Mund küsst, dann über das ganze Gesicht, so wie ein durstiges Tier mit der Zunge über das endlich gefundene Quellwasser hinjagt. Seine Ermordung noch in selbiger Regennacht. In den Wirbeln der Angst treibt die wegen dieses Mordes gesuchte Norah blind dahin. Die Darstellung ihres traumhaften inneren Lebens. Alles ist jetzt real und gleichzeitig Fantasie, wie im Stummfilm. Mit Norahs Festnahme schließt dieser Abschnitt.

Aber so wie im Western zuweilen ein Außenfort noch unversehrt liegt, wenn längst die Festung gefallen ist, führt ein sonderbares Zusammentreffen zur Ermittlung der wahren Täterin. Casey Mayo, jener Starreporter vom «Chronicle», sitzt in der Abflughalle des Flughafens, wo über Lautsprecher eine Konzertübertragung stattfindet. «Isoldes Liebestod» wird gespielt, aus dem «Tristan» von Richard Wagner. Mayo, eben noch im Gespräch mit einem Kollegen, spitzt auf einmal die Ohren. Es sieht so aus, als hörte er die Musik zweimal, die Lautsprecherübertragung und nochmal das Echo in seinem Kopf. Ihm fällt etwas zu dem Musikstück ein, das ihn auf die Spur der Mörderin führt.

Das Ende des Films hat wieder die Leichtigkeit seines Anfangs, wie so oft zeigt Fritz Lang neben dem ernsthaften auch ein lächelndes Gesicht.

Er war ein geschmeidiger Regisseur, der seinem Publikum entgegenkam: denjenigen, die vemittelst der Filme sich ihres Wesens freuen, und auch den anderen, die zeitweilig über ihr Wesen hinaus, von ihm weg wollen.

Es fehlte ihm alle Angst vor den Konventionen der Genres; durch diese hing er ja mit seinem Publikum zusammen, sind Konventionen doch die für das Verständnis der Zuschauer eroberten Kunstmittel, die mühevoll erlernte gemeinsame Sprache, mit welcher der Regisseur sich wirklich mitteilen kann. «Das, was der Künstler über die Konvention hinaus erfindet», schrieb Nietzsche, «das gibt er aus freien Stücken darauf und wagt dabei sich selber daran, im besten Fall mit dem Erfolge, dass er eine neue Konvention schafft.»

Peter Nau
Berlin, September 2012

DIE SPINNEN. 2. ABENTEUER: DAS BRILLANTENSCHIFF, 1919

DAS INDISCHE GRABMAL, 1958

GRETCHEN BERG

DIE WIENER NACHT
EIN BEKENNTNIS VON FRITZ LANG

Die Äußerungen Fritz Langs, die hier zu lesen sind, haben nichts mit einem Interview zu tun. Vielmehr stellen sie einen Monolog dar, den das Tonbandgerät von Fräulein Gretchen Weinberg an mehreren Abenden aufgenommen hat, die Lang unlängst zusammen mit einigen Freunden im New Yorker Hotel St. Moritz verbrachte. Anwesend waren Willy Ley (Raketenspezialist und technischer Berater bei FRAU IM MOND), eine Freundin von diesem, Tonio Selwart (der Gestapo-Chef Haas in HANGMEN ALSO DIE!), wie auch Herman G. Weinberg und seine Tochter Gretchen – bei denen wir uns herzlich bedanken. Nichts von dem, was Lang sagt, wurde also durch Fragen ausgelöst. Er legt vielmehr eine «Beichte» ab, und das zum ersten Mal in dieser Form. Die «Wiener Nacht» ruft daher eher Erinnerungen wach als Reflexionen. Der Filmemacher lässt sich gehen – was in einem Interview kaum möglich wäre –, je nach Lust und Laune seines Gedächtnisses und seiner Gemütslage. Er umgarnt seine enttäuschten Träume, lässt seine unvollendeten Projekte wiederaufleben, durchpflügt sie in alle Richtungen und lädt uns, als Zufallsgäste, zu seinem Streifzug ein. Auch haben wir das Durcheinander seiner Äußerungen zu respektieren. Die Abschweifungen, die Wiederholungen, sogar die Randbemerkungen, die ihrerseits wiederum umfängliche Abschweifungen in die Randgebiete seines Werks darstellen, sind hierbei – jedenfalls für uns – das Interessanteste. In ihnen teilt sich der Gefühlsgehalt dieser intimen Rückblende am stärksten mit. Es ist offenkundig, dass Fritz Lang, der hier bei seiner Vergangenheit verweilt, nichts von seinem Glauben, seiner Begeisterung und – muss man es noch sagen? – seiner Jugendlichkeit verloren hat. So fortgeschritten sein Alter auch ist, denkt er doch nicht daran, haltzumachen, und erwartet weiterhin ebenso viel vom Kino wie von den Menschen.

Ich habe keinen einzigen deutschen Nachkriegsfilm gesehen, der mir gefällt, bis auf DES TEUFELS GENERAL von Helmut Käutner, den ich großartig finde. Nachdem ich vor zwei Jahren für 14 Monate dort gearbeitet hatte, gab ich die Idee, noch einen Film in Deutschland zu machen, ein für alle Mal auf. Die Leute, mit denen man dort zusammenarbeiten muss, sind einfach zu unausstehlich. Nicht nur halten sie ihre Versprechen nicht – auch wenn es schriftliche sind –, sondern die Filmindustrie (wenn man den kläglichen Rest dessen, was das Land einmal seiner Produktionen wegen weltberühmt gemacht hatte, noch so nennen will) wird inzwischen von alten Richtern, alten SS-Männern oder Exporteuren von Gott weiß was gesteuert. Alle versuchen nur mehr, ihre Produktionen so einzurichten, dass ihr Konto bereits einen Gewinn verzeichnet, bevor die Dreharbeiten überhaupt begonnen haben. Deshalb sind sie auch nicht daran interessiert, gute Filme zu machen, denn wozu soll man sich bemühen, wenn aus dem Hauptbuch bereits hervorgeht, dass man sowieso einen Gewinn machen wird? Die deutsche Filmindustrie hinkt sehr der amerikanischen hinterher. Wer hätte gedacht, dass ein Volk, das in technischen Dingen fortschrittlich ist, in jener Hinsicht so rückständig sein kann? So hat die Firma, die DIE 1000 AUGEN DES DR. MABUSE finanzierte, darauf bestanden, ihr Wörtchen mitzureden, sodass ich, was den künstlerischen Aspekt anging, von Beginn an den Tod des Projekts voraussah. Die Produzenten hatten mit meinen ersten beiden Dr. Mabuses so viel Geld gemacht, dass sie einfach damit weitermachen wollten. Ich fragte sie: «Was wollen Sie, dass ich mache? Mabuse ist tot!» Danach las ich in der Zeitung von einer neuartigen Gewehrkugel, die keine Spuren hinterlässt. Da bekam ich Lust, einen brutalen und realistischen Film zu machen, dessen Stil an Nachrichtensendungen denken lässt. Da ich nun in die ganze Geschichte eingetaucht war, musste ich darin schwimmen, so gut es eben ging. Du weißt, dass der Film ein großer finanzieller Erfolg in Deutschland war und das Prädikat «wertvoll» erhielt, was bedeutet, dass er künstlerisch weit oberhalb der Durchschnittsproduktionen liegt. Das Prädikat bedeutet eine Art deutschen «Oscar» – und hat den Vorteil, dass man damit erheblich Steuern sparen kann. Weißt du noch, Herman, dass du gesagt hast, den 1000 AUGEN fehle jener wunderbare dämonische Nachhall des TESTAMENTS? Ich glaube nicht, dass du dem Film da ganz gerecht wirst. Schau, du darfst nicht vergessen, dass der frühere in einem Irrenhaus spielt, wo das Gespenst Dr. Mabuses Macht über des Gehirn des schizophrenen Anstaltsleiters gewinnt, was sogar zu sehen ist, wohingegen der zweite Film die kalte Realität von heute zur Grundlage hat. Da ist kein Platz mehr für Gespens-ter oder Erscheinungen, sondern die größte Angst in jedem Augenblick stellt inzwischen die Gefahr eines Atomkriegs dar. Es drohen keine unbekannten Gefahren mehr am Horizont, es geht nicht um die Wahnsinnsspielchen verrückter Geister, stattdessen blickt uns der Totenkopf der globalen Vernichtung jeden Morgen mit hübschen Zähnen von den Zeitungen an. Außerdem weiß ich noch gut, dass ich, nachdem ich fast 25 Jahre nicht in Deutschland gewesen war, in Ost-Berlin eine Kopie des TESTAMENTS sah und jene Erscheinung von Mabuses Gespenst – bzw. dessen, wovon Professor Baum glaubt, dass es Mabuses Gespenst sei – sehr veraltet fand. Aber ich glaube ja, das Schöne an der Freundschaft liegt darin, dass jeder die Meinungen des anderen respektiert. Und ich wäre sehr enttäuscht, mein Engel, wenn du mir nicht ehrlich sagen würdest, was du wirklich denkst. Ich glaube, dass Kabbeleien zwischen Freunden etwas Gutes sind. Es ist doch sehr angenehm, hier zu sitzen, etwas zusammen zu trinken, zu reden ...

Der Film, den ich eigentlich in Deutschland machen wollte, wäre auf eine Idee von mir zurückgegangen. Ich kenne keinen Film – nicht einmal Nicholas Rays REBEL WITHOUT A CAUSE, so gut dieser auch ist –, der die Probleme von Jugendlichen richtig und ehrlich darstellt. Es fällt sehr leicht, jene, die man da Teddy-Boys nennt, Schwarzjacken oder wie in Deutschland Halbstarke [deutsch im Original], zu kritisieren und zu behaupten, dass sie nichts taugen. Dabei ist es doch notwendig, herauszufinden, warum sie so sind. Aber jedenfalls – wie kannst du sagen, dass es in den 1000 AUGEN keinen dämonischen Nachhall gäbe, nach allem, was die Nazis während des Zweiten Weltkriegs getan haben? Angesichs dessen können die Dinge, die ich zeigen kann, nur verblassen. Trotzdem hat mir die westdeutsche Regierung in Bonn die größte Ehrung zuteilwerden lassen, die ein Filmemacher nur bekommen kann, nämlich das «Filmband in Gold» [1963]. Ich brauchte einige Monate, um zu realisieren, was mir an diesem gesegneten Abend zuteil wurde.

Oh, ich bin überaus zufrieden mit den 1000 AUGEN, jedenfalls konnte ich vermeiden, dass er eine Katastrophe wird wie die zwei indischen Schnulzen [deutsch im Original]. Es war damals sehr anstrengend, in dem extrem feuchten Klima, das in Neu-Dehli herrscht, zu arbeiten, selbst wenn wir nicht zur Zeit des Monsuns dort waren. Doch hat sich nie jene orientalische Müdigkeit meiner bemächtigt, da ich es nicht zuließ. Wiederum hatte ich unbeschreibliches Heimweh und vermisste die guten alten USA. DER TIGER und DAS GRABMAL sollten ursprünglich Filme von je zwei Stunden sein, die man in Deutschland an aufeinanderfolgenden Abenden zeigt. In den USA hat man einen Film aus ihnen gemacht, der JOURNEY TO THE LOST CITY heißt und eineinhalb Stunden dauert. Er ist überall gut gelaufen, aber mir ist er zuwider. Leute haben mir gesagt, dass er nun vollends furchtbar sei, da die ganze Kontinuität über den Haufen ist. Man ist vollkommen schutzlos, wenn die eigene Arbeit in der Luft zerrissen wird.

Zu Silvester 1957 war ich zusammen mit deutschen Freunden, die emigriert waren wie ich, in den USA. Und so sprachen wir auch über Deutschland, als ich einen Anruf bekam. Arthur Brauner von der CCC-Filmproduktion wollte, dass ich ein Remake der zwei Indien-Filme machte, die ich mit Thea von Harbou 1919 für Joe Mays Decla-Bioscop-Gesellschaft geschrieben hatte. Damals hatte ich eigentlich vor, mein Debüt als Regisseur zu geben, doch als das Drehbuch fertig war, gab es einige Schwierigkeiten, darunter den Tod meiner Mutter, die die Realisation verhinderten. Wir waren in den Bergen, als Thea von Harbou, die noch nicht meine Frau war, auf mich zukam und sagte: «Passen Sie auf, die anderen haben sich entschlossen, den Film ohne Sie zu machen». Sie hatten kein Vertrauen in mich. Ihr könnt euch nicht vorstellen, wie sehr mich das damals geärgert hat. 1957 hatte ich Deutschland schon 24 Jahre nicht wiedergesehen. Letztendlich sind die zwei Indien-Filme nur deshalb entstanden, weil dieser Produzent mich bat, in Deutschland einen Film über ein populäres Thema für vier Millionen D-Mark zu machen, was geradezu sicher bedeutete, dass er ein internationaler Erfolg sein würde, nicht zuletzt in den USA. Das war eine Herausforderung für mich, so amüsant wie ansprechend. Das Thema bot offenbar eine solche Fülle von Möglichkeiten, dass ich akzeptierte. Als ich jedoch das Drehbuch las, schrie ich laut aus: «Das kann ich nicht machen! Als erstes interessiert mich diese blöde Sentimentalität nicht, und dann ist es nicht mal ein gutes Melodrama!» Aus diesem Grund schrieb ich das Drehbuch dann um.

Oh, ich hatte zahlreiche Ideen für Filme, aus denen nichts geworden ist. Einer davon, «Behind Closed Doors», hätte sich mit dem Mann der heutigen Zeit beschäftigt: Als Gefangener einer Welt, die nur mehr das Geld kennt, verliert er den Kontakt zum wahren Leben, zur wahren Liebe. Er versucht nur mehr, seine eigenen Bedürfnisse zu befriedigen und vergisst dabei seine Familie und Kinder ... Er ist, wenn du so willst, der moderne Mensch, der seine Seele verloren hat. Ich denke, das beschreibt nicht nur eine Wahrheit in Deutschland, sondern auf der ganzen Welt. Ein anderes Projekt, «The Running Man», das ich 1953 hatte, erzählte die Geschichte eines Mannes, der eine Amnesie erleidet und den Film von einer Straße zur nächsten durchläuft, wobei es seine Verantwortung ist, vor der er flieht. Dies berührt jedoch nicht seine unbewussten, verborgenen Wünsche, welche er befriedigt, indem er Verbrechen begeht und das Leben eines Abenteurers führt, was ihn zu einer Art Jekyll-Hyde-Persönlichkeit werden lässt. Er missbraucht die Amnesie, um vor sich selbst wegzulaufen. Das war eine bemerkenswerte Geschichte, die, wenn man ihr bis in kleinste Details gefolgt wäre, sehr packend hätte sein können. Sie basierte auf etwas, das ich unter dem Titel «Lost» im «New Yorker» gelesen hatte. Auch gab es «Des Teufels General», in Anlehnung an den Flieger Ernst Udet, der sich weigerte für die Nazis zu fliegen und sein Flugzeug willentlich zum Absturz brachte. David Selznick bat mich 1951, daraus einen Film zu machen. Ich war interessiert, da ich Carl Zuckmayers Stück sehr mochte, doch unterschrieb ich am gleichen Tag einen Vertrag bei 20th Century Fox für AMERICAN GUERRILLA IN THE PHILIPPINES. Als ich nach dem Dreh aus Manila zurückkam, hatte Selznick das Projekt schon wieder aufgegeben. Aber ich muss mich auch fragen, ob mich das Thema zu diesem Zeitpunkt wirklich etwas anging. Da ich selbst vor Hitler geflohen bin und ein katholischer Deutscher bin, fühlte ich mich von so einem Thema natürlich betroffen. Aber hätte das auch für das amerikanische Publikum gestimmt? Dann hatte ich ein Projekt über [den U-Boot-Kommandanten Wilhelm] Canaris. 1955 schlug mir CCC einen Film vor über die Revolte dieses Generals gegen Hitler, die am 20. Juli 1944 geschah. Aber auch das fiel zusammen mit etwas anderem, nämlich mit WHILE THE CITY SLEEPS, bei dem wir vorsichtig sein mussten, da er von der Presse handelt und wir nicht wollten, dass Journalisten aus aller Welt über uns herfielen.

Weißt du, Herman? Herman!? (Lärm kommt von fünf anderen Leuten in der gleichen Wohnung sowie von einem Tonbandgerät, auf dem lautstark der – auf Langs vorhergehenden Wunsch abgespielte – Ton aus Godards LE MÉPRIS zu hören ist. Er bittet darum, ihn leiser zu drehen.)

Herman! Ich habe viel in den Zeitungen gelesen über die Angebote, die ich bekommen habe. Man sollte nicht alles glauben, was in der Zeitung steht. Es gab «Mistress of the World», den ich abgelehnt habe, weil die Erfahrungen der letzten Jahre einen Gutteil der Handlungsprämissen ins Lächerliche gezogen hätten, die Geschichte wäre für die Zuschauer unannehmbar geworden. Der Produzent ließ sich davon allerdings nicht beirren und kündigte den Film dennoch in der Presse an. Dann schlug er [ein Remake von] DIE NIBELUNGEN vor, worauf ich ihm entgegenhielt, dass das unmöglich sei. Woher sollen die Schauspieler kommen? Wie sollen sie sich als mythische Figuren bewegen, was sollen sie sagen? Erneut kam seine Ankündigung und erneut bestritt ich sie. Ich ließ mir sagen, dass er vorgehabt habe, die Geschichte an Originalschauplätzen zu drehen. Und wo hätten die sein sollen? Es geht um eine Legende! «How fancy can you get?» Dann suchte mich besagter Arthur Brauer auf und sagte mir, er habe den Namen «Dr. Mabuse» gekauft, von Norbert Jacques, dem Autor des Originalromans. Warum nicht also ein Remake des TESTAMENTS machen? Zuerst lehnte ich ab. Aber dann, nach und nach reifte der Gedanke in mir, nachdem ich kurz zuvor veröffentlichte Dokumente von Joseph Goebbels gelesen hatte. Man hatte vorgehabt, nach einem deutschen Sieg vier Hotels in Berlin zu bauen, in denen man Diplomaten unterlegener Nationen unterbringen wollte. Und in jedem Zimmer sollte ein Mikrofon versteckt sein, damit an einem anderen, zentralen Ort die Regierung jederzeit erfahren kann, was in den Zimmern vor sich geht. Treibt man diese Idee noch etwas weiter und denkt etwa an Fernseh-Kameras, die hinter Spiegeln verborgen sind, so kam es mir vor, als ließe sich damit ein neuer Nachkriegs-Mabuse auf den Weg bringen. In der deutschen Fassung geht es um einen Fanatiker, der in einer im Chaos versinkenden Welt die Ideen von Mabuse wieder ins Werk setzt. In der französischen Fassung machte man dagegen zu meinem großen Entsetzen aus ihm den Sohn Mabuses. Ich nehme an, dass demnächst noch eine Tochter auftaucht und dann ein Enkel. «How fancy can you get?»

Seymour Nebenzahl, der Produzent des TESTAMENTS – der mir übrigens immer noch Geld für M schuldet, der Hund –, hatte mir das TESTAMENT als voraussichtlichen Erfolg in aller Welt angepriesen, da ja die beiden ersten Teile auch erfolgreich gewesen sind. Zuerst war ich dagegen, da ich Mabuse in eine Anstalt für Geisteskranke gesteckt hatte und nicht wusste, wie er dort wieder rauskommen sollte. Ich akzeptierte nur deshalb, weil man hier, wo es um den von einem Kranken hypnotisierten Anstaltsleiter ging, zwischen den Zeilen einen Kommentar zum Nazismus einbringen konnte. Damals war ich sehr an Geisteskrankheiten interessiert und hatte acht Tage in einer solchen Anstalt verbracht – aus wissenschaftlichen Gründen wohlgemerkt! Goebbels verbot den Film am 29.3.1933, noch bevor er ihn sich privat hatte vorführen lassen. Dabei war seine Sichtweise des Films ziemlich ausgeklügelt. Er sagte mir, dass ihm nichts am Ablauf der Handlung missfallen habe, sondern dass diese nur einen Führer gebraucht hätte, der Dr. Mabuse am Ende besiegt und die Welt aus den Händen jener errettet, die diese zerstören und die wahren Ideale und Werte pervertieren wollen. Goebbels sagte mir überdies, dass er und Hitler Jahre zuvor einmal in einer Kleinstadt METROPOLIS gesehen hätten und Hitler gewollt habe, dass ich Nazi-Filme mache.

Als ich 1931 M drehte – dessen Titel zuerst «Der Mörder ist unter uns» sein sollte –, bekam ich böse anonyme Briefe und man teilte mir mit, dass ich das große Studio in Berlin-Staaken nicht benutzen dürfe. «Aber wieso diese unverständliche Verschwörung gegen einen Film über den Kindermörder von Düsseldorf?», fragte ich den Direktor des Studios. «Naja, ich verstehe sie schon», antwortete er mit einem breiten Grinsen, und gab mir dann die Schlüssel. Aber ich hatte schon das Abzeichen an seinem Revers gesehen. Die Nazis hatten ja gedacht, der Titel sei auf sie bezogen. Als sie dann sahen, dass der Film sich mit Peter Kürten, dem Kindermörder von Düsseldorf (den ich persönlich getroffen hatte), beschäftigt, ließen sie es gut sein. Allerdings sollte im Titel nur M statt «Mörder» stehen. Das Remake von Joseph Losey, das Nebenzahl produziert hat [1951], habe ich nie gesehen, aber ich bin sicher, dass du recht hast, wenn du es für misslungen hältst. Vielleicht interessiert es dich, wenn ich dir sage, dass ich nicht glaube, dass Nebenzahl jemals das Recht hatte, aus M einen neuen Film zu machen. Man hat mir erzählt, dass er nach dem letzten Krieg einen Griechen oder einen anderen Diplomaten aus dem Balkan nach Berlin geschickt habe, um von meiner Ex-Frau Thea von Harbou die Rechte für ein Remake zu bekommen. Sie verkaufte sie ihm (ich glaube, sie teilten die Rechte 50/50) für rund 4000 Dollar. Sie verkaufte also die Rechte an diesen Halunken, da es Amerikanern damals verboten war etwas zu erstehen, was sich direkt mit einer deutschen Thematik befasste [Seymour Nebenzahl hatte, nachdem er 1933 von Berlin nach Paris floh und 1938 nach Hollywood übersiedelte, die amerikanische Staatsbürgeschaft angenommen; A.d.Ü.]. Doch konnte ich ihn leider nicht belangen, da seinerzeit, als ich vor Hitler geflohen bin, all meine Verträge in Berlin geblieben sind und das Büro meines Agenten, in dem sie lagen, bombardiert worden ist.

Ich habe nie gedacht, dass es möglich oder auch nur wünschenswert sei, M nochmal zu drehen. Das Original ist voll und ganz mit jener seltsamen Zeit um 1930 in Berlin verbunden, ebenso wie mit der nicht weniger seltsamen sozialen Lage in Deutschland damals, und die kann man unmöglich in die USA verpflanzen. Außerdem denke ich, dass der größte Wert des Films, dass er nämlich Licht auf das innere Leben eines Kindermörders wirft, inzwischen auch von anderen Filmemachern aufgenommen und weiterentwickelt worden ist. Ich glaube nicht, dass mein M durch den zweiten Film Scha-

DIE SPINNEN. 1. ABENTEUER: DER GOLDENE SEE, 1919

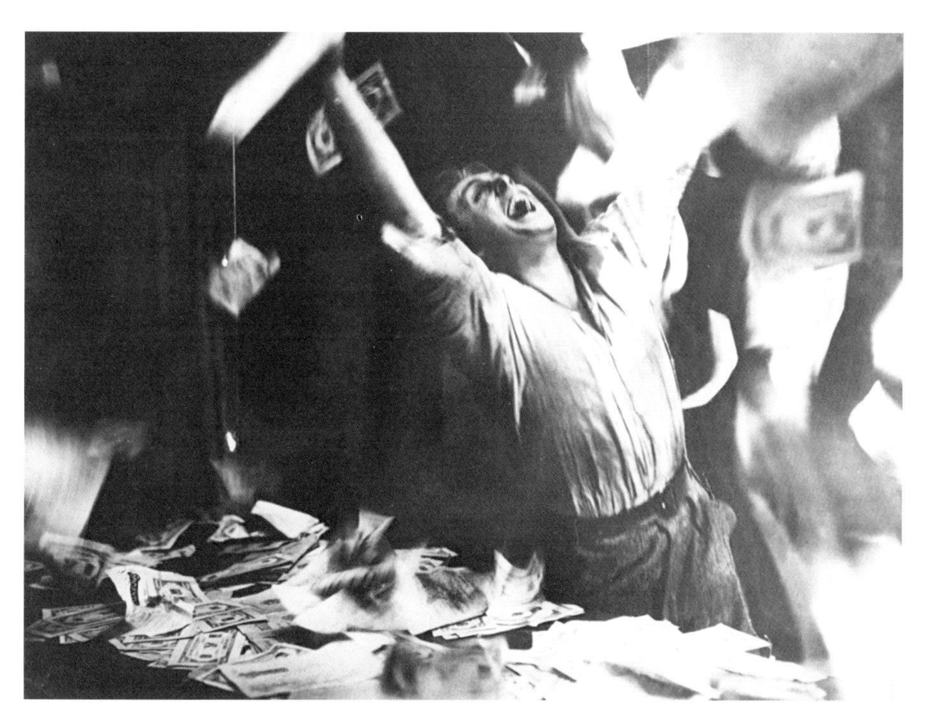

DR. MABUSE: DER SPIELER TEIL 2, 1922

den leidet. Übrigens habe ich für den Teil, wo es um die Unterwelt geht, viele echte Kriminelle eingesetzt. Beim Drehen kam es zu 24 Festnahmen.

Vor einigen Jahren las ich in der Zeitung, dass in Ostdeutschland ein Film über eine russische Rakete zum Mond gemacht werden sollte. Sie hatten dort eine Kopie der FRAU IM MOND, und der Produktionsgesellschaft wurde von Seiten der nächsthöheren Autorität gesagt, dass der neue Film wissenschaftlich genauso korrekt sein sollte wie der meine. Später machte Walt Disney einmal eine TV-Dokumentation über Raketen und bat mich um Erlaubnis, meine Abschuss-Szene einschneiden zu dürfen. Wir hatten damals ein verkleinertes Raketenmodell aus Plastik benutzt. Die Wissenschaftler von Cape Canaveral luden mich vor einigen Monaten ein, bei einer Konferenz über Raketen teilzunehmen, bei der sie mich wie den geistigen Vater von all dem ansahen. Über das Jahr 1948 hinweg versuchte ich einige große Studios davon zu überzeugen, einen Film über Raumschiffe zu machen, der in der unmittelbaren Zukunft spielen sollte, als noch keine Rakete auf dem Mond gelandet war. Leider konnte ich keines der Studios überzeugen und glaube, dass sie es im Nachhinein bereut haben, eine kommerziell so vielversprechende Idee sausen gelassen zu haben. Da ich nie eine Zeile über das Projekt geschrieben, sondern die Idee nur mündlich vorgeschlagen hatte, sprach ich auch nicht mit Luc Moullet darüber, als dieser sein Buch über mich schrieb. Es hätte nämlich so aussehen können, als hätte ich meine FRAU IM MOND nochmal neu machen wollen. Übrigens bekam ich einen ziemlichen Schock, als ich sah, dass die Werbung zweier amerikanischer Filme, ROCKETSHIP X-M [Kurt Neumann, 1950] und DESTINATION MOON [Irving Pichel, 1950], so tat, als seien diese die ersten über Raumschiffe überhaupt!

Oh, ich habe viele Drehbücher während meiner Jahre in den USA bekommen, doch bin ich, ehrlich gesagt, derart faul, dass ich sie manchmal nicht mal gelesen habe. Stattdessen ging ich nach Palm Springs, wo ich ein kleines Haus bewohnte, kochte meine eigenen Mahlzeiten und betrachtete den eindrucksvollen Straßenverkehr oder auch die Mädchen, die um die Swimmingpools herum saßen ... 1948 gab es zudem das Projekt «Corruption», das über ein paar erste Gespräche aber nicht hinausgekommen ist. WINCHESTER '73 war ebenfalls ein Projekt der Gesellschaft Diana Production Company, die ich zusammen mit Walter Wanger und Joan Bennett leitete. Wir hatten ein Vorkaufsrecht auf die Originalgeschichte von Stuart Lake, aber es erlosch, bevor die Finanzierung gesichert war. Universal-International, die die Rechte besaßen, wollten meine Option nicht verlängern und den Film lieber selbst produzieren. Das taten sie dann auch, mit Anthony Mann als Regisseur, und es wurde ein großer Erfolg. Im Drehbuch behielten sie jedoch nur die Grundidee der Geschichte und nichts von dem, was ich beigesteuert hatte. Das Thema interessierte mich sehr: Ein Mann aus dem Westen hat sein Gewehr verloren, eine Winchester '73, die ihm geradezu seine Lebensgrundlage und das Symbol seiner Stärke ist. Er muss nun also entweder das Gewehr wiederbekommen oder etwas Neues finden, wofür es zu leben lohnt. Er muss die Kraft wiederfinden, die er verloren hat ...

Baby, frag mich bitte nicht, ob der Mensch gut oder schlecht ist. Ich kann nichts darauf antworten, da ich es nicht weiß. Allerdings glaube ich, dass ein Mensch besser werden muss – ja, toi ... toi ... toi! [französisch im Original; im Anschluss klopft Lang auf den hölzernen Teil des Tisches, an dem er sitzt], denn, wenn er das nicht tut, kann er sich genauso gut zerstören. So du morgens noch in den Spiegel schauen kannst, während du dich rasierst oder dein Make-up auflegst, bist du immer noch eine gute Person (ein Satz, der aus THE RETURN OF FRANK JAMES stammt).

Ja, ich liebe Western. Sie haben eine Moral, die voller Notwendigkeit ist. Ich habe drei gemacht: THE RETURN OF FRANK JAMES, RANCHO NOTORIOUS und WESTERN UNION. Bei den Dreharbeiten zu letzterem habe ich zusammen mit Indianern gelebt, aber wusste nichts über den «Far West». Seit ich in Amerika lebe, habe ich viele Dinge gesehen, die hier geborene Regisseure nicht sehen, da sie zu sehr an sie gewöhnt sind. Mein Film sieht den Westen sicher nicht so, wie er damals gewesen ist, das heißt, ich zeige nicht den «alten» Far West. Und doch habe ich Briefe von greisen Männern bekommen, die mir schrieben, dass WESTERN UNION die Dinge so zeige, wie sie wirklich waren. Aber was ist die Wirklichkeit? Ich hatte nicht vor, den Far West so zu zeigen, wie er war, sondern wollte, dass der Film die Zuschauer träumen lässt und ihnen ein Gefühl von dem gibt, was einmal war. Ich möchte gar nicht sagen, dass der Traum und die Fiktion im Kino auf die Wirklichkeit hinauslaufen müssen, aber das gleiche Bürgerrecht steht beidem zu.

Weißt du, ich schlafe schlecht. Kannst du schlafen? Mein Gott, wie ich dich beneide. Aber wenn ich einmal Glück habe und einschlafe, dann träume ich ... Träumst du auch? Ja, sicher kenne ich das mit dem Schafe-Zählen, aber leider kann ich mir keine Schafe vorstellen, oder wenn es mir mal gelingt, dann wollen sie nicht über den Zaun springen!

Ja, das Gewehr in WINCHESTER '73 ist also das Symbol der Stärke dieses Mannes. Wenn es in meinen Filmen Symbole gibt, so müssen sie immer durch Notwendigkeiten in der Handlung motiviert sein. Ich denke nicht, dass Filme aufgestellt sein sollten wie Gleichungen. Zuerst sehe ich Figuren als Silhouetten vor mir und nach und nach wird ihre Zeichnung feiner und füllt sich aus ... Sie werden für mich lebendig ... Ich betrachte sie in der Dunkelheit meines Büros, bei einem Kaffee und einer Zigarre, die ich aber zu rauchen vergesse. Wenn ich eine Szene schreibe, schließe ich die Augen und sehe Bewegungen und Gesichter. Die Dinge beleben sich, die Figuren bekommen in meiner Vorstellung einen Körper. Ich selbst werde von ihnen in Richtungen bewegt, die ich zunächst nicht voraussah. Ich muss eine Weile mit ihnen leben, bevor ich drehe. Was in meinem Unbewussten geschieht, weiß ich nicht, es ist vielmehr an dir, es herauszufinden, und zweifellos hast du ein Recht darauf, auf deinem Standpunkt zu beharren.

Es wäre aber falsch, in den Objekten, die man in Filmen zeigt, laufend Symbole zu sehen. In meinen Filmen sind Objekte Zeichen, allerdings sehr lebensnahe Zeichen. Wenn etwa Brian Donlevy in HANGMEN ALSO DIE! einen Blumenstrauß mit sich herumträgt, dann deshalb, weil dieser für ihn ein Mittel ist, das junge Mädchen kennenzulernen, ohne allzu große Aufmerksamkeit auf sich zu lenken. Ich finde, dass der expressionistische Symbolismus absolut «passé» [französisch im Original] ist. So denke ich, dass in M der Ball des kleinen Mädchens, der aus dem Gebüsch rollt, kein Symbol ist. Und wenn in HANGMEN der Hut von Alexander Granach, der mit einem Kissen erstickt worden ist, zu Boden rollt, ist das ebenfalls kein expressionistisches Symbol. Es bedeutet zum einen den Tod Granachs, ist aber vor allem ein Bild für einen sehr lebensnahen Umstand. Ich werde immer wieder nach meiner «expressionistischen Periode» gefragt, worauf ich antworte: «Ich weiß nicht, was Sie damit sagen wollen». Man klassifiziert mich immer als Expressionisten, wogegen ich mich viel lieber zu den Realisten zähle. Man macht es sich zu einfach, wenn man in einem Film Bilder und Ideen miteinander assoziiert, für deren Zusammenhang es in diesem Film keinen Grund gibt. Zollt man den Zeichen genügend Respekt, treten sie im Kino mit größerer Klarheit hervor als etwa im Theater. Du kannst also sagen, wenn du magst, dass der rollende Hut in HANGMEN kein Symbol im landläufigen Sinn ist, sondern ein Symbol, das durch Assoziation zustande kommt.

Jedenfalls bin ich heute sehr weit weg vom Expressionismus. Er ist veraltet. So musste ich mich, als ich in die USA gekommen bin, richtiggehend vom Expressionismus befreien. Die Amerikaner sagten mir: «Wir hier sind intelligent genug, um zu verstehen, dass es nichts bringt, auf Symbolen zu insistieren.» Aber ich war doch sehr beeinflusst vom Expressionismus. Man kann ja nicht in einer Epoche leben, ohne durch etwas in ihr beeinflusst zu sein. So war CALIGARI ein Film, den 1919 eigentlich ich drehen sollte, den ich jedoch wegen meines Produzenten Erich Pommer aufgeben musste, da dieser wollte, dass ich den zweiten Teil von DIE SPINNEN mache. Der realistische Rahmen, in dem die Originalgeschichte von Mayer und Janowitz eingepasst ist, also dass sie aus einem Irrenhaus heraus erzählt wird, ist allerdings von mir.

Auf jeden Fall, mein Engel, glaube ich nicht an Theorien. Ich denke, wenn du eine Theorie über etwas hast, bist du schon tot. Außerdem habe ich keine Zeit, an Theorien zu denken. Wir müssen Gefühle entstehen lassen und keine Regeln aufstellen. Als mir einmal jemand sagte, dass ich ihn an einen Ausspruch von Nietzsche erinnere, antwortete ich ihm: «Ich bin aber kein Satz von irgendwem, ich bin ein Mensch!» Was Nietzsche angeht, ist seine Idee des Übermenschen in Deutschland übrigens viel prominenter als in Frankreich oder den USA.

Ein Filmemacher sollte eigentlich immer einen Psychiater an seiner Seite haben, der ihm sagt, was er gerade tut. Unlängst hat man in Frankreich einen Fragebogen an Filmemacher verschickt und sie gefragt, wie sie eine bestimmte Szene inszenieren würden. Was willst du auf so eine Frage antworten?

Es ist eine Sache der Moral. Heute sage ich, es ist gut, dieses oder jenes zu machen, morgen aber, dass es besser ist, sich anders zu orientieren. Früher bin ich Zug gefahren, heute nehme ich das Flugzeug. Aber ich kann doch deshalb nicht sagen, dass Züge nichts wert sind. Was ich im Expressionismus gefunden habe, kann ich ebenso wenig sagen, sondern nur, dass ich ihn benutzt und zu bemeistern versucht habe. Ich denke, je mehr man sich der Einfachheit zuwendet, desto weiter kommt man.

Das führt mich zum Western zurück. Das ist ein Genre voller einfacher Ideen. Jedes Jahr gibt es neue Western für die Jungen, da es jedes Jahr eine neue Generation gibt. Kritiker sagen, dass es in den Kriegsfilmen von heute nichts Neues gäbe. Aber was kann man über den Krieg denn Neues sagen? Die wichtigste Aussage ist die, die man immer wiederholt.

Ich arbeite nicht für die Kritiker, sondern für junge Menschen. Ich arbeite nicht für Leute meines Alters, da diese bald schon tot sein sollten und ich mit ihnen. Man kann nicht an den Tatsachen vorbeischauen, mein Engel: Das Fernsehen frisst die Zeit auf, die man zum Lesen bräuchte. Wiederum muss man dem nicht nachtrauern, es ist besser, man arrangiert sich mit der neuen Situation. Man klagt ja immer über den Verlust von Dingen, von denen man gehofft hatte, dass sie immer fortbestehen. Aber nichts besteht fort, es ändert sich alles ...

Wer möchte Whisky? Oder Gebäck? Milch? Was sind denn das für Leute, mit denen ich hier zusammensitze? Wasser?! Wasser ist nicht nur gesetzeswidrig, es ist unmoralisch. Oder etwa nicht?
– Doch, Fritz Lang.
– Manchmal denke ich, wenn Filmemacher, die nicht trinken, eines Tages aber doch damit anfangen, die besten Filme der Welt machen. Glaubst du nicht?
– Doch, Fritz Lang, ich glaube es.
– Manchmal habe ich den Eindruck, mein Engel, dass du sowas nur sagst, um mir eine Freude zu machen. Weißt du, als ich jung war und an der Münchner Kunstgewerbeschule studierte, musste ich ja von etwas leben und meine Kurse bezahlen. Da arbeitete ich für Zeitungen und machte Modezeichnungen, Werbegrafiken. Einmal malte ich sogar ein Fresko für ein Bordell ... Tonio, wo gehst du hin, setz dich!
– Ja, gnädiger Herr – küss die Hand!

(Es ist 0.15 Uhr, Lang und Tonio Selwart erzählen sich Anekdoten aus den «alten Tagen», über die sie laut lachen. Dann spricht Willy Ley.)
Ley: Einer der wichtigsten wissenschaftlichen Artikel, die ich je geschrieben habe, vielleicht einer der wichtigsten Artikel des Jahrhunderts, geht über etwas, das noch gar nicht geschehen ist, nämlich den Flug der amerikanischen Rakete Mariner D4 zum Mars. Dieser Flug ist noch nicht zustande gekommen, es gab noch kein Ergebnis. Daher kann ich mein Buch über den Flug nicht beenden, die letzte Seite ist weiß. Wie wird die Sache ausgehen? Wer kann es sagen?
(Lang hört aufmerksam zu.)
Mit dem, was technisch heute möglich ist, können wir sogar bis zu den Jupiter-Monden gelangen. Und zwar nicht in fünf oder sechs Jahren, sondern heute!
– Wer sagt das?, fragt Lang.
– Werner (von Braun) sagt das. Ich bin zu 95 Prozent sicher, dass der Flug zum Mars gelingen wird.
– Mach den Fernseher an, sagt Lang, vielleicht gibt es was Neues darüber.
– Nein, jetzt noch nicht. In drei Monaten werden wir mehr wissen.

Als ich FRAU IM MOND drehte, erzählt Lang, wurden die Kulissen nach den Ansichten berühmter Astronauten gebaut, die sich schon jahrelang mit dem Mond beschäftigt hatten und also qualifiziert waren, ihre Meinungen über die Oberfläche abzugeben. 1959 sahen wir dann das erste Bild der dunklen Seite des Mondes. Ein sowjetisches Foto zeigte der ganzen Welt, was noch nie ein Mensch gesehen hatte. Das war das größte Ereignis in jenem Jahr, erinnert ihr euch noch? All jene, die nicht geglaubt hatten, dass die Fotografie eine Waffe im Dienst des Fortschritts sei, waren widerlegt. Dieser Fotoapparat an Bord einer Rakete hatte etwas aufgenommen, übermittelt und damit bestätigt. Aber was ist da wirklich geschehen? Was haben diese Bilder der dunklen Seite des Mondes zu uns gebracht? Diese Frage ist noch nicht beantwortet.

Ich denke, dass wir weiter Raketen bauen sollten, weil unser Land noch jung ist. Aber Willy, mein Liebchen [deutsch im Original], ich glaube auch, dass es auf der Welt heute keinen Platz mehr gibt für den Individualismus. Die Atlantiküberquerung Lindberghs, diese Leistung eines einzelnen Menschen, so etwas hätte heute keinen Ort mehr. Glenn und Gagarin sind keine Symbole des Individualismus, sondern stehen für den Erfolg einer Arbeit, die von Tausenden geleistet wurde. Der einzelne Mensch ist bloß Teil eines größeren Mechanismus. Einen Moment, Wilhelm, lass mich noch das sagen: So wie ich in METROPOLIS auf noch sehr symbolistische Weise gezeigt habe, dass der Mensch fast schon Teil der Maschine geworden ist, fragte ich mich nun, ob das damals nicht schon eine unbewusste Manifestation dessen war, womit wir es heute zu tun haben. Wenn man sich Fotos von John Glenn anschaut, sieht man, dass er praktisch ein lebendes Teilchen der Maschine ist. Das Schicksal der Griechen und Römer wurde bestimmt von ihren Göttern. Heute gibt es noch etwas anderes: Du musst in jedem Moment gegen jenen Bereich der Gesellschaft kämpfen, der dazu neigt, das Individuum zu verschlingen. So ist YOU ONLY LIVE ONCE auch die Geschichte eines Mannes, der ein ehrliches Leben zu leben versucht. Er wird verfolgt, kämpft allein gegen die bedrohliche Macht der Gesellschaft und muss es auch. Kämpfen, darum geht es. So man glaubt, dass es auch nur die kleinste Siegeschance gibt, muss man weiter das tun, was man für richtig hält. Es mag ein Martyrium sein, selbst wenn ich das nicht glaube, denn das ist der Kern des Lebens: für etwas kämpfen, von dem man glaubt, dass es richtig sei. Das ist das Problem, das mich seit jeher interessiert – aber ich bin nicht davon verfolgt oder besessen, denn besessen war ich nur ein einziges Mal –, es geht mir um nichts anderes, allerdings ist das Problem unausweichlich. Du verfängst dich in einer Mühle, aus der niemand herauskommt. Aber was ich, davon abgesehen, immer versucht habe zu zeigen und zu definieren, ist die kämpferische Grundhaltung, die man angesichts des Schicksals annehmen muss ... Egal, ob das Individuum in diesem Kampf siegreich ist oder nicht, was zählt, ist das Kämpfen selbst, es ist lebenswichtig.

Du hast von der griechischen Tragödie gesprochen, sagt Willy Ley, das erinnert mich daran, dass ich, wenn ich nicht Wissenschaftler geworden wäre, eine neue Studie zur «Odyssee» hätte schreiben wollen. Darin hätte ich versucht, eine neue «Route» im Helden selbst herauszuarbeiten, um zu erkennen, was Odysseus als Mensch seiner Zeit von den geltenden Werten seiner Zeit gedacht hat. Eine ähnliche Studie hatte ich mir auch für die Bibel vorgestellt, wo Zeile für Zeile von einem Mann der Wissenschaft kommentiert worden wäre. Hast du Erinnerungen an die «Odyssee», Fritz?

– Die habe ich gerade auf Capri gedreht, mein Liebchen [deutsch im Original]! Aber eigentlich stammen diese Szenen in LE MÉPRIS, die meine Version der «Odyssee» zeigen, gar nicht von mir.

(Ley zitiert auf Deutsch einige Zeilen der «Odyssee».)

– Ich erinnere mich an die Route, die Odysseus zurücklegt, sagt Lang. Es geht von Tauros nach Phönizien und von dort zu den Inseln ... Das haben wir in der Schule gelernt.

– Ja, sagt Ley, in dem Buch war hinten eine Karte, auf der der Weg eingezeichnet war.

– Fritz, du bist mein liebstes Genie!, sagt Tonio Selwart. Ich habe habe gerade HANGMEN ALSO DIE! wiedergesehen, der außerordentlich ist. Du bist wirklich ein Genie! Alle erinnern sich an mich als den Gestapo-Offizier, der sich auf seiner Wange einen Pickel ausdrückt. Fremde sprechen mich im Flugzeug an, auf der Straße, ich bin eine Berühmtheit geworden dank dieses netten Nazis. Auch Henker sterben!

– Und sterben sollen sie!, sagt Lang.

Andere Filme, für die ich die Drehbücher schrieb, die ich aber nicht gedreht habe ...

Die 3. und 4. Episode der SPINNEN, 1919 für Decla-Bioscop. Es ging um eine Origanisation von Super-Kriminellen, die mithilfe eines vergrabenen Inka-Schatzes die Welt in ihre Macht bringen wollen. Die Idee des anarchistischen kriminellen Drahtziehers, die eines meiner Lieblingsthemen werden sollte, taucht hier zum ersten Mal auf. Teil 3 und 4, «Das Geheimnis der Sphinx» und «Um Asiens Kaiserkrone», wurden aber nie gedreht.

«Die Legende vom letzten Wiener Fiaker», das war 1933. Ich hatte vor nach Wien zu gehen, in die Stadt meiner Geburt, um diesen Film nach einer Originalgeschichte von mir zu drehen, was von den Ereignissen jedoch zunichte gemacht wurde. Es ging um ein «Idyll» in der Hauptallee, wo zuerst noch keine Autos erlaubt waren, sondern nur anmutige Fiaker. Nach dem Zusammenbruch der Dynastie der Habsburger wird jedoch ein Dekret erlassen, dem zufolge die Hauptallee auch für Autos ge-

FRAU IM MOND, 1928

HANGMEN ALSO DIE!, 1942

öffnet werden soll. Dies lässt einem Kutscher auf der Stelle das Herz stehenbleiben und er kommt in den Himmel, mitsamt seinem Fiaker und Pferd. Aber Petrus hält ihn an der Pforte an und sagt: «Die darfst du aber nicht mit hereinnehmen», worauf der Kutscher antwortet: «Wenn ich das nicht darf, dann bleibe ich draußen.» Als man Gott um einen Schiedsspruch bittet, sagt dieser: «Das ist ja ein bezauberndes Pferd, aber ich darf nicht gegen die Gesetze verstoßen.» Da hält der Kutscher ein bestechendes Plädoyer für sein Pferd, das ihm in der Vergangenheit so treu gedient hat, dass Gott lächeln muss und sagt: «Sehr gut, dann sollst du fortan mein persönlicher Kutscher sein und mich fahren.» Voller Freude betreten der Kutscher und sein Pferd das Paradies und die Räder seines Fiakers verwandeln sich in Sterne und ergeben ein ganzes Sternbild, das des Kutschers, der Gottes eigenen Fiaker lenkt ...

«The Man Behind You», das war 1934. Die Originalgeschichte, die von mir stammt, orientierte sich an der von Dr. Jekyll und Mr. Hyde, wurde aber mit Blick auf die moderne Psychiatrie erzählt. Ich schrieb ihn für MGM, ohne ihn je zu drehen. Die Rechte liegen aber noch bei mir.

«Hell Afloat» kam aus dem gleichen Jahr. Die Geschichte von H.P. Garrett und mir drehte sich um die Katastrophe der S. S. Morro Castle [ein amerikanischer Luxusliner, an dessen Bord 1934 ein Brand ausbrach, der viele Menschenleben forderte]. Wir schrieben ihn für MGM. Der Film entstand nicht, da David Selznick, der ihn produzieren sollte, das Studio verließ um sein eigenes zu gründen.

«Men Without Country», 1939. Das Drehbuch von Jonathan Latimer und mir, geschrieben für Paramount, wäre die erste Anti-Nazi-Geschichte der Leinwand geworden. Paramount besitzt sie immer noch. Es ging um drei Spione, einen Japaner, einen Nazi und einen «Internationalen», die das Geheimnis einer schrecklichen Kriegserfindung suchen. Der Chef des Spionage-Netzwerks arbeitet in einem Schönheitssalon, der als heimliches Hauptquartier dient. Sein Gegenspieler gehört zur G-2 U.S. Navy Intelligence. Der Chefspion findet das Geheimnis: Es ist ein Lichtstrahl, der blind macht. (Wie ihr wisst, war ich selbst während des Ersten Weltkriegs kurzzeitig blind.) Der Spion trifft den Erfinder, der selbst blind ist, sich jedoch in seinem Labor so positioniert, dass es aussieht, als könne er sehen. Der Erfinder nimmt durch einen Lichtstrahl auch dem Spion die Sehkraft. Die letzte Szene sollte die zwei Blinden aufeinandertreffen lassen. Paramount hat diese Szene für einen anderen Film drehen lassen. Vor mehreren Jahren wurde mir etwa in Hollywood der Film eines anderen gezeigt, DILLINGER [Max Nosseck, 1945]. Während der Vorführung sagte ich mir, dass ich dies und das doch irgendwo schon mal gesehen hatte. Tatsächlich hatte der Produzent einen meiner Filme aufgekauft und manche Szenen daraus in DILLINGER eingefügt. Wiederum konnte ich mich nicht erinnern, diese Szenen selbst inszeniert zu haben, bevor ich die Vorführung verließ. Das erinnert mich an etwas, das sich am Ende einer Privatvorführung von FURY abgespielt hat. Es herrschte großes Schweigen, niemand wollte etwas sagen. Da begann der Produzent den Drehbuchautor zu befragen (anstelle des Regisseurs, versteht sich, da für solche Leute der Regisseur ein Niemand ist). Einmal wendete er sich mir zu und beschuldigte mich, das Drehbuch verändert zu haben. Ich fragte ihn, wie ich das getan haben sollte, da ich zum Drehzeitpunkt noch praktisch kein Englisch sprach. Mr. Mankiewicz verlangte das Drehbuch zu sehen und sagte, nachdem er nachgelesen hatte: «Verdammt nochmal, Sie haben ja recht. Aber trotzdem – auf der Leinwand ist es anders!» (Diese Anekdote wird ebenfalls in LE MÉPRIS erzählt.)

Von 1938–39 recherchierte ich für die Geschichte einer verlorenen Mine. Der Film sollte «Americana» heißen und eine Periode von 100 Jahren amerikanischer Landesgeschichte abdecken, ausgehend von dieser verlorenen und aufgegebenen Mine. Er wurde nicht gemacht, aber Darryl F. Zanuck, der sich ebenso wie ich für Western begeisterte, schlug mir daraufhin THE RETURN OF FRANK JAMES vor, der mein erster Western wurde.

Weißt du, Baby, ich habe nie einen Film gedreht, der ein Kompromiss gewesen wäre. Es ist wichtig, das nicht zu tun, man vergisst es nur leicht. Einmal während des Krieges, als ich keine Arbeit hatte, lud mich ein Produzent in sein Büro ein und schlug mir eine Filmidee vor. Sie war extrem hurrapatriotisch und ganz für den Krieg. Ich lehnte ab. Ein andermal trat ich in einen regelrechten Hollywood-Fettnapf. Das war 1934, als ich gerade angekommen war und noch kein Wort Englisch sprechen, lesen oder schreiben konnte. Da bekam ich einen Brief – das Pamphlet einer US-demokratischen Vereinigung, die mich bat, für etwas zu unterschreiben, das ich nicht verstand. Ich sah also nach, wer die anderen Unterzeichner waren, und unter ihnen war etwa Thomas Mann. Ich sagte mir: Toll, Thomas Mann und die Demokratie. Im Grunde bin auch ich Demokrat, das ist perfekt. Und ich unterschrieb. Erst später entdeckte ich, dass sich eine kommunistische Vereinigung dahinter verbarg, und ich konnte für eineinhalb Jahre in Hollywood keine Arbeit finden. Erst danach machte ich FURY.

Um noch ein anderes Beispiel dafür zu geben, dass ein Filmemacher Hollywood die Stirn bieten muss ... 1953 hatte ich nur noch 125 Dollar auf der Bank, die mein Lebensunterhalt für einen Monat waren. Ich musste etwas tun. Harry Cohn, der Chef von Columbia, engagierte mich, und eines Tages im Studio sagte man mir, dass Cohn – der von allen der Schlimmste war – mit mir mittagessen wolle. Gut. Ich band mir eine Krawatte um und setzte mir meine Brille auf, da das Einzige, was ihm an mir hätte missfallen können, mein Monokel gewesen wäre. Cohn kam herein, wir setzten uns an einen Tisch, er blickte mich an und sagte: «He, Preuße, wo ist Ihr Monokel?» Da antwortete ich ihm: «Harry» – denn man musste ihn Harry nennen –, «früher war ich zu arm, um mir eine Brille zu kaufen. Ich konnte mir daher nur ein Glas leisten. Inzwischen aber, wo ich bei Ihnen so überaus gut verdiene, darf ich mir erlauben, zwei zu tragen.» Im Anschluss machte ich für Columbia THE BIG HEAT und auch HUMAN DESIRE. Weißt du, mein Engel, ich habe mich immer gefragt, warum sie ihn HUMAN DESIRE genannt haben – was für ein Begehren könnte es denn noch geben? How fancy can you get? Du kannst mir glauben, Baby, dass ich über den Film das Gleiche denke wie du. LA BÊTE HUMAINE von Jean Renoir, auf dem er basiert, ist sehr viel besser. Ich sah ihn vor Drehbeginn, allein um sicherzugehen, dass mein Blickwinkel ein anderer ist. Überhaupt machte ich ihn nur, weil ich einen Vertrag hatte. Hätte ich abgelehnt, hätten sie mir sagen können: «Na gut, aber wenn wir einen anderen Film für Sie haben, bekommen Sie ihn nicht und kriegen auch kein Geld mehr.» Das hätte ein oder zwei Jahre so gehen können. Also schlug ich ein.

In einem anderen Film, den ich damals machen wollte, wäre es um Wasser gegangen. Ein Produzent namens I.G. Goldsmith hatte für mich ein Projekt, das sich mit dem Bewässerungssystem zwischen Kalifornien und Arizona beschäftigt. Da mich so etwas immer interessiert, sagte ich ja. Aber es gab so viele Konflikte zwischen den beiden Staaten, dass Kalifornien das Projekt gar nicht erst in Betracht ziehen wollte, so man nicht beide Seiten zeigte, was die Sache beendet hat.

1943 gab es den «Golem», nach dem Originaldrehbuch von Henrik Galeen und Paul Falkenberg. Das wäre eine moderne Version der alten jüdischen Sage geworden, die sich während des Krieges in Prag abgespielt hätte. 1946 sollte «The Bodysnatcher» entstehen, nach einer Kurzgeschichte von Stevenson über Grabräuber – allerdings hatte eine andere Produktionsgesellschaft den Titel schon vorher gepachtet. Neben WINCHESTER '73 war 1950 ein weiterer Film, an dem ich kurz arbeitete, ALL THE KING'S MEN, nach dem Roman von Robert Penn Warren, aber schließlich entstand daraus der Film von Robert Rossen, über [den US-Politiker] Huey Long. «Dark Spring», der 1956 von meiner eigenen Firma Fritz Lang Productions für United Artists produziert werden sollte, war von Michel Latté für Susan Strasberg geschrieben worden; im selben Jahr gab es auch noch «The Diary of Anne Frank». 1963 ging es um Rolf Hochhuths Theaterstück «Der Stellvertreter». Ich hatte es in New York gesehen, fragte mich aber, wie daraus ein Film gemacht werden könne. Es war zu lang, hatte zu viel Dialog und zu wenig Aktion. Außerdem sah ich, dass das Stück im deutschen Original sogar doppelt so lang ist. Ich hätte gern abwechslungsreicheres Material gefunden, um daraus einen Film zu machen. Übrigens hat man in Deutschland vor, aus M ein Theaterstück zu machen, bei dem ich Regie führen soll ...

Eigentlich möchte ich keine Filme mehr machen. Zwar bekam ich letztes Jahr beim Filmfestival in Cannes einen Brief von Jeanne Moreau, in dem sie schrieb, dass sie glücklich wäre, in einem Film von mir zu spielen, sollte ich zufällig meinen Alterssitz nochmal verlassen. Ich antwortete ihr, dass ich keine Filme mehr mache. Wiederum schrieb ich an einem Drehbuch ... Es hat den Titel «Death of a Career Girl» – ich weiß nicht, wie man das auf Französisch sagt, da gibt es keinen Begriff für «Career Girl». Es ist eine Kritik an jener Sorte Frauen, die Karriere machen wollen und dafür das Leben vergessen, die Liebe, und die schließlich sterben. Oder anders gesagt, Frauen, deren Herz schon vor ihrem

Körper stirbt. Das Drehbuch geht zurück auf eine Geschichte von mir. Glaubt ihr, dass eine Frau ihr Leben ohne einen Mann leben kann? (Alle sagen ihre Meinung.) Gebt mir bitte nicht einen solchen Salat! Baby, mit sowas kannst du mich nicht abspeisen! Bitte keine Gemeinplätze, keine Klischees, keine Schlagworte oder ausweichende Antworten! Seien wir doch derb – also nichts als ehrlich. Ehrlichkeit steht über allem, sie ist die erste menschliche Tugend. Lüg mich nicht an, Baby! Egal was die anderen denken und sagen. Die Frage ist immer nur: Was denkst du selbst? Du gehörst zur jungen Generation. Du magst mich nicht küssen? Ich schwärme für dich, ja, für dich, meine Güte, ich weiß selbst nicht warum.

(Lang liest in der Folge aus dem Drehbuch.)

«Sie befindet sich in einem reich möblierten Zimmer, an den Wänden hängen Bilder von Picasso und Chagall. Auf einer Staffelei steht ein Holzstich des Erlösers, der sein Kreuz trägt ... Sie ist in einem Raum voller Soldaten. Kann man von Soldaten verlangen, dass sie vergessen Soldaten zu sein? Kann man von ihnen erwarten, dass die vergessen Männer zu sein?

Sie gibt sich dem Hauptmann hin. Während sie in seinen Armen liegt, beißt sie auf das goldene Kreuz, das sie trägt, um nicht zu schreien ...»

– Ich glaube, das wird ein gutes Drehbuch, sagt jemand.

– Warum?, fragt Lang.

– Na, weil alle Ihre Filme gut sind.

– Warum?

– Es wird eine Ehre sein, das Drehbuch zu lesen. Und ebenso ein Vergnügen, Sir.

– Das hoffe ich. Und nenn mich nicht Sir. Ich bin keiner. Und warum nennt ihr mich alle Mr. Lang? Der erste Buchstabe ist F und der Rest ist ritz. (Es ist 2.30 Uhr.)

Zwischen dem ersten Teil dieser «Wiener Nacht» – einem merkwürdigen Bekenntnis und Selbstgespräch, bei dem Lang, mal aufgewühlt, mal heiter, sich großen wie kleinen Dingen zuwendet, und dem zweiten liegt ein Abstand von zehn Monaten. Der Regisseur zögerte, den zweiten Teil des Gesprächs veröffentlichen zu lassen, das für ihn einfach nur eines unter vielen ähnlichen war, bei einem abendlichen Treffen unter Freunden, locker und entspannt, wo das Angesprochene nichts Offizielles hatte, vielmehr eins zum anderen kam, als ungebundener vertraulicher Gedankenaustausch. Und es ist gerade diese Freiheit, diese Preisgabe und Nähe, auf die ein Interview ansonsten keinen Anspruch erheben kann, die unserer Ansicht nach den Wert dieser fast geträumten Worte ausmacht. Fritz Lang sah ein, nachdem er die Abschrift gelesen hatte, dass die Spontaneität der Ausführungen nicht verfälscht werden sollte. Wir danken ihm wie auch Herman Weinberg und seiner Tochter Gretchen.

(Es ist sehr spät. Ungeachtet dessen führt Fritz Lang seinen Monolog fort ...)

Zu Beginn meiner Laufbahn habe ich in einigen Filmen gespielt, das stimmt. Ich war «Dramaturg» und hatte bei Decla die Aufgabe, Drehbücher zu redigieren. Durch das bisschen Geld, das ich zusätzlich durch Schauspielen verdiente, konnte ich etwas besser leben. In Joe Mays HILDE WARREN UND DER TOD, für den ich 1917, als ich im Krankenhaus lag und meine Kriegsverletzungen auskurierte, das Drehbuch schrieb, spielte ich vier Rollen: einen alten Priester, den Tod, einen jungen Boten und noch etwas Viertes, woran ich mich nicht erinnere ... (Er hält inne und blickt an die Decke.) Das Schicksal ist seltsam ... Fünfzig Jahre später spielte ich wieder in einem Film, diesmal einem von Jean-Luc Godard, an der Seite von Bardot, der in diesem Land CONTEMPT heißt. Ich spiele meine eigene Rolle, nämlich einen Regisseur, und habe einen Gutteil meiner Dialoge selbst geschrieben.

Durch Zufall hat man eine Kopie von HILDE WARREN in Deutschland gefunden und lud mich zu einer Vorführung ein ... In der Anfangszeit habe ich zwei oder drei Drehbücher geschrieben. Ich glaube, das erste war DIE HOCHZEIT IM EXCENTRIK-KLUB, den Joe May ganz eilig gemacht hat, damit er sowohl für Regie wie Drehbuch zeichnen konnte.

Es war damals viel einfacher, in Europa Filme zu drehen und sie praktisch aus dem Nichts zu erfinden. So haben uns Produzenten (wenn wir überhaupt einen hatten!) nicht gezwungen, mit großen Stars zu drehen – das ist eine amerikanische Erfindung. Der Erfolg unserer Filme ging fast immer auf die Geschichte zurück oder den Regisseur, aber sehr selten auf die Schauspieler. Ich habe an allen möglichen Orten Leute getroffen, ich habe auf alle Briefe geantwortet, die ich bekam, und habe zu jedem Treffen zugestimmt, um das man mich bat.

Brigitte Helm etwa, eine Blondine mit interessantem Gesicht, war erst 16 als ihre Mutter sie ins Studio mitbrachte. Brigitte wollte Schauspielerin werden und in «Maria Stuart» auftreten, Schillers Stück über die arme Königin, die von der bösen Elisabeth zuerst eingekerkert und schließlich getötet wird. Ich glaubte sicher zu wissen, welche Rolle Brigitte spielen wollte (die sympathische natürlich), und war dann ganz verblüfft, als sie sagte «Elisabeth!» Da war ich sicher, dass ich es mit einem echten Talent zu tun hatte. Ein andermal, auf einer Pressekonferenz in Wien, wollte wieder eine Mutter mir ihre Tochter vorstellen. Auch sie war sehr schön, sehr blond und hatte ein interessantes Gesicht. Ich sagte ihr, sie solle mich in Berlin besuchen, wenn sie ernsthaft Schauspielerin werden wollte. Etwas später kam sie ins Studio nach Neubabelsberg, und ich gab ihr die Rolle der Diabolischen, der bösen Spionin mit dem Kindergesicht in SPIONE. Sie hieß Lien Dyers. Zu dieser Zeit lernte ich auch Gerda Maurus kennen, die ausgezeichnet war in einer kleinen Rolle auf der Wiener Bühne. Ich war sehr beeindruckt, wie sie alle Facetten ihrer Figur erschloss, bis hinein in die Strumpflöcher! Ich gab ihr eine der Hauptrollen in SPIONE und eine kleinere in FRAU IM MOND. Ich habe immer gern mit jungen und unbekannten Schauspielern gearbeitet. Sie sind wie noch unbewirtschaftete Felder, ihr Talent ist noch frisch. Auch wenn es technisch schwieriger ist, mit ihnen zu arbeiten, als mit routinierten Schauspielern, ist das Ergebnis letzten En-des doch besser. Ältere Schauspieler sagen einem: «Ich hatte viel Erfolg in dem und dem Film, als ich meine Rolle so und so anlegte.» Ich muss ihnen dann leider sagen: «Ja, aber das war ein anderer Film und eine andere Rolle.» Es ist manchmal unmöglich, diese Art Voreingenommenheit zu durchbrechen. Diese Stars sind in all ihren Filmen gleich, da die Filme auf ihrer unveränderbaren Persona aufbauen. Man kann eine Großaufnahme von ihnen aus dem einen Film in einen ganz anderen setzen, ohne dass man einen Unterschied sähe. Mit jungen Schauspielern muss man sich keine Sorgen machen über «riskante Manöver», da sie sich immer schon von selbst neue Wege bahnen. (Lang rückt seine Augenklappe zurecht und fährt in aller Ruhe fort.)

Einen Film für nur einen Menschen zu machen, sei es der Produzent, der Regisseur, ein Star oder ein Kritiker, hat keinen Sinn. Das Kino ist immer eine Kunst der Masse gewesen und soll es auch bleiben. Dennoch denke ich beim Drehen nicht immer an das Publikum, es ist allerdings sehr wahrscheinlich, dass ich mich instinktiv auf einige seiner Reaktionen einstelle. Ich habe mich immer fürs Publikum begeistert. Das Publikum ändert sich – ich ändere mich. Die jungen Leute heutzutage denken und leben nicht mehr so wie vor dreißig Jahren. Gott sei Dank! Und kein Regisseur kann heute einen Film so machen wie damals. Durch den Ersten Weltkrieg hat sich viel im Gefüge der Welt verändert. In Europa verlor eine gesamte Generation ihre Hoffnung. [...]

Aber damals wie heute ist das Kino ein Laster. Ich liebe es und habe oft gesagt, dass ich es für DIE Kunst unseres Jahrhunderts halte. Es ist ein Laster, das ich liebe, eine schlechte Gewohnheit (ich habe nur schlechte Gewohnheiten). Ohne Filme könnte ich nicht leben und ich liebe diese Kunst, die in den meisten Ländern unglücklicherweise eine Indus-trie geworden ist. Und indem sie eine Industrie geworden ist, wurde die Kunst beinahe zerstört. Ich habe immer sehr auf den Inhalt von Filmen geachtet, da er mir wichtiger erscheint als ihre Form. Was ich immer tun wollte, war, eine Idee zu vermitteln, die ich hatte, Dinge, die ich dem Publikum sagen wollte. Aber es gibt vielleicht nicht bloß einen Weg, um das zu erreichen. Es hängt davon ab, wie man seine Regie entwirft. Godard etwa improvisiert gerne, ich dagegen möchte schon ganz genau wissen, was ich tun werde, wenn ich am Drehort ankomme. Ich ändere praktisch nichts von dem, was ich schon im Kopf habe. Was allerdings die Schauspieler angeht, glaube ich, dass man ihnen die größtmögliche Freiheit lassen muss. Ich persönlich lege ihnen weniger Fesseln an als andere Regisseure.

Um einen Schauspieler anzuleiten, muss ich ihn zunächst verstehen lassen, was für ein Geist hinter seiner Rolle steckt, also den Unterbau seiner Rolle, selbst wenn die Handlung davon offen gar nichts weiß. Um dies zu erreichen, werde ich manchmal einfach wütend ... Ich schwitze Blut und Wasser, wenn es sein muss, aber im Grund bin ich immer glücklich, wenn ich drehe. Das ist kein zweites Leben für mich – es ist mein eigentliches Leben. Anders als es oft geschieht, muss ein guter Regisseur seinem Schauspieler nicht genau zeigen, wie er seine Rolle zu interpretieren hat. Im anderen Fall würde der Schauspieler nur das kopieren, was ich ihm vormache. Stellt euch vor: Zwanzig Fritz Langs drehen ihre Runden auf der Leinwand. Gott steh uns bei! Ich helfe den Schauspielern nur dabei, selbst herauszufinden, wie sie ihre Rolle interpretieren können. Ich bestehe nie auf etwas, das der Schauspieler selbst nicht empfindet: Man kann ihn nicht dazu zwingen. Mein einziger Wunsch ist, etwas ans Licht zu bringen, das er selbst in sich trägt, ihm zu helfen, es aus seinem Unbewussten herauszuholen, damit er eine Figur erschafft, von der er gar nicht wusste, dass sie in ihm steckt. Es gibt gute und schlechte Regisseure ... so wir die schlechten überhaupt Regisseure nennen wollen. So einer wird dem Schauspieler sagen: «Du hast die Szene im Drehbuch gelesen, kennst die Rolle, also gehst du jetzt zur Tür, spielst deine Szene, und wenn du fertig bist, gehst du durch die andere Tür hinaus.» So jemand ist kein Regisseur, sondern ein Polizist, der den Verkehr regelt.

(3.35 Uhr. Man trinkt weiter. Herman Weinberg öffnet die Brieftasche und holt einige Fotos heraus, die er auf den Tisch legt, auf dem Langs Hände ruhen.) Habt ihr gewusst, dass es in jedem Film von mir eine Einstellung meiner Hände gibt? (Er betrachtet das erste Foto.) Ah, das ist Brigitte Helm in METROPOLIS. Gott, war sie schön! METROPOLIS wurde gezeugt, als ich im Oktober 1924 das erste Mal die Wolkenkratzer New Yorks sah. Danach fuhr ich nach Hollywood, wohin mich die UFA schickte, damit ich die amerikanischen Produktionsmethoden kennenlerne. Dort war es furchtbar heiß zu der Jahreszeit ... Als ich New York besuchte, dachte ich, das ist ein Schmelztiegel, in dem verschiedene menschliche Kräfte zusammenlaufen, wirre, blinde Kräfte, die sich gegenseitig wegdrängen, im ständigen Verlangen nach Ausbeutung, sodass die Menschen in fortwährender Ruhelosigkeit leben. Ich ging einen ganzen Tag durch die Straßen. Die Häuser schienen vertikale Segel zu sein, funkelnd und ohne Gewicht, eine luxuriöse Kulisse, die am Nachthimmel schwebte, um einen zu blenden, abzulenken und zu hypnotisieren. Nachts schien es immer wieder so, als ob die Stadt lebe – so wie Illusionen leben. Ich wusste, ich muss einen Film machen über all diese Eindrücke. Als ich nach Berlin zurückkam, inmitten einer Krise, begann Thea von Harbou das Drehbuch zu schreiben. Sie und ich stellten uns gemeinsam eine Klasse von Müßiggängern vor, die in einer großen Stadt leben dürfen, dank der unterirdischen Arbeit von tausenden Menschen, die sich dagegen aufzulehnen beginnen. Ein Mädchen des Volkes führt sie an. Um die Rebellion niederzuwerfen, lässt der Herrscher der Stadt einen Roboter in Gestalt jenes Mädchens herstellen. Doch der Roboter Maria wendet sich gegen seine Erschaffer und bringt die Arbeiter dazu, die «Maschine» zu zerstören, welche das Herz der Stadt ist, das sie kontrolliert und das ihr Leben gibt. (Er seufzt leise und schaut uns an.) Ich habe oft gesagt, dass ich METROPOLIS nicht mag, und zwar, weil ich das Leitmotiv seiner Botschaft inzwischen nicht mehr akzeptieren kann. Es ist absurd zu behaupten, das Herz sei der Vermittler zwischen Hand und Hirn, was natürlich heißt: zwischen dem Chef und seinen Angestellten. Das Problem ist ein soziales und kein moralisches. Als wir drehten, gefiel mir das natürlich, ansonsten hätte ich nicht daran weiterarbeiten können ... Aber später verstand ich langsam, was alles nicht klappte ... Einer der Fehler, fand ich, lag daran, wie ich die Arbeit der Menschen und der Maschine zusammengebracht habe. Erinnert ihr euch an die Uhren, und wie der Mensch in ihrem Takt arbeitet? Er wird sozusagen Teil der Maschine. Naja, das scheint mir dann doch zu symbolisch, die Übel der Mechanisierung werden doch etwas zu simpel heraufbeschworen. Außerdem musste ich vor einigen Jahren mein Urteil nochmal revidieren, bei dem Spektakel, als Astronauten die Erde umkreisten. Das waren Gelehrte und gleichzeitig Gefangene ihrer Raumkapsel, nichts anderes – oder fast nichts anderes – als Teile der Maschine, die sie trug.

(Er betrachtet weitere Fotos aus METROPOLIS: Die Arbeiterkinder fliehen vor den eindringenden Wassermassen – die Roboterfrau – der Aufstand der Arbeiter im Maschinenraum ...) Aha, ein Bild im Schüfftan-Verfahren, das hat Eugen Schüfftan gemacht. Du hast mich gefragt, Herman, welche technischen Probleme wir zu lösen hatten, und hier, diese Szene haben mir mithilfe von Spiegeln gedreht. (Lang zeigt ein Foto des Maschinenraums und eines des riesigen Stadions für die Kinder der Oberklasse.) Schüfftan kratzte den Belag eines Spiegels an einigen Stellen ab und stellte diesen schräg gegenüber der Kamera, damit ein Teil des Dekors, auf Augenhöhe gebaut, im Spiegel zu sehen war, durch die abgekratzten Stellen hindurch aber noch ein anderes Dekor, das hier ein Miniatur-Dekor der arbeitenden Maschinen war. Die Miniatur ließ das echte Dekor größer erscheinen, dessen Herstellung ansonsten zu teuer gewesen wäre für eine so kurze Szene. Diese Kombination aus Wirklichkeit und Kunstgriff wurde gefilmt (statt im Labor fabriziert zu werden, wie es heute geschieht), dank der Erfindungskraft Schüfftans.

(Er nimmt ein anderes Foto, das eine Stadt mit modernen Häusern zeigt und mit «avant-gardistischen» Autos und Flugzeugen.)

In einem alten Studio mit gläsernen Wänden hatten wir eine sieben oder acht Meter lange Miniatur der Straße gebaut, auf der wir kleine Autos per Hand Zentimeter für Zentimeter bewegten und sie Bild für Bild filmten. Mit den Flugzeugen machten wir es genauso. Die Szene, die im Film ein, zwei Minuten lang ist, brauchte sechs Tage Dreharbeit! Aber die Probleme, die wir bekamen, betrafen nicht das Drehen, sondern die Laborarbeit. Der Kameramann hatte den Technikern gesagt, sie sollen den Film normal entwickeln. Aber der Laborchef, wissend, wieviel Zeit uns die kurze Szene gekostet hatte, entschied sich, die Vergrößerungen selbst zu entwikkeln. Niemand hatte es für nötig befunden, ihm zu sagen, dass, der Kameramann aus Gründen der Perspektive den Hintergrund etwas unscharf gefilmt hatte, sodass der Eindruck größerer Entfernung entstand. Nun gibt der Laborchef jedoch gerade dem Hintergrund mehr Schärfe und nicht dem Vordergrund! Der räumliche Maßstab wurde dadurch natürlich zerstört. Ich versuchte ruhig zu bleiben. «Sowas kommt vor, Kinder», sagte ich, «machen wir es nochmal!» Und das taten wir. (Das erste, was ich beim Filmen gelernt habe, war, dass man es nicht allein macht. Das Team hilft einem. Und mein Team war ausgezeichnet.) Was die «Videofon»-Szene betrifft, haben wir einen Teil des Films auf eine lichtdurchscheinende Fläche projiziert, die ein, zwei Schritte hinter einem Telefon stand. Dies war die allererste Rückprojektion ... Wir realisierten nicht die Tragweite dessen, was wir da taten, ansonsten hätten wir ein Vermögen gemacht, wenn wir auf dieses Verfahren, das heute überall benutzt wird, ein Patent angemeldet hätten. Seinerzeit wussten wir nur, dass wir ein Problem hatten und dass wir es lösen mussten. Mein Kameramann Günther Rittau entschied sich, keine Trickaufnahmen zu verwenden, sondern bediente sich einfach seiner Intelligenz: Er synchronisierte die Kamera mit einem Projektor, der das Bild eines Mannes auf das «Videofon» warf. Als die Szene begann, waren die beiden Apparate aufeinander abgestimmt und arbeiteten zusammen. Das Fluten der Arbeiterstadt war echt und im normalen Maßstab gefilmt. Aus Schläuchen strömte auf Straßenhöhe das Wasser wie aus echten Geysiren.

Eine andere Kamera kümmerte sich um den Roboter Maria. Die konzentrischen Kreise aus Licht, die ihn einfassen und sich von oben nach unten bewegen, waren eigentlich eine kleine goldene Kugel, die sich schnell im Kreis drehte, gefilmt vor schwarzem Samt. Im Labor blendeten wir diese Einstellung über jene andere, die den sitzenden Roboter zeigt und die wir schon vorher gefilmt hatten ...

Die erleuchtete Stadt bei Nacht war ein Trickfilm. Die Explosion der Maschine (könnt ihr euch erinnern?) war eines der ersten Male, dass die subjektive Kamera verwendet wurde, und gab dem Publikum den Eindruck, dass die beiden Schauspieler von der Wucht wirklich getroffen wurden. Die Kamera war an eine Drehscheibe befestigt

Sergei Eisenstein war damals ebenfalls im Studio und wir hatten eine Meinungsverschiedenheit über die bewegte und die feststehende Kamera, sprachen aber nicht allzu lange, da ich meinen Zeitplan einhalten musste. Ich hatte vor, ihn einige Tage später wiederzutreffen, aber da hatte er Berlin schon verlassen und ich sah ihn nie wieder. Mir wurde gesagt, dass er eine Studie über meine Arbeitsweise im ersten Mabuse-Film geschrieben habe, sie soll in Russland verlegt worden sein.

Die Meinungen über METROPOLIS waren sehr unterschiedlich. H. G. Wells fand, es sei der dümmste Film, den er je gesehen habe, wiederum sagte Arthur Conan Doyle: «Er lässt noch meine wildesten Träume hinter sich.»

Schaut euch dieses Bild an: Das ist Paul Richter in den NIBELUNGEN, wenn er den Speer in den Rücken bekommt. Was da neben der Quelle wächst, sind echte Blumen. Wir hatten das Saatgut im Herbst ausgestreut und im Frühjahr war das «Dekor» aufgegangen ... Wisst ihr, wie der Regenbogen am Anfang des Films entstanden ist? Durch eine Doppelbelichtung des im Studio gefilmten Berges und eines Bogens, den wir mit Kreide auf ein Stück schwarzen Kartons gezeichnet hatten. Wenn das Schwert die Feder spaltet, sind es eigentlich zwei Federn, die man zu Boden fallen sieht.

Wenn wir schon über Kamera-Effekte reden – es gibt welche, die nur die Schminke möglich macht. Zum Beispiel begegnet im TESTAMENT DES DR.

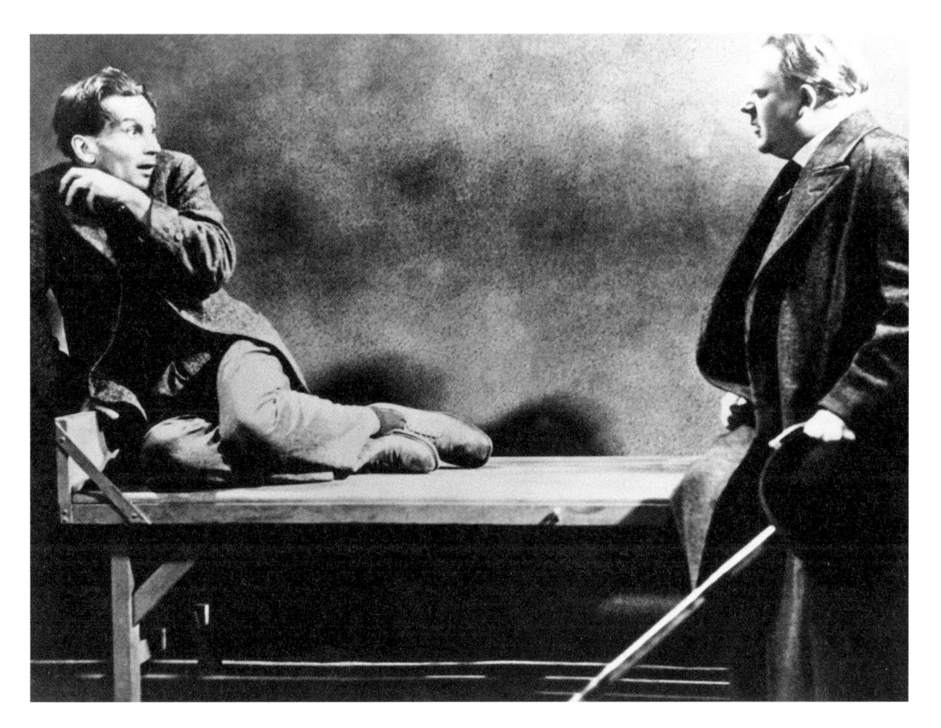

DAS TESTAMENT DES DR. MABUSE, 1932

FURY, 1936

MABUSE des Nachts das Gespenst Mabuses Dr. Baum und er sieht über dem Kopf der Erscheinung dessen Gehirn kreisen, welches Baum noch am Morgen seziert hatte, um herauszufinden, durch welche Anomalie Mabuse zu einem großen Verbrecher geworden war. Das ist so entstanden: Wir hatten einen Spezialkran und darauf Schläuche in der Form eines Gehirns befestigt. In den Schläuchen war Quecksilber, das sich bewegte, wenn Mabuse sich bewegte. Zwischen die Schläuche hatte der Maskenbildner Strähnen weißen Haares geklebt, so wie der lebendige Mabuse es hatte, sodass das Publikum den Eindruck bekam, es würde durch die Haut hindurch Mabuses Gehirn sehen. Um die Schrecklichkeit des Gespensts noch zu verstärken, hatten wir auf jedes seiner Augen eine halbe Eierschale gelegt, die Hornhaut schien deformiert. (Lang trübt seinen Blick und grinst.) Das war jedenfalls die glücklichste Zeit meines Lebens und um nichts in der Welt würde ich sie eintauschen ... Es war wie auf einem großen Gymnasium: Nach dem Drehen verbrachten wir lange Stunden in der Kantine und diskutierten den Film, meine Mitarbeiter und ich, es war, als hätten wir gemeinsam unsere Schulzeit wiedergefunden gehabt.

(Lang greift zu einem Foto, das einen Mann auf einer dunklen Straße zeigt, der sich den Kopf hält.)
... Lorre. Ich hatte ihn für M entdeckt ... Vor einem Monat ist er in Hollywood gestorben ... Ich mochte ihn ... Wir waren über 35 Jahre befreundet ...
(Lang hebt die Augen und verzieht das Gesicht.)

Nach den großen Fresken DIE NIBELUNGEN und METROPOLIS interessierte ich mich mehr für einzelne Menschen, für die Motive ihrer Handlungen. Anders als viele Leute denken, beruht M nicht auf dem Leben Peter Kürtens, des infamen Mörders aus Düsseldorf. Es traf sich, dass er seine Mordserie begann, als Thea von Harbou und ich das Drehbuch schrieben. Es war beendet, bevor er gefasst wurde. An sich kam mir die Idee für M beim Lesen eines Zeitungsartikels. Ich schaue immer in die Zeitung, um Anhaltspunkte für eine Geschichte zu finden. Damals arbeitete ich mit dem Berliner «Scotland Yard» (am Alexanderplatz) zusammen und hatte Einsicht in einige geheime Akten. Es ging darin um so unsägliche Mörder wie Großmann aus Berlin, Haarmann aus Hannover (der so viele junge Leute getötet hat) und andere vom gleichen Schlag. Für das Urteil in M bekam ich ungewollte Hilfe durch eine Organisation von Übeltätern, unter denen ich zu Beginn meiner Recherche für den Film einige Freunde gefunden hatte. 12 oder 14 dieser Ganoven habe ich sogar eingesetzt; da sie von der Polizei schon fotografiert worden waren, hatten sie keine Angst vor meiner Kamera zu erscheinen. Noch andere hätten mir gern geholfen, doch waren sie der Polizei noch unbekannt. Einmal war ich dabei einige Szenen mit echten Ganoven abzuschließen, als ich erfuhr, dass die Polizei anrückte. Ich ließ es meine Freunde wissen, bat sie aber auch, noch für zwei letzte Aufnahmen zu bleiben. Sie akzeptierten und ich beeilte mich. Als die Polizei eintraf, waren die Szenen im Kasten und meine «Schauspieler» allesamt in den Kulissen verschwunden.

(Lang nimmt ein anderes Foto.)
Marlene ... in RANCHO NOTORIOUS. Der Originaltitel war «Chuck a Luck», so hieß die Ranch im Film, aber auch ein Glücksspiel sowie ein Lied, das man ausschnittweise immer wieder im Film hört. Die Idee, einen Song sowohl in technischer wie dramatischer Hinsicht zu verwenden, indem er nämlich die Handlung vorantreibt, gefiel mir und sollte sich hier zum ersten Mal in einem Western bewähren (HIGH NOON entstand erst später). Mit vier oder fünf Zeilen des Songs konnte ich schneller auf den Punkt kommen und dabei Dinge auslassen, die das Publikum hätten langweilen können und für den Film unwichtig gewesen wären.

Was ich in RANCHO NOTORIOUS zeigen wollte, war eine nicht mehr junge Frau, die eine Ranch besaß, in der sie Banditen aufnimmt, die verfeindet sind mit einem alten Revolverhelden, der inzwischen langsam geworden ist. Ein junger Mann kommt ins Spiel, der wiederum sehr schnell zieht. Das ewige Trio des Westerns. M. Howard Hughes, der Chef von RKO, für die ich den Film machte, änderte den Titel in RANCHO NOTORIOUS, da seiner Meinung nach im Ausland niemand gewusst hätte, was «Chuck a Luck» bedeute. Aber hat man in Europa RANCHO NOTORIOUS wohl besser verstanden? (Lang hält inne und zündet sich eine Zigarre an.)

Leider haben wir Regisseure über diese Dinge kaum Kontrolle. Wisst ihr, es gibt für Regisseure kein Copyright in der Filmindustrie. Man sagte mir, in Frankreich existiere so etwas mehr oder weniger. Aber dafür haben wir etwas in den USA, das ich

Fritz Lang bei den Dreharbeiten zu THE WOMAN IN THE WINDOW, 1944

Fritz Lang bei den Dreharbeiten zu BEYOND A REASONABLE DOUBT, 1955

gänzlich befürworte und das in Europa unbekannt ist, nämlich die Preview. Wenn jene, die sich Produzenten nennen, wirkliche Menschen wären und echte Freunde des Regisseurs und keine Neidhammel, dann verstünden sie, dass man den Wert eines Films nur beurteilen kann, wenn man weiß, ob er dem Publikum gefällt ... Daher die Preview. Einmal gab es in einem meiner Filme eine Szene mit Ida Lupino und Dana Andrews, die der Produzent nicht mochte, die ich aber sehr lustig und gelungen fand. Eine Woche lang diskutierte ich diese Szene mit dem Produzenten, aber er war nicht zu überzeugen und blieb stur dabei, sie herausschneiden zu wollen. Ich sagte also: «Warum lassen wir es nicht durch eine Preview entscheiden?» Da er mir zeigen wollte, dass ich unrecht hatte, organisierte er eine. Aber das Publikum liebte die Szene, es lachte und applaudierte. Der Produzent war wütend und enttäuscht. Zu meinem Cutter Gene Fowler sagte er: «Ich werde immer neue Previews veranstalten, bis ich ein Publikum finde, das die Szene nicht mag, und dann werde ich sie rausschneiden!»

Was ich von Produzenten halte, habe ich in Godards Film gesagt. Und das war so, dass ich glaube, ich werde nie wieder ein Film-Angebot bekommen ...

Es gibt einen Satz von mir in LE MÉPRIS, an den ich sehr glaube: «Der Tod ist keine Lösung.» Nehmen wir an, Herman, ich bin in eine Frau verliebt. Sie betrügt mich. Ich töte sie. Was bleibt mir dann? Ich habe meine Frau verloren, da sie nun offenbar tot ist. Töte ich statt ihrer aber den Liebhaber, wird sie mich hassen, und ich verliere ihre Liebe erneut. Nein, Kinder, der Tod ist keine Lösung.

Wäre ich an einen Produzenten gebunden gewesen, hätte ich M niemals machen können. Welcher Produzent hätte einen Film gewollt, in dem es keine Liebesgeschichte gibt und in der der Held ein Kindermörder ist? Da M mein erster Tonfilm war, machte ich einige Experimente mit dem Ton, die im Stummfilm natürlich nicht möglich gewesen wären. Erinnert ihr euch an den blinden Bettler, der auf den Bettlerbasar geht, um sich eine Drehorgel zu leihen? Als man eine anspielt, dringen ihm falsche Töne in die Ohren. Er hält sie sich zu, um die Missklänge nicht mehr zu hören, und gleichzeitig bricht auch die Musik im Film ab. An anderen Stellen habe ich mich des Tons ebenfalls bedient: für Schritte in der seltsamen Stille der Nacht, oder für das schwere Atmen des Kindermörders ... Aber so wie der Ton einer Szene Intensität verleiht, kann auch das Weglassen einer Handlung ihren dramatischen Gehalt erhöhen ... Lasst mich das erklären ... Wenn das Kind getötet wird, rollt sein kleiner Ball aus einem Gebüsch und hält schließlich an. Das Publikum identifiziert ihn mit dem kleinen Mädchen und somit, durch Gedanken-Assoziation, weiß es, dass gleichzeitig mit dem Ball auch das Leben des kleinen Mädchens angehalten hat. Ich konnte natürlich nicht die furchtbare sexuelle Gewalt zeigen, die dem Mädchen angetan wurde, doch indem ich sie nicht zeigte, bekam ich mehr Reaktionen auf Seiten des Publikums, als wenn sie im Detail zu sehen gewesen wäre. Ich nötigte den Zuschauer, seine Vorstellungskraft zu benutzen. Ebenso kann ein einfaches Verfahren die Intensität einer Szene verstärken, indem gezeigt wird, was eine Figur vermutlich gerade denkt. Erinnert ihr euch an das bewegliche Ding im Schaufenster des Spielzeugladens? Ein Pfeil bewegt sich fortwährend von unten nach oben [...]? Dies bekommt für den Mörder eine sexuelle Bedeutung, die dem Publikum völlig bewusst ist.

(Lang greift zu einem Foto, das das Gesicht eines Mannes in Nazi-Uniform zeigt.)

Hans von Twardowski ... der Heydrich in HANGMEN ALSO DIE! Etwas Unerfreuliches ist mir mit dem Film passiert. 1944 hatte er keinen sonderlichen Erfolg. Die Leute sagten mir, er erinnere sie zu sehr an die Kriegswirklichkeit. Erst 19 Jahre später in Paris sollte die Kritik ihn schätzen lernen. Noch heute scheint mir HANGMEN ALSO DIE! den Kampf der gesamten Prager Bevölkerung gegen die faschistischen Truppen zu zeigen. Der Schlusstitel «Not the end» erwies sich als Weissagung, da das Gleiche heute wieder passiert, mit dem Unterschied, dass die Invasoren heute von der anderen Seite kommen!

Ich bin immer an Kämpfen interessiert gewesen, an Kämpfen aller Art – gegen die Polizei, die Korruption von Regierungen, von Kindern gegen ihre verständnislosen Eltern ...

... Ah, Tracy in FURY (Lang betrachtet ein Foto mit Spencer Tracy und einem kleinen Hund). Als ich diesen Film über die Lynchjustiz machte, konnte ich sicher noch nicht hoffen, dass diese abscheuliche Praxis einmal aufhören würde. Ich konnte nur den Finger auf die Frage legen – andernfalls hätte ich Politik betrieben. So ist es immer. Ich kann bloß bestimmte Dinge zeigen und sagen: «Das ist, glaube ich, die Realität. Schaut her.» Mehr kann ich nicht tun; ich sehe mich nicht als Wundertäter. Auch sehe ich mich nicht als Künstler ... «Künstler» ist nur ein Wort. Ich habe viele Filme gemacht ... Ich bin ein Macher von Filmen, ein Regisseur, nicht mehr, nicht weniger ...

(Er betrachtet das Farbfoto einer jungen Frau – Marilyn Monroe in CLASH BY NIGHT.)

Ein so hübsches Kind, und so fehlgeleitet. Ich mochte sie sehr, doch war in dem Film Barbara Stanwyck der wirkliche Star und sie hat sich nie über die vielen Nachaufnahmen beklagt, die wir wegen Monroe machen mussten.

(Er beugt sich über den Tisch.) So viele Fotos! Henry Fonda und Sylvia Sydney in YOU ONLY LIVE ONCE, Walter Pidgeon und Joan Bennett in MAN HUNT, Randy Scott in WESTERN UNION, Edward G. Robinson in SCARLET STREET, Dana Andrews und Ida Lupino in WHILE THE CITY SLEEPS, Debra Paget in den zwei Indien-Filmen ...

(Lang justiert seine Augenklappe und beginnt damit, genauestens alle Fotos vor sich aufeinanderzulegen.)

Ich habe schon oft gesagt, dass ein Regisseur, der mit seinen Schauspielern arbeitet, eine Art Psychoanalytiker sein sollte. Natürlich nicht für die Schauspieler direkt, sondern für die Figuren. Zuerst gibt es sie nur auf dem Papier; der Regisseur muss sie für den Schauspieler zum Leben erwecken, und dann für das Publikum. Eines Tages in Hollywood hat mir ein Autor gesagt: «Ich weiß genau, was Sie dachten, als Sie diese und jene Szene in M drehten», und ich meinte: «Sagen Sie's.» Darauf gab er eine lange Theorie von sich, die absolut falsch war. Jedenfalls dachte ich das damals. Jahre später allerdings, als ich bei einer Pressekonferenz in Paris diese Anekdote erzählte, brach ich mittendrin ab, weil ich plötzlich realisierte, dass in solchen Dingen eine tiefe Wahrheit liegen könnte ... in dem, was man den «Touch» eines Regisseurs nennt, was aus seinem Unbewussten kommt und worüber er sich selbst beim Drehen nicht klar ist ... Manchmal denke ich, dass ein guter Kritiker ebenfalls eine Art Psychoanalytiker ist und er mir wahrscheinlich sagen könnte, warum ich eine Szene so und nicht anders gedreht habe ... Doch ist das ein zweischneidiges Schwert. Ich kannte einmal einen Schriftsteller, der sich analysieren ließ, und zwei Jahre später konnte er nicht mehr schreiben. Ich glaube unsere kreative Arbeit ist das Ergebnis bestimmter Frustrationen. Oder nein, Frustration ist nicht das richtige Wort, Neurose ist besser. Wenn also die Frustration oder die Neurose eines Tages verschwinden sollte, was dann?

Für mich ist ein Film wie ein Kind, das ich auf die Welt bringe. Nachdem ich ihm aber – wenn ich das so sagen darf – das Leben geschenkt habe, überlasse ich ihn sich selbst. Ist ein Film beendet, möchte ich ihn nicht wiedersehen. Ich kann dann nichts mehr für ihn tun. Er hat sein eigenes Leben, das nicht das meine ist. Oft werde ich gefragt, welcher meiner Filme mir der liebste ist. Aber entscheidet sich eine Mutter für ein Kind, das sie mehr liebt als ihre anderen? Eine Mutter bringt ihr Kind einmal auf die Welt, ein Regisseur jedoch dreimal: zuerst wenn er am Drehbuch arbeitet, dann wenn er dreht und schließlich beim Schnitt. Allerdings glaube ich, dass meine Lieblingsfilme doch diese sind: M, THE WOMAN IN THE WINDOW, SCARLET STREET und WHILE THE CITY SLEEPS.

Es ist schwer zu sagen, wenn ich darüber nachdenke, was das Grundthema meiner Filme ist ... Möglicherweise ist es der Kampf des Individuums gegen das, was ihm widerfährt – das ewige Problem der alten Griechen, der Kampf gegen die Götter, der Kampf von Prometheus gegen das Schicksal. Es ist noch heute das Gleiche: Wir kämpfen gegen Gesetze, wir kämpfen gegen Regeln, die uns weder gut noch richtig erscheinen. Wir kämpfen andauernd. Ich denke, der Kampf an sich ist wichtiger, als was bei ihm herauskommt ... Das «Happy End», gibt es das denn wirklich?

(Er hält inne und erhebt sich nachdenklich.)

So, Kinder, es wird schon Tag. Hören wir auf mit diesem blöden Gespräch über mich.

(Herman Weinberg hebt sein Glas und zitiert eine Stelle aus LE MÉPRIS: «Der, der weiß und nicht weiß, dass er weiß, ist am Schlafen. Jener, der weiß und weiß, dass er weiß, ist ein Meister. Folgen wir ihm ...»)

«Cahiers du Cinéma», Nr. 169, August 1965
und Nr. 179, Juni 1966
Übersetzung von Stefan Flach

LE MÉPRIS, 1963

LE MÉPRIS, 1963

MICHEL PICCOLI

MEINE BEGEGNUNG MIT FRITZ LANG

Meine Begegnung mit Fritz Lang war wunderbar. Ich lernte ihn als Schauspieler kennen, nicht als Regisseur. Es war eigenartig, den jungen Godard ganz fasziniert vor diesem Meister zu sehen, und gleichermaßen Lang vor Godard. Denn da er mit Jean-Luc arbeitete, erlebte auch Lang sich, wie er mir sagte, wieder verjüngt. Er war von einer großen Empfänglichkeit und Disziplin. Seine Figur tat nur so, als sei sie der wirkliche Fritz Lang, beim Drehen ließ er niemals eine Bemerkung fallen und gab keinerlei Ratschläge, außer manchmal bei den Dialogen ... Es kam vor, dass Jean-Luc ihn bat, die eine oder andere Äußerung auf Deutsch zu erfinden. Er war wie ein junger Schauspielschüler, zwar unerfahren, doch voller Begeisterung. Da ich damals selbst noch ein solcher war, bildeten wir eine Art Duo. Daher darf ich auch sagen, dass ich ihn wie einen Freund aus der gleichen Generation erlebt habe. Ich machte mir nicht wirklich bewusst, dass ich den großen Lang vor mir hatte. Er war ein Herr, der eine bestimmte Anmut besaß, ebenso wie Geschmeidigkeit, Autorität und einen ganz und gar stillen und friedfertigen Humor. Wir wohnten im gleichen Hotel auf Capri und gingen zusammen jeden Morgen 25 Minuten zu Fuß, um zur Villa Malaparte zu gelangen, wo Jean-Luc drehte. Die Erinnerung daran, wie wir, auf unserem Weg zum Kinomachen, entlang der Felsformation Faraglioni spazierten, ist außerordentlich. Das Glück war total. Im Übrigen war Lang schweigsam. Sehr schweigsam. Abends sagte er mir manchmal: «Schau, ich sage Jean-Luc ja nichts, aber eigentlich möchte ich ihn fragen: ‹Warum machst du in dieser Szene keine Großaufnahme?›, nur traue ich mich nicht.» Im Verhältnis der beiden Männer gab es viel Unausgesprochenes, was bei Godard aber sowieso immer der Fall ist. Es war tatsächlich ein wenig wie bei DER DINOSAURIER UND DAS BABY – den ich allerdings nicht gesehen habe. Godard hat Lang niemals irgendwelche Ratschläge gegeben, und dieser hätte sie sicher nicht angenommen.

Bei LE MÉPRIS gab es, wenn ich so sagen darf, drei Clans oder drei Familien. Sagen wir, dass es zwischen Fritz, Jean-Luc und mir ein heimliches Einverständnis gab, wobei vieles nicht ausgesprochen wurde. Brigitte war wiederum zu Anfang ganz begeistert davon, mit Jean-Luc drehen zu können, doch kapselte sie sich mit der Zeit immer mehr ab, da sie weder Leidenschaft für ihren Beruf als Schauspielerin noch fürs Kino hatte. Die dritte Familie bestand aus Jack Palance, den Godard nicht ausstehen konnte. Fritz Lang war es zufrieden, denn er sagte: «Er hat recht, dieser Schauspieler ist sowas von blöd.» Trotz dieser drei Clans – die ja auch mit dem Sujet des Films korrespondieren – hat Godard es geschafft, eine perfekte Osmose herzustellen. Ich verstand sehr bald, dass ich in meiner Rolle eigentlich Jean-Luc zu spielen hatte. Dabei half es mir, ihn bei der Arbeit zu beobachten. Ein wenig habe ich ihn imitiert und kopiert. Allerdings hat er mir diesbezüglich nie etwas erklärt, sondern nur gesagt: «Du bist eine Figur aus RIO BRAVO, die in einem Film von Resnais mitspielt.» Lang und ich sind in dem Film so etwas wie ein Monster mit zwei Köpfen: das Double von Godard. Lang mochte LE MÉPRIS sehr und er war stolz, seine eigene Rolle in einem Godard-Film spielen zu können. Das war für ihn die Apotheose.

Wir sind bis zum Ende seines Lebens Freunde geblieben. Ich war einer der wenigen, die er, wenn er einmal in Paris war, getroffen hat. Ich selbst bin einmal nach Los Angeles gereist, nur weil ich ihn sehen wollte. Ich drehte in den USA und sagte einigen Amerikanern, dass ich zum «Longride Drive» wollte, um Fritz Lang zu besuchen, worauf ich zu hören bekam: «Sie müssen verrückt sein, der ist doch tot!» Er war ein vollkommen isoliert lebender Mensch und wohnte in einem bescheidenen Haus in Beverly Hills, das man überhaupt nicht mit Hollywood assoziieren würde. Seinen Lebensunterhalt bestritt er mit einer Rente, die er von der deutschen

Regierung bekam, wie auch mit gelegentlichen Vorträgen, die er an amerikanischen Universitäten hielt. Und doch hatte er immer eine Eleganz, so wie ein Grandseigneur, der immer auf der Höhe seines Lebensstandards blieb. Eines Tages lud er mich in ein Filmstudio ein, ich weiß nicht mehr welches, das diesen Namen keineswegs mehr verdiente, und erzählte mir, was er früher dort alles gedreht hatte, und auch vom Tod des Kinos. Im Laufe dieses Besuchs erklärte er mir zudem, warum er Lili, also die Frau, mit der er seit seinem Weggang aus Europa zusammenlebte, schließlich heiraten wollte. «Ich habe sie derart leiden lassen – vielleicht ist es zumindest anständig, wenn ich sie noch heirate, bevor ich sterbe.» Vom Kino sprach er wenig und war, was sein eigenes Werk und seinen früheren Ruhm anging, sehr diskret. Ich war ein wenig sein Vertrauter, so etwas wie ein Enkel oder Großcousin, der ihm beständig die Treue hielt. Da sich Jean-Luc nicht mehr bei ihm meldete, worüber er traurig war, fragte er manchmal mich, ob ich Neuigkeiten von ihm hätte. Ich weiß noch, wie wir beide Jean-Luc im Krankenhaus besuchten, nachdem dieser seinen Motorradunfall hatte. Nur deswegen konnte er auch mildernde Umstände für sich geltend machen, denn er war nicht eben erfreut uns zu sehen. Oder anders gesagt, er hat sich keinerlei Mühe gegeben, wie er es sonst tut; er lag nur schweigend im Bett. Dabei hatte ihn Lang unbedingt besuchen wollen. Ich glaube, dass er nach LE MÉPRIS kaum noch jemanden in Frankreich regelmäßig sah, ausgenommen Lotte Eisner und Henri Langlois.

Nach LE MÉPRIS wollte Chabrol einen Film von Lang produzieren. Aber Lang alterte und verlor immer mehr sein Augenlicht. Er hätte es nicht ausgehalten, nicht mehr der Fritz Lang in seinem alten Glanz zu sein. Zwar hatte er die Sache noch nicht ausgeschlagen gehabt, doch sagte er mir: «Ich kann nicht mehr.» Er lebte in einer abgeschlossenen Welt, zusammen mit jener Frau, die seine Frau geworden war, und legte sein Amt, Fritz Lang zu sein, Stück für Stück nieder ...

Und doch hielt ihn das nicht zurück, weiterhin wütend auf die Hollywood-Studios und die dazugehörigen «Gangster-Produzenten» zu sein. Doch erschien er mir weder nostalgisch, traurig oder melancholisch. In Hollywood besuchte er oft Carl Laemmles Sohn, dem in Los Angeles etliche Kinos gehören, die europäische Filme zeigen. Ebenso hielt er Kontakt zu der Ehefrau von Peter Lorre. Das waren zwei Freunde, die ihm aus seiner Zeit «davor» geblieben waren.

Ich war sehr aufgeregt, als ich einmal Buñuel zusammen mit Lang bei einer Feierlichkeit in Hollywood gesehen habe. Buñuel sagte immer, dass DER MÜDE TOD ihn dazu gebracht habe, selbst Filme zu machen. Ich habe sehr viel gelernt von Lang wie von Buñuel, vor allem, was die Einstellung eines Schauspielers gegenüber dem Regisseur angeht, über das, was den Beruf eines Schauspielers ausmacht. Lang sagte häufig, dass Schauspieler und Regisseur in einer totalen moralischen Übereinkunft miteinander verbunden sein müssen, ansonsten lohne es nicht die Mühe, überhaupt Schauspieler zu sein.

Letzten Endes litt er sehr darunter, dass er ein Einwanderer war ... Er hatte sich entschieden, in Amerika zu leben und nicht mehr in Deutschland, die Gründe dafür sind bekannt. Er sah sich überhaupt nicht als Deutscher, sondern als Österreicher. Außerdem sagte er: «Je ne suis pas Autrichien, je suis un autre chien.» [Wortspiel mit «un Autrichien» = ein Österreicher, und «un autre chien» = ein anderer Hund; A.d. Ü.]

Er hatte sehr viel Humor, auch sich selbst gegenüber. Als ich ihn kennenlernte, lebte er zusammen mit seiner Frau und ... einem Stoffaffen. Ich habe ihn nie gefragt, was das für ein Geschöpf war. Sollte es ein Bild für Joan Bennett sein, die er einmal wahnsinnig geliebt hatte? Sollte es sein Kind sein? Sein Fetisch? Es war jedenfalls mehr als ein Maskottchen, nämlich schon eher ein vermenschlichtes Wesen, das er adoptiert hatte und das ihm nun ständig Gesellschaft leistete. Mich hatte er immer «das Schwein» genannt, ich weiß nicht warum. Er war ein Mann mit Herz, zärtlich und voller Gefühl, das ganze Gegenteil eines Zynikers.

«Cahiers du Cinéma», Nr. 437, November 1990
Übersetzung von Stefan Flach

LE DINOSAURE ET LE BÉBÉ, 1967

LE MÉPRIS, 1963

GEORGES FRANJU

FRITZ LANGS STIL

Dieser Text, erschienen im März 1937 in «Cinématographe», wurde vom Autor für die Leser der «Cahiers» nochmals überarbeitet.

Ob, was er in sein Medium überträgt, von Thea von Harbou stammt oder nicht, immer scheint Lang von so etwas wie einer höheren, ausgleichenden Gerechtigkeit zu träumen.

Er befasst sich zu Anfang nach Art der damaligen deutschen Schule mit Märchen, Legenden und Sagen. Aber trotz seiner Ausrichtung auf Entstehung und Zusammenwirken gesellschaftlicher Kräfte kann der große germanische Regisseur seine Leidenschaft für die Gleichheit noch nicht anwenden auf eine als ihr eigener Richter vorgestellte Menschheit. Auch vermag er es noch nicht, sich mit seinem Wunsch nach Neugestaltung gegenüber einer Wirklichkeit durchzusetzen, die unter der Zwangsherrschaft des Justizapparates steht.

Gleichsam als Symbolist und Außerirdischer stellt er in seinem Film DER MÜDE TOD zum ersten Mal die ewige Frage, was in den Waagschalen der Gerechtigkeit liegt. Dieses philosophische Werk erzählt die Geschichte einer jungen Frau (Lil Dagover), die mit ihrer Seelengröße über tausend Fährnisse obsiegt und am Ende einer fürchterlichen Prüfung die himmlischen Gewalten zum Einlenken bewegt.

Bekräftigt er dergestalt das göttliche Urteil als Urform und Vorbild, geht Lang in seinem zweiten Film DR. MABUSE, DER SPIELER mit der Figur eines wissenschaftlich vorgehenden Nihilisten zum Angriff über. Und METROPOLIS gibt ihm Gelegenheit, unter den aufeinander bezogenen Mitgliedern einer Gesellschaft, in einer durchgestalteten Welt, die Spaltung und Vereinzelung ins Werk zu setzen, die den Menschen seiner eigenen Wirklichkeit ins Gesicht schauen lässt. Das ist die erste Stufe der soziologischen Entwicklung des Themas ...

Fünf Jahre später ist es so weit, der Gerechtigkeit die Rechtsprechung nach dem Gesetz gegenüberzustellen, die ihre Grenzen festlegt. Die fixe Idee des Gerichts beginnt Gestalt anzunehmen. Aber es ist ein Gericht jenseits der Gerichtsbarkeit, vor dem zu allen Anliegen gehört wird. Mit einem Mal steht Lang mitten in der Gegenwart, die er frontal angreift.

Der Angriff erfolgt nunmehr in offenem Gelände. Er wendet sich gegen das Amtlich-Förmliche, das für die herrschenden Gewalten steht. Gegen diese Gewalten, die dem Justizapparat zuarbeiten. Gegen eine Justiz, die an der Gesetzgebung ausgerichtet ist. Und gegen eine Gesetzgebung, die Vorrechte, Althergebrachtes und Dummheit unter ihren Schutz stellt.

Tribunale mit aller Art Zuständigkeitsbefugnis werden eingerichtet. Verfügungen und Beschlüsse, Gesetzbücher und Regelbestimmungen einer neuerlichen Durchsicht unterzogen, wobei die ordentliche Beweisführung häufig der Gewalt weicht, dem Ungesetzlichen. Damit sind die auf Abwege Geratenen, die Versehrten, Räuber und Betrüger, die an den Rand der Gesellschaft Gedrängten aufgerufen, eine neue Gesellschaft aufzubauen.

Immer hat Lang sich mit den Erbärmlichen und Rechtlosen verbunden gefühlt, egal, wessen sie sich schuldig gemacht haben, soweit sie, mit welchen Mitteln auch immer, gegen eine abgestumpfte Gesellschaft und deren Glaubenssätze angekämpft haben.

Wir wollen nun direkt zum Tonfilm übergehen, zu M, um Nachweise für meine Behauptungen zu finden. (Auf die minderen Werke, die zwischen METROPOLIS und M entstanden, brauchen wir nicht weiter einzugehen.) Eingedenk der bekannten Geisteshaltung des großen Filmschaffenden und trotz des über den sadistischen Täter verhängten Todesurteils – das eher wie ein Zugeständnis wirkt – wird man bemerken, dass Peter Lorre nicht nur über einen Verteidiger verfügt, sondern die eigene Sache selbst in einer Weise vertreten kann, die nicht verfehlt, eine verständnislose und beschränkte Gesellschaft zur Verantwortung zu ziehen. Dabei will er weniger auf eine Entschuldigung für seinen Geisteszustand hinaus, die höheren Orts als mildernder Umstand gelten könnte. Indem er seine Versehrung vor aller Augen zeigt, stellt Lorre sich vielmehr den Bürgern und Bürokraten zur Schau, die in ihm ein elendes Symbol der Schöpfung erblicken. Zu Ende des Films wird der «Blutdurstige» seinen behelfsmäßigen Richtern entrissen und vor ein ordentliches Gericht gestellt. Da die höchstrichterlichen Beamten in Langs Augen aber auf keinen Fall zu einer gerechten Urteilsfindung taugen, wird ihr Richtspruch nicht mitgeteilt.

Im Fortgang seiner ebenso zerstörenden wie aufbauenden, angriffslustigen wie kritischen Arbeit wird Lang nach dem alten, fürchterlichen DOKTOR MABUSE ein neues TESTAMENT DES DOKTOR MABUSE schaffen. Wie der Titel nahelegt, stellt es ein Evangelium dar (nach dem heiligen Mabuse), das gegen Vorurteile, verknöcherten Stumpfsinn und eine fundamentale Ungerechtigkeit vorgeht mit einem System äußerst energischer Zwangsmaßnahmen.

Einmal mehr ist hier anzumerken, dass dem Schuldigen (Klein-Rogge), und zwar aufgrund seines Wahnsinns, Straffreiheit zugestanden wird (Mabuse entkommt der Guillotine in die Gummizelle). Als Vorbote einer glaubwürdigeren Moral wird ihm so etwas wie der Respekt für einen Revolutionär zuteil.

Dagegen kehren wir mit LILIOM (nach Molnár) zurück zur heroischen Zeit, verklärt in einer himmlischen Gerechtigkeit. Indem Liliom Zadowski eher Selbstmord begeht als sich inhaftieren zu lassen, entzieht auch er sich dem Einschreiten der Amtsrobenträger. Im Himmel wird ein verständiger engelhafter Kommissar sein moralisches und gesellschaftliches Ansehen in unseren Augen wiederherstellen.

Die Eindrücke von FURY, zuletzt hervorgegangen aus der Lang'schen Produktion und meiner Ansicht nach danebengegangen (aber das ist eine andere Sache), sind, denke ich, noch zu frisch, um auszumachen, welche Anliegen der Film in Bezug auf die Frage nach Recht und Unrecht haben mag. Manche sehen in ihm einen Protest gegen die Lynchjustiz; ich für meinen Teil sehe ihn ebenso als eine Anklage gegen die Praxis willkürlicher Inhaftierung, welche letztendlich für die dramatischen Entwicklungen, die sie auslöst, verantwortlich ist.

Wie auch immer – wenn Spencer Tracy vor dem Gerichtshof erklärt: «Ihr habt mein Vertrauen in die Justiz zunichte gemacht!», ist mit diesem Satz etwas erfasst, was dem Lang'schen Werk einen Teil seiner Eigentümlichkeit und Kraft gibt.

Grundsätzliches zum Schnitt

Was ein gut ersonnenes und geschickt aufgebautes Drehbuch tatsächlich ausmacht, ist, dass es gemäß den unveränderlichen Regeln für die Beziehungen zwischen den Bildern, die Aufeinanderfolge der Einstellungen, für rhythmisches Maß usw. eingerichtet wird. Es geht dementsprechend darum, in Langs filmischen Erzählungen eine Vorgehensweise wahrzunehmen, die er als erster angewendet hat, seit 1921, soweit uns bekannt. Die meisten anderen begnügten sich in dieser Zeit damit, der allgemeinen Entwicklung des Erzählens zu folgen, oder es wurde versucht, den künstlerischen Gehalt zu erhöhen durch gesteigerten schauspielerischen Ausdruck, eine um Umwelteindrücke und -stimmungen bemühte Kamera.

Worum es mir hier geht, ist der intuitive Schnitt, für den sich ein sehr einfaches Beispiel ganz zu Anfang von DER MÜDE TOD findet.

Iris-Aufblende ... auf eine Straßenkreuzung
Vor der ein Mann auftaucht.
Überblendung ... auf einen Busch ...
Eine Kutsche auf einer Straße ...
Untertitel: Irgendwo – irgendwann – zwei Liebende auf der Hochzeitsreise.

Das ist alles. Aber mehr als diese wenigen gegeneinandergesetzten Einstellungen wäre auch nicht nötig, um den Zuschauer vorhersehen zu lassen, dass die fahrende Kutsche auf ihrem Weg zwangsläufig dem Mann an der Kreuzung begegnen muss.

Mit seinen aneinandergereihten Einstellungen, die einander zur näheren Umstandsbestimmung werden, mit räumlichen Verhältnissen, die nur aus dem Schnitt abzuleiten sind, ist dieses Beispiel kein Einzelfall. Zum Beweis diene der Eindruck, den der Anfang von M hinterlässt. Er bringt den Zuschauer zu einer wirklich bemerkenswerten Anteilnahme, wozu die intuitive Arbeit ihrerseits, geordnet und gelenkt, bis an die Grenzen dramatischer Bewegtheit gehen musste.

DER MÜDE TOD, 1921

DIE NIBELUNGEN. TEIL 1: SIEGFRIED, 1922/24

Denn wenn von der Uhr abzulesen ist, dass sie sich schon eine Stunde verspätet hat, kann man immer noch auf die Rückkehr der kleinen Elsie hoffen. Angesichts des nachdrücklich verharrenden Bildes von ihrem Teller und ihrem leer gebliebenen Stuhl ist es schon kaum mehr möglich. Sobald aber die Kamera das leere Treppenhaus hinunterstarrt, kann sicherlich niemand mehr daran glauben, dass das Kind zu seiner Mutter zurückkehren wird. Der Anblick dieses Treppenhauses in seiner Unbeweglichkeit und Leere, in seiner trübseligen Ärmlichkeit gibt den Ausschlag. Man ahnt, was die nachfolgenden Ereignisse dann bestätigen: Die kleine Elsie wird diese Treppe niemals wieder hinaufsteigen.

Von diesem Verfahren aus, das verschiedene Anwendungsmöglichkeiten birgt, kommen wir nun zu einem Mechanismus, der nicht mehr, wie in den oben untersuchten Beispielen, über die Geschichte auf den Verstand wirkt, sondern durch Brüche in der fortlaufenden Erzählung ein reflexhaftes Verhalten des Zuschauers auslöst.

Denken wir an den Streit zu Beginn von LILIOM, in dem Boyer und Rignault aneinander geraten. Nachdem gezeigt worden ist, wie die beiden Männer einander beleidigen, lässt eine Panoramaeinstellung die Kamera auf eine Meute lauthals lachender Gaffer blicken. Plötzlich wenden sich alle Köpfe in dieselbe Richtung, womit sich gleichzeitig der Ausdrucksgehalt der ganzen Szene verändert. Man errät, dass dort, wo jetzt alle hinsehen, irgendetwas Schlimmes geschieht – aber was?
Ein Schwenk zeigt einen der streitenden Kumpane mit einem Messer in der Hand, wie er eben auf den anderen einstechen will.

Indem das Bild einer Gemütsbewegung dem Bild vorangestellt wird, das die Ursache dieser Gemütsbewegung zeigt, hat der klug ausgeführte Schnitt gute Aussichten, die je gewünschte Wirkung hervorzurufen. Nicht zu wissen, was die Ursache einer Wirkung ist, wird sicherlich einen Reflex auslösen.

Eingeführt wurde dieser Mechanismus wohl in DER MÜDE TOD (die Szene in der Herberge), jedenfalls aber finden wir sie außer in der zitierten Passage ebenfalls in M wieder (hier in der Szene der Ankunft der Polizei im Keller), im TESTAMENT DES DOKTOR MABUSE (die Szene im Amphitheater), und a. a. O.

Die Mise en Scène

Diesem Kapitel füge ich einen Untertitel hinzu: Das Dekor

Wenn DIE NIBELUNGEN unverkennbar einer bühnenhaft-theatralischen Auffassung entsprechend gemacht scheinen, verdankt sich das dem Dekor. Aber wir sollten nicht vergessen, dass diese monumentale Inszenierung einer Sage ganz und gar den grundsätzlichen Regeln des Films untersteht, und der Arbeit der Kamera. Diese ist zurückhaltend, sie nimmt der Handlung nichts von ihrer Direktheit. Könnte man wirklich auf der Bühne, egal wie gut ausgestattet ein Theater auch sein mag, eine vergleichbare Schilderung dieses Stoffes zustande bringen? Das Dekor möchte ich sehen, das an einbildender Kraft der gefilmten Ankunft des Nibelungenschatzes am Wormser Hof gleichkäme! Im Film geht diese Kraft einzig aus dem gewählten Blikkwinkel der Kamera hervor. Oder nehmen wir das großartige Bild der Jagd im Wald, eine Totale, oder die unvergessliche Nahaufnahme der Vogelfeder, die in Zeitlupe niederschwebt auf Siegfrieds Schwertklinge und von ihr gespalten wird. Das sind reine Hervorbringungen der Kamera, nur durch ihr künstliches Auge können sie sichtbar werden.

Und mit welchem Aufgebot an Handgreiflichem wollte man all das auf die Bühne bringen, was die ganze stimmungshafte Ausstrahlung des Films ausmacht! Lebewesen, die zu Stein werden, die dunstige Luft des Waldes, eine weitausgestreckte Ebene in Flammen …

Als M herauskam, versäumten die Kritiker nicht, die Gerichtsszene als misslungen zu beurteilen und ihr, trotz ihrer unleugbaren dramatischen Kraft, mangelnde filmische Qualität zu bescheinigen. Sie sei nur Effekthascherei.

Nun hat diese Szene mit ihrem ganzen Drum und Dran von Statisterie und Dekor die Zuschauer doch wohl nur deshalb derart hinreißen können, weil letzten Endes alles an Personen und Dingen nach den Möglichkeiten nicht des Theaters sondern des geschnittenen Films aufeinander bezogen ist.

Sicher gibt es in Langs Werk offenkundige Anklänge ans Bühnenhafte, wenn etwa dieser alte Theaterkniff angewendet wird, zum Beispiel in LILIOM (in der Tunnelszene), wo jemand ruft: «Ich sehe drei Leute auf Fahrrädern!», oder genauso in M, wo der junge Bettler, der hinter Peter Lorre her ist, zu dem Blinden sagt: «Ich sehe ihn, er bleibt stehen, er geht weiter …» Aber warum sollte eine

Szene, in die ein Stück bewährte Bühnendarstellung eingearbeitet wurde, deshalb weniger filmisch sein?

Diesem Artikel habe ich die Überschrift «Der Stil von Fritz Lang» gegeben. D.h., es geht um alle Elemente, die seinen Stil ausmachen. Aber während sich seine Vorgehensweise in der Untersuchung erschließt, werden auch jene Unwägbarkeiten spürbar, die so schwer zu fassen sind. Man muss sich also immer wieder an die Dinge halten, die am deutlichsten für sich selbst sprechen. Der Geist von Langs Werk hat einen grundlegenden Zug: die Suche nach wirkender Kraft. Zweifelsohne ist diese Suche der Ursprung gewisser Werke, die ihm, wie etwa METROPOLIS oder FRAU IM MOND, in der schrankenlosen Einbildung zukünftiger Welten die Möglichkeit geben, Aufsehen erregende Ausbrüche darzustellen.

Ich will gar nicht weiter bestimmte, mit Gewalt und Gewaltigem aufgeladene Einzelheiten herausgreifen, etwa die Flut in METROPOLIS oder die zum interplanetarischen Flug gezündete Rakete in FRAU IM MOND, die zu den schönsten Momenten des heutigen Films gehören. Trotzdem ist dazu etwas anzumerken: All diese außerordentlichen Ereignisse, gewaltsame und verbrecherische, hat Lang zu nutzen gewusst und bis zum Äußersten leidenschaftlich und ergreifend gemacht: Überflutungen in METROPOLIS und MABUSE; Explosionen in SPIONE und MABUSE; Großfeuer in DER MÜDE TOD und FURY.

Das Dekor spielt bei Lang eine große Rolle. Betrachten wir das Bild des Schaufensters eines Orthopäden, es taucht in der Mitte von M auf. Der «Blutdurstige» verweilt davor, als er sich an ein kleines Mädchen heranmacht.

In diesem Schaufenster fällt eine Drehscheibe mit einem schwarzen und weißen Streifen auf, die sich in unendlicher Kreisbewegung auf einen Mittelpunkt der Scheibe zu bewegen. Dem wird die Bewegung eines Pfeils entgegengesetzt, der regelmäßig auf und ab steigt. Diese Ausschmückung ist bezeichnend für Langs Stil. So, wie es das Schaufenster mit der entkleideten Puppe in der DREIGROSCHENOPER für den Stil von Pabst ist, oder das der Hutmacherin in CHAPEAU DE PAILLE D'ITALIE für René Clair.

Die Bereitschaft, bis zum Äußersten zu gehen, der Grundton des Kraftvollen in der Darstellung, die Übererregtheit im Gestischen sind die Grundlagen, auf denen Lang seine Darstellung aufbaut. Dabei ist schwer zu entscheiden, ob er wesenhaft Eigentümliches der Darsteller ausbeutet oder es einfach sichtbar werden lässt. Wie dem auch sei – ob es nun der ebenso entnervende wie unwiderstehliche Zauber einer Brigitte Helm ist, oder Bernhard Goetzke uns in seinen Bann schlägt, ob es die gewaltsame Kraft Klein-Rogges oder die getriebene Peter Lorres ist – in all dem zeichnet sich der Wille ab, einen Eindruck mit Macht durchzusetzen. Das geschieht weniger mit Hilfe der unterschiedlich gearteten Ausdrucksmöglichkeiten der Darsteller als vielmehr durch eine überspitzte Zeichnung der Figuren. Der jeweilige Darsteller bringt sozusagen ein geradezu maßgeschneidertes Erscheinungsbild mit, wie es etwa einer gewissen körperlichen Ausstrahlung von Rührigkeit Klein-Rogges in MABUSE oder der Zurückhaltung Sylvia Sidneys in FURY bedarf. Sicherlich ist es nicht einfach, Schauspieler zu finden, deren je ausgeprägte Eigenart sich genau in den Rahmen der Rolle fügt, andererseits geht es auch darum, jene unnütze, sich in winzigste Ausdrucksnuancen verlierende Spielweise herauszuhalten, wie sie auf dem Konservatorium gepflegt wird. Für Lang trägt einer die Rolle nicht in sich, sondern mit sich. Wenn der Film weniger eine Kunst der Äußerung als des Äußeren ist, dann zählt nicht der gute Wille des Darstellers, sondern dass das Dargestellte unbedingt wahr erscheint.

Als schlagende Antwort auf jene Verwechslung von «offenbarer Wahrheit» mit dem «Offenbaren der Wahrheit» verweise ich darauf, wie Goetzke 1921 die Figur des Todes [in DER MÜDE TOD] verkörpert hat.

Zunächst einmal gibt es, alles in allem, an einem Safeknacker kaum mehr Besonderes als etwa an irgendeinem Akademiker. Einzig seine Hände spielen bei seiner Arbeit eine besondere Rolle und also müssen sie und nur sie die bezeichnende Darstellung leisten. (Siehe der Safeknacker in M.)

Sicherlich trägt das Bemühen um Wahrhaftigkeit in diesen Einzelheiten den persönlichen Stempel des Regisseurs, dessen Stil sich darin zeigt. Wir haben bereits Langs Hinneigung zur Unterwelt bemerkt – wenn man von einer Unterwelt so noch sprechen kann, angesichts einer noch übleren der ehrbaren Leute. Aber wir müssen dazu sagen, dass es sich hier genau genommen nicht mehr um eine Zu- und Übereinstimmung handelt, die eine Verherrlichung von Raub und Mord in keiner Weise

M, 1931

LILIOM, 1933

rechtfertigen würde. Während nun Lang sozusagen unterschiedslos die Unterwelt hochhält und verherrlicht, müssen wir ihm immerhin zugutehalten, dass die Darsteller der Vertreter dieser Welt niemals etwas abstoßend Gewöhnliches, Blässliches oder Kraftloses an sich haben.

Häufig sogar zeigen sie einen aristokratischen Schliff, in den Lang geradezu vernarrt ist, weshalb etwa der Bandenchef in M mit schwarzen Handschuhen angetan ist und in dieser grausamen Figur mit ihrer vornehmen Niedertracht etwas von einem «Sohn aus gutem Hause» steckt. Und wenn die ganzen Statisten als jene bewundernswert klug organisierte Bande auftreten, macht diese Sippschaft und die von ihr ausgehende Gewalt einen derartigen Eindruck, dass ihre Allmacht nicht in Zweifel gezogen wird.

Ob in eigensinnigen, energischen Einzelnen oder in einer zusammengeschweißten Gruppe – immer wieder teilt sich darin die gleiche Kraft, eine sehr wirksame geistige und körperliche Energie mit. Manchmal geht sie zu Herzen, auf jeden Fall aber versetzt sie die Nerven in Anspannung.

Am Ende hätte dieses Kapitel überschrieben werden können mit dem Titel «Die Nerven».

Als handle es sich um eine ganz bestimmte Geste, ein Zeichen, fällt mir diese einfache Bewegung der Schauspielerin Sylvia Sidney ein, wie sie sich in FURY angsterfüllt gegen die Schläfen hämmert.

Genauso, mit demselben Rhythmus der hämmernden Schläge, mit in derselben Weise gekrümmten Fingern, finden wir diese Geste wieder in DER MÜDE TOD und seither in SPIONE (in der Taxiszene), in FRAU IM MOND (in der Rakete), in DAS TESTAMENT DES DOKTOR MABUSE (in der Druckerei). Vielleicht zeigt sich eben darin Feingefühl und Genauigkeit des von seiner sehr eigenen Vorstellungswelt eingenommenen Regisseurs. Über den Stil kann diese Welt filmische Gestalt annehmen.

«Cahiers du Cinéma», Nr. 101, November 1959
Übersetzung von Julia Bantzer

OTIS FERGUSON

HINTER DER KAMERA: LANG

Wie wahrscheinlich überall reicht es auch in Hollywood nicht, einfach nur Regisseur zu sein: Man muss ein cleverer Regisseur sein. Einen Film zu drehen, ist ein solch kostspieliges Unterfangen, dass man dafür ein Studio mieten, irgendeine Form von Absicherung und Kapitalbindung verhandeln, und genug über die Produktionskosten wissen muss, um mit seinem Budgetbedarf in einem angemessenen Rahmen zu bleiben. Man kann nicht rumsitzen und warten, bis einem die Idee für ein Drehbuch in den Schoß fällt; man kann sich auch nicht Knall auf Fall in die Arbeit stürzen, ohne vorher seine Einstellung zur Arbeit dutzender anderer Beteiligter wie Autoren, Schauspieler und Techniker überdacht zu haben. Vor allem muss man an seinen Ruf denken, wie man ihn erwirbt oder aber auch ruiniert, denn das eigene Ansehen ist die wichtigste Trumpfkarte, die man im Spiel der Verhandlungen ziehen kann. Und eine Zeit lang sah es in Hollywood so aus, als wäre Fritz Lang nicht clever gewesen.

Vor sieben Jahren kam er mit einer gestandenen, europäischen Reputation hier an. In Frankreich hatte er gerade LILIOM abgedreht, ein ziemlich schlechter Film, dem aber allseits feierliche Aufmerksamkeit geschenkt wurde, weil er das Werk des Regisseurs von M, METROPOLIS, MABUSE usw. war. Ich weiß zwar nichts Genaues über seine ersten Jahre in Hollywood und wahrscheinlich waren sie auch keine wichtigen Jahre, aber sie haben ein allgemeingültiges Bild von Fritz Lang geschaffen, das man besser nicht von einem Regisseur haben sollte. Er war ein Preuße mit einem Monokel und behandelte auch seine Schauspieler wie ein Preuße mit einem Monokel, er hatte Tobsuchtsanfälle; er gab nicht eher Ruhe, bis er die Kosten für das Bildmaterial einer Woche auf die eines ganzen Monats in die Höhe getrieben hatte; er wollte nur das drehen, was er drehen wollte, und was hat er gedreht? Der Film M wird heute immer noch gezeigt, aber hat er geglaubt, ewig davon leben zu können? Mit FURY (1936) drehte er dann in der Tat einen Film mit dem Besten, was Filme überhaupt zu bieten haben; aber in den drei darauffolgenden Jahren entstanden zwei schwache Filme und das konnte alle Welt sehen. Wie es auch gewesen sein mag, heute erinnert nichts mehr daran: Der Mann macht Filme, wie sie gemacht werden sollten.

Fritz Lang ist ein molliger Mann mit prominenter Nase, wachen, langweiligen Augen, beinahe buschigem, kaum zurückgehendem Haar, das streng nach hinten gekämmt ist, und einem o-beinigen Gang, der ein einziges Schlurfen wäre, wenn er nicht so nervös und zielbewusst daherkäme. Er ist einundfünfzig und sieht kaum älter aus als vierzig. Am auffälligsten an ihm ist wohl sein Akzent, der sich zwar markant, aber nicht ernstlich teutonisch gibt, weil Lang sich das beste, rassigste Englisch angeeignet hat und ebenso eloquent wie umgangssprachlich gewandt ist, manchmal bissig und manchmal gewissenlos. Er kennt Witze und Wortspiele und grinst, wenn man ihm sagt, sie seien miserabel, was sie nicht immer sind. Diese Beschreibung passt auf ihn, wenn er am Set umherspringt und -wirbelt, wie wenn er auf der Couch in seinem Büro sitzt, in dem er die Fenster stets verschlossen hält, weil seiner Theorie nach noch mal jemand an Frischluft ersticken wird. Oder wie wenn er in New York ausspannt, das Monokel vorm Auge, wenn er sich also seinem gesellschaftlichen Leben widmet (das Monokel ist aus Flachglas und lässt ihn aussehen wie einen Zander in einem Wachsfigurenkabinett, was einigen Furcht einflößen mag, aber doch zum Mythos beigetragen hat). Er ist einer der wenigen Männer, die sich voll und ganz auf etwas konzentrieren und wieder davon ablassen können – zum Beispiel, wenn er in einer Menschenmenge mit vielen Statisten dreht, rein-, raus- und um die Statisten, Schauspieler und Arbeiter am Set herumläuft, sich wegen irgendeiner wichtigen Stelle in der

Handlung verrückt macht und dann zwischen zwei Takes herüberkommt, um sich hinzusetzen: «Also, was will dieser verdammte Hitler jetzt in Griechenland, hm?»

Er ist gründlich, sehr gründlich, weshalb Szenen so oft gedreht werden, bis sie sitzen, bis sie so sind, wie er sie gesehen hat, als er am Drehbuch arbeitete und die Skizzen dazu entwarf. Er arbeitet, wenn andere sich ausruhen, und wenn sie selbst arbeiten, ist er immer in Reichweite, einen halben Meter von ihrer Nasenspitze entfernt, arbeitet mit ihnen, belehrt und beschwört sie und gibt Erklärungen, selbst wenn die Kameras laufen (die entsprechenden Stellen auf der Tonspur müssen dann herausgeschnitten werden: Die Leute im Tonstudio müssen ihn lieben). Den Umgang mit Gruppen überlässt er nicht etwa einem Assistenten, sondern macht die Laufarbeit selbst – wenn man das durchhält, ist es so ziemlich der einzige Weg, Gewaltszenen mit Menschenmengen wie die in FURY einfangen zu können. Eines Nachmittags sah ich zu, wie er eine unterirdische Verfolgungsjagd für seinen letzten Film abdrehte, gerade nachdem ihm jemand aus der Crew einen schweren Süßigkeitenautomaten auf den Fuß fallen gelassen und ihm zwei Zehen gebrochen hatte. Er hob ihn ohne zu schimpfen auf und den Rest des Nachmittags absolvierte er sein Humpeln und Hüpfen am Set nach vorn gebeugt an einem Stock, den Fuß notdürftig verbunden und in einen alten Pantoffel gesteckt, fuhr dabei aber die Szenen ein wie das Heu vorm Regen und führte ein hübsches Spektakel für alle Anwesenden auf, die bemerkten, dass er nun auch noch mit einem starken Akzent laufen würde (er hatte einige Ähnlichkeit mit dem verschrobenen Doktor Caligari). Und trotzdem war alles, was er sagte, als er sich hinsetzte, während das Set umgebaut wurde, und rein hypothetisch seine Zehen betastete: «Nun sagen Sie mir doch mal, was sie wegen dieser verdammten Kritiker zu tun gedenken?» Die Legende vom schrecklichen Preußen suchte man an diesem Set vergebens.

Er ist in jeder Hinsicht ein ungewöhnlicher Mann. In Wien kam er zur Welt, erhielt dort eine Realschulbildung, begann ein Architekturstudium, wechselte dann zum Studium der Malerei in München und Paris. Er kämpfte als österreichischer Offizier im Krieg und brachte drei Wunden, vier Auszeichnungen und vor allem spannende Geschichten heim. Unsere arme, alte österreichische Armee, sagt er und kichert bei dem Gedanken, dass die beinahe so schlecht gewesen sei wie die italienische. Viel gibt es zu berichten, aber eine der besten Anekdoten handelt davon, wie die Österreicher einmal nur noch so wenig Munition hatten, dass sie jeden Morgen um neun Uhr nur drei Salven aus jeder zweiten Einheit abfeuern konnten, um ihre Stellung zu sichern. Alles war friedlich, bis die Italiener sie ärgerten, indem sie unverschämt ein riesiges Schild raushängten: «Morgen, Dienstag, den 24., bitte drei Salven 10.15 Uhr statt 9 Uhr abfeuern.» Alle Einheiten wurden informiert, die Munitionsreserven für die gesamte Woche zusammengetragen und um punkt 10.15 Uhr pusteten sie ihnen in einem massiven Sperrfeuer komplett das Dach weg. Sie hatten es ernst gemeint. Als die Munition aufgebraucht war und sie die Watte aus ihren Ohren nahmen, schauten sie hinüber, um sich die Zerstörung anzusehen. Es dauerte eine Weile, bis sie begriffen, was da auf dem sauber beschriebenen Schild stand, das sich aus den vordersten Schützengräben erhob. Auch die Italiener hatten es ernst gemeint: Der befehlshabende Oberst hatte eine Inspektion angekündigt und wurde vorsichtshalber zwischen 10 Uhr und 10.30 Uhr an die vorderste Front geschickt. Auf dem neuen Schild stand: «Danke, Freunde; Oberst schwer verletzt, vielleicht tot.»

Aber diese Jahre waren nicht die glücklichsten, genauso wenig wie die darauffolgenden. Fritz Lang hat einige Revolutionen mitgemacht, immer auf der Seite einer neuen Ordnung, bis die neue Ordnung Hitlers Vision bedeutete. Vier Revolutionen, sagt er, aber es geschah zwischen den einzelnen Revolutionen, dass er zu dem Mann wurde, von dem Sie bereits gehört haben. Aber dazu später mehr.

*

Während eines seiner Krankenhausaufenthalte – bedingt durch Ereignisse im Weltkrieg, über die er nicht spricht – kam Lang die Idee, dass er seine Genesung vorantreiben könnte, indem er Geschichten schrieb. Was hatte er zu verlieren? Und hier eine Tatsache, die weder er noch einer dieser anderen etablierten, erstklassigen Männer der Öffentlichkeit erklären können. Als das Filmemachen nur eine unbeholfene, mühselige Kunst war, gab es Männer, die irgendwie wussten, dass sie diese Art von Arbeit tun wollten. Ein paar der Geschichten, die während Langs Genesung entstanden, waren Drehbücher, Ideen für Filme. Als dann der Frieden kam und seine letzte Wunde verheilt war, als andere Intellektuelle ihre Zeit damit verbrachten, ihrem Namen gerecht zu werden oder wenigstens als Bohemiens zu leben, ging er dorthin, wo es sich am besten Filme machen ließ. Damals war das Berlin, wo Erich Pommer die deutsche Filmindustrie neu organisierte. Pommer war wohl der erste große Produzent, der ein Auge für Talent hatte und dafür, wie es am besten zum Ausdruck kommt, und mit seiner Unterstützung gelang es einer guten Hand voll Männern, in die Filmgeschichte einzugehen.

Nachdem Lang ein paar der branchenspezifischen Fertigkeiten erlernt hatte, begann er als Regisseur zu arbeiten und drehte einige Filme, über die man noch heute spricht. DER MÜDE TOD, 1921. Dann DR. MABUSE. Dann DIE NIBELUNGEN. Dann METROPOLIS. Er machte viele Filme und war einer der fünf oder sechs großen Namen der impressionistischen, halb-terroristischen Filme des Nachkriegsdeutschlands. Hierzulande war er unbekannt, aber das kümmerte ihn nicht. Er drehte SPIONE und FRAU IM MOND und 1931 dann M, der so fürchterlich und aufregend war, dass man sogar bei uns über ihn sprach.

Aber Fritz Lang hat sich in seiner Entwicklung als Künstler auch als Mann weiterentwickelt. Als der Krieg ausbrach, war es seine eigene Entscheidung zu kämpfen. Nach dem Krieg organisierten sich Bewegungen mit solchen Zielen, wie sie Lang selbst für richtig hielt. Also unterstützte er die Revolutionen in Deutschland. Er wirkte aktiv darin mit. Ich bezweifle, dass er von Natur aus ein Kämpfer ist, aber wenn auf den trügerisch friedlichen Schlachtfeldern oder in den protestierenden Straßen zum Kampf aufgerufen wurde, war er in irgendeiner Weise mit dabei. Das hatte nichts mit der Kunst zu tun, die seine Art zu leben war, und so war es ganz richtig. Soweit ich das beurteilen kann, machte er keine Propaganda; er machte Filme, als der Kampf zu Ende war.

Zu jener Zeit erfuhr die große deutsche Produktionsfirma UFA unter Pommer einen Aufschwung. Es war eine Zeit, in der bedeutende und talentierte Filmregisseure die seltsamen Seiten der menschlichen Existenz auf die Leinwände deutscher Kinos brachten. Überall wurden die Möglichkeiten des Films erkundet. Damals hatte Deutschland hier eine Vorreiterrolle, aber selbst dort lernte man nur langsam und mühsam aus den eigenen Fehlern. M ging als Bester seiner Art um die ganze Welt, und für Fritz Lang war das Beste, dass der Film in Amerika Begeisterung hervorrief. Ungefähr als er herauskam, war Lang mit seiner letzten Revolution beschäftigt, nur war es diesmal weniger eine Revolution, als ein Widerstand gegen den Emporkömmling Hitler. Nach dem Sieg dieses Mannes verließ er sein Land für immer, so wie es nacheinander all die anderen guten Filmleute taten. Hitler und M sind die Gründe dafür, dass wir heute Lang haben.

Natürlich wüsste man gern, was er in diesen Zeiten denkt. Er ist für den Krieg, das sowieso, für den Kampf und für den Sieg, und wenn ich auch nicht mit seiner Haltung übereinstimme, muss ich sie doch respektieren, denn ich weiß, dass er zur Stelle sein wird, wenn der Zapfenstreich und die Altersgrenze abgeschafft werden, humpelnd und hüpfend und furchterregend mit seinem Monokel. Vor allem aber ist er für die Menschen, für die arbeitenden und für die, die nichts haben. Das mag kurios klingen, wenn es von jemandem kommt, der ein Zimmer in den New Yorker Waldorf-Türmen bewohnt, aber ich halte das, was er sagt, für anständig genug, um ihn zu den Guten zu zählen. Denn ich weiß, dass er vieles geopfert hat und noch opfern wird, für die gute alte Verliererseite. Für die richtige Seite.

Er denkt über seine Filme nach: Bewirken sie überhaupt etwas? Na ja, sag ich, wenn sie gut sind, schon. Aber etwas Wesentliches? Mit Blick auf sein Renommee in Hollywood und dem Rest der Welt muss ich die Frage wieder mit ja beantworten. Denn er denkt genau wie ich: Wenn man einen Film machen kann, den sich die Leute ansehen wollen, weil er Freude bereitet und nicht, weil er ein Pflichtstück ist, ihnen dabei aber auch etwas Wichtiges mitzuteilen hat, dann werden das die Leute in ihrer Freude verstehen. Verdammt noch mal, meinen Sie, die Lynchszenen in FURY waren bloßes Melodram?, fragt er. Wie tausende andere, die sie gesehen haben, muss ich sagen: Nein, sie waren echt und ließen einem das Blut in den Adern gefrieren – ganz ausgezeichnet, dass sie gedreht worden sind. Hm, sagt er, für diese Geschichte passt das wohl so, aber ich weiß nicht. Über seinen neuen Film (MAN HUNT) nachdenkend sagt er: Reicht es, hier etwas gegen Hitler einzubauen, kann man das so machen? Dazu weiß ich nicht viel zu sagen, außer dass es schon irgendwie richtig sein wird, wenn es aus tiefstem Herzen kommt. Und dass Lang ein guter Mann ist, der ein Handwerk beherrscht, von dem nur wenige etwas verstehen. Er kann zwar immer noch einen Flop produzieren, aber nichts, was schlecht für die Menschen oder bösartig wäre. Doch darüber kann man nicht sprechen, man muss es gesehen haben.

Fritz Lang mag vieles von dem, was er weiß, in seiner Ausbildung in Kunstwissenschaft, Malerei und Architektur gelernt haben. Aber er musste sein Wissen für sich behalten und demütig sein, denn der Film ist die ungewöhnlichste Kunstform, die neueste und weitreichendste. Bei Pommer und den Regisseuren jener Gruppe lernte er jedenfalls, ein Gefühl für Szenen zu bekommen, dafür, wie etwas authentisch und wirkungsvoll dargestellt werden kann, wie man sorgfältig mit jedem Detail umgeht – nicht um des Details sondern um der Gesamtdarstellung willen, wie sie der Mensch hinter der Kamera dem Zuschauer präsentiert. Er lernte wie man Spannung aufbaut, Schrecken verbreitet und die einfachen Dinge wahrhaftig werden lässt, indem er Schauspieler, Licht, Kamera und Schnitt einzusetzen vermochte und den Film als etwas für sich Genommenes benutzte.

Wie ich bereits letzte Woche erwähnte, fiel er in Hollywood in ein Loch; entweder machte er Filme, die nicht viel hergaben und von denen er auch nicht glaubte, dass sie viel hergaben, oder er machte überhaupt keine Filme. Aber er riss sich zusammen, unterschrieb einen großen Vertrag, drehte einen Film wie WESTERN UNION, um einen Film wie MAN HUNT drehen zu können, und arbeitet schon wieder an einem neuen Projekt, das er unbedingt wollte. Er hat gelernt, wie man einen Schritt zurück macht, um zwei nach vorn machen zu können; er hat gelernt, sich Freiräume im Produktionsplan zu schaffen und die Schauspieler zu ergattern, die er braucht. Niemand kann behaupten, er hätte es nicht über die Hürde des Fremdlings hinein in die Atmosphäre der amerikanischen Menschen und Städte in FURY geschafft, aber ich denke, er fühlt sich jetzt sicherer im amerikanischen Filmtempo. Er ist agil wie eh und je; auf die eine oder andere Weise ist sein Aufgabenbereich das, was in der Welt vor sich geht; er ist viel beschäftigt und scheint glücklich zu sein.

«New Republic», 30. Juni 1941 und 7. Juli, in: Robert Wilson (Hrsg): «The Film Criticism of Otis Ferguson», Temple University Press, Philadelphia 1971
Übersetzung von Annika Wisniewski

DIE NIBELUNGEN. TEIL 1: SIEGFRIED, 1922/24

METROPOLIS, 1926

SCARLET STREET, 1945

Fritz Lang am Set von SCARLET STREET, 1945

JEAN DOUCHET

DIE TRAGÖDIE DES LANG'SCHEN HELDEN

Es gibt eine Einstellung, die meiner Ansicht nach den Weg, den Fritz Lang auf seine Helden hin einschlägt, auf den Punkt bringt. Sie existiert nicht mehr. Eigentlich hätte sie am Ende von SCARLET STREET stehen sollen, dem Remake von Jean Renoirs LA CHIENNE (1931), doch die Produzenten bekamen Angst und unterschlugen sie.

Wir erinnern uns, dass in einer Szene zu Beginn des Films, sehr ähnlich wie in LA CHIENNE (abgesehen davon, dass der von Michel Simon gespielte Legrand von seinen Kollegen abgelehnt wird), die gleiche Figur, die hier Chris Cross heißt und von Edward G. Robinson gespielt wird, Hauptgast eines Festessens ist, das ihm seine Chefs und Kollegen für 25 Jahre guter und pflichtgetreuer Arbeit als Kassierer schenken. Im Unterschied zu Legrand, der vor allem Spott und Hohn erntet, bekommt Chris Cross eine prächtige Taschenuhr überreicht. Im weiteren Verlauf des Films wird diese Uhr praktisch keine Rolle mehr spielen, was ungewöhnlich ist für Lang, dessen Erzählökonomie ansonsten alle Möglichkeiten ausschöpft und gerade auch die, welche ihm die Dingwelt bietet. Sie ahnen also schon, dass diese Uhr in der besagten Einstellung zum Einsatz kommt. Und da es sich um eine Uhr handelt (es könnte auch die eines Kirchturms oder eine Pendeluhr sein), geht es auch um den Tod. Denn in Langs Vorstellung gleicht die Einheit einer Stunde, die auf dem Ziffernblatt vergeht, einer Schleife, die sich zwar ständig wiederholt, aber auch in sich abgeschlossen ist. Die Zeit bei Lang geht ein in die große Symbolik des Kreises.

Wir erinnern uns, dass, genau wie im Film von Renoir, der Held die Frau, die er liebt, umbringt, als er herausfindet, dass sie ihn zum Besten gehalten hat. Und er lässt es geschehen, dass der Liebhaber der Frau fälschlicherweise für den Mord zum Tod auf dem elektrischen Stuhl verurteilt wird. In der Zeitung liest Chris Cross, dass die Hinrichtung am Morgen des nächsten Tages stattfinden soll. Er begibt sich mit dem Zug (einem elektrischen natürlich) zu dem Ort und steigt aus. Auf dem Bahnsteig holt er die Uhr hervor und schaut, wie spät es ist. Er tritt an eine Oberleitung heran und hält, im tödlichen Moment, sein Ohr an den Leitungsmast. Mit großem Genuss lauscht er der Musik des elektrischen Stroms.

Man muss sich diese Einstellung bloß vorstellen, um zu erkennen, dass sie zutiefst Lang ist, dass sie nur einem Fritz Lang hat einfallen können (wogegen sie völlig undenkbar wäre bei Renoir). Sie stellt den dialektischen Hochmut des Regisseurs in komprimierter Form dar. Da ist zum einen der Hochmut gegenüber der Gerechtigkeit. Denn es ist nicht DIE Gerechtigkeit, die der Lang'sche Held einfordert, sondern SEINE. Außerdem fordert er sie nicht mal ein. Er ist kein Klagender, kein Bittsteller, sondern ein Hochmütiger und Rachsüchtiger, der sich entscheidet, die Gerechtigkeit für seine eigenen Zwecke zu gebrauchen. Es ist daher erforderlich, seine subjektive Weltsicht, die auf ein Gefühl großer Ungerechtigkeit zurückgeht, umzuwandeln in eine völlig objektive Betrachtung, hinter der er seine wirklichen Beweggründe versteckt. Es ist nicht der hasserfüllte Wunsch nach Rache, der Chris Cross antreibt, es ist der elektrische Strom, der diesen Wunsch exekutiert.

Was den Lang'schen Helden dazu zwingt, seinen Machtwillen zu äußern und also zu handeln, ist nicht das Verlangen nach Profit oder Erfolg, weniger noch nach materiellem Besitz, für den er nur Verachtung übrig hat. Es ist vielmehr die Empfindung eines nicht wiedergutzumachenden Verlustes: des Verlustes einer großen Liebe, der Unschuld, des Glaubens (in die Gerechtigkeit, die Freundschaft, in den Nächsten). Und er entscheidet sich für den Verlust (den eigenen wie den der anderen) gegenüber dem Gewinn. In der Lang'schen Dialektik ist der einzige Gewinn, nach dem er trachten kann, der des eigenen Verlustes. Das Verlangen, der Wille, das Denken des Helden beabsichtigen auch gar nicht, diesen Verlust wettzumachen oder aufzufüllen, sondern vielmehr seinen Körper, seine Seele und vor allem seinen Geist von dem Verlust verschlingen zu lassen. Weit davon entfernt, sich – mit genüsslichem Entsetzen und Schauder – in einen Hitchcock'schen Drehschwindel mitreißen zu lassen und sich diesem hinzugeben, begibt sich der Lang'sche Held mit sehr genauen Schritten auf seinen Weg in den Abgrund. Er möchte alleiniger Herr über diesen Weg sein, ganz über ihn entscheiden. Der Held stellt eine Kraft dar, die im vollen Gefühl des Triumphes ins Nichts eintritt.

An diesem Punkt ist seine Freiheit von dionysischem Rausch erfüllt. Hier ist das Ziel seines Handelns nicht länger die Erlangung von Macht. Diese ist nur ein Alibi. Die einzige Leidenschaft des Lang'schen Helden ist sein bloßer Wille. So bedeutet der Wille zur Macht für ihn eigentlich das Gegenteil: Was er nämlich ganz auskosten möchte, ist die Macht seines Willens. Im Extremfall, wie jenem der fehlenden Einstellung in SCARLET STREET, erscheint der Wille wie außerhalb der Figur liegend. Hier wird er übernommen von dem mörderischen Stromfluss. Wie ein Kind, das Faszination, Angst und Entzücken empfindet, lauscht Chris Cross dem Gesang der Macht. Er hat die Kraft seines Willens den Kräften des Universums überantwortet. An ihnen ist es, seinen Wunsch zu «exekutieren».

Was «Besitz» für ihn bedeutet, bekommt so gesehen einen erschreckenden Anstrich. Es geht nur mehr darum, seine Macht auszuüben und in einem magischen, dämonischen Verständnis des Wortes den Willen und den Geist der anderen zu «besitzen». Nur ein Wille, der nach Aneignung im absoluten Sinne strebt, kann dies erlangen. Denn in einem Triptychon bestehend aus Verlangen (der sexuelle und also existenzielle Trieb), Willen (die Ausführung des Verlangens) und Denken (die Konzeptualisierung des Verlangens und Bekundung des Willens) dient der Wille, im Verbund mit den Kampfgenossen Denken und Verlangen (eine Lang'sche fixe Idee), als bloßes Alibi. Und auch das Denken ist nur eine Maske. Es geht darum, das gebieterische, tyrannische, herrische Verlangen zu tarnen. Denn dieses ist der eigentliche Meister.

Infolgedessen ruft der Wille, die anderen zu besitzen, die dialektisch entgegengesetzte Wirkung hervor. Der Held ist nun seinerseits davon «besessen». Er wird zum Spielball, der Stärke seines Willens unterworfen. So das Verlangen einmal eingesetzt hat, kann ihn nichts mehr stoppen. Doch scheint ihm sein Trieb wie von außen zu kommen, als wäre er eine abstrakte Einheit, die sein Verhalten dominiert und steuert (siehe die Verwirrung von M). Er leitet ihn an. Wir wohnen einem Spiel mit der Wippe bei, wo das Subjektive abrupt ins Objektive umschlägt, wo ein anfängliches psychologisches Motiv die Figuren anstößt und in Bewegung versetzt. Lang behandelt sie wie Mobiles, die von ihrem Verlangen angetrieben werden, den Befehlen ihres despotischen Willens gehorchen und von der Bestimmtheit ihres Denkens geleitet werden. Körper bewegen sich fort. Sie meiden sich, suchen sich, spionieren dem anderen hinterher, begegnen sich, stoßen zusammen, räumen den anderen aus dem Weg, doch vor allem verausgaben sie sich. Alles wird auf eine sehr körperliche Weise gezeigt (das Genie der Lang'schen Schreibweise: Er verwandelt die Bewegung des subjektiven Apparats in eine begleitende objektive Kamerabewegung, unterteilt das Dekor durch die Beleuchtung usw.). Und auch die Auflösung ist körperlich. Der Kampf wird bei Lang beendet, wenn kein Treibstoff mehr da ist. Ist der Mord einmal begangen, der Hass gestillt, die Rache vollzogen, erlischt auch das Verlangen. Es bleiben Einsamkeit und Leere. So ist es bei Chris Cross am Ende von SCARLET STREET.

Bei Lang siegt die Vernunft, wenn die Gründe, warum man Recht hat, argumentativ erschöpft sind und auf offenkundige physische Hindernisse stoßen, die das Gegenteil beweisen. Wenn der Held schließlich sieht, was er nicht hatte sehen wollen, wenn seine Subjektivität nicht länger die objektive Welt mit einem Überzug bedeckt. An dieser Stelle dringen wir in die Tragödie des Menschen des 20. Jahrhunderts ein, die darzustellen Lang unternommen hat.

Dieser Mensch tritt nicht länger den Göttern gegenüber wie in der griechischen Tragödie. Es ist nicht mehr deren Wille, gegen den er mit seinem Denken und Verlangen ins Feld zieht. Es war Sache des antiken Helden, ein verborgenes Wissen zu erlangen. Er lehnte sich auf, wodurch er sein Daseinsrecht bekräftigte und seinen Platz in der Welt eroberte (so der gefesselte Prometheus, aber auch Antigone, König Ödipus usw.).

Dieser Mensch hat keine Religion mehr wie noch zur Zeit des klassischen Humanismus. Es gibt für ihn kein offenbarendes Bewusstsein mehr, dem er sein Denken unterordnen würde und das es seinem Willen im Gegenzug erleichterte, sein Verlangen im Zaum zu halten. Er vermeidet die Konfrontation mit seiner Leidenschaft, so wie sie bei Corneille als zu meisternde Aufgabe verstanden war oder bei Racine als Sünde. Wenn der klassische Held sein Daseinsrecht geltend machte, geschah es innerhalb des engen Rahmens, den die Religion seinem freien Willen gesteckt hatte. Diese erlaubte es ihm, entweder psychologisch (die Ungewissheiten des Herzens) oder metaphysisch (das «to be or not to be» Hamlets) zwischen zwei unveränderlichen moralischen Positionen hin und her zu pendeln: dem Guten und dem Bösen. Gesetzt wurde entweder auf das Seelenheil oder den Untergang.

Dieser Mensch ist, anders als der Held der Romantik, nicht mehr auf eine Gesellschaft angewiesen, die ihn womöglich ächtet, noch auf ein Denken, das sich immer wieder religiös dünkt, aber eigentlich bereits den Rationalismus anvisiert. Weder ist er von moralischen Gewissensbissen geplagt, noch wird er psychologisch entzweigerissen wie in den alten Dramen und selbst noch den Melodramen des 19. Jahrhunderts. Denn der Wille jener früheren Helden war noch gebannt, blockiert oder gebrochen durch ein Denken, das das Aufkommen eines neuen Verlangens ebenso sehr fürchtete wie es von ihm begeistert war: dem Verlangen nach einem unbegrenzten Wissen. Der frühere Held war ein Gefangener innerhalb dieses Widerspruchs. Er mutete sich die Härten eines bedingungslosen Heldentums zu, das ihn dazu verpflichtete, das Gute durch das Böse zu erlangen, das Weiße durch das Schwarze, das Licht durch die Finsternis. Er konnte sein Heil nur erreichen, wenn er vorher untergegangen war. Das Diabolische stach das Göttliche aus (wie etwa im Faust'schen Mythos). Das Bewusstsein des freien Willens machte die Erfahrung, unglücklich zu sein.

Dieser Mensch ist ein Post-Romantiker, der nach eigenem Ermessen über seinen Atheismus verfügt. Er möchte auf der Welt allein verantwortlich sein, Herr der Gesellschaft und ihrer Gesetze, Aufseher über sich selbst. Keine Götter halten ihn mehr und keine Religion, kein moralisches Gewissen, das ihn unglücklich machen würde, behindert ihn auf seinem Weg. Das Verlangen bewegt den Willen, welcher das Denken regiert und ausrichtet; gleichzeitig bewaffnet das Denken – in der dialektischen Umkehrung – den Willen, welcher seinerseits noch weiter das Verlangen steigert und es hinters Licht führt. Man kann es in eine Formel zusammenfassen: Das Verlangen will das Denken, also will das Denken auch das Verlangen. Mehr noch als der Romantiker ist der Lang'sche Held fasziniert von der Macht seines Wissens, die ihn aber auch beunruhigt. Hier stammt seine Angst her. Er bleibt «eine wandelnde Kraft». Er fühlt und weiß sich letztlich zu schuldig, um seine wirkliche Schuld auch nur für einen Moment einzugestehen (siehe die Verteidigungsrede von M; die Kraft seines Verlangens ist so stark, dass sie ihn von aller Schuld entbindet: «Ich will nicht – muss!»). Sein Problem stellt sich nicht mehr auf die Moral hin. Die Empfindung des eigenen Untergangs, dem die Figur nicht widerstehen kann, füllt sie vollkommen aus, was nun auch die Vorstellung ihrer Seelenrettung ausschließt. Der Mensch des 20. Jahrhunderts, den Fritz Lang zeichnet, beansprucht sein Daseinsrecht so nachdrücklich wie einen Rechtsgrundsatz, wie einen Beweis seiner Unschuld. Er muss sie nicht mehr rechtfertigen, es reicht bereits, wenn er sie am eigenen Leib erfährt – total, absolut und tragisch.

«Cahiers du Cinéma», Nr. 437, November 1990
Übersetzung von Stefan Flach

BERNARD EISENSCHITZ

BRIEFE VON BERTOLT BRECHT AN FRITZ LANG

An Kommentaren Bertold Brechts über Fritz Lang ist kein Mangel, zumal nicht in seinem «Arbeitsjournal» und auch nicht in diversen Briefen. Die früheste Erwähnung findet sich in einem Brief an Alfred Kurella, abgeschickt am 17. Juni 1938 aus dem dänischen Exil in Skovsbostrand. Er schlägt darin vor, für die Emigranten-Zeitschrift «Das Wort», die in Moskau erscheint und deren er nominell Co-Redakteur ist, «eine groß angelegte Folge von Monografien über bedeutende deutsche Emigranten zu veröffentlichen». Lang ist unter den 18 Namen, die Brecht nennt[1].

Ein erster Brief von Brecht an Lang, wurde von den deutschen Forschern anlässlich der Fritz Lang-Retrospektive der Berlinale 2001 wiedergefunden. Er lag in den Akten des Federal Bureau of Investigation, von denen die am häufigsten gesichteten – etwa die von Brecht – inzwischen auf dessen offizieller Internet-Seite zu finden sind. Der Brief wurde also von FBI-Mitarbeitern vom Deutschen ins Englische übersetzt. Zusammen mit seiner Gefährtin Lily Latté sammelte Lang monatlich kleine Summen für einen «Brechtfund». Zwei kurze Briefe an Fritz Kortner und Ernst Lubitsch, in denen er diese an ihren finanziellen Beitrag erinnert, sind im Berlinale-Buch zur Retrospektive abgedruckt [2].

Lidingo (Sweden) Lovstingean
August 27, 1939
Dear Fritz Lang, I have received your second money order. Many thanks for your friendly action; it really helps me to work on in independence. The difficulty is that for instance the small political plays from Frightfulness and Misery of the Third Reich which are now being played in nearly all the capitals of the civilised world don't naturally bring in a penny because they're never undertaken for commercial purposes. After the «conquest» of Prague, my dramas were printed for the second time and stamped out for the second time. I have therefore no difficulty in accepting the money. However, I will take the liberty of sending you from time to time a number of copies of my new works.
With cordial greetings, Your bertolt brecht

Lang antwortete am 26. September mit einem kurzen Schreiben, in dem er Brechts Angebot annimmt und ihn bittet, ihm ein Exemplar von «Furcht und Elend des Dritten Reiches» zukommen zu lassen. Es ist die einzige Post von Lang an Brecht, die ich ausfindig machen konnte.

Bezüglich des Verhältnisses des Filmemachers zu dem Schriftsteller, sowohl zur Zeit von Brechts Ankunft in Los Angeles als auch während der Produktion des von beiden gemeinsam geschriebenen Films HANGMEN ALSO DIE!, ist die beste Informationsquelle, um Brechts Standpunkt kennenlernen, sein «Arbeitsjournal». Die Zeitschrift «Filmkritik» hat Auszüge daraus in einem HANGMEN ALSO DIE! gewidmeten Heft nachgedruckt[3]. Neben diesen stehen (in deutscher Übersetzung) Langs Antworten an James K. Lyon, den Autor von «Bertolt Brecht in America»[4] und der erste Brecht-Forscher, der sich für HANGMEN ALSO DIE! interessiert und ihn anders als seine Kollegen nicht schlicht als Hollywood-Produkt verworfen hat. Die Antworten Langs wurden 1971 geschrieben, am Ende seines Lebens und Jahrzehnte nach den eigentlichen Geschehnissen.

Wir stellen hier einige Briefe und Notizen vor, die Brecht an Lang während der Dreh-Vorbereitungen und -Arbeiten geschrieben hat. Um den Standpunkt des Filmemachers, der hier nicht geschont wird, besser zu verstehen, muss man natürlich diese Botschaften in den Kontext der Produktion des Films zu stellen. Diese lässt sich nachvollziehen anhand von Dokumenten aus den Fritz Lang-Archiven in Paris (Cinémathèque française) und Los Angeles

(University of Southern California). Die verschiedenen Versionen der Story und des Drehbuchs ermöglichen es, ziemlich genau die zeitliche Abfolge zu bestimmen und ebenso Brechts dominante Rolle bei der Abfassung des Drehbuchs zu erkennen[5]. Brecht und Lang schrieben gemeinsam ein erstes Outline von 32 Seiten, «437 !!», gefolgt von einem Treatment von 95 Seiten, «No Surrender», das sich schon nah am fertigen Film bewegt und bei der «Screen Writers Guild» registriert wurde, noch bevor der im Vorspann genannte Drehbuchautor John Wexley überhaupt ins Spiel kam. Brecht schrieb seinerseits eine unfertige «Fabel», etwas mehr als eine Seite lang und bestehend aus 23 Szenen, die je auf zwei oder drei Zeilen umrissen wurden.[6]

All diese Briefe,mit Ausnahme des letzten, befinden sich im Fritz Lang-Archive der USC (Cinema & Television Library, University of Southern California). Zum ersten Mal durchgelesen und zitiert wurden sie von Irène Bonnaud in ihrer Doktorarbeit «Brecht, période américaine»[7]. Keiner (der Briefe also) wird datiert, doch fallen alle in die Zeit der Filmvorbereitungen und Dreharbeiten, in die letzten Monate von 1942.

Der erste, handschriftliche, stammt vom Beginn der Dreharbeiten.

Lieber Lang,
Zu Hellis Test: in der dritten, weniger nervösen Aufnahme ist der Ton, besonders in den kleinen Sätzen, glaube ich, ganz und gar nicht herausfallend. Wenn Sie ihr was sagen, und wenn man das Gesicht sieht und wenn einiges an der Erzählung [unleserliches Wort] wird, müsste es gehen. Die noch schwerer Szenen, wo sie heisser sprechen kann, sind ja sowieso sicher. Selbst eine Opferung der Erzählung (ausser: That's a life) wäre sicher zu rechtfertigen, da sie im übrigen wunderbar sein könnte. Entschuldigen Sie dass ich das schreibe, es ist vielleicht Hellis einzige Chance, im Exil was zu machen – wann schon kann für sie wieder eigens was gemacht werden? und mir liegt so sehr viel daran, aus vielen Gründen. Ihr brecht

Diese Zeilen erklären sich durch den Eintrag vom 24. November im «Arbeitsjournal». Darin beklagt sich Brecht, dass Lang, anders als zuvor versprochen («strikte Abmachung»), Helene Weigel nicht für die Rolle einer Lebensmittelverkäuferin besetzen wollte, nachdem er mit ihr «einen flüchtigen Tontest» gemacht habe, auf den «ein Totaltest» folgen sollte. Er «liess sie darauf warten und arbeiten und drehte dann einfach die erste Szene mit jemand anderm, ohne es auch nur mitzuteilen.» Hierauf gab es offensichtlich keine Antwort.

Lang versicherte James K. Lyon, dass er sich an einen solchen Test weder erinnere noch ihn für nötig erachtet hätte, da er Weigel aus Deutschland kannte (sie hatte eine kleine Rolle in METROPOLIS). Doch steht auf dem Exemplar einer verkürzten Version des Drehbuchs, die Irène Bonnaud im Brecht-Archiv untersucht hat, die handschriftliche Notiz: «Mrs Dvorak – Grocery woman – Mrs Brecht.»

Im Dezember, als die Dreharbeiten sich ihrem Ende nähern, ist das Verhältnis zwischen Lang und seinem Produzenten Arnold Pressburger angespannt. Das Drehbuch, mit dem man zu drehen begonnen hatte, ist viel zu lang und muss ständig umgearbeitet werden. Pressburger versucht sich der Unterstützung Brechts zu versichern. Darum geht es in der folgenden Notiz, die wie die vorangegangene mit der Hand geschrieben wurde:

Lieber lang, pressburger ersuchte mich, über eine letzte szene für Svoboda nachzudenken. Ich habe mir was ausgedacht (sehr einfach), möchte es aber natürlich mit ihnen besprechen.
Ihr brecht

Vermutlich wenige Zeit danach versucht Pressburger Brecht aufs Neue zu umgarnen, wovon dieser Lang sogleich in einer maschinengeschriebenen Notiz in Kenntnis setzt:

lieber lang, pressburger rief mich an um mich zu informieren dass ich kontraktlich verpflichtet sei in jedem augenblick und für jede zeit für «advise» zur verfügung zu stehen. Ich wollte ihm nicht sagen, dass es nicht meine verpflichtung sein kann, Ihnen advise zu erteilen, den sie nicht wünschen, den Ihnen zu erteilen aber er wünscht. Ich habe Sie so verstanden, dass ihnen eine besondere assassinszene am schluss unnötig zu sein scheint, während Pressburger sie für nötig hält. Lassen sie mich ihnen versichern, dass ich nicht daran denke, Sie für Pressburger zu «bearbeiten». unsere verabredung über die zusammenarbeit während der aufnahmen, die wir bei Jaffe trafen, war ja so, dass sie vollstän-

dig freiwillig sein sollte (und dass ich zum beispiel auch eine reise nach new york machen könne, ohne Pressburgers zustimmung zu benötigen). Natürlich arbeite ich sehr gern mit. Auch verstehe ich vollkommen, unter welchem druck Sie jetzt stehen und wie schwierig es für Sie ist, im augenblick zeit fur diskussion zu erübrigen. Ich will nur nicht in «studio-politics» hineingezogen werden und das war mir das unangenehme an Pressburgers drängen, mit Ihnen über den schluss zu reden. Am besten vielleicht, Sie informieren gelegentlich Pressburger darüber, dass sie advise von mir sich ohne ihn verschaffen können, sobald sie ihn haben wollen. Ich bin morgen im studio.
ihr brecht

Die Loyalität, die der Schriftsteller dem Filmemacher entgegenbringt, ist umso bemerkenswerter, als er noch vor Drehbeginn praktisch von der Produktion ausgeschlossen worden war («Arbeitsjournal», Eintrag vom 2. 11.). Hanns Eisler, der in der Hoffnung, an dem Film mitarbeiten zu können, nach Los Angeles gekommen war (das war der Aufbruch einer kurzen Karriere in Hollywood, wo er acht Filmpartituren komponierte), kommentierte dies so: «Der Brecht ist ein fleissiger Mensch, er ist ein moralischer Mensch, er will nämlich nicht – er wurde von Lang die letzten zehn Tage zu den Drehbucharbeiten nicht mehr hinzugezogen – faulenzen. Das hat den Brecht ungeheuer gekränkt. Brecht lässt sich nicht gewissermassen abservieren, als lästig»[8].

Der letzte Brief von Brecht an Lang befindet sich im Bertolt Brecht-Archiv. Es bleibt zu hoffen, dass die Geschichte seiner Entdeckung eines Tages erzählt wird. Zweifellos wurde er nach dem letzten Treffen der beiden geschrieben und zieht die Lehre der Zusammenarbeit.

lieber lang,
ich höre, dass Sie meine mitarbeit enttäuscht hat. – anbetracht der freundlichkeiten, die Sie mir erwiesen haben – als eine davon betrachte ich natürlich, dass Sie mir die chance gaben, mir durch den verkauf einer filmstory eine existenzbasis zu verschaffen – möchte ich Ihnen darauf erwidern, bevor alles in der erinnerung sich verwischt.
Ich glaube nicht, dass Sie quantität oder qualität meiner mitarbeit kritisieren. In wirklichkeit wurde meine arbeit dadurch erschwert, dass ich mehr und mehr einen verdacht bei ihnen spürte, ich sei bestrebt, ungeachtet aller kommerziellen erwägungen einen rein politischen film zu machen. In der tat bildete ich mich nicht ein, Sie oder ich könnten unter den gegebenen umständen so etwas erreichen. Was ich vorschlug schien mir immer innerhalb der grenzen zu liegen, in denen der film erfolg haben konnte. Die volksszenen und die ernsthafte behandlung der untergrundbewegung hätten meiner meinung nach den film nicht nur nicht geschädigt, sondern sogar gefördert, ich meine: auch geschäftlich. Denn schon rein spannungsmässig hängt von der wirklichkeitstreue auf diesem gebiet die wirkung der persönlichen geschichte ab. Wir hätten keineswegs nötig gehabt, das unglückliche und rebellische tschechische volk lediglich als prospekt für eine räuber und schandigeschichte zu benutzen; wir hätten die räuber und schandigeschichte auch dazu benutzen können das tschechische volk zu zeigen. Hierher kamen viele von meinen versuchen, Sie für änerungen (sic) zu gewinnen – versuche, die Sie ermüdet haben mögen. Andererseits können Sie nicht sagen, scheint mir, dass ich mich allzusehr auf meine vorschläge versteift habe. Ich überliess Ihnen die entscheidung zusammen mit der verantwortung. Nicht einmal meine völlige ausschaltung, die so weit ging, dass ich die endgültige fassung nicht zu sehen bekam, bevor Sie schon ins atelier gegangen waren, nahm ich Ihnen wirklich übel, obwohl Sie aus eigener erfahrung wissen müssen, wie schwierig es ist, aus einer monatelangen intensiven produktion ganz plötzlich an die luft gesetzt zu werden. Übel nahm ich Ihnen allerdings, was mir die geste eines diktators, dessen wünschen man nicht zuvorgekommen war, schien und die brutale brüskierung der weigel, die ja nichts dafür konnte, dass Sie enttäuscht waren.
Und es ist ehrlich nicht in der absicht, Sie zu ärgern, sondern noch einmal nur in anbetracht früherer freundlichkeiten, wenn ich Sie an den alten chinesischen spruch erinnere, dass es fast immer weiser ist, über sich selbst enttäuscht zu werden als über andere.
Ihr
brecht

Aller Wahrscheinlichkeit nach ist dieser Brief nie abgeschickt worden. Womöglich legte Brecht keinen Wert mehr auf ihn, nachdem die Screen Writers Guild auf einer Versammlung am 20. Januar 1943 beschlossen hatte, dass als alleiniger Drehbuchautor John Wexley genannt werden dürfe. Lang blieb davon überzeugt, dass sein Verhältnis zu Brecht noch immer ein gutes sei, sodass er zutiefst bestürzt war, als er die mitunter sehr harten Worte las, die Brecht in dem 1973 veröffentlichten «Arbeitsjournal» über ihn geschrieben hatte. Andererseits hat er auch nie erfahren, dass Brecht in den 1950er Jahren auf Anregung der DEFA eine «Liste grosser deutscher Zeitromane» aufstellte und, als es darum ging, möglicherweise Arnold Zweigs «Der Streit um den Sergeanten Grisha» zu verfilmen, den Namen Fritz Lang nannte.

Übersetzung von Stefan Flach

Abdruck der Brecht-Briefe mit freundlicher Genehmigung der Brecht Erben GmbH (Barbara Brecht-Schall) und des Suhrkamp Verlages GmbH + Co.KG, Berlin (Nora Mercurio).

1 Bertolt Brecht, «Briefe», herausgegeben und kommentiert von Günter Glaeser, Suhrkamp, Frankfurt am Main 1981, Brief Nr. 365.

2 Rolf Aurich, Wolfgang Jacobsen, Cornelius Schnauber, «Fritz Lang. Leben und Werk. Bilder und Dokumente», Jovis, Berlin 2001.

3 Fritz Lang – Bertolt Brecht 27. Mai 1942 - 28. Mai 1942, «Filmkritik» Juli 1975.

4 Princeton University Press, Princeton, N.J. 1980.

5 Dies habe ich unternommen in einem Kapitel meines Buches «Fritz Lang au travail», «Cahiers du Cinéma», Paris 2011.

6 Auszüge aus «437 !!» und der «Fabel» Brechts wurden, zusammen mit weiteren Dokumenten, in französischer Übersetzung veröffentlicht in: B. Eisenschitz und Paolo Bertetto (Hrsg.), «Fritz Lang, la mise en scène», Lindau-Cinémathèque française-Museo del cinema di Torino, Torino 1993.

7 Université Paris III 2001.

8 Eisler im Gespräch mit Hans Bunge, zitiert von Wolfgang Gersch in: «Film bei Brecht», Henschelverlag Kunst und Gesellschaft, Berlin (DDR) 1975, S. 361.

9 Gersch, op. cit., S. 371.

FRITZ LANG

ERINNERUNGEN AN WIEN

MIT EINER EINLEITUNG VON BERNARD EISENSCHITZ

Ende der 60er Jahre leitete Jacques Goimard für den Verlag des Magazins «Réalités», in Co-Edition mit Hachette, eine Buchreihe mit dem Titel «Âges d'or et Réalités». Es handelte sich dabei um kollektiv verfasste Werke, die diversen Spezialisten anvertraut und mit vielen Bildern illustriert waren. Im Jahr 1966 bereitete Goimard einen Band über das «Goldene Zeitalter» Wiens vor, d.h. über die letzten Jahre der Habsburg-Dynastie. Wie zahlreiche Cineasten damals interessierten er und ich uns für die europäischen Filmemacher, die in die USA ausgewandert waren. Unter diesen schienen die Wiener, die noch im Kaiserreich geboren worden waren, eine Gruppe darzustellen, die das Hollywood-Kino auf besonders eigenständige Weise geprägt hatte. Erich von Stroheim war einer der großen Filmemacher, dessen erhaltenes Werk in der Cinémathèque française zu sehen war. Zwei andere, Fritz Lang und Otto Preminger, bildeten eine Hälfte jener «vier Asse», die von der kleinen, aber sehr lebhaften Cineasten-Gruppe der «Mac-Mahoniens» [benannt nach dem Pariser Kino Mac-Mahon; A.d.Ü.] hochgehalten wurden. Pabst, der uns weniger interessierte, stammte ebenfalls aus Wien. Andere wie Edgar G. Ulmer machten uns ihrerseits neugierig – völlig zu Recht, wie sich später herausstellen sollte.

Goimard wünschte sich, das letzte Kapitel des Buches dem «Wien nach der Wiener Zeit» und diesen Exil-Filmemacher widmen zu können. Er bat mich darum, es mit ihm zusammen zu schreiben. In der Tat bestand meine Arbeit hauptsächlich in der Recherche, und das Kapitel, das er freundlicherweise mit unseren beiden Namen zeichnete, wurde praktisch von ihm allein verfasst. Im Laufe der Vorbereitungen erschien es uns interessant, die Filmemacher selbst zu befragen und wir schickten einigen von ihnen etwas naiv formulierte Fragen: Ab einem gewissen Punkt wollten wir überall nur mehr Wien sehen! Einige antworteten uns. Ich erinnere mich an einen ziemlich verrückten Brief von Edgar G. Ulmer. Richard Fleischer schrieb uns scherzhaft, dass er uns kaum dabei helfen könne, die Wiener Einflüsse in seinem Werk aufzuspüren, da sein Vater schon mit acht Jahren in die USA eingewandert sei. Wir machten auch zwei Tonbandinterviews in Paris, das eine mit Otto Preminger, das andere mit Josef von Sternberg. Auf der Sternberg-Aufnahme war aber nichts zu hören – er konnte offenbar etwas zaubern. In einem Café versuchten wir sofort, uns wenigstens an einige denkwürdige Aussagen zu erinnern. Es wäre unmöglich, das Gespräch in seinem Verlauf nachzuzeichnen, aber trotz seiner anfänglichen Ablehnung – er sah sich als Weltbürger und behauptete, dass er sich für das, was er unseren soziologischen Ansatz nannte, nicht interessierte – war Sternberg neben Lang derjenige, der unserer Untersuchung den größten Ernst entgegenbrachte.

Fritz Lang seinerseits schrieb uns, dass ihn die Sache sehr wohl interessiere, er aber ein wenig Zeit zum Antworten benötige und außerdem bat er uns, auf Deutsch schreiben zu dürfen. Einige Wochen später bekam der Leiter der «Réalités»-Abteilung, in dessen Namen unsere Korrespondenz geführt wurde, die Antworten: 28 maschinengeschriebene Blätter, denen noch weitere Dokumente beigefügt waren. Ich verdanke der Sprache, in der das Dokument geschrieben wurde, dem Zufall dass ich es behalten durfte; ich übersetzte und resümierte es nämlich für Goimard. Alle anderen Briefe finden sich, wie ich hoffe, weiterhin in seinem Besitz. Die zusätzlichen, in Langs Begleitbrief aufgeführten Dokumente, sind schon andernorts erschienen: die Synopsis «Die Legende vom letzten Wiener Fiaker» wurde von Cornelius Schnauber in dem Sammelband «Der Berg des Aberglaubens und andere Geschichten» veröffentlicht, der Aufsatz Erich Pommers steht in Alfred Eibels Textauswahl «Fritz Lang», zuerst 1964 erschienen und 1988 als «Trois Lumières» neu aufgelegt, und das Selbstporträt in der Erstausgabe von Lotte H. Eisners «Fritz Lang».

Das Buch kam 1970 heraus. Jacques Goimard hätte es gerne «Vienne au temps des valses» [Wien zur Zeit des Walzers] genannt, doch der Verlag mochte lieber den Titel «Vienne au temps de François-Joseph» [Wien zur Zeit Franz Josephs]. Übrigens bediente Goimard sich in unserem Kapitel «Les cinéastes: une génération dispersée» [Die Filmemacher: eine zersprengte Generation] nur indirekt der Aussagen, die uns zugekommen waren, nur indirekt.

Dennoch sind die gesammelten Antworten Langs der Forschung keineswegs unbekannt. Lang hatte selbstverständlich auch Lotte H. Eisner, als diese an ihrem Buch arbeitete, eine Kopie zukommen lassen und selbstverständlich auch selbst einen Durchschlag behalten, von dem wiederum Kopien in den Lang-Archiven in den USA und in Berlin aufgetaucht sind. Er ist daher mehrfach zitiert worden, zumal in dem Eisner-Buch, doch meistens in der Form bloßer Fragmente, außer jeden Zusammenhanges. Es erscheint umso interessanter, ihn anlässlich einer Wiener Retrospektive im ganzen vorzustellen.

Bernard Eisenschitz
September 2012
Übersetzung von Stefan Flach

Fritz Lang (Mitte) und Lilly Latté mit einem Gastgeber der Stadt Wien anlässlich Langs Besuch in Wien beim Filmfestival «Viennale» im Jahre 1971

FRITZ LANG

Antworten für Frage Nr. 1, 4, 6, 7, 10.

I. - What is your relation with Vienna (were you born, raised, did you stay in, or make journeys to, Vienna or the former Austro-Hungarian empire, at what time and until what age)?

4. - When in Vienna, did your ideas on your future or your vocation already include, or have to do with, art and/or showmanship (stage, motion pictures, etc.)? Was any Viennise group, "movement", or personality, influential or determining in your interest for the motion pictures?

6. - Why did you leave Vienna and Austria (for political or economical reasons) and in what conditions?

7. - When you left Austria, had you already had anything to do with film-making?

10. - Why did you chose the medium of film-making? Did you try another medium before? Were you helped, introduced or advised in this field by Viennese friends?

*

* *

Ich bin am 5. Dezember 1890 in der Schön-Laterngasse (nicht zu verwechseln mit Gustav Meyrink's Haus "Zur letzten Laterne") nahe dem Stephansgeboren.

Mutter: Paula, Vater: Anton Lang, Architekt und Stadtbaumeister.

Ich besuchte die Volksschule (5 Jahre), die Realschule (7 Jahre) und dann, da mein Vater wollte, dass ich seinen Beruf ergreifen sollte,die Technische Hochschule. Es war nicht der erste Zusammenstoss mit meinem Vater. Ich hatte ihn zu oft sich ueber die negativen Seiten seines Berufes beklagen gehoert als dass mich eine Karriere als Stadtbaumeister, wo ich also mein ganzes Leben ständig in Wien hätte verbringen muessen, haette begeistern koennen. Um des lieben Friedens willen, denn ich hatte ganz andere Pläne, einigte ich mich mit meinem Vater darauf, dass ich auf der Technischen Hochschule Vorlesungen fuer ein Ingenieur Studium belegen wuerde. Ich hielt es aber trotz allem guten Willen nur ein Semester aus denn ich wollte Maler werden. Ich war jetzt 17½ Jahre alt.

Ich hatte bereits ohne das Wissen meiner Eltern in zwei Wiener Kabarets gearbeitet,der 'Femina' und der'Hoelle', hatte Plakate dafuer gezeichnet und war auch nachts aufgetreten. In der 'Femina' hatte ich Dr. Fritz Loehner kennen gelernt, der unter dem Namen BEGA Chansons schrieb und Dr. Egon Friedell, der mir Pomard-trinken beibrachte. (BEGA wurde in einem Konzentrations-

Faksimile der ersten Seite der «Erinnerungen an Wien» von Fritz Lang

FRITZ LANG

Antwortenfür Frage Nr. 1, 4, 6, 7, 10.

1. What is your relation with Vienna (were you born, raised, did you stay in, or make journeys to, Vienna or the former Austro-Hungarian empire, at what time and until what age)?
4. When in Vienna, did your ideas on your future or your vocation already include, or have to do with, art and/or showmanship (stage, motion pictures, etc.)? Was any Viennise group, «movement», or personality, influential or determining in your interest for the motion pictures?
6. Why did you leave Vienna and Austria (for political or economical reasons) and in what conditions?
7. When you left Austria, had you already had anything to do with film-making?
10. Why did you chose the medium of film-making? Did you try another medium before? Were you helped, introduced or advised in this field by Viennese friends?

Ich bin am 5. Dezember 1890 in der Schön-Laterngasse (nicht zu verwechseln mit Gustav Meyrink's Haus «Zur letzten Laterne») nahe dem Stephansdom geboren.
Mutter: Paula, Vater: Anton Lang, Architekt und Stadtbaumeister.

Ich besuchte die Volksschule (5 Jahre), die Realschule (7 Jahre) und dann, da mein Vater wollte, dass ich seinen Beruf ergreifen sollte, die Technische Hochschule. Es war nicht der erste Zusammenstoß mit meinem Vater. Ich hatte ihn zu oft sich über die negativen Seiten seines Berufes beklagen gehört, als dass mich eine Karriere als Stadtbaumeister, wo ich also mein ganzes Leben ständig in Wien hätte verbringen müssen, hätte begeistern können. Um des lieben Friedens willen, denn ich hatte ganz andere Pläne, einigte ich mich mit meinem Vater darauf, dass ich auf der Technischen Hochschule Vorlesungen für ein Ingenieurstudium belegen würde. Ich hielt es aber trotz allem guten Willen nur ein Semester aus, denn ich wollte Maler werden. Ich war jetzt 17 ½ Jahre alt.

Ich hatte bereits ohne das Wissen meiner Eltern in zwei Wiener Kabaretts gearbeitet, der «Femina» und der «Hölle», hatte Plakate dafür gezeichnet und war auch nachts aufgetreten. In der «Femina» hatte ich Dr. Fritz Löhner kennengelernt, der unter dem Namen BEGA Chansons schrieb und Dr. Egon Friedell, der mir Pomard-Trinken beibrachte. (BEGA wurde in einem Konzentrationslager der Nazis umgebracht, und Dr. Friedell stürzte sich aus seiner Wohnung im vierten Stock eines Hauses in der Mariahilferstraße auf die Straße, als er eine Abteilung von Nazis das Haus betreten sah.)

Als mein Vater davon erfuhr, gab es natürlich großen Krach, und da ich ihn nicht überzeugen konnte, dass ich weder ein guter Architekt noch ein tüchtiger Ingenieur werden würde, lief ich von zu Hause weg – was jeder anständige junge Mensch tun sollte. Ich ging zuerst nach Belgien und wanderte anschließend um die halbe Welt, Nordafrika, Türkei, Kleinasien, kam bis nach Bali und landete schließlich auf meinem Heimweg in Paris. Ich verdiente mir meinen Unterhalt durch den Verkauf von selbstgemalten Ansichtskarten, verkaufte selbstgemalte Bilder und von Zeit zu Zeit Karikaturen an Zeitungen.

In Paris studierte ich in der Malschule von Maurice DENIS und zeichnete abends Akt in der Akademie JULIEN.

In meiner Freizeit und wenn ich genügend Geld hatte, besuchte ich Filmtheater. Das war mein erster Kontakt mit Film. Das bewegte Bild interessierte mich unendlich. Im Gegensatz zu dem statischen Bild wenn ich malte oder zeichnete. Ich hatte das unbestimmte Gefühl, dass hier etwas ganz Neues im Begriff war, geboren zu werden, etwas, das ich später DIE Kunst unseres Jahrhunderts nannte.

Der Kriegsausbruch 1914 fand mich in Paris, wo ich gerade noch den letzten Zug nach Lüttich erreichte. Beigefügt ist eine Kopie von 7 Seiten über meine Beziehungen zu Frankreich, die ich für den hiesigen französischen Generalkonsul zusammengestellt habe.

Am 5. August 1914 kam ich in Wien nach meiner Flucht aus Paris an, mietete mir ein Atelier, kam aber nicht dazu, viel zu arbeiten, da ich innerhalb weniger Wochen als Einjährig-Freiwilliger eingezogen wurde (beim Landwehr Feldartillerieregiment Nr. 13, stationiert am Rennweg). Ich wurde Feldoffizier, war ein paarmal verwundet, erhielt einige Tapferkeitsmedaillen (zweimal die kleine und einmal die große silberne, die goldene Tapferkeitsmedaille wurde prinzipiell nur bei Vormärschen verliehen und ich, der ich eine in der Armee recht bekannte Aufklär-Patrouille führte, wurde immer bei Rückzügen eingesetzt, bei Lutsk, bei Focosani in Rumänien und schließlich an der Isonco-Front), und Mitte 1918 wurde ich für felduntauglich erklärt.

Die ganze Zeit über beschäftigte mich das neue Medium «Film» über alle Maßen. Im Hospital schrieb ich Filmentwürfe, darunter einen Werwolf-Film, den ich nicht verkaufen konnte, und schrieb zwei Szenarien, «Die Hochzeit im Excentrikklub» und «Hilde Warren und der Tod». Beide Manuskripte verkaufte ich an den damals sehr bekannten Filmproduzenten und Regisseur Joe May, der in Berlin arbeitete. DIE HOCHZEIT IM EXCENTRIKKLUB sah ich, ein paar Monate später, als ich gerade auf Urlaub von der Front in Wien war, in der Zeitung angekündigt. Ich war sehr stolz über meinen Erfolg und lud meine Freunde und natürlich auch meine Freundin ein, der Erstaufführung beizuwohnen. Sie fand im «Rotenturm-Kino» in der Rotenturmstraße statt und hier erhielt ich den ersten Schock in dem Beruf, der mein Leben ausfüllen sollte. Als der Film anlief, stand nicht ich als Autor des Filmes auf dem Vorspann (obwohl mein Drehbuch Szene für Szene so verfilmt worden war, wie ich es geschrieben hatte) – sondern Joe May, der auch die Regie führte.

Die Inszenierung sagte mir gar nicht zu, ich hatte vieles in meiner Vorstellung ganz anders gesehen und ich glaube, dass es damals war, dass ich, wenn auch völlig unbewusst, zumindest im Unterbewusstsein den Entschluss fasste, Regisseur zu werden. Dieser Entschluss, der mein ganzes Leben bestimmte, geschah also nicht nach langen Überlegungen für oder gegen, sondern aus einer merkwürdigen, beinahe schlafwandlerischen Sicherheit, die mich auch späterhin bei all meinen Filmen bis auf den heutigen Tag begleitet hat.

Ich möchte hier gleich weiter ausführen, dass dieser merkwürdige Instinkt, dass ich bei meinem Filmschaffen den richtigen Weg ging, mich nie verlassen hat. Ich war auch völlig unberührt von jeder Kritik an meinen Filmen, ob sie nun gut war oder schlecht. Ich sage das nicht aus Überheblichkeit oder Größenwahnsinn und will es näher erklären: Ein Film wird – oder sagen wir besser «wurde» – bis zum Ende des zweiten Weltkrieges von einer Gruppe von Menschen gemacht, für die Film nicht nur die Kunst unseres Jahrhunderts war, sondern Lebensinhalt bedeutete. Zu dieser Gruppe von begeisterten Menschen zähle ich auch die Mitglieder meiner Belegschaft, ob es nun Beleuchter, Atelierarbeiter, Requisiteure waren, aber für alle, die an meinen Filmen arbeiteten, war mein Film immer IHR Film. Wenn nun mein Stab, Schriftsteller, Architekt, Kameramann usw., mit mir unter völliger Aufgabe ihres Privatlebens monatelang an den Vorbereitungen zu einem Film arbeiteten, und wir dann wieder monatelang mit den Dreharbeiten und dann mit dem Schnitt beschäftigt waren, und der Abend der Filmpremiere kam und ein Kritiker sofort nachdem er den Film gesehen hatte, sich hinsetzte, um eine Kritik zu schreiben, die schnellstens gedruckt werden musste, um am nächsten Morgen in den Tageszeitungen zu erscheinen und die Kritik über die monatelange Arbeit von einer Gruppe von Männern war schlecht, so konnte ich diese Kritik nicht anerkennen.

WENN ICH ABER EINE SCHLECHTE KRITIK NICHT ANERKENNE, DANN KANN ICH AUCH EINE GUTE NICHT ANERKENNEN.

Anfang 1918 kam ich verwundet von der italienischen Front nach Wien zurück, wo ich noch ungefähr zwei Monate im Hospital verbringen musste. Dann wurde mir erlaubt, tagsüber das Hospital zu verlassen, musste aber um 8 Uhr abends mich zurückmelden.

In dieser Zeit musste ich von meiner Leutnantsgage und Verwundetenzulage leben, insgesamt 120 Kronen.

Eines Tages saß ich in meinem Stammcafé, dem Café Dobner, und dachte nach, wie ich es mir einrichten sollte, mit meinen 120 Kronen nicht nur meine täglichen Bedürfnisse – (von meinem Vater bekam ich keinen Zuschuss) – sondern auch die meiner Freundin zu bestreiten.

(Ich möchte hier einfügen, was vielleicht zur Frage 2 gehört, dass jeder richtiger Wiener einer oder zwei Stammcafés hatte. Ich kannte einen Mann, der auf seinem Geschäftspapier seine Geschäftsstunden gedruckt hatte:

von 2 bis 4 Uhr Café Landtmann
von 4 bis 5 Uhr Café Rebhuhn
von 5 bis 6 Uhr Café Herrenhof.

Das war Wien vor 1914.

Ich saß also wie gesagt im Café Dobner und zerbrach mir den Kopf über die Finanzierung meiner nächsten Zukunft, als ein Herr auf mich zutrat, der mich im bayrischen Dialekt anredete: «Verzeihung, Ha'n derr Herr Leutnant ... würd'n der Herr Leutnant geneigt sein, eine Rolle im «Hias» zu übernehmen?»

Ich sah den Mann durch mein Monokel bestimmt ziemlich hochmütig an und sagte: «Wer sind Sie denn?»

Darauf der Mann: «Entschuldigen der Herr Leutnant! Mein Name ist Ostermayr. Ottmar Ostermayr ...»

Ich: «Da kann man auch nix machen.»

Der Mann sah mich verdutzt an, fuhr aber fort: «Ich bin der Direktor vom feldgrauen Spiel «Der Hias» und wollte den Herrn Leutnant fragen, ob er geneigt wäre, eine Rolle darin zu übernehmen.»

Ich, sehr kaltschnäuzig: «Was zahlen Sie denn?»

Er: «Das patriotische feldgraue Spiel «Der Hias» ist finanziert und steht unter dem Zeichen des Roten Kreuz. Wir haben für die Rolle eine monatliche Gage von 800 Kronen ausgesetzt.»

Einhundertzwanzig Kronen Leutnantsgage plus Krankenzulage und achthundert Kronen monatlich ... Ich habe manchmal in meinem Leben helle Augenblicke und so einen Augenblick hatte ich jetzt. Ich sagte, sehr von oben herab: «800 Kronen ... das ist nicht sehr viel!»

Ottmar Ostermayr sagte eilig: «Mehr als tausend Kronen könnten wir nicht bezahlen, Herr Leutnant, das wäre das Äußerste. Das Rote Kreuz würde veranlassen, dass der Herr Leutnant natürlich auch von seinen militärischen Pflichten enthoben werden ...»

Und so kam es, dass ich und meine Freundin unsere finanziellen Sorgen los waren und dass ich, der nie in meinem Leben auf einer wirklichen Theaterbühne gestanden hatte (abgesehen von meiner Tätigkeit im Kabarett), eine Rolle in dem feldgrauen Spiel «Der Hias» übernahm:

Das Stück – ein echter Wiener würde sagen: das Stuck – war die Geschichte eines österreichischen Leutnants von der damals sehr bekannten Motobatterie «Die Dicke Berta», der an der französischen Front verwundet gefangen genommen und auf ein französisches Schloss gebracht wird, wo sich eine französische Kammerzofe in den Leutnant verliebt. Sein treuer Bursche, ein Bayer namens HIAS, folgt ihm freiwillig in die Gefangenschaft, flieht aber, als der Leutnant vor ein französisches Kriegsgericht gestellt werden soll. Er alarmiert in der Etappe ein bayrisches Reservebataillon, das unter der Führung eines preußischen Oberleutnants das Schloss stürmt, gerade zur rechten Zeit, um den Leutnant zu retten.

Ursprünglich sollte ich den preußischen Oberleutnant spielen, was sich nach ein paar Proben mit meinem wienerischen Dialekt als unmöglich herausstellte. In seiner Verzweiflung gab mir Ottmar Ostermayr die Rolle des österreichischen Leutnants, also die Hauptrolle. Das Stück «Der Hias» wurde in dem größten Varieté-Theater Wiens, dem Ronacher, aufgeführt und lief mit großem Erfolg mehrere Monate.

Jedes Mitglied der Truppe musste in der großen Pause für das Rote Kreuz absammeln und am Schluss der Vorstellung musste ich vor den Vorhang treten und den letzten Kriegsbericht vor dem Publikum verlesen.

In einer der Vorstellungen sah mich Erich Pommer, der mir einen Vertrag als Dramaturg und späterhin als Regisseur nach Berlin anbot. Das war August 1918. Die Zeit meiner Enthebung vom Militärdienst durch das Rote Kreuz lief noch einen Monat und Erich Pommer hatte mir versprochen, dass seine Firma bei der obersten deutschen Heeresleitung vorstellig werden würde, damit ich von meinen weiteren militärischen Verpflichtungen, wenn diese sich auch nur beim Kader im Hinterland abspielten, enthoben würde.

(Ich füge hier eine Kopie von zwei Seiten aus dem Buch «FRITZ LANG, Choix de textes établi par Alfred Eibel, Presence du Cinema, 25, Passage des Princes, Paris IIe, bei.)

Ich schaffte mir also zwei Zivilanzüge an und fuhr nach Berlin, dem Filmzentrum von Deutschland.

Otis Ferguson, der berühmte amerikanische Filmkritiker schreibt, verwundert über mein und anderer frühes Interesse am Film: «... And here comes a factor that neither Lang nor any other oft the old-line first-class men can explain ... When the movies were just a clumsy, struggling art, there were men everywhere who knew somehow that this was the work they wanted to do ... So when peace came and his last wound was healed, when other intellectuals were spending their time being ... Bohemians, if nothing else, he went to where he could get his chance at making movies.»

Antworten für Frage Nr. 2

2. Do you have memories of Vienna (of your social class, education, professional and leisure life) that seem typical to you?

Ich muss vorausschicken, dass ich ein Augenmensch bin.

Ich empfange meine Eindrücke NUR durch meine Augen und, ich habe es oft bedauert, nie oder nur äußerst selten durch mein Gehör. Ich liebe Volkslieder, aber keine zehn Pferde bringen mich in ein Konzert oder eine Oper. Ich habe oft in meinem Leben, längst nachdem ich Wien verlassen hatte, versucht, mich von musikalisch veranlagten Menschen belehren zu lassen, aber trotz gegenseitigem ehrlichen Bemühen – es ging einfach nicht ...

Wie ich schon in Beantwortung der Fragen 1, 4, 6, 7 und 10 beschrieben habe, bin ich mit 17 1/2 Jahren von Zuhaus weggelaufen und erst ungefähr sechs Jahre später (1914) nach Wien zurückgekommen.

Meine Wiener Eindrücke bestehen also erstens aus Kindheits- und Jugenderinnerungen und zweitens aus den Eindrücken eines Menschen von noch nicht 24 Jahren, der die folgenden vier Jahre seines Lebens hauptsächlich im Feld und nur seine Urlaubs- und Krankheitswochen in Wien verbracht hat.

In meinen Kindheitseindrücken steht an erster Stelle der CHRISTKINDLMARKT am Hof. Zu Hause wurde Weihnachten immer bei dem Kerzenlicht eines bis zur Decke reichenden Christbaumes gefeiert und das Wichtigste waren wohl, wie für jedes Kind, die Geschenke, die unter dem Baum lagen, die sich dann im Lauf der Jahre in ihrer Art veränderten. Sie wurden praktischer und ich habe mich über die Weihnachtsgaben der Freunde meiner Eltern, die gewöhnlich Bücher waren, viel mehr gefreut als über die praktischen Dinge, die ich von Seiten meines Vaters geschenkt bekam. Meine geliebte Mutter, die ihren Mann sehr liebte, hat sich nur halb von ihm bestimmen lassen und sie schmuggelte unter den praktischen Geschenken auch andere ein, wie Schlittschuhe und Bücher und dergleichen ...

Der Christkindlmarkt im Dezember aber war etwas ganz Besonderes.

Auf einem niedrigen Bretterpodium, das nur ein bis zwei Stufen höher war als das Niveau des Kopfsteinpflasters, standen einfache Bretterbuden mit billigen Weihnachtsdingen. Zwischen diesen Bretterbuden, auch die Passagen waren überdacht, konnte man selbst bei heftigstem Schneesturm stundenlang beim Licht von vielen bunten Kerzen und Öllampen von einem Stand zum anderen gehen. Da gab es die herrlichsten Sachen: bunten Christbaumschmuck, Kugeln und Sterne und glitzernde Silbergirlanden und rotbackige Äpfel und goldgelbe Orangen und Datteln und Windgebäck und getrocknete Malagatrauben und Lebkuchen, die man in Wien «Lebzelten» nannte, und hinreißendes Spielzeug, Schaukelpferde und Hampelmänner und Kasperletheater (den Kasper nannte man in Wien «Wurschtel») und Zinnsoldaten, Husaren und Dragoner und die Wiener Burgmusik und Infanterie, mit denen man große Schlachten aufführen konnte, und das aus «Lebzelten» gebaute Märchenhaus von Hänsel und Gretel mit der Hexe natürlich, die in ihrer abgründigen Hässlichkeit auf einem Besen reitend aus dem Schornsteig flog und Theaterbühnen in den verschiedensten Ausführungen mit den Figuren der handelnden Personen aus Pappendeckel. Man konnte Zaubermärchen aufführen auf diesen Theatern, die auswechselbare Kulissen hatten und sogar Stücke wie «Die Räuber» oder «Das Vierte Gebot» von Anzengruber und weiß Gott was sonst noch. Es gab tausend Dinge zu sehen und sie waren die Ohrfeigen wert, die ich von meinem Vater bekam (wenn ich anstatt um 7 Uhr abends erst um 10 nach Hause kam). Wahrscheinlich haben ihm diese Ohrfeigen mehr weh getan als mir, und wenn ein Dichter sagt: «Ein Augenblick gelebt im Paradiese ist nicht zu teuer mit dem Tod bezahlt», so sind ein paar Ohrfeigen, die gar nicht ernst sondern erzieherisch gemeint sind, wohl nur eine geringe Bezahlung für unzählige, wunderbare Stunden am Wiener Christkindlmarkt.

Auch heute noch wird in meinem Haus in Amerika in Beverly Hills, wo es nie Schnee gibt, am Heiligen Abend, dem 24. Dezember, Weihnachten mit Christbaum und Geschenken gefeiert im Gegensatz zu den Amerikanern, die Weihnachten am 25. Dezember feiern.

Zu den Jugenderinnerungen gehören auch die Tage vom 5. und 6. Dezember, an denen nicht nur mein Geburtstag gefeiert wurde, sondern wo der gute Knecht Ruprecht mit langem, weißen Bart am Abend in unserer Wohnung erschien, gefolgt vom «Grampus», dem gehörnten Teufel, der mit Ketten klirrte und eine Rute schwang und einen Sack trug, in den angeblich die bösen Kinder gesteckt und in die Hölle gebracht wurden, falls sie nicht ihre Kindergebete vor dem heiligen Ruprecht (dem «Santa Klaus» anderer Länder) aufsagen konnten, wofür sie dann ein paar Bonbons von ihm bekamen, in Wien «Zuckerln» genannt.

Dass der gute Knecht Ruprecht und der Grampus verkleidete Freunde meines Vaters waren, habe ich glücklicherweise erst viel später erfahren.

Am Abend vor dem Schlafengehen stellten wir Kinder dann unsere Schuhe vor das Fenster, die am Morgen, mit wunderbaren Süßigkeiten gefüllt, von uns vorgefunden wurden.

Weniger erfreulich, aber genauso eindrucksvoll und wahrscheinlich ebenso bestimmend für mein künftiges Leben als diese Erinnerungen sind meine Erinnerungen an meine Schulzeit.

Dass ich in den ersten vier Jahren in der Realschule immer wieder aus der Gesangsstunde hinausgeworfen wurde, weil ich eben keine Melodie behalten konnte und den unglückseligen Gesangslehrer mit meinen falschen Noten zur Verzweiflung brachte, das war selbstverständlich und ich begriff es.

Aber nicht begreifen konnte ich, wenn unser Religionslehrer, bei dem wir auch zur Beichte gehen mussten, in der Religionsstunde nach dieser Beichte einen unserer Mitschüler, der bereits zweimal sitzen geblieben und also um zwei sehr wichtige Jahre älter war als wir anderen und der uns auch alle um einen Kopf überragte, diesen die zehn Gebote aufsagen ließ und ihn nach dem sechsten Gebot mit den Worten unterbrach: «Du sollst nicht Unkeuschheit treiben! Nicht wahr, mein lieber Eibener?» Wir alle wussten von den sexuellen Erlebnissen dieses Mitschülers, denn wir alle hörten begeistert zu, wenn er davon sprach, und nur die Kühnsten unter uns zu einem Besuch der berüchtigsten drei Straßen am Spittelberg einlud. Der Spittelberg war gar kein Berg, nur eine der Straßen hieß so, wo die Mädchen mit den entblösten Busen in den ebenerdigen Fenstern lagen und die Vorübergehenden mit den eindeutigsten Gebärden zu einem Besuch aufforderten.

Die Reihe meiner nicht sehr erfreulichen Erinnerungen an meine Schulzeit fand ihren Höhepunkt in Folgendem: Nach Absolvierung der sieben Jahre Realschule musste man sich einer großen Reifeprüfung, der Matura, unterziehen. Unser Mathematik- und Physik Professor sagte uns nun, dass er genau wisse, wieviel und wie lange wir zu studieren hätten, um in allen Fächern die Prüfung bestehen zu können, und dass er es uns erleichtern wollte, indem er jedem Schüler zwei Fragen für jedes Fach gab, welche Fragen er bei der Matura stellen würde.

Als es zu den Prüfungstagen kam und wir einzeln aufgerufen wurden, gab mir dieser Jugenderzieher vier völlig verschiedene Fragen und ich fiel natürlich bei der Reifeprüfung mit Glanz durch. Ich wusste damals nicht, dass es zum guten Renommée einer Mittelschule gehörte, dass ein gewisser Prozentsatz von Schülern eben durchfallen musste.

Ich habe mich in der Nacht, nachdem mir und noch zwei anderen Mitschülern offiziell mitgeteilt wurde, dass wir die Prüfung nicht bestanden hätten, sinnlos betrunken. Zum ersten Mal in meinem Leben.

Dass ich diese Reifeprüfung, ohne die ich die technische Hochschule nicht hätte besuchen können, sechs Monate später bestanden habe, änderte natürlich nichts an meinen Gefühlen für die Schule. Ich gebe zu, dass ich speziell in den ersten Jahren der Realschule auch manche Professoren kannte, die wirkliche Jugenderzieher waren, aber es ist vielleicht menschlich, dass die schlechten Eindrü-cke anhaltender sind, als die guten.

Die Jahre 1895, wo ich zum ersten Mal eine Schule besuchte, bis 1907/8, sind vor allem dadurch sehr charakteristisch, dass große, einschneidende Veränderungen in Wien stattfanden.

Ich erinnere mich noch sehr deutlich an zum Beispiel den Stellwagen. Das waren von zwei Pferden gezogene kleine Omnibusse, bei denen man, wenn man Glück hatte, vorne beim Kutscher sitzen konnte. Wenn so ein Stellwagen zu einer etwas steilen Straße kam, musste er warten, bis ein drittes Pferd als Hilfe angeschirrt wurde.

Die Laternen-Anzünder verschwanden, als die Gaslaternen in elektrische umgewandelt wurden.

Die Fiaker, die ein zum Gegensatz vom «Einspänner» von zwei Pferden gezogener Luxuswagen waren, gab es schon immer. Mit ihm in die von uralten Kastanienbäumen beschattete Hauptallee zur Krieau oder zum Lusthaus zu fahren, war ein teures, aber großes Vergnügen, während ein «Einspänner», der, wie schon der Name sagte, nur mit EINEM Pferd bespannt war, die Hauptallee nicht befahren durfte.

Dann gab es neben dem «Nobelprater» auch noch den Wurstelprater, wo es billigere Gaststätten mit großen Gärten gab, wo man im Freien saß und vom «Salamutschi-Mann» auf Papier hauchdünn geschnittene Salami serviert bekam, oder ein paar heiße Wiener Würstchen, die er in einem mit heißem Wasser gefüllten Kupferkessel über die Schulter geschlungen trug. Dazu erwarb man vom «Brot-Schani» für zwei Kreuzer eine Salzstangel oder einen «Bosniake». Das war eine Art Wecken aus dunklem Roggenmehl. Im Wurstelprater war auch das Riesenrad und viel Musik und Schaubuden, wo man anhand von präservierten Embryos und Waxmodellen für ein Extra-Eintrittsgeld sich sexuell aufklären lassen konnte. Es gab Buden mit Zaubertheatern, wie den «Kratki-Bachki» und Schießbuden und Karussells (auf Wienerisch Ringelspiele), und auf der Strasse konnte man Wurst und Brezeln kaufen und bunte Luftballons oder an kühlen Frühjarstagen sich beim Maronibrater – Maroni sind Kastanien – aufwärmen. Es gab den Watschenmann, eine Watschen heißt im Österreichischen eine Ohrfeige, und den Kraftmesser «Haut den Lukas!" und den 5-Kreuzer-Tanz.

Und über all dem lag das heisere Anlocken des Ausrufers «Hereinspaziert, meine Herrschaften, hereinspaziert» und das Tschin-dera-ta-ta der Militärkapellen und die zärtlichen Walzer der Damenkapellen in merkwürdiger Harmonie.

War der Nobelprater für die Wiener Haute-Volée – der Wiener Bürger nannte sie «Haut voll Flöh'» – reserviert, so war der Wurstelprater die Domaine des Volkes.

Es ist heute schwer vorstellbar, dass man in einem Zeitalter gelebt hat, wo mein Vater als neueste Errungenschaft ein Phonograph hatte, wo die Musik auf Tonzylindern eingeritzt war, oder wo er mir eines Tages sagte: «Komm, wir fahren heute nach Breitenfurt, dort soll's einen Wagen geben, der ohne Pferde fährt». Das war das erste Automobil.

Aber vielleicht am schwersten sich vorzustellen ist, dass man damals in einer Zeit lebte, wo es seit 40 JAHREN FRIEDEN gab.

Ungefähr, als ich in der 4. oder 5. Realschulklasse war, kam meine erste Erfahrung mit Rassenfragen und Politik. Es gab große antisemitische Ausschreitungen an der Wiener Universität und aus dieser Zeit stammt das in die Geschichte eingegangene Wort des Wiener Bürgermeisters Dr. Karl Lueger: «Wer a Jud' ist, dös bestimm' i'!»

In den zweitletzten Klassen der Realschule gab es eine geheime Pseudo-Burschenschaft, die die schlagenden Studentenverbindungen der deutschen Burschenschaften mit Mensuren, Salamanderreiben und Biertrinken in einem kleinen Wirtshaus nachäfften. Sie nahm unter ihren Mitgliedern keine jüdischen Mitschüler auf und predigte laut, dass das Land der Verheißung DEUTSCHLAND hieße ...

Ich reifte damals langsam heran ohne natürlich den tieferen Sinn oder Unsinn der eben beschriebenen Tatsachen wirklich zu erfassen.

Und dann kam die Zeit nach der Matura, die Zeit des einen Semesters an der technischen Hochschule und die meinen Eltern unbekannte Tätigkeit in den Kabaretts.

Ich war schon immer viel ins Theater gegangen, soweit es meine beschränkten Geldmittel erlaubten, aber die berühmte vierte Gallerie, oder der Stehplatz im Parterre waren ja nicht teuer. Das Wiener Burgtheater ist noch heute in der ganzen Welt berühmt und nirgendswo hat man die Lehar-Operetten so großartig gespielt, als im Theater an der Wien. Im Volkstheater spielte man Anzengruber und Grillparzer und am Raimundtheater natürlich die Zauberstücke des gleichnamigen Dichters. Ich werde nie den Abend vergessen, an dem ich Girardi in dem Stück «Der Bauer als Millionär» sah. In diesem Stück ist eine Szene, in der ihm «die Jugend» besucht, um von ihm Abschied zu nehmen; die Jugend wurde immer von einer vollbusigen Soubrette gespielt und Girardi wurde auf der Bühne ohne Zuhilfenahme von Schminke oder einer weißhaarigen Perücke plötzlich ein alter Mann. Es ist mir unvergesslich.

Damals dachte ich noch nicht im Traum daran, dass ich einmal ein Regisseur sein würde, ich wollte Maler werden.

Ich wurde in dieser Zeit ein begeisterter Anhänger des Schriftstellers Karl Kraus, besuchte all seine öffentlichen Vorlesungen und verschlang mit Begeisterung die von ihm herausgegebene rot eingebundene «FACKEL». In der verlängerten Kärtnerstraße, zwei Häuserblöcke über den Ring hinüber, war die Buchhandlung Richard Llany, bei dem man die «FACKEL» erstehen konnte, und der von mir ein gezeichnetes Porträt von Karl Kraus erwarb, das er als Ansichtskarte herausgab. Karl Kraus hat mir dieses Porträt nie vergeben, er war ein sehr eitler Mensch. Aber in der Buchhandlung von Richard Llany gab es nicht nur Karl Kraus, sondern auch viele alte und moderne Bücher und, genial vor etwaigen polizeilichen Zugriffen versteckt, von der Zensur verbotene, wie die Schriften des Marquis de Sade, die ich zwar verschlang, aber etwas unappetitlich fand und dann die jedem Wiener bekannte «Mutzenbacher», eine ganz lustig geschriebene Aneinanderreihung erotischer Begebenheiten.

Ich hatte schon während meiner Schulzeit viel gelesen, wenn auch ziemlich ohne Auswahl Schund und Literatur durcheinander, aber jetzt begann ich in meiner Lektüre wählerischer zu werden. Ich las zwar alles durcheinander, Theosophie und Geschichte, Schopenhauer, Kierkegaard und Nietzsche, deutsche und österreichische Klassiker, Shakespeare, Karl May und Hans Sachs, okkulte Bücher und Jules Verne ...

Auch das war eine mir damals noch unbewusste Vorbereitung auf meinen Beruf als Filmschöpfer. Ich will hier gleich hinaufügen, dass, als ich acht oder zehn Jahre später in der österreichischen Armee diente, ich immer zwei Bücher in meiner Kartentasche herumtrug, den göthischen «Faust» und den «Golem» von Meyrink ...

Ich lernte den schnauzbärtigen Dichter Peter Altenberg kennen, dessen Leben eine einzige Verherrlichung von Frauen war, und der in einem winzigen Zimmerchen in einem kleinen Hotel in einer Seitenstraße vom Graben lebte.

Und dann traten die Frauen selber in mein Leben. Ich hatte schon früher einige Affären gehabt, ich war ein sehr frühreifer Mensch, und die Wiener Frauen waren die schönsten und großzügigsten der Welt. Sie waren wunderbar angezogen, man traf sich versteckt in den Wiener Caféhäusern, gab sich ein abendliches Rendez-vous, während der großen Pause in einem der Wiener Theater, oder traf sich «zufällig» nach 11 Uhr abends in einem Cabaret oder Nachtlokal. Bis heute sind Frauen immer meine besten Freunde gewesen.

Das war die Zeit, wo ich mich entgültig entschloss, Maler zu werden und meine Vorbilder waren Egon Schiele, der leider sehr früh verstarb, und Gustav Klimt.

Wahrscheinlich haben in meinem Unterbewusstsein die stilisierten Bilder Klimts Pate gestanden zu meinen stilisierten Dekorationen in den NIBELUNGEN.

Mein nie erreichtes Vorbild aber war Egon Schiele.

Ich füge hier eine Kopie eines Selbstporträts von mir bei, das allerdings erst später entstanden ist, während des Krieges, und das die deutsche Wochenzeitschrift «Die Woche» zur Zeit der NIBELUNGEN-Premiere in Berlin abdruckte.

Damals nannte man Wien eine Konditorei am Rande des Balkans.

Wien, eine Märchenstadt, die nur für den Augenblick lebte, sorglos, unbekümmert um das, was in der Welt vor sich ging, und die von einer unvorstellbaren Süße war.

Antworten für die Fragen Nr. 3, 5 und 8.

3. What were your ideas on Austria and its political. ethnical, social, cultural future when you knew Vienna?
5. What was the general attitude and/or interest toward the motion pictures in Vienna at the time?
8. What was your reaction to the other countries after you left Vienna? Did you have economical or moral difficulties at the beginning? Would you say your adapting was determined (made easier or more difficult) by your Viennese culture? If you are Austrian by birth, did you give up the Austrian nationality and why?

Ich kam am 5. August 1914 nach Wien zurück. (Siehe Seite 2)

Mein mehrjähriger Aufenthalt in Paris war nur durch ein einjähriges Studium an der Kunstgewerbeschule in München unterbrochen, wo ich in der Meisterklasse von Julius Diez arbeitete.

Irgendwie fühlte ich mich wie ein Fremder in meiner Heimatstadt, und erst langsam entdeckte ich sie wieder.

Da fand ich wieder die wunderbare Kirche Maria-am-Gestaad und die Hofmuseen und den Stock-im-Eisen und Schönbrunn und vieles andere mehr.

Aber das Kabaret «Die Femina» war in fremde Hände übergegangen, der Besitzer meines Stammcafés in der Nähe meiner elterlichen Wohnung im 8. Bezirk, wo ich «Königs-Rufen» und Tarock gespielt hatte, war gestorben und alles war neu aber doch irgendwie vertraut. So ist es schwer zu sagen, was mich in diesen ersten Monaten beeinflusst hat; ich malte nur sehr wenig, denn meine Gedanken drehten sich andauernd um das neue Medium, das mich immer mehr und mehr beschäftigte, nämlich FILM. Ich besuchte häufig die Kinotheater, sah oft zwei bis drei Filme im Tag, aber alles war noch verworren und unklar.

Die vierzig Jahre Frieden, deren sich Österreich

erfreut hatte, von denen ich schon früher gesprochen hatten uns alle verwöhnt und wir hatten das Empfinden, Krieg müsste eigentlich polizeilich verboten sein ...

Im äußeren Leben Wiens hatte sich auch nicht viel verändert. Die Wiener Frauen und Mädchen waren noch eleganter und schöner als früher und lebensfreudiger und hingebender denn je.

Ich lernte eine neue Wiener Spezialität kennen, für die ich früher zu jung gewesen war, den «Heurigen», wo man im Herbst bei der Musik eines Schrammel-Quartetts den neuen jungen Wein trank.

«Fein, fein schmeckt uns der Wein
wenn man zwanzig ist – und auch die Liebe»

Und was vielleicht zeitgemäßer war und dem sentimentalen Herzen des Wieners noch mehr entsprach:

«Es wird ein Wein sein
und wir werd'n nimmer sein,
d'rum muss'n wir's leben solang's uns g'freut!

's wird schöne Maderln geb'n
und mir werd'n nimmer leb'n
d'rum greif'n wir zu, g'rad is' no' Zeit!
Hollederoh, hollederoh ...»

Die Parole war, sein Leben so viel als möglich zu genießen, «denn aus dem Schützengraben kam man ja sowieso nicht mehr lebend zurück».

Ich begann Zeitungen zu lesen, aber was verstand ein junger Mensch damals schon, wenn berichtet wurde, dass der englische Außenminister Sir Edward Grey gesagt hatte, dass in Europa die Lichter ausgegangen wären. Dafür hatten wir ja das «unbesiegbare» Deutschland als Bundesgenossen, und «da kann einem nix passieren». Frühere Pazifisten wie der berühmte Bühnenkritiker Alfred Kerr schrieben aufhetzerische Kriegsgedichte:

«Jeder Schuß ein Russ.
Jeder Stoß ein Franzos.»

Lissauer's «Hassgesang gegen England» war auf allen Lippen, die Zeitungen druckten nur, was ihnen von oben her erlaubt war und stellten alles so dar, als ob der Krieg ein Spaziergang sein würde, und so schlenderte der Wiener, fast möchte ich sagen «vergnügt», in den Krieg hinein.

Die «Stimme aus der Wildnis» hörten nur wenige: Karl Kraus.

Ich besuchte seine Vorlesungen, wenn auch nicht so häufig wie früher, aber sein ewiger Krieg mit der Presse:

«Im Anfang war die Presse
und dann schuf Gott die Welt!
Im eigenen Interesse
hat sie sich umgestellt.»

war einem schon zu bekannt, als dass wir die Wahrheit und den tiefen Ernst der Angelegenheit erfasst hätten, und das Publikum lachte nur, wenn er Zeitungsüberschriften, die scheinbar ohne Zusammenhang waren, satirisch zusammenstellte, um aufzuzeigen, wie kriegshetzerisch und oberflächlich die Zeitungsberichterstattung war.

Er zitierte zum Beispiel, aber mit beiläufigem und nebensächlichen Ton, «Wir haben Lemberg räumen müssen», um gleich darauf ins Publikum hinein zu donnern: «Aber die ENGLÄNDER haben keinen Tee mehr!»

Der äußere Anlass des Krieges war die Ermordung des Thronfolgers Karl Ferdinand in Sarajewo.

Des alten Kaisers Gemahlin, die schöne, junge Elisabeth von Bayern, war in den neunziger Jahren des verflossenen Jahrhunderts in der Schweiz von Lucheni erstochen worden und über den Tod seines Sohnes, des Kronprinzen Rudolph von Österreich, der mit einer jungen, schönen Komtesse namens Vetsera tot aufgefunden worden war, schwebte der Schatten eines düsteren Geheimnisses. Man sprach von Mord und Selbstmord, ein anderes Gerücht sagte, dem Kronprinzen wäre von einem Geliebten der Vetsera mit einer Champagnerflasche der Schädel eingeschlagen worden, man munkelte, dass des Kronprinzen Leib-Fiaker, Bratfisch, der einzige wäre, der die Wahrheit wüsste, aber etwas Genaueres wusste niemand ...

Es war merkwürdig. Der Österreicher liebte seinen Kaiser und wenn er von ihm sprach, nannte er ihn nur noch liebevoll «der alte Herr», und der Akzent lag auf dem «Herr» nicht auf «alte». Aber trotzdem machte nach der Ermordung des Thronfolgers ein bösartiger Witz die Runde. Man erzählte sich, aber in einem Ton, der von vorneherein klarmachte, dass das Erzählte völlig unwahr wäre, dass der alte Kaiser, als er von dem Tode Karl Ferdinand's Kunde erhielt, gesagt haben soll: «Mein' Sohn hab'ns derschlagen, mein' Frau hab'ns derstochen, den Ferdinand hab'ns derschossen – a, wenn i' nur mei' Rindfleisch hab'.»

Es war ein grausamer Witz, aber er war gut gemeint, wie alle angeblichen Anekdoten, die man sich von dem alten Herrn erzählte.

Eine dieser Anekdoten war, dass er einmal einen Adler erlegen wollte, er war immer ein großer Jäger gewesen.

Man teilte den Wunsch des Kaisers dem Oberhofjägermeister mit, der von seinen Leuten einen Steinadler schießen lies und ihn an einen Baum festband, schräg gegenüber von dem Stand, wo der alte Herr, der schon sehr kurzsichtig war, saß, wenn er auf die Jagd ging.

Der alte Herr kam aus Ischl und saß auf dem für ihn fürsorglich zugerichteten Stand und wartete der kommenden Dinge. Plötzlich berührte der Oberhofjägermeister vorsichtig die Schulter des Kaisers und flüsterte leise: «Majestät, da droben auf dem Baum hat sich soeben ein Adler niedergelassen.» Der alte Kaiser erhob sein Gewehr und gab in der angezeigten Richtung zwei Schüsse ab, worauf ein Forstgehilfe an einer Schnur zog und der tote Adler vom Baum fiel. Ein Zweiter eilte hinüber und beide brachten das Unglückstier mit ausgestreckten Flügeln zu dem Kaiser. «Majestät, ein Steinadler, ein Prachtexemplar, Majestät!» Der alte Herr soll sich das tote Vieh eine Zeit lang angesehen und dann traurig den Kopf geschüttelt haben: «Dös is' ja gar kein Adler. Der hat ja nur ein' Kopf» ...

Das österreichische Wappentier hatte bekanntlich zwei Köpfe ...

Der Wiener liebte seinen Kaiser trotz oder vielleicht wegen seiner Schwäche.

An die schöne Elisabeth von Österreich dachte man mit großer Liebe. Man wusste, ihr war viel Unrecht geschehen von Seiten des Kaisers, und man verehrte sie wie eine Heilige. Aber ich habe trotzdem nie auch nur die leiseste, abfällige Bemerkung über die Burgschauspielerin K.S. gehört, die die Lebensgefährtin des alten Herrn geworden war.

Hier verstummte der Witz des Wieners, der sich auch über sich selbst oft lustig machte.

Ich hatte in Frankreich nie von einem Franzosen eine abfällige Bemerkung über Frankreich gehört und hörte nun die Wiener trotz ihres Patriotismus folgende Geschichte erzählen:

«Das Schwierige in Österreich ist das Folgende. In Deutschland weiß man, man kann keine Beamten bestechen. In Russland kann man einen jeden Beamten bestechen, aber in Österreich, da ist es halt schwer. Da weiß man nie, kann man ihn bestechen oder kann man ihn nicht bestechen ...»

Ich erlebte während meiner Ausbildungszeit noch Weihnachten 1915 in Wien und den darauffolgenden Fasching. Ich hätte mir wahrscheinlich Gedanken machen sollen über den sozialen Gegensatz wischen dem Ball der Wiener Sezession, dem Künstlerhausball und dem Dienstmädchenball beim «Stahlener», aber mein soziales und politisches Denken begannen erst viele Jahre später in Deutschland mit dem Auftauchen Hitlers.

Im März 1915 ging ich ins Feld. (Siehe Seite 2)

Ich glaube, ich war sehr unreif für meine 24 Jahre. Ich betrachtete den Krieg beinahe nur wie ein Abenteuer, wenigstens im Anfang.

Ich war trotz meiner Frauenangelegenheiten immer ein sehr scheuer Mensch gewesen, bin es auch noch heute, wenn auch im verringerten Maßstab. Ich machte nur sehr schwer neue Bekanntschaften, war immer ein Einzelgänger und wurde deshalb für hochmütig verschrien. In Wirklichkeit aber war ich wahrscheinlich auf der Suche nach mir selbst und vielleicht war auch Film, der später mein ganzes Leben ausfüllte, im Anfang nur ein Abenteuer gewesen.

Darum ist die Frage, was meine Ideen über die politische, ethische, soziale, kulturelle Entwicklung Österreichs waren, vielleicht nicht zu beantworten. Natürlich war ich Ende des Krieges reifer als zu Beginn, aber die Entwicklung zu dem Menschen, der ich geworden bin, hat damals erst begonnen.

Ich arbeitete in Berlin zuerst als Dramaturg bei der Decla und schrieb Film-Manuskripte. Ich hatte nie Schwierigkeiten in Deutschland. Erich Pommer (siehe Seite 5) war mir mehr ein Freund als ein Chef. Ich verdiente wenig, war aber glücklich, Filme machen zu können. Um mir ein paar Mark mehr zu verdienen, trat ich in einem von mir geschriebenen Film, in dem Otto Rippert die Regie führte, als Schauspieler in drei Rollen auf: als deutscher Depeschenreiter, als ein alter Priester und als der Tod! (Der Viennese touch). Als die Spartakus-Revolution in Berlin ausbrach, führte ich zum ersten Mal in einem Film von mir namens HALBBLUT Regie. Am ersten Drehtag auf dem Weg zum Atelier wurde mein Auto ein paarmal von bewaffneten Aufständigen angehalten, aber DIE Revolution gab es nicht, die mich damals daran gehindert hätte, zum ersten Mal Regie zu führen.

Zwei Jahre später heiratete ich die deutsche Schriftstellerin Thea von Harbou, die dann mit mir zusammen alle mein deutschen Manuskripte schrieb.

Es gab zwar (Frage 5) in Österreich einige Filmgesellschaften, die bedeutendste war, glaube ich, die Sascha-Film, G.m.b.H., aber ich kannte keine Filmleute in Wien, und Berlin wurde langsam DAS Filmzentrum von Europa. Und da ich von nun an Filme in Deutschland machte und meiner Frau zuliebe, erwarb ich die deutsche Staatsbürgerschaft, die ich durch das Hitler-Regime 1933 verlor.

Antworten für die Fragen Nr. 9 und 12.

9. What was your state of mind as you followed the difficulties of Austria and of the former Habsburg empire? Did you feel that the Viennese civilisation was lost forever, and irreplaceable? Did you return to Vienna to confirm or infirm this option?
12. Do you still meet with acquaintances from Vienna – do you have conversations or activities reminiscent of Vienna, of a Viennese way of life or of Viennese problems? Do you often work with Austrian actors or technicians?

Ich schrieb bereits (Seite 18), dass ich ungefähr zwei bis drei Monate vor Ende des 1. Weltkrieges nach Berlin ging, um eine Stelle als Dramaturg bei der Decla-BIOSCOPE anzutreten.

Mit dem Tode des alten Kaisers hatte eine merkwürdige Leere in mir und vielen anderen Offizieren in der österreichischen Armee begonnen. Wir schworen natürlich einen neuen Fahneneid auf seinen Nachfolger, aber die merkwürdige Liebe, die man nicht so sehr für den Kaiser Franz Joseph hatte, als vielmehr für die bereits in Lebzeiten fast legendenhafte Figur des alten Herrn. Diese Liebe war nicht zu übertragen ...

Der Tod des alten Herrn überschattete auch die Liebe zu Österreich und das war wahrscheinlich der Grund, dass, als im Versailler Vertrag die Österreich-Ungarische Monarchie zerschlagen wurde, es mich vielleicht nicht allzu tief berührte. Ganz abgesehen davon, dass ich im Begriff war, mir in Berlin ein neues Leben aufzubauen, unabhängig von allen politischen Geschehnissen.

Erst viele Jahre später empfand ich vieles als Unrecht, was Österreich geschehen war. Nicht, dass Ungarn und die Tschechoslowakei sich von der Monarchie getrennt hatten, oder dass Rumänien, Siebenbürgen und Galizien anderen Staaten zugeschrieben wurden, sondern dass man dem nunmehr so kleinen Österreich auch noch das deutschsprachige Tirol wegnahm.

Als fünfzehn Jahre später nach Ende des 1. Weltkrieges, im Jahre 1934, Dollfuss in Wien ermordet wurde, war ich bereits in Amerika, aber trotz der großen Entfernung zwischen Wien und Hollywood empfand ich den Schock dieses politischen Attentates ziemlich tief, sah aber darin deutlich den Einfluss Hitlers und seinen Hass gegen Österreich, seine alte Tradition und Kultur.

So wie ich von Haus aus überzeugt war – ich war einer von sehr wenigen – dass das «tausendjährige Reich» Hitlers nur von äußerst kurzer Dauer sein würde, so glaubte ich nie, dass es möglich sein würde, die hohe Kultur Wiens zu zerstören. Unterdrücken ja, aber zerstören niemals. Und dann kam nach dem 2. Weltkrieg, nach langen, anscheinend fruchtlosen Verhandlungen, dass die Russen ganz plötzlich ihre Besatzungstruppen aus Österreich zurückzogen und einen Neutralitätsvertrag unterschrieben, an dem sich auch die Westmächte beteiligten. Es ging wieder aufwärts.

Ich selbst war nie wieder in Wien.

Als ich an den zwei Filmprojekten, DIE LEGENDE VOM LETZTEN WIENER FIAKER und SCANDAL IN VIENNA, arbeitete, erlebte ich tausend- und abertausendmal das alte Wien von vor dem 1. Weltkrieg und empfand plötzlich eine Liebe zu dieser Stadt, die deshalb nicht geringer wurde, weil ich mir ihrer erst nach so vielen Jahren bewusst wurde.

Die paar Freunde, die ich in Wien hatte, sind im Krieg gefallen oder vor und während der Nazi-Zeit ausgewandert, sind über der ganzen Welt verstreut und jeder Kontakt ist zerrissen.

Hier in Hollywood komme ich wenig mit Wienern zusammen, hier und da sehe ich WALTER REISCH und öfters, aber auch dann nur, wenn unsere Tätigkeit uns Zeit dazu lässt, Paul HENRIED. Von Wien sprechen wir nie. Ich habe immer Gespräche gehasst, die mit den Worten beginnen: «Erinnerst Du Dich noch ...?» Das war in meinen Ohren immer wie Grabreden und Wien ist für mich nicht tot.

Zu meinem 70. und 75. Geburtstag erhielt ich zu meinem großen Erstaunen und zu meiner noch größeren Freude Glückwünsche von dem jeweiligen Oberbürgermeister der Stadt Wien.

Warum ich trotz alledem nie wieder in Wien war ...?

Jedes Jahr steht ein Flug nach Wien auf meinem Programm und jedes Jahr scheue ich davor zurück.

Ob ich in meinem Unterbewusstsein fürchte, dass mein Traum-Wien, das Wien meiner Jugend, nicht mehr das Wien von heute ist, oder ob ein Besuch dieser Stadt mir wie eine Jagd nach einem Irrlicht vorkommt ... ich weiß es nicht.

Ich habe sehr viele Dinge in meinem Leben verloren, an denen mein Herz gehangen hat, und ich möchte nicht auch noch das Wien meiner Jugend dazu zählen müssen.

Aber wie gesagt, jedes Jahr steht Wien auf meinem Reiseprogramm und irgendwann werde ich vielleicht doch noch einmal über meinen eigenen Schatten springen können ...

Antworten für Frage Nr. 11

11. Do you feel that motion pictures, as medium, allowed you to express or to reflect a Viennese background, or way of thinking, or something specifically Viennese, or do you feel you have had less to do with this background and way of thinking? Would you say there is, or still is, a specifically Viennese element in your work, either in concept or in distinct elements (characters, situations, settings, acting, etc.)?

Wie ich in Beantwortung der Fragen 2 und 3 ausführte, bestanden meine Erinnerungen an Wien, was meine Erziehung und mein Privatleben anbelangte, eigentlich nur aus Kindheitserinnerungen und meine politischen, kulturellen, sozialen Gesichtspunkte entwickelten sich erst während und nach dem ersten Weltkrieg. Das einzige, worüber ich mir klar war, waren meine Eindrücke über meine militärische Dienstzeit und damit verbunden (siehe meine Antworten zur Frage 9) meine Stellungnahme zum Haus Habsburg und zu Öster reich überhaupt.

Es ist schwer, sich selber darüber klar zu werden, ob in meinem Filmschaffen im Allgemeinen und über eine Zeitspanne von über vierzig Jahren Wiener Einflüsse zu erkennen sind.

Am leichtesten erscheint mir, einen definitiven Wiener Einfluss an meinem Film DER MÜDE TOD (in Französisch LES TROIS LUMIERES, in Englisch DESTINY), der mein erster Welterfolg wurde, nachzuweisen.

Luis Buñuel, der berühmte Regisseur, sagte über diesen Film:

«Fritz Lang's Film DER MÜDE TOD öffnete mir die Augen für die poetischen Ausdrucksmöglichkeiten des Films.» (Ulrich Gregor's Buch «Wie sie filmen», Seite 99.)

Der Film beginnt mit einem Gedicht:

«Es liegt ein Städchen irgendwo
im Tale traumversunken.
D 'rein zogen liebestrunken
ein Pärchen jung und lebensfroh.
Am Kreuzweg, der schon vieles sah
steht ihrer wartend, einsam da
der TOD.»

Die Postkutsche, die das junge Liebespaar in die alte, zeitlose Stadt bringt, hält vor der Schenke und das Liebespaar geht hinein.

Der merkwürdige Mann, der am Kreuzweg in die Postkutsche eingestiegen war und von dem wir wissen, dass es der TOD ist, folgt ihnen. Als er die Schenke betritt, verwelken die Blumen am Fenster, die Katze hinter dem Ofen macht einen Buckel und faucht und die Honoratioren, die beim Abendschoppen sitzen, erzählen sich die Geschichte des Fremden, der das unbebaute Land neben dem Friedhof, dem Gottesacker, erworben und es mit einer hohen Mauer umgeben hat, die weder Tür noch Fenster zeigt.

Der unheimliche Mann setzt sich an den Tisch des Liebespaares und der Schatten seines Stockes, der wie ein Skelett über den Tisch fällt, erschreckt das junge Mädchen so, dass es sein Glas Wein ausschüttet. Sie springt auf und eilt in die Küche, um sich zu trocknen. Als sie zurückkommt, ist der fremde Mann verschwunden, aber auch ihr Liebhaber.

Sie beginnt ihn zu suchen und kommt, Straß' ein, Straß' aus, bis der volle Mond am Himmel steht, endlich an die hohe Mauer, von der die Honoratioren gesprochen haben und plötzlich sieht sie die Schatten von Toten im endlosen Zug durch die Mauer eintreten und verschwinden.

Unter den Schatten ist auch ihr Geliebter ...

Der Inhalt des Films DER MÜDE TOD – der Tod sagt von sich selbst «ich bin es müd' der Menschen Leid zu sehen und Hass zu ernten, wo ich Gott nur diene» – ist der Kampf des Mädchen um ihren Geliebten mit dem Tod. (Wir erfahren erst viel später, dass er von der Postkutsche überfahren wurde und im Keller des Altersheims des Städtchens aufgebahrt liegt.)

In der hohen Mauer öffnet sich vor dem Mädchen ein unendlich hohes gothisches Tor, hinter dem Stufen in die Höhe führen und sich in der Unendlichkeit verlieren. Das Mädchen steigt die Stufen hinauf und kommt in das Reich des Todes, in dem unzählige Kerzen brennen, die Lebenslichter der Menschen.

Auf einer Zeile des Hohen Liedes von Salomon fußend: «LIEBE IST STARK WIE DER TOD», fordert das Mädchen den heraus, ihr den Geliebten wiederzugeben.

Der Tod ist dazu unter einer Bedingung bereit.

Er weist auf drei zwar noch brennende, aber schon sehr unruhig hin und her flackernde, fast bis zum Ende heruntergebrannte Kerzen, die im Begriff sind, zu verlöschen und sagt, dass er dem Mädchen ihren Geliebten wiedergeben will, wenn sie eine dieser drei Kerzen vor dem Erlöschen bewahren kann.

Und nun folgen in dem Film drei Episoden, die Episoden der drei Kerzen. Die erste Episode spielt in Venedig des 17. Jahrhunderts. Die zweite im alten Bagdad und die dritte in einem barocken Märchen-China, und in allen drei Episoden, gerade dadurch, dass sie den Geliebten vor einem drohenden Tod beschützen will, treibt sie ihn nur umso sicherer dem Tod in die Arme.

Wieder ist das Mädchen in dem unendlichen Lichtersaal des Todes und gerührt von ihrem Schmerz, sagt der Tod, dass er ihr noch eine Chance geben will, wenn sie ihm ein anderes Leben für den toten Geliebten geben kann.

Das Mädchen sucht in der Stadt nach einem Menschen, der freiwillig sterben möchte, aber weder ein uralter Apotheker noch ein aussätziger, verkrüppelter Bettler ist bereit, sein Leben zu opfern. Der alte Bettler, der nicht genug zu essen hat, hetzt seinen Hund auf sie und in ihrer Verzweiflung geht sie in das Altersheim, wo alte Männlein und Weiblein zusammensitzen und sich laut darüber beklagen, warum sie noch leben müssten, wo ihnen das Leben nichts zu bieten hätte und nur noch eine Last wäre. Das Mädchen hört dies, aber als sie sich mit ihrer Bitte an die Alten und Siechen wendet, ist keiner bereit, ihr sein Leben zu opfern. Sie verfluchen sie und eilen davon. Ein altes Weiblein wirft dabei ein brennendes Licht um, das unter eine Treppe fällt.

Als das Mädchen mit gebrochenem Herzen das Altersheim verlässt, geht dieses hinter ihr in Flammen auf.

Das ganze Städtchen versucht die Insassen des Altersheims und des anschließenden Krankenhauses zu retten. Es gelingt ihnen auch, aber eine junge Wöchnerin schreit plötzlich auf, dass man ihr Kind, das neben ihrem Krankenbett geschlafen hätte, nicht gerettet habe.

Das Mädchen sieht die Chance, die ihr der Tod geboten hat und stürzt in das brennende Haus zurück, um das Kind dem Tod als Austausch für ihren Geliebten anzubieten. Sie hebt es aus der Krippe heraus und plötzlich steht der Tod neben ihr. Schon streckt er die Arme aus, um das Kind in Empfang zu nehmen, als das Weinen der Mutter das Mädchen aufhorchen lässt. Sie kann es nicht über sich bringen, das Kind dem Tod zu überlassen, wickelt es in das Bettlaken und lässt es langsam aus dem Fenster herunter.

Als die überglückliche Mutter das Kind in ihren Armen wiegt, bricht das brennende Haus zusammen, das Mädchen unter sich begrabend.

In das Kellergewölbe des Altersheims, wo die Leiche des Liebhabers liegt, führt der Tod das Mädchen. Sie bricht an der Seite des Geliebten zusammen und der Tod hebt aus den beiden Körpern ihre Seelen heraus und führt sie zu einer blühenden Himmelswiese, wo sie Hand in Hand in die Ewigkeit schreiten.

Ich finde, dass ein ganz bestimmter Wiener Zug in dem Film sehr deutlich zu erkennen ist, nämlich die VERTRAUTHEIT MIT DEM TOD.

In zahlreichen Wiener Liedern ist diese Vertrautheit mit dem Tod zu finden.

Im Wiener «Fiakerlied», letzte Strophe:

«Und kommt's mal zum Abfahr'n
und werd' ich dann begrab'n,
dann spannt's mir meine Rappen ein
und führt's mich über'n Grab'n.
Dann lässt's aber laufen,
führt's mich im Trab hinaus,
i bitt mir aus, nur net im Schritt,
nehmt's meinetwegn auch die Eckstein' mit ...
Dös is ein Muass, dös umzieh'n
ins allerletzte Haus

und d' Leut'ln soll'n's wissen
ein Fiaker trag'n's nach Haus.»

oder im «Hobel-Lied» aus dem «Verschwender» von Raimund:

«Und kommt der Tod einst mit Verlaub
und zupft mich: Brüderl kumm»,
da stell' i' mi' im Anfang taub
und schau mi' garnitt um.
Doch sagt er: «Liaber Valentin,
mach' keine Umständ', geh'!»
Dann leg' i' meinen Hobel hin
und sag der Welt: Adee!»

oder das übersentimentale Lied:

«Weisst Du, Mutterl, was mir 'träumt hat –
i' hab' im Himmel einig'seh'n,
da war'n so viel schöne Engerln,
zu denen möcht' ich gerne geh'n ...»

Und diese Vertrautheit mit dem Tode ist nicht nur in den alten Wiener Liedern zu finden, sondern auch noch in den neueren. Mein Freund Bega, von dem ich auf Seite 1 geschrieben hatte, dichtete im Beginn des 1. Weltkrieges:

«Drüben am Wiesenrand hocken zwei Krähen,
Wann kommt der Schnitter, um uns zu mähen?
Drüben am Wiesenrand hocken zwei Dohlen,
wer wird der Erste sein, den sie wohl holen?
Drüben am Wiesenrand hocken zwei Raben,
wer wird der Erste sein, den sie begraben?

Es wär' nicht schad'!
Seh' ich nur Öst'reichs Fahnen weh'n
auf Belgrad!»

Ob dieses Vertrautsein mit dem Tod, dieses beinahe auf Du und Du mit ihm Stehen, dieses sich ruhig in sein selbstverständliches Schicksal zu fügen, gleichbedeutend ist mit Fatalismus, kann ich nicht entscheiden. Falls sie es sein sollte, ist sie bestimmt auch in meinen späteren Filmen zu finden.

Ich glaube auch, dass das großartige Barock der alten Kaiserstadt mit seinen Schnörkeln, Voluten und Rocaillen, mit seinen Überwucherungen des Details in der KONSTRUKTION meiner Filme zu finden ist. Zumindestens in meinen deutschen Filmen bis 1933 und späterhin auch in den ersten Filmen meiner amerikanischen Zeit. Ich meine damit, meine damalige Vorliebe für das spielerische Ausarbeiten des Details von Nebenepisoden, Nebenfiguren und Symbolen, wie zum Beispiel das Verwelken der Blumen und die Katze, die einen Buckel macht, wenn der Tod die Schenke betritt, was im Grunde nebensächlich ist und nicht zur wirklichen Geschichte des Films gehört.

Diese Verschnörkelungen sind oft sehr interessant und verführerisch, aber gehören vielleicht nicht ganz zu einem Film und ich habe sie dann später in meiner amerikanischen Zeit auch ganz abgelegt und bin immer einfacher geworden.

Meinen wirklichen Tribut an Wien habe ich leider nie realisieren können, so sehr er mir auch am Herzen gelegen hat.

Nachdem ich meinen Anti-Nazi-Film DAS TESTAMENT DES DR. MABUSE 1932–33 gedreht hatte und die Nazis zur Herrschaft gekommen waren, wurde dieser Film, in dem ich die Schlagworte der Nazis in den Mund eines geisteskranken Verbrechers gelegt hatte, natürlich verboten. Ich wurde zu Goebbels befohlen, nicht um mich für den Film zu verantworten, wie ich befürchtete, sondern um zu meinem Erstaunen zu erfahren, dass der Propagandaminister des Dritten Reiches mir im Auftrag von Hitler die Führerschaft des deutschen Films anbot: «Der Führer hat Ihren Film METROPOLIS gesehen und gesagt, das ist der Mann der uns den Nazifilm machen wird ...»

Am selben Abend verließ ich Deutschland und ein Projekt, das mir sehr am Herzen lag, konnte ich nicht mehr verfilmen.

Das Projekt hieß: «Die Legende vom letzten Wiener Fiaker». Eine Kopie des Entwurfes liegt anbei.

Ich habe dann nochmals in Amerika einen Filmentwurf geschrieben, «Scandal in Vienna», in dem ich den bekannten amerikanischen Capt'n, und Indian Kämpfer, William Cody, besser bekannt unter seinem Showman-Namen Buffalo Bill mit dem alten Kaiser Franz Joseph zusammenbrachte. Ich hatte vor der Jahrhundertwende die Buffalo Bill Show im Prater gesehen und war davon begeistert gewesen.

Der Film sollte im Jahre 1896 oder 98 spielen und war die Liebesgeschichte eines Cowboys der Buffalo Bill Truppe – der aber ebenso wie Cody ein Offizier der amerikanischen Armee war – mit einer österreichischen Komtesse. Da ein Krieg mit Serbien vor der Tür stand, musste die Komtesse auf Wunsch des kaiserlichen Hofes und ihres Vaters trotz ihrer wirklichen Liebe zu dem Amerikaner dieser Liebe entsagen und einen Karageorgević von Serbien heiraten. Wir wissen, dass der Krieg mit Serbien nicht verhindert, sondern auf höchstens 16 bis 17 Jahre verschoben wurde.

Meine Stellung zum Haus Habsburg ist erkenntlich aus zwei Versen eines Spottgedichtes, das in diesem Film eine große Rolle spielt:

«Ho, ho, ho,
Hee, hee, hee, How far can the country get
When a pair of legs runs the cabinet.
Ho, ho, ho,
Hee, hee, hee,
Heaven bless the dynasty,
And have pity on you and me.

Ho, ho, ho,
Hee, hee, hee,
A job in Vienna is hard to get,
Except for work in the Emperor's bed.

Ho, ho, ho,
Hee, hee, hee,
Heaven bless the dynasty,
And have pity with you and me.»

Ich schrieb diese Geschichte einer unglücklichen Liebe, in der ich die schönsten Cowboy-Songs und die schönsten alten Wiener Lieder auf die Leinwand bringen wollte, zwei oder drei Jahre nach dem zweiten Weltkrieg, konnte aber keinen Produzenten dafür finden.

MARY MORRIS

DAS MONSTER VON HOLLYWOOD

Wenn Sie es sich nicht gerade zum Prinzip gemacht haben, den Vor- und Abspann eines Films zu lesen, dürfte Ihnen der Name Fritz Lang nicht unbedingt geläufig sein. Vorausgesetzt Sie mögen Filme, die sowohl etwas aussagen als auch unterhaltsam sind, dann ist er aber genau der Richtige für Sie. Er ist der Fachmann für psychologische Thriller, weiß aber auch, wie die Welt eigentlich sein sollte. Und dieses Wissen bahnt sich stets einen Weg durch seine nervenzerreißenden Schauder.

Vor Hitler drehte Lang in Deutschland M, DIE NIBELUNGEN, DER MÜDE TOD und ein paar andere Filme, die heute als Klassiker in der Filmbibliothek des Museum of Modern Art aufbewahrt werden. Hierzulande hat er eine Reihe unvergesslicher Filme gedreht, darunter FURY, eine mutige Anklage gegen das Lynchen, YOU ONLY LIVE ONCE, MAN HUNT, HANGMEN ALSO DIE!.

Als ich in der Stadt herumfragte, was Fritz Lang für ein Mensch sei, erzählten mir Journalisten und Leute, die mit ihm gearbeitet hatten, dass er gut Konversation betreiben könne – er rede mit seinem Verstand und nicht mit seinem Mund. Sie sagten, er habe in den elf Jahren, die er hier ist, viel über Amerika gelernt, er verfolge begierig politische und gesellschaftliche Ereignisse und sei in seiner politischen Denkweise liberal. Sie sagten aber auch, dass er ein Tyrann sei, egozentrisch und gemein.

Klatsch und Tratsch verbreitet sich in Hollywood schnell und man sollte seine Zweifel immer parat haben. Trotzdem wollte ich Lang nach dem, was ich über ihn gehört hatte und was ich über seine Filme wusste, unbedingt treffen.

Ich rief Lang im Beverly Wilshire Hotel an und er sagte, er würde gerne mit mir sprechen – würde sogar mit mir zu Abend essen.

«Darling», sagte er ganz vertraulich à la Hollywood, aber mit stark österreichischem Akzent, «mögen Sie trockenen Martini?» Ich sagte ja. «Gut, dann kommen Sie um sechs und wir unterhalten uns noch ein Weile vor dem Essen. Ich mixe Ihnen einen echten Martini mit echtem Noilly Prat Wermut.»

Das Beverly Wilshire, eines der nobelsten Hotels im ganzen Land, war ruhig und würdevoll und die Leute, die ich im Fahrstuhl sah, trugen nur die beste Maßkonfektion. Als ich an die Tür zu Langs Gemächern klopfte, öffnete er sie persönlich – er trug ein Monokel.

Man hatte mir gesagt, Lang habe eine steife, militärische Haltung und auf den Fotos, die ich gesehen hatte, war sein Gesicht wie versteinert. Aber hier, in seinen komfortablen, vollgepackten Räumlichkeiten war er liebenswürdig und entspannt. Er lächelte gütig.

Ich hatte noch nie eine Hotelsuite gesehen, die derart bewohnt aussah. Er muss dort schon eine Weile gelebt haben, denn überall waren Bücher, Zeitungen und Manuskripte gestapelt und verstreut. Um die Flut einzudämmen, hatte man runde Tische aufgestellt.

Wir gingen gleich in die Küche, um uns dem Martini zu widmen. Er machte sich an die Arbeit, ich sah zu und musterte ihn dabei von Kopf bis Fuß. Das Monokel, das er die ganze Zeit vor seinem Auge behielt, faszinierte mich – ich fragte mich, warum er es trug. Ich kam zu dem Schluss, dass es sein hervorstechendstes Merkmal war und damit hatte ich wohl die Antwort auf meine Frage. Er war korpulent, kräftig; jede seiner Bewegungen zeugte von Selbstvertrauen. Er hatte eine sehr europäische Art an sich. Er spielte die Rolle eines Mannes, der sich nach meinen Bedürfnissen und Vorlieben richtete, aber mir fiel auf, dass er jede Entscheidung traf.

Als er den Martini gemixt hatte, sagte er: «Wenn er nicht perfekt ist, sagen Sie's mir.» Sein Verhalten implizierte jedoch, dass es gar nicht anders sein konnte. Ich sagte, er sei zu warm. Er nahm ihn freundlich zurück und rührte das Eis noch einmal. Er hatte über Müdigkeit geklagt, also ließ ich mich,

DIE NIBELUNGEN. TEIL2: KRIEMHILDS RACHE, 1923/24

M, 1931

als wir zurück im Wohnzimmer waren, in einen tiefen Sessel fallen und sagte, er solle es sich auf der Couch bequem machen. «Nein, nein, nein», sagte er, zog mich vom Sessel hoch und setzte mich auf der Couch ab, «so rum ist es richtig.» Ich protestierte, aber es nützte nichts. Ich blieb auf der Couch; er auf dem Sessel.

Da bemerkte ich auf einmal die Kaffeetasse in seiner Hand – keinen Martini. Er erklärte, dass er nichts trinke, wenn er interviewt werde.

Ich sagte, er brauche keine Angst vor mir zu haben.

«Oh doch, Darling», sagte er, «Sie könnten mir erheblich schaden – ich könnte mir selbst erheblich schaden. Nur ein unvorsichtiger Moment genügt!»

An diesem Punkt wurde er ernst und dramatisch, sein Argument beeindruckte mich. Während der nächsten Stunde wurden sein Kaffee und mein Martini für mich zum Symbol für den unterschwelligen Kampf in unserer zwanglosen Unterhaltung. Erst später am Abend rutschte ihm beim Essen heraus, dass er deshalb nichts trank, weil der Arzt es ihm verboten hatte. Vermutlich hatte seine erste Erklärung einen wahren Kern, aber ich glaube, vor allem wollte er ein wenig Dramatik in die ganze Situation bringen. Und das amüsierte mich. Außerdem kamen wir dadurch ganz bequem auf sein Lieblingsthema zu sprechen.

«Der eine unvorsichtige Moment, der ist mein Hobby», erzählte er mir. «Solch einen Moment kennt jeder – ein Moment der Schwäche, in dem man womöglich einen Fehler begeht. Das gehört zu den unumgänglichen Grundregeln des Lebens. Vielleicht predige ich gerade – dieser eine Moment – nehmen Sie sich in Acht!»

Er stand auf, dachte nach; ich wartete ab. Er trug ein Hemd aus Seide, das mit feinen, blauen Karos gemustert war. Kein Jackett. Ich beobachtete, wie er mit der Hand vorsichtig über seine Brust rieb und die Oberfläche seines Hemdes fühlte. «Deshalb mache ich so viele Filme über Verbrecher, wissen Sie. Die sind einfach so interessant. Selbst der gesetzestreueste Bürger kann in einem einzigen, nachlässigen Moment ganz leicht zum Verbrecher werden. Ich bin überzeugt, dass, wenn man den Weg zum Abgrund einmal eingeschlagen hat, er sich auftut und man immer weiter hineingerät. Es gibt da eine Redewendung – gib dem Teufel den kleinen Finger und er nimmt die ganze Hand. Verbrecher sind einfach diejenigen, die der Versuchung erliegen und dabei erwischt werden. Ich versuche nur, sie zu verstehen – ich verurteile sie nicht. Ich will herausfinden, warum sie der Versuchung erliegen.»

«Sie meinen, wir können erklären, woran unser Gesellschaftssystem kränkelt, wenn wir unsere Verbrecher studieren?»

«Genau. Ich hoffe, dass die Leute sich eingehender mit den Ursachen für Verbrechen auseinandersetzen. Ich analysiere und lese immer die Zeitung – es steht viel Interessantes über Verbrechen in der Zeitung. Im Film gibt es leider so viele Arten von Verbrechen, die wir nicht darstellen können.»

Wir sprachen eine Weile über einen zweifachen Mord, der sich kürzlich in Los Angeles ereignet hatte. Eines Abends schleppte ein Mann eine Frau ab, ging mit ihr in ein Hotelzimmer und zerstückelte sie mit einem Messer. Dann schleppte er eine andere Frau ab, ging mit ihr in ein Hotelzimmer und zerstückelte sie ebenfalls. Einige Leute, die ich kannte, waren so abgestoßen davon, dass sie nichts darüber lesen wollten; Lang hingegen hatte jedes gedruckte Wort verschlungen und nicht druckbare Insiderinformationen von Reportern erhalten. Er fand unter anderem heraus, dass der Mörder eine unbeständige Kindheit gehabt hatte.

Lang setzte sich hin und wir waren wieder still. Er machte seine Pausen immer im richtigen Augenblick. Ich konnte nicht erraten, was er als nächstes sagen würde. Ich wusste, er wollte nicht, dass ich irgendwelche Fragen stelle – er führte das Gespräch. «Ich versuche immer so viel wie möglich über die Leute, über die ich Filme mache, in Erfahrung zu bringen. Bei jedem von ihnen kann man, glaube ich, Muster erkennen, die durch ihre jeweiligen Stärken und Schwächen zustande gekommen sind. Die Menschen machen ihr ganzes Leben lang dieselben Fehler. Das ist so konsequent – man kann das immer wieder beobachten. Gerade bei Verbrechern.

Ich überlege oft, was für ein Schock es für den Mörder sein muss, wenn er am nächsten Morgen aufwacht und merkt, dass seine Opfer nicht mehr am Leben sind. Dieser Tiefschlag. Der Impuls, die Rage und die Eifersucht sind weg. Der Zorn, der Hass. Jetzt gerät er in fürchterliche Verzweiflung – jetzt weiß er, dass man ihn in ein bis zwei Tagen, zu 90 bis 100 Prozent, fassen wird. Eine Zeit lang wird er daran arbeiten, dass dieser Fall nicht eintritt, aber früher oder später kommt dieser unvorsichtige

Moment. Er verrät sich, indem er zum Beispiel wieder seiner Leidenschaft für gutes Essen nachgeht. Die Polizei sucht ihn in den entsprechenden Lokalen, weil sie diese Leidenschaft kennt.»

Er machte eine Pause und fuhr bedächtig mit der Zunge über seine Lippen. Dann sagte er: «Am Ende war sein Leben ein einziges Warten auf dieses Rendezvous mit dem elektrischen Stuhl.»

Ich fragte ihn, ob es schwierig sei, die Filmstudios für ernsthafte Filmprojekte zu gewinnen. Anstatt direkt zu antworten, sagte er:

«Seit meinem ersten Jahr hier in Amerika habe ich versucht, in meinen Filmen zu sagen, was ich über die Nazis denke. Ich muss wohl ein soziales Gewissen haben – ein scheußliches Wort. Es bedeutet im Grunde, dass ich denke, ich habe etwas mitzuteilen. Ich weiß, was ich denke, und ich selbst würde mich in diesen Zeiten nicht darauf einlassen, jede Geschichte zu erzählen. Es ist zum Beispiel nicht der richtige Zeitpunkt um zu predigen, es gäbe auch gute Deutsche!»

Dachte er dabei an THE SEVENTH CROSS [Fred Zinnemann, 1944], einem kürzlich angelaufenen Film über die Untergrundbewegung in Deutschland?

Er nickte. «Seit unsere Armee in Deutschland einmarschiert ist, sind uns nicht gerade viele Deutsche zur Hilfe gekommen. Oder? Und was seit den Kriegsjahren in den Köpfen der Deutschen vor sich geht, kann meines Erachtens nach niemand wissen, der in den letzten fünf Jahren nicht im Land gewesen ist. Das, was ich weiß, reicht nicht aus – selbst wenn ich meine ganze Vorstellungskraft einsetze.»

Hat sich sein Interesse an Politik durch den Aufstieg Hitlers und die Notwendigkeit, in seinen mittleren Lebensjahren in ein anderes Land auszuwandern, verstärkt?

Er stand auf, ging umher, kam wieder auf mich zu. Die Wahl des Zeitpunktes für seine Pausen verlieh dem, was er sagte, mehr Bedeutung. Ich wartete gespannt.

«Liebes», sagte er, «mein Standpunkt hat sich kaum geändert. Ich habe mich schon immer für diese Sachen interessiert. Aber der Kämpfer in mir kommt wohl heute etwas besser zum Vorschein.»

«Aber Sie sind einer der berühmtesten Filmregisseure in Europa gewesen.»

«Schauen Sie mal, Darling, Hitler war gerade an die Macht gekommen. Eines Abends bestellte mich Herr Goebbels vom Propagandaministerium zu sich und wollte, dass ich die gesamte Filmindustrie für die Nazis leite. Ich tat so, als freute ich mich, nahm aber gleich darauf den Zug in Richtung Frankreich – glücklicherweise waren meine Papiere alle in Ordnung. Ich ließ mein Vermögen zurück, meine erstklassige Bücher- und Kunstsammlung. Ich musste noch einmal von vorn anfangen. Das war nicht ganz leicht. Aber es war gut so, ja. Ich war arrivé – meine Seele war rund und stark, mein Herz auch. Zu viel Erfolg, Darling ... ach, das ist nicht gut für einen Mann.»

Hat er die neue Sprache als Einschränkung empfunden?

«Darling», sagte er, «ich finde so viel Schönes in dieser Sprache, die ich so miserabel spreche, aber es ist eine wunderbare Einschränkung. Wenn ich über meine Ideen sprechen will, ist es nahezu unmöglich, sie zu vermitteln – genau zu verstehen, was gemeint ist, und die Suche nach dem richtigen Wort ermüdet mich sehr. Wenn ich an einem Film arbeite, bin ich am Ende des Tages völlig ausgelaugt, meine Zunge ist so erschöpft, dass sie die Worte nicht mehr anständig hervorbringen kann.

Ich gehe abends nach Hause, will zur Entspannung etwas lesen, aber selbst da muss ich noch arbeiten. Ich greife nach dem Wörterbuch – wie neulich, als ich in einer Kriminalgeschichte las: ‹scallops on the edge of a brandy glass.› Ich musste herausfinden, was für eine Bedeutung ‹scallops› an dieser Stelle hat. Und dann lese ich jeden Tag fünf oder sechs Zeitungen – die Witzseiten, ‹Picture Magazine› und die republikanischen Blätter.»

Er stand auf, um ans Telefon zu gehen, und ich ließ den Blick über seine Bücher und andere Besitztümer schweifen. Sie bildeten eine Art Register für das breite Spektrum seiner Interessen. Auf dem Kaminsims standen ein Gutteil der neuen, fundierten Bücher über das Weltgeschehen und eine Auswahl der besten Romane. Ein Tisch neben mir beherbergte eine Topforchidee, die umringt war von einer beeindruckenden Pfeifensammlung, einigen Stapeln teurer Zigarrenpäckchen, einem Märchenbuch für Kinder, einer Taschenbuchausgabe von Lincolns Ansprachen und Reden, einem Buch mit amerikanischen Volksliedern, der Bibel und einigem teuren Schokoladenkonfekt. Auf einem Stuhl lag ein aufgeschlagenes Buch: «Basic Radio».

Auf dem Beistelltisch vor mir sah ich alte Exemplare verschiedenster Zeitungen. Ich nahm ein Buch, das oben lag – «Stronger Than Death (Stories of the Russians at War)». Darunter fand ich zu mei-

YOU AND ME, 1938

YOU ONLY LIVE ONCE, 1936

ner Überraschung umgedreht das knallbunte Titelblatt von «True Detective». Unter einem Stapel «Picture Magazines» lag eine Ausgabe von «Better Homes and Gardens».

Nachdem er das Telefongespräch beendet hatte, fragte ich Fritz, welche Themen seiner Ansicht nach heute für die Leinwand oder die Bühne geeignet wären.

«Nur keine Schießereien mehr. Heute schreibt doch jeder Drehbücher über ‹Johnny comes marching home› – gebt ihm bloß keine Pistole. Das haben wir alles schon tausendmal gesehen.

Wir müssen informieren und das in gute Unterhaltung verpacken. Es hat keinen Sinn, ein Theaterstück zu inszenieren, das die Menschen deprimiert. Man hat nichts Gutes vollbracht, wenn die Zuschauer das Theater in niedergeschlagener Stimmung verlassen. Dies ist nicht die Zeit, um negativ zu sein – es ist die Zeit, um konstruktiv zu sein. Das ist nicht immer leicht, wenn man etwas Wichtiges zu sagen hat. Aber ich suche beharrlich neue Wege, damit die Zuschauer sich nicht langweilen.»

Welche Themen, glaubte er, könne man dem Publikum präsentieren? Welche Ideen sollten seiner Meinung nach dramatisch verarbeitet werden?

«Wir sollten Filme machen, die die Leute über das alliierte Bündnis nachdenken lassen, darüber, wie viel unsere amerikanische Geschichte mit dem gemeinsam hat, was heute in Europa geschieht. Wir sollten erzählen, wie der Krieg auf Saipan war.

Aber das ist eben so schwierig. Ich frage mich immer, wie man über diese Dinge sprechen und sie einer breiten Masse schmackhaft machen kann? Der Film ist die Kunst unseres Jahrhunderts – die Kunst der Menschen. Ich bin auf der Seite der Menschen.»

Warum erzähle er dann keine Geschichten, die sich den Problemen der heutigen Zeit stellen? (Sein neuester Film, THE WOMAN IN THE WINDOW, ist ein Mörderkrimi.)

«In Hollywood ist es nicht immer möglich, Leute zu finden, die einen bei solchen Experimenten unterstützen. Man kann auch nicht immer und überall Predigten halten.»

«Ja», sagte ich, «aber wenn Fritz Lang nicht gegen die Hollywood-Traditionen aufbegehrt, wer tut es dann? Das ist es, was die Menschen, die mit Ihrer Arbeit vertraut sind, von Ihnen erwarten.»

«Ich führe ein ehrliches Leben und weigere mich, einen Beitrag zum Faschismus zu leisten!»

«Sie sind im Innersten wohl kein Kreuzritter», sagte ich.

«Ein Kreuzritter tut etwas Gutes, aber wenn er von seinem Gegner getötet wird, ist niemandem damit geholfen. Ich will länger auf der Welt bleiben – länger so viel Gutes tun, wie ich kann.»

Ich wollte einen Einwand erheben, überlegte es mir aber anders, als ich seinen Gesichtsausdruck sah. Er sah jetzt nicht mehr gütig aus. Ich ließ das Thema fallen und er schlug vor, dass wir essen gehen.

Draußen stiegen wir in mein Auto und fuhren zum The Players, einem Treffpunkt der Stars, das dem berühmten Drehbuchautor und Regisseur Preston Sturges gehörte. Ich schaltete das Autoradio ein und wir lauschten einer beschwingten, altmodischen Melodie. Ich sagte etwas darüber, dass sie romantisch sei.

«Was, meinen Sie, bedeutet Romantik?», sagte Fritz.

Ich fragte ihn, worauf er hinauswolle. Ich bin nicht gut im Definieren. Wir brüteten eine Weile über Auffassungen von Liebe, Liebesaffären, Romantik, Anziehung etc.

Ich erinnere mich, wie Fritz sagte: «Alle Menschen sind auf der Suche nach Liebe, nach etwas Unbekanntem. Sie fühlen etwas mit einer Person und, Darling, sie belügen sich selbst. Sie reden sich selbst etwas ein. Womöglich ist es nicht mehr als eine Anziehung. Die größte Verwirrung stiftet der Sex. Er ist vielleicht nur ein Spiel – gepaart mit der Illusion von Liebe – um sich die freie Zeit zu vertreiben, um der Langeweile zu entgehen.»

«Ihr Kerle mit eurer europäischen Art seid doch die größte Gefahr», sagte ich.

«Im Gegenteil», lachte er und schaute ein wenig anzüglich drein. «Darling, was Sie meinen, ist einfach mein europäischer Tick – man sagt, wir Europäer verstünden die Frauen besser als die amerikanischen Männer. Wenn ein amerikanischer Mann nicht gerade mit einer Frau schläft, will er mit anderen Männern zusammen sein. Ein Europäer ist gern mit Frauen zusammen; aber machen wir uns nichts vor, ich glaube, dass kein Mann die Frauen ganz und gar versteht.

Ich will Ihnen mal was erzählen, Darling. Etwas über Joan Bennett, eine sehr gute Freundin von mir. Eines Tages sagte ein bekannter Autor zu mir: ‹Ich mag Joan sehr gern, aber ich fühle mich in ihrer Gegenwart unwohl – sie ist so weiblich, 100 Pro-

SCARLET STREET, 1945

zent weiblich.› Frauen sind eine unbekannte Größe, die von solchen Männern noch nicht erforscht worden ist – sie kennen die Frauen nur, wenn sie mit ihnen schlafen.»

«Sind Sie verheiratet?», fragte ich.

«Ist lange her», sagte er. Ich wusste, dass er in Deutschland mit einer Frau namens Thea von Harbou verheiratet war, die die Drehbücher zu seinen Filmen schrieb. Ich fragte ihn, was geschehen war.

«Zwei Menschen haben sich auseinander gelebt», sagte er. «Zu Anfang hatten wir ein gemeinsames Interesse, die deutsche Kultur – Bücher, Musik, Filme. Das ist so oft am Anfang der Fall, Liebes. Aber das Leben ist unbeständig. Die Zeit vergeht und die Dinge ändern sich. Ist Ihnen schon mal eine Liebe von Dauer begegnet – eine ewige Liebe?» Er machte eine Pause. «Mir nicht. Für manche Menschen ist es nur eine Sache der Einstellung, sich einen gewissen Komfort zu bewahren. Man kann sich nicht so leicht ändern. Ich schmeiße ja nicht meinen Koch raus, oder?» Er zögerte lange. «Meine Frau ist Nazi geworden.»

Wir waren eine Weile still und dann sagte ich, dass er jetzt wohl nur noch mit den Mädchen flirten wolle. Er lächelte und sagte, er sei schon seit langem auf der Suche. «Don Juan war, glaube ich, kein Schürzenjäger – er war einfach ein Perfektionist. Er suchte nur nach dem perfekten Gegenstück. Es ist so schwierig, das perfekte Gegenstück zu finden.

Wenn ich ein Mädchen wirklich liebe, will ich alles mit ihm teilen – Skifahren, Schwimmen – verflucht, es gibt ein deutsches Wort dafür, das man nicht übersetzen kann.» Er bat mich, ihm meinen Bleistift zu leihen und gab sich einen Kilometer lang große Mühe, es aufzuschreiben: Mitteilungsbedürfnis.

«Das muss man mit dem Menschen haben, den man liebt – und außerdem ist es etwas ganz Elementares für einen kreativen Menschen. Das Wort sagt, dass ein Mann das Bedürfnis und eine Leidenschaft dafür hat, seine Erfahrungen an Andere weiterzugeben. Er hat den Drang, einem anderen Menschen von seinen Erlebnissen zu erzählen, von der Schönheit, die er sieht, und er berührt damit. Mit einer kleinen Plauderei bei einem Glas Wein ist das aber noch nicht getan. Man möchte alles teilen, wenn man jemanden liebt und dieses Bedürfnis hat. Man möchte Vorstellungen erwecken – das gesamte Spektrum. Wenn ich nun ein Mädchen liebe und nicht alle Höhen und Tiefen mit ihm teilen kann, ist das eine lausige Liebe. Ich liebe sie ja nicht bloß dann, wenn wir glücklich sind. Richtig?»

«Richtig», sagte ich.

Wir waren im Restaurant. Der Oberkellner führte uns zu unserem Tisch. Und was für ein Tisch! Zu unsrer Linken saß Gary Cooper und zu unserer Rechten Humphrey Bogart und Lauren Bacall. B&B riefen uns etwas zu und dann kam Bogart und erzählte noch ein paar von den schlichten Witzen, die er und Bacall schon vor ein paar Wochen zum Bes-ten gegeben hatten, als ich die beiden an ihrem Set besuchte.

Plötzlich spazierte eine junge Frau an den Tischen vorbei den Gang entlang und zog die Blicke aller Anwesenden auf sich. Verantwortlich für den Aufruhr war ihr leuchtend rotes Seidenhemd, das an einem spektakulären, aufgerichteten Vorbau herabfiel. Nachdem sie verschwunden war, ergriff Lang als erster das Wort. «Ich würde gerne vorsichtig mit dem Messer hier entlang schneiden.» Er strich mit seinem Finger an meinem Rücken hinunter.

«Warum?»

«Was diese Mädchen machen, ist doch die reinste Betrügerei – ich würde gern sehen, wie alles aufs Gewöhnliche herabfällt.»

Nachdem Bogart wieder zu Bacall gegangen war, fragte ich Fritz, warum er als solch ein Fiesling galt.

«Ich bin das Monster von Hollywood, Darling – der große Dämon. Sie dürfen den Leuten die Legende nicht mies machen, die sie geschaffen haben.» Wir lachten ein wenig. Er tat klug. Im Innersten musste er anders empfinden, dachte ich; ich bat ihn, ernst zu sein.

«Schauen Sie, ich kenne mich aus in meinem Beruf. Ich habe klare Auffassungen – weiß genau, was ich will – immer, über alles. So jemanden mag niemand. So ist das eben. Ich glaube, ich bin vielleicht schwieriger als viele andere Regisseure. Als Regisseur ist man mehr als nur Verkehrspolizist, der den Leuten am Set rotes oder grünes Licht gibt. Ich bin nie zufrieden – mir liegt jede Zeile des Drehbuchs am Herzen, die Schauspielerei, sämtliche szenenbildnerischen Belange, jede Kamerabewegung. Ich bereite mich wochenlang vor, mache Notizen und plane, wie ich alles machen werde. Wenn ich aus irgendeinem Grund zum Beispiel eine Kamerabewegung nicht wie geplant umsetzen kann, tut mir das körperlich weh.»

Ich sagte, das könne ich verstehen – dass ich viele Perfektionisten kenne und dass mit denen in der Regel kein leichtes Auskommen sei.

«Meine Arbeit ist mein Lebensinhalt», sagte Lang. «Es ist leicht, darüber zu reden, aber – na ja, ich kann nichts dagegen tun. Ich mache keine Kompromisse. Die Leute reden – ich weiß.»

Ich sagte, dass er in Europa vermutlich keinen guten Start gehabt hatte, weil die Regisseure dort traditionsgemäß herrisch seien. (Der Ungar Mike Curtiz erzählte mir einmal, er sei in dieser Tradition aufgewachsen, habe dann aber gelernt, dass man bei Hollywood-Schauspielern mit Freundlichkeit mehr erreiche.)

«Ich bin zu niemandem absichtlich unfreundlich», sagte Fritz beleidigt. «So erreicht man nichts. Ach, ich habe ganz sicher Fehler gemacht – bin anderen auf die Füße getreten. Anfangs wusste ich nicht, wie das hier in Hollywood läuft. Ich arbeitete an einer Szene – ich wollte nicht eher aufhören, bevor sie abgedreht war. Aber die amerikanischen Schauspieler nehmen es sehr genau mit den regelmäßigen Essenszeiten. So erwirbt man sich dann eben einen bestimmten Ruf», sagte er.

Auf der Fahrt zurück zum Hotel sagte Fritz, er sei beunruhigt. «Ich komme nachts nicht zur Ruhe. Sobald ich wach bin, ist es zu spät. Ich muss dann das Licht anschalten und etwas lesen – ich kann nicht wieder einschlafen. Jeden Tag rede ich und rede und rede – mache mir Gedanken, wälze Ideen im Kopf. Ich erkenne die Leute im Studio nicht wieder oder kann mich nicht an Namen erinnern. Ich kann mein Gehirn nicht auch noch mit Auswendiggelerntem überhäufen – manchmal glaube ich, die Leute verstehen das nicht.»

Ich sagte, so werde man ihn leicht für hochnäsig halten.

«Aber was ist mir wichtig im Leben? Meine Arbeit ist alles – meine Arbeit und meine Filme, wie sie gemacht werden.»

Für jemanden, der so gut von der Liebe spricht, sei das eine überraschende Aussage, bemerkte ich.

Wir hielten vor Langs Hotel.

«Ich habe mir gerade ein Haus gekauft, mit schöner Aussicht, und ich werde mit meinen Hunden bald dort einziehen – sobald ich ein Telefon habe», sagte er. «Ich habe ein paar schöne Gemälde, eine Bibliothek mit fünf- oder sechstausend Büchern. Ich habe viel Geld ausgegeben, um mir meine Umgebung behaglich zu machen.»

Ich fragte ihn, warum er nach elf Jahren in der Stadt der schönen Frauen noch keine eigene Frau gefunden hatte.

Er griff nach der Türklinke.

«Darling, glauben Sie, ich wäre eine gute Partie?»

«Picture Magazine», 4. Februar 1945, in:
«Fritz Lang: Interviews»,
University Press of Mississippi, 2003
Übersetzung von Annika Wisniewski

FILME VON FRITZ LANG

DIE SPINNEN. 1. ABENTEUER: DER GOLDENE SEE, 1919

DIE SPINNEN. 1. ABENTEUER: DER GOLDENE SEE, 1919

DIE SPINNEN
1. ABENTEUER: DER GOLDENE SEE

DEUTSCHLAND 1919

Drehbuch Fritz Lang
Kamera Emil Schünemann
Ausstattung Hermann Warm, Otto Hunte, Carl Ludwig Kirmse, Heinrich Umlauff
Darsteller Carl de Vogt, Lil Dagover, Ressel Orla, Georg John, Rudolf Lettinger, Edgar Pauly, Paul Morgan, Paul Biensfeldt, Friedrich Kühne, Harry Frank
Kostüme Hermann Warm, Otto Hunte, Carl Ludwig Kirmse, Heinrich Umlauff
Produzent Erich Pommer
Produktion Decla-Film, Berlin
ca. 72 Minuten, Schwarzweiß

Eine Flaschenpost, mit derselben Bewegung hoch vom Fels ins Meer hinabgeworfen, mit der den Werfer rücklings der Indianerpfeil trifft, setzt die Maschine der Erzählung in Gang. Das Wasser muß irgendwo fließen, heißt es später in einem Zwischentitel. Wie dann wieder im TESTAMENT DES DR. MABUSE und im INDISCHEN GRABMAL: Strömungen unter der Oberfläche weisen den Weg.

Dann zum erstenmal der Dekor, prädestiniert zum Ausbrüten männlicher Fiktionen, holzgetäfelte Wände, Zigarrenrauch: der Club. Hier wird ein viertel Jahrhundert später Edward G. Robinson seinen permissiv-unheilvollen Traum träumen. Auffallend umständlich entkorkt Kay Hoog – Carl de Vogt – im Yachtclub von Los Angeles die Flasche mit der Botschaft. Ein tatenfreudiger Müßiggänger, wie später die Burgunden am Wormser Hof, Amateurdetektiv angelsächsischer Prägung wie Joe Debbs in der Serie von Joe May, für die Lang zwei Jahre vorher die Drehbücher geschrieben hatte.

In der Folge sieht man ihn, die Spinnenchefin Lio Sha auf den Fersen, diesseits und jenseits des Äquators, unterwegs per Bahn, Ballon und Schiff, auf der Spur des verschwundenen Forschers, der von unterirdischen Inkaschätzen wußte. Trotz der rasanten Ubiquität des Geschehens hat man nie den Eindruck, daß weite Strecken zurückgelegt würden, was nicht bloß daran liegt, daß auch Mexiko nur die Märkische Heide ist. Schon DER GOLDENE SEE ist ein Film der geschlossenen Räume, ineinandergeschachtelt, aufeinandergetürmt, ein Film der vertikalen Bewegung. Am Seil klettert Kay Hoog, von Lio Shas Leuten verfolgt, in den Ballon; am Fallschirm springt er ab über der Inka-Stadt; gleich geht es weiter hinab unter die Erde, unter den See ins Goldbergwerk.

Wasser und Feuer treffen drunten aufeinander wie in der FRAU IM MOND beim Raketenstart, wie im TESTAMENT DES DR. MABUSE bei der Sprengung der überfluteten Kammer. Kay Hoogs Fackel vor dem Wasserfall, das Feuer lodert, das Wasser stürzt, eins nimmt sich aus wie die Umkehrung des anderen, sie schießen zusammen zu einem Bild wechselseitig sich aufhebender Bewegung. Das Filmbild als freie Bewegung im Raum: das wird es nie geben bei Lang. Jede Kamerabewegung bei ihm ist *recadrage*, hat Jean Douchet bemerkt, Rückkehr zum festen Rahmen.

Frieda Grafe
«Fritz Lang»
Film Band 7, Reihe Hanser, München 1976

Die Decla hat den ersten Film ihrer SPINNEN-Serie, das 5-aktige Drama DER GOLDENE SEE in einer Presse-Vorführung uns gezeigt und ganz außerordentlich überrascht! Was Fritz Lang uns da bietet, ist eine eingehende Fülle märchenhafter Wunder und Großartigkeiten, die ungemein glücklich in eine spannende, aufregende Handlung gebaut und verwoben sind, so daß unser Interesse fort und fort wach erhalten wird. Die Sensationen, die an die Nerven der Zuschauer starke Zumutungen stellen, sind so diskret angewandt, so selbstverständlich und natürlich, daß man keinen Augenblick empfinden kann, sie seien absichtlich gemacht, vielmehr wachsen sie organisch und logisch aus der Handlung heraus und sind ein richtiger Bestandteil dieser. Dazu eine blendende, reiche, luxuriöse Aufmachung und Ausstattung von fabelhafter, wirklich großzügiger Prachtentfaltung. Die einzelnen Bilder überbieten sich an seltener Schönheit und an seltsamen, fremden Reiz, der manchmal bezwingende Formen annimmt. Die Regie hat mit feinsten, abwägendem Verständnis und mit sicherem Blick für echte Kinowirksamkeit diese Bilder sorgsam ausgefeilt und in der Handlung Steigerungen durchgeführt, die dramaturgisch als außerordentlich glücklich bezeichnet werden können. Leider hält die Darstellung nicht überall gleichen Schritt . Carl de Vogt in der männlichen Hauptrolle ist sehr gut in jenen Momenten, die sein tollkühnes Temperament, seine Überlegenheit, zum Ausdruck bringen sollen; in stärker pulsierenden Szenen, wie z.B. am Schlusse, da er Naela als Leiche findet, könnte stärkerer Gefühlsausbruch sicherlich nicht schaden, wäre auch menschlich begreiflich und natürlich. Frl. Ressel Orla, die doch nach Berliner Urteilen zu den vielen Stars zählt, hätte ebenfalls so manches ganz anders anpacken und durchführen müssen. Die Herrschaften können sich so schwer, so furchtbar schwer vom «Theater» freimachen und wenn sie posieren, glauben sie zu «spielen». Im Film soll man aber weder spielen noch posieren, sondern einzig und allein wahr sein, das Leben darstellen! Die technische Ausführung des Films ist tadellos, nach jeder Richtung hin vollendet und sorgsamst durchgearbeitet.

«Der Kinematograph», Nr. 665, 1. Oktober 1919

HARAKIRI

DEUTSCHLAND 1919

Drehbuch Max Jungk, nach dem Theaterstück «Madame Butterfly» von David Belasco und einer Erzählung von John Luther Long
Kamera Max Fassbender
Ausstattung Heinrich Umlauff
Darsteller Paul Biensfeldt, Lil Dagover, Georg John, Meinhard Maur, Rudolf Lettinger, Erner Hübsch, Käte Küster, Niels Prien, Herta Hedén, Harry Frank, Joseph Roemer, Loni Nest
Produzent Erich Pommer
Produktion Decla-Film, Berlin
ca. 79 Minuten, Schwarzweiß

In anmutiger Farbenpracht schmiegt sich das Vaterhaus an einen kleinen verträumten See; hoch am Felsen klebt, von Glyzinien und Apfelblüten überrankt, das Heim ihrer jungen Liebe, und auf anderem Terrain wartet ein japanisches Städtchen des Lebens, das durch seine Straßen fluten soll. Das Reizvolle an der Aufmachung ist, daß auch die Innenaufnahmen hier in den eigens erbauten japanischen Häusern gedreht werden, daß die Atelierkulisse fehlt und an ihre Stelle eine verblüffende Echtheit tritt. Melancholisch steht Fritz Lang, der Regisseur, auf dem Steg am See und hilft Lampions an die glatten, japanischen Boote hängen. Jetzt hebt er den Blick zum Himmel und sagt düster das einzige Wort, das er uns Hamburgern abgelauscht hat, alles hineinlegend, was er an Grimm, Ärger und Galgenhumor im Herzen trägt: «Igitt!!!» Dann arbeitet er ergeben weiter, und ich warte sehnsüchtig darauf, daß sein Monokel endlich in den See, mitten unter die fröstelnd erschauernden Wasserrosen fallen und somit den Beweis erbringen wird, daß es nicht festgewachsen ist.

Kurze Zeit darauf ziehen malerisch die vollbesetzten Boote durch den See, rammen sich infolge ungeschickten Paddelns im Anfang fast gegenseitig in den Grund und gleiten dann elegant dem Landungssteg an Butterflys Vaterhaus zu, wo die Festgäste zaghaft den entsetzlich schwankenden Fahrgelegenheiten entsteigen und innerlich feststellen, daß das Geishaspielen süß, aber mitunter eine kipplige Geschichte ist. Lil Dagover aber lächelt an der Seite ihres Vaters den Gästen ihr freundliches Schmetterlingslächeln. Und ich fühle mit Faßbender, der vor sich hin murmelt: «Donnerwetter, wenn man das erst farbig aufnehmen könnte!»

Man filmt an einem typisch japanischen Bambushäuschen, das blütenumrankt vom Felsen herabschaut. Die kleine Japanerin mit den großen, langbewimperten Kinderaugen in dem schmalen Gesicht nimmt Abschied von dem hohen, schlanken Geliebten in der schmucken Marineuniform. Man vernimmt nichts als das monotone Drehgeräusch des Apparates und ab und zu ein halblautes Wort Langs, mit dem er die Bewegungen der beiden dort oben ruhig und sicher leitet, ohne eine störenden Mißton in das hübsche Bild zu bringen. Er läßt den Künstlern überhaupt viel Bewegungsfreiheit und verliert sie doch nie aus der Hand. Dadurch kommt etwas ungezwungen Individuelles in die Bilder und viel Leben.

Margot Meyer
«Filmkurier», Nr. 94, 24. September 1919

DIE SPINNEN

2. ABENTEUER: DAS BRILLANTENSCHIFF

DEUTSCHLAND 1919

Drehbuch Fritz Lang
Kamera Karl Freund
Ausstattung Hermann Warm, Otto Hunte, Karl Ludwig Kirmse, Heinrich Umlauff
Darsteller Carl de Vogt, Ressel Orla, Georg John, Rudolf Lettinger, Thea Zander, Reiner Steiner, Friedrich Kühne, Edgar Pauly, Meinhard Maur, Paul Morgan, K.A. Römer
Kostüme Hermann Warm, Otto Hunte, Carl Ludwig Kirmse, Heinrich Umlauff
Produzent Erich Pommer
Produktion Decla-Film, Berlin
ca. 99 Minuten, Schwarzweiß

DIE SPINNEN, das ist ein wenig wie DR. MABUSE ohne Dr. Mabuse. Lio Shas Geheimorganisation war im ersten Teil nur eine Gaunerbande, die hinter dem Helden her war. Jetzt erst kann ein Zwischentitel sagen: Unsere Organisation arbeitet wie eine Maschine, und wird diese Maschine streckenweise zu der Kinofiktion.

Aus den harmlosen Clubbesuchern im GOLDENEN SEE wird die Runde der Spinnenbosse, die sich im «Stahlhaus» trifft. Dieses, Präfiguration der Bank in den SPIONEN und auch schon der von SCARLET STREET, ist ein Modell der Organisation und der langschen Fiktion zugleich. Im stählernen Rahmen des Gebäudes, von dem das Dach abgenommen ist wie bei einem Puppenhaus, wimmeln im Schachtelwerk der Bürokabinen die unteren Chargen der Organisation, stöbern in Schränken, wühlen in Akten. Lio Shas geheime Gemächer erreicht man im Aufzug, von oben beobachtet sie durch ein Loch hinterm Bild, was unten im Sitzungssaal vor sich geht – das erste der tausend Augen Mabuses.

Das Muster der Geheimorganisation als Staat im Staate, Gegenmacht zur legalen, von dieser geduldet und mit einer gewissen Reservatsautorität ausgestattet, beginnt im BRILLANTENSCHIFF sich abzuzeichnen. Unterm Chinesenviertel liegt die unterirdische Stadt, die von der Polizei «nicht anerkannt» wird, weshalb auch Kay Hoog, nachdem die Razzia im Stahlhaus nichts erbracht hat, allein hinuntersteigen muß, vorbei an Tigerkäfigen und Opiumrauchern in übereinandergeschichteten Nischen. Ambivalent ist das Bild der Zelle überhaupt, einmal Kerker, dann aber auch trautes Heim: Kay Hoog in seiner Kiste, mit Bett, Bar und Büchern, alles zum Hochklappen und Zusammenfalten, ein glücklicher Kindertraum.

Noch wird der Umriß des Kampfs um die Macht überwuchert vom Kolportagemotiv der Schatzsuche, der Geschichte von einem diamantenen Buddhakopf, ursprünglich im Besitz der Ming-Kaiser, dessen Besitzer dermaleinst Asien von fremder Herrschaft befreien soll. Noch eine Schatzhöhle, diesmal auf den Falklandinseln, Einschließung, Befreiung durch feurigen Dampf, Kampf um den Ausgang. Es ist, als hätte Lang auch die Vorlagen zu den beiden Spinnenfilmen für Joe May oder Otto Rippert geschrieben, nicht in einen eigenen Regieentwurf hinein. Aber im Filigran von Bildern und Bewegungen ist er schon deutlich zu erkennen.

Frieda Grafe
«Fritz Lang»
Film Band 7, Reihe Hanser, München 1976

Orientalischer Garten und Großberlin

Kay Hoog ist ein prometheischer Typ, wenngleich nach Langs Maßen geschneidert. Naturbursche und Dandy, ein teutonischer Dorian Gray, dessen unerfüllte Wünsche sich in akrobatischen Tagträumen niederschlagen. Kay Hoogs Ubiquität, die ihn von Feuerland über China ins Aztekenland treibt, seine Überlegenheit in den Salons beweist, ist

Langs Nostalgie. Die Bilder gehen voller Vitalität über den Bildrand hinaus, schäumen über ins Herz und Gemüt des Zuschauers, der sich an die Brust greift vor lauter Spannung, wenn sich unter Hoogs Füßen eine geheime Falltür öffnet. Vergessen sind Wedding und Alexanderplatz. Eine Geheimorganisation, die sich die Spinnen nennt, läßt Staatstreichabsichten vergessen, die vor der Kinotür lauern. Lang läßt Kay Hoog die Sonnenpriesterin aus den Klauen Lio Shas reißen und die Geheimorganisation zerstören. Eine höhere Gerechtigkeit, die einer synthetischen Wirklichkeit, geht zu Herz und stillt Bedürfnisse und Kummer.

Bei Lang mischen sich Ewers, May, Gottlob Cramer, Marlitt, deutschtümelnde Ressentiments, harmloser als bei Hans Dominik, mit Relikten des Ritterromans. Hoog ist der fahrende Ritter, der vor der Boudoirtür der bösen Zauberfee den Anzug wechselt. Hinterlist bricht er mit Aufrichtigkeit, und wenn der Schutt in die Schlucht gestürzt ist, warum sollte Lio Shah nicht auch untergehen? Wer sich emporgeträumt hat, will Recht behalten dürfen.

DIE SPINNEN sind noch ganz Jahrhundertwende. Positivismus und Gründerzeit stehen Kay Hoog auf die Stirn gezeichnet, Fin-de-siècle sind die moralischen und kritischen Bezüge der Handelnden untereinander. Erstarrt zum Material, statuarisch in der faszinierenden Dauerhaftigkeit, bieten die Ornamente und Embleme der Dekors dem flüchtigen Auge Widerpart. Dramaturgisch sind die Verästelungen, Schleifen, Arabesken und die Unglaublichkeiten dem Zuschauer das berühmte Buch mit den sieben Siegeln. Doch bildlich bieten sich Orientierungsmarken, woran man sich in der Handlungsflut zum Ausgang tasten kann. Kay Hoog ist als Leitbild der Fremdenführer; die Falltüren und Hinterhalte, Kammern und Höhlen, Schächte, Gruben, Geheimgänge und Schroffen bauen dem Zuschauer den gewünschten Irrgarten. Dem kolportagehaften Handlungsablauf korrespondiert die Prägnanz der Darbietung; daß kein trivialer filmischer Jargon daraus wurde, ist Langs sicherem und geschulten Blick für architektonische und ornamentale Einzelheiten zu danken, seinem Geschick, Versatzstücke zu finden, die Natur und Mensch zusammenbringen und verschmelzen. Herausgelöst aus dem filmischen Kontext, wirken Bilder wie Momentaufnahmen, bei denen die «Natur durch eine Gemütsverfassung hindurch betrachtet» ist, wie Zola schreibt. Löst man Einstellungen aus den SPINNEN aus dem Zusammenhang, wie die Höhlenszenerie, die de Broca in L'HOMME DE RIO nachgebaut und persifliert hat, so wirken sie wie Verwandte böcklinscher Gemälde oder solcher von Anselm Feuerbach. Tatsächlich hat Lang Böcklin und Feuerbach in den NIBELUNGEN kopiert, von Böcklin «Das Goldene Zeitalter» und von Feuerbach die «Toteninsel». Auch jene Valeurs früher Fantômas- , oder Judex-Verfilmungen von Louis Feuillade, die Franju in seinem Remake des JUDEX bewahrt hat, finden sich in den SPINNEN, die thematisch den französischen Serials verwandt sind. Die dekorativen Jugendstilelemente, die Kostüme der Frauen, Ressel Orla als Lio Sha und Lil Dagover als Sonnenpriesterin, mehr noch in den NIBELUNGEN und Graf Tolds Gemächern des DR. MABUSE, hätten eine gesonderte Untersuchung verdient. Kunst als Dekor, mittelbare Derivate des Natürlichen im Stilisierten, darin erschließen DIE SPINNEN unübertroffenen Einfallsreichtum. Die Einstellungen der Kameramänner Fritz Schünemann und Karl Freund signalisieren architektonische Meisterschaft, die Betonung des für Lang Wesentlichen. Der Arm einer entrückten und dennoch auf vertrackte Weise realen Wirklichkeit beherrscht die Montage aus Weitwinkel- und Halbnah-Aufnahmen, die ganz selten von Großaufnahmen gesprengt und «vermenschlicht» werden. Die Malstudien, die Vorliebe für impressionistische Helldunkel-Effekte mit Silhouettencharakter, haben sich bis zum TESTAMENT DES DR. MABUSE erhalten. Am wunderlichsten erscheinen die Interieurs, die Räume der legalen und illegalen High Society. Es sind Räume ohne Tradition, ohne Bindung an Vergangenheit. Ohne Kritik zu intendieren, sind Langs kritische Anmerkungen über Gesellschaft und Zeit gelungen. Egon Friedell hat einen solchen zusammengerafften Raum beschrieben, der vielleicht ebenso zusammengesucht wurde, wie es Lang mit seinen kunstgewerblichen Dingen getan hat – auf Reisen. Trotz allem Muff ist ein fernsüchtiger Zauber nicht zu leugnen: «An den Interieurs irritiert zunächst eine höchst lästige Überstopfung, Überladung, Übermöblierung. Das sind keine Wohnräume, sondern Leihhäuser. Zugleich zeigt sich eine intensive Vorliebe für alles Satinierte: Seide, Atlas und Glanzleder, Goldrahmen, Goldstuck und Goldschnitt und laute, beziehungslose Dekorationsstücke: vielteilige Rokokospiegel, vielfarbige venezianische Gläser, dickleibiges altdeutsches Schmuckgeschirr; auf dem Fußboden erschreckt ein Raubtierfell mit Rachen, im Vorzimmer ein lebensgroßer hölzerner Mohr. Ferner geht alles durcheinander: im Boudoir befindet sich eine Garnitur Boulle-Möbel, im Salon eine Empireeinrichtung, daneben ein Speisesaal im Cinquecento-Stil, in dessen Nachbarschaft ein gotisches Schlafzimmer. Hiermit im Zusammenhang steht ein auffallender Mangel an Sinn für Sachlichkeit, für Zweck; alles ist nur zur Parade da.»

Daß sich hier Intrigen globalen Ausmaßes anbahnen, Menschen verschwinden, Lio Sha heimliche Winke gibt und Graf Told dem Wahnsinn durch Mabuses Raffinesse anheimfällt, erstaunt nicht. Es sind die Zimmer, in denen allein, wie Benjamin schreibt, die Tante erschlagen werden konnte. Die Portieren aus Samt gehen auseinander und heraus tritt einer der Voreltern, der in einem verbotenen Buch gelesen haben muß.

Peter H. Schröder
«Filmkritik», Dezember 1965

DIE SPINNEN 2. ABENTEUER: DAS BRILLANTENSCHIFF, 1919

DAS WANDERNDE BILD, 1920

DAS WANDERNDE BILD

DEUTSCHLAND 1920

Drehbuch Thea von Harbou, Fritz Lang
Kamera Guido Seeber
Ausstattung Otto Hunte, Erich Kettelhut, Robert Neppach
Darsteller Mia May, Hans Marr, Rudolf Klein-Rogge, Harry Frank, Loni Nest
Produktion May-Film, Berlin
ca. 60 Minuten, Schwarzweiß

Der erste von Langs Filmen (Arbeitstitel: Madonna im Schnee), zu dem er nicht allein, sondern mit Thea von Harbou das Drehbuch schrieb. Vor dem MÜDEN TOD schon eine Geschichte davon, wie eine Situation eine Geschichte und eine Vision hervorruft. Ein vom Schnee umschlossenes Dorf wird von einer fremden Frau besucht, ein sterbendes Kind wird wieder gesund, und die Dörfler halten die Fremde für die Jungfrau Maria. Aufnahmen im Juli 1920 im Odenwald und am Watzmann.

Frieda Grafe
«Fritz Lang»
Film Band 7, Reihe Hanser, München 1976

Die Fabel ist umständlich und nicht besonders überzeugend: Irmgard verbindet sich in freier Liebe einem als Ehegegner bekannten Schriftsteller, hat den Wunsch, bei Geburt eines Kindes die Verbindung zu legitimieren, findet bei Georg Vanderheit kein Verständnis, schließt in Verzweiflung eine Formalehe mit John, seinem Zwillingsbruder. Der Schriftsteller entdeckt den Betrug, täuscht Selbstmord vor, lebt als Einsiedler im Gebirge. John verfolgt, auf Eherechte pochend, Irmgard. Sie trifft auf den totgeglaubten George; John, der geistesgestört ist, verschüttet die beiden durch eine Felssprengung. Georg gibt sich, da er sein und seiner Geliebten Ende nahe glaubt, zu erkennen, man rettet sie jedoch, wobei John seinen Tod findet. Irmgard will Georg ins Leben zurückführen, er lehnt ab, da ihn ein Schwur binde, nachdem er die Einsamkeit nicht eher aufgeben dürfe, bis eine Madonna im Schnee talwärts gewandert sei. Ein Sturm stürzt eines Tages die Madonna herab. Nun ist er frei und nimmt Irmgard mit in seine Berge.

Das Sujet gab dem Regisseur Gelegenheit, schöne Gebirgslandschaften zu zeigen. Gewitterstimmungen, Sturm- und Wolkenaufnahmen. Auch die Sprengung, der Bergsturz und die Verschüttung waren technisch sehr geschickt gemacht worden. Mia May hat in einigen Szenen Gelegenheit, das Sonnige ihres Wesens zu zeigen, ist aber im großen und ganzen durch das Manuskript auf die Wiedergabe der gehetzten und geängstigten Frau festgelegt. Hans Marr verkörpert sowohl den John als den Georg Vanderheit schon in der Maske, mehr noch im Spiel scharf unterschiedlich charakterisiert.

P-I
«Der Film», Nr. 1, 1. Januar 1921

KÄMPFENDE HERZEN

DEUTSCHLAND 1920/21

Drehbuch Thea von Harbou, Fritz Lang, nach der Erzählung «Florence oder Die Drei bei der Frau» von R.E. Vanloo
Kamera Otto Kanturek
Ausstattung Ernst Meiwers, Hans Jakoby
Darsteller Carola Toelle, Hermann Boettcher, Ludwig Hartau, Anton Edthofer, Rudolf Klein-Rogge, Robert Forster-Larrinaga, Lilli Lohrer, Harry Frank, Leonhard Haskel, Paul Rehkopf, Gottfried Huppertz, Hans Lüpschütz, Lisa von Marton, Erika Unruh, Paul Morgan, Edgar Pauly, Gerhard Ritterband
Produzent Erich Pommer
Produktion Decla-Bioscop AG, Berlin
ca. 79 Minuten, Schwarzweiß

Über einen Mangel an Handlung in dieser Liebes- und Gaunergeschichte kann man sich wirklich nicht beklagen. Im Gegenteil, es ist ein toller Wirbel von leidenschaftlichen Begegnungen, Versuchungen und Bedrohungen, geheimnisvollen Besuchen, Einbrüchen und Falschmünzereien, ein Durcheinander von unterirdischen Kaschemmen und wohlduftenden Hoteldielen, Gentlemen-Verbrechen und anderen, Dirnen mit Juwelen und Dirnen ohne Hut, daß einem schwindlig werden und auch eine anspruchsvolle Phantasie auf ihre Rechnung kommen kann. Der Helden hat das Drama eigentlich mehrere; doch ist wohl der Hauptheld der Börsenmakler Yquem, der in leidenschaftlicher Liebe zu seiner Gattin entbrannt für sie auch ein wenig zum Schwindler wird und schließlich einen Eifersuchtstotschlag begeht. Neben ihm ihr Jugendgeliebter, den mit ihr zusammen ein höchst dunkles und quälendes, aber schließlich recht harmlos aufgeklärtes Geheimnis umschwebt, und dessen Bruder, ein ganz potenter Salongauner, der mit ihm verwechselt wird. Die Schuld der über die Maßen treuen und edlen Gattin, die durch eine tolle Intrigenverkettung gleich von drei Seiten her in Bedrängnis gerät, wird schließlich glänzend gerechtfertigt, und gerührt und verzeihend sinkt sie dem Gatten in die Arme, als er gerade von der Polizei geholt wird, ihm gelobend, dass sie treu seiner Rückkehr harre.

Ein geläuterter Geschmack wird an dieser ganzen Geschichte keine reine Freude haben. Es muß aber gesagt werden, daß die Rollen des Ehepaares bei Ludwig Hartau und Carola Toelle in ganz ausgezeichneten Händen sind. Ihr ergreifend lebenswahres Spiel hilft über manche ein wenig unwahrscheinliche Szene hinweg. Auch Anton Edthofer in der Doppelrolle des Bruderpaares war famos, und Lisa von Marton gab eine junge Ehebrecherin aus Prinzip mit außerordentlicher Frische und Lebendigkeit. Regie und Photographie sind ausgezeichnet.

Ludwig Brauner
«Der Kinematograph», Nr. 730, 13. Februar 1921

Berlins berüchtigte Berühmtheit ist in Kinobilder eingegangen und für die Nachwelt festgehalten wie sein preußischer Geist in Schinkels Bauten

Drei für verschollen geltende Filme von Fritz Lang aus den frühen Zwanzigern sind in diesem Jahr wieder aufgetaucht, ein Clou von einem Geburtstagsgeschenk! Zwei von ihnen, der eine in Brasilien entdeckt, der andere in Amsterdam, liefen jetzt rekonstruiert und viragiert – innerhalb eines Programms «Berlin und das Kino», das der Beitrag der Stiftung Deutsche Kinemathek zu den 750-Jahr-Feiern ist.

Es lag Gespanntheit in der Luft im Filmsaal des Gropius-Baus – nur drei Schritte weg von der buntbesprühten Mauer. Und KÄMPFENDE HERZEN, der dann zu sehen war, nach einem Gemeinschaftsdrehbuch von Lang und Thea von Harbou, ist schon, wie der MABUSE ein Jahr danach, «ein Bild der Zeit», dazu ein aufregender Bericht über den

Zustand des Films damals und das, was im Kommen war.

Der Abschaum der Unterwelt, die in finsteren Kaschemmen ihre trüben Geschäfte macht, ist die feine Klientel des eleganten Luxushotels. Die blendende Oberfläche ist fest verzahnt mit dem Chaos unter ihr. Wie jedermann weiß, ist für den frühen deutschen Film charakteristisch das phantastische Genre, und innerhalb dessen die Doppelgängerthematik. Bei Lang verschiebt sich das neusachlich. Die märchenhaft romantischen Geschichten machen abenteuerlichen Krimis Platz, aus schattenhaften Doubles werden Figuren, die Doppelleben führen, oder auch, wie in diesem Film, einander zum Verwechseln ähnliche, ungleiche Brüder.

Die Hauptfigur, der Makler Yquem, ist ein Verwandlungskünstler, noch nicht ganz so raffiniert wie Mabuse; und auch die Polizisten, beim Sondereinsatz, werden angewiesen, sich zu verkleiden, als Zivilisten.

Wer steckt dahinter? Die berühmte Frage aus Langs Serial SPIONE ist schon gestellt in KÄMPFENDE HERZEN. Dem Zuschauer zur Aufforderung, seine Augen so zu gebrauchen, daß er mitbekommt, was gespielt wird, sich vom Aussehen, vom ersten Schein nicht täuschen läßt.

Die Frauenfigur, um die sich alles dreht – der Film hat noch einen zweiten Titel, DIE VIER UM DIE FRAU –, mit strengem Knoten und vernachlässigt, weil Business den Ehemann treibt, hat einen starken Harbou-Touch. Sie ist die weichste Stelle im Drehbuch, das sonst präzis auf Spannungssteigerung und sinnlose Action hin gebaut ist, mit wohldosierten Aufklärungen, die von einer Person kommen, unterbrochen werden und von einer nächsten fortgesetzt, wobei die Brüchigkeit betont wird durch die Bilder, deren unterschiedliche Färbung die bewegten Schauplatz- und Einstellungswechsel unterstreichen. Eine Hetze, die dem Zuschauer nie gestattet, in eine Erzählillusion einzutauchen.

HARAKIRI, zwei Jahre früher gedreht, hat längst nicht diese Stringenz. Es ist ein Melo aus dem Geist der «Madame Chrysanthème» von Pierre Loti, der amerikanische Madame Butterfly-Stoff bearbeitet: Was die Öffnung zum Westen den Japanern gebracht hat. Lil Dagover als japanische Fürstentochter bekommt von ihrem Vater, der das Abendland besucht hat, einen Spielzeugbären geschenkt.

Lang liebte in seinen frühen Filmen exotische Sujets, sagt er, weil er in ihnen Erinnerungen seiner Weltreisen, die ihn bis in den Fernen Osten führten, verwenden konnte. Es sind nicht eigentlich die komischen Unzulänglichkeiten, die dem Film Abbruch tun – daß Berlin an allen Ecken durchschaut, daß die Statisterie aus allen möglichen Nationalitäten besteht, nur nicht aus Japanern; daß die Darsteller, wenn sie erst einmal auf den Fersen sitzen, nicht so elegant in die Höhe kommen, wie wir das inzwischen aus japanischen Filmen kennen. Aber es fehlt die eisige Funktionalität der Erzählung und die Ökonomie in den Mitteln – Langs Markenzeichen.

Nur eine wirkliche Überraschung: Bestimmten hochformatigen Bildausschnitten, die in deutschen Lang-Filmen oft als Gegenschüsse aus Innenräumen effektvolle Blicke nach außen freigeben, begegnet man hier zum erstenmal. Sie sind direkte Folge des japanischen Dekors, den Stillebenbildern ähnlich, die bei Ozu hinter Innenräumen ein Stückchen Miniaturgarten sehen lassen, eine Auseinandersetzung mit Bildbegrenzung und Filmraum.

Ein Japonismus bei Lang. Der aber wahrscheinlich den Weg ins Kino über die Malerei gefunden hat, über Langs Verehrung, als er noch Kunststudent war, für Bilder von Schiele und Klimt.

Die zum Berliner Geburtstag ausgeschütteten Gelder werden hoffentlich ausreichen, um auch den dritten Film baldmöglichst wieder instand zu setzen und zur Vorführung zu bringen: DAS WANDERNDE BILD, auch in Brasilien wiederentdeckt, hat ebenfalls einen zweiten, einen Harbou-Titel: MADONNA IM SCHNEE. Buñuel schrieb damals über die widerstreitenden Tendenzen in den Filmen der beiden: immer zwei Filme, am Bauch aneinanderklebend. Was eine weitere Variante der Doppelungen sein könnte, die die dämonische Leinwand hervorbrachte.

Frieda Grafe
«Süddeutsche Zeitung», 28. August 1987

KÄMPFENDE HERZEN, 1920/21

DER MÜDE TOD, 1921

DER MÜDE TOD

DEUTSCHLAND 1921

Drehbuch Thea von Harbou, Fritz Lang
Kamera Erich Nitzschmann, Hermann Saalfrank, Fritz Arno Wagner
Ausstattung Robert Herlth, Walter Röhrig, Hermann Warm
Kostüme Heinrich Umlauff
Darsteller Lil Dagover, Walter Janssen, Bernhard Goetzke, Hans Sternberg, Carl Rückert, Max Adalbert, Erich Pabst, Paul Rehkopf, Edgar Klitzsch, Hermann Picha, Georg John, Marie Wismar, Aloisia Lehnert, Rudolf Klein-Rogge, Lewis Brody, Lothar Müthel, Lina Paulsen, Paul Biensfeldt, Karl Huszar
Produzent Erich Pommer
Produktion Decla-Bioscop AG, Berlin
ca. 105 Minuten, Schwarzweiß

Der Tod als Architekt und Erzähler. Ein erzählter Erzähler. In einer Erzählsituation par excellence: ein altdeutsches Wirtshaus, versammelt die Honoratioren des Ortes, ein durchreisendes Paar macht Rast. Neugier entzündet sich am mysteriösen Fremdling ein paar Tische weiter. Vor Jahren, so wird berichtet, hat er ein Grundstück am Friedhof erworben und eine Mauer darum gezogen ohne Fenster und Tor. Das junge Mädchen, nachdem der Fremde den Bräutigam entführt hat, sucht vergebens Einlaß. Erst der Traum öffnet ihr einen Spalt mit gotischem Spitzbogen. Weiter träumt sie einen Wald von zahllosen Kerzen, von denen jede eine Lebensgeschichte symbolisiert. Drei führt der Tod ihr vor, keineswegs gleichzeitige, sondern eine im Bagdad der Kalifen, eine im Venedig der Renaissance und eine im alten China spielend. Nichts verbindet sie als ihre verwandte Konstruktion und ihr Personenrepertoire. Ihr Maß haben sie in den Kerzen, die das Feuer verzehrt – sie müssen ans Ende kommen, wenn die Flamme erlischt.

Ein deutsches Volkslied in sechs Versen nannten die Autoren den Film, wozu schon der Rezensent im «Film» von 1921 bemerkte, ein deutsches Volkslied handle nicht von Kalifen und Chinesen. Worauf es ankommt, ist, daß der Untertitel den Eindruck des volkstümlich-literarisch Geprägten unterstreicht, wie es auch die grafische Gestalt der Titel tut: gotisch in der Rahmenhandlung, pseudoarabisch, -chinesisch, -venezianisch in den Episoden. Die Schrift geht den Bildern voran, in anderen Langfilmen prägen Zeitungsschlagzeilen, Inschriften an Wänden und halluzinierte Lettern, die sich zu Wörtern fügen, das Schicksal der Figuren. Auch hier schon, in der chinesischen Episode, zittern Buchstaben den flüchtigen Liebenden voran in den Tod.

Drei Geschichten, drei Proben ohne Hoffnung. Dreimal sieht das junge Mädchen sich selbst und den Geliebten im historischen Kostüm, dazu einen Gegenspieler, der in der Rahmenhandlung nicht vorkommt. Der Tod hat gesagt, wenn sie ihn in einer der Geschichten retten könne, sei ihr Geliebter wirklich gerettet. So durchlebt sie die fremden Schicksale und schaut sich selbst dabei zu, wie man sich im Traum zuschaut, mit dem Wunsch, aber ohne die Kraft einzugreifen, oder wie man sich mit einer Geschichte, einen Film «identifiziert», ohne zum Handelnden zu werden. Nur als Tote – nachdem sie bei einem Brand einem Kind das Leben gerettet hat, ihr eigenes dabei opfernd – kann der Tod sie mit dem Geliebten zusammenführen. Der Toten öffnet sich, wie der Träumenden, nun aber endgültig, die Mauer. Filmen: dem Tod bei der Arbeit zuschauen. Und, was auf dasselbe hinausläuft, zeigen, wie aus Leben Geschichte wird.

Die Mauer, leinwandfüllend, so daß sie seitlich und in die Höhe unendlich gedacht werden muß, ist der Widerstand, an dem die Erzählung des Films und die Vorstellung des Zuschauers sich entzünden.

Frieda Grafe
«Fritz Lang»
Film Band 7, Reihe Hanser, München 1976

Soll man die Handlung dieses Films erzählen? Sie ist reich und fesselnd. Und doch dürr und nackt, wenn man sie mit des Filmwerkes Geschehen und Gestaltung selbst vergleicht. [...] Ein Stoff ist hier, der sich nur durch den Film ausdrücken, nur mit den Mitteln des Films bewältigen läßt. Nichts Literarisches, nichts Illustratives, sondern ein – Lichtspiel. Filmschöpfung, eines Filmschöpfers, des Spielleiters Fritz Lang.

Eine Idee durchzieht leitmotivisch das Spiel. Knüpft den inneren Zusammenhalt, wo Filmschöpfers Phantasie in bunte Lande abschweift, wo er Traum und Wirklichkeit böcklinhaft zusammenfließen läßt. Und diese Idee ist...? Die uraltheilige, die jeden großen Gestalter noch bewegt, die an der Wiege aller Künste – Musik, Bildkunst, Dichtung und Drama – stand: das Rätsel des Todes; des entsetzlichen, des erlösenden Todes.

Warm, Roehrig und Herlth halfen dem Filmschöpfer, seine Welten zu realisieren: eine altdeutsche Stadt, ein groteskes China, ein Märchen Arabiens, Venedig im Karneval, des Todes phantastisches Reich. Eminentes technisches Können der Lichtbildner Nietzschmann, Salfrank und Wagner: Trickaufnahmen, Lichteffekt, Blende verschmelzen sich mit beseelter Lichtspielkunst.

Reine Lichtspielkunst ist auch die Darstellung. Nicht in einem Esperanto von Muskelzuckungen nur mit der Zunge ausdrückbare Dinge zu äußern, sondern organischer Teil bewegter Bilder zu sein, deren Ganzes durch Rhythmus, Licht, Schatten und Geschehen Stimmungen und Spannungen schafft, war hier die Aufgabe. Für solche Darstellung ist Lil Dagovers Schönheit geschaffen; neben ihr Walter Janssen, Goetzke, Diegelmann, Winterstein, Klein-Rogge ...

Die ihr an die Zukunft des Kinos glaubt, seht euch dieses Lichtspiel an! Die ihr dem Kino mißtraut, seht es euch erst recht an – aber laßt alle Bühnenweisheit, laßt die Hamburgische Dramaturgie und den Lakoon hübsch zu Hause. Denn ihr seid bei einer neuen Muse zu Gaste.

Und auch ihr seht euch den Film an, ihr Finanzkapitäne der Decla-Bioscop; vielleicht kommt euch dann doch ein leiser Zweifel, ob ihr die Flinte nicht zu früh ins Korn geworfen – bei einem Unternehmen, aus dessen Werkstätten dieses Lichtspiel hervorging ...

Hans Wollenberg
«Licht-Bühne», Nr. 41, 8. Oktober 1921

DR. MABUSE, DER SPIELER TEIL 1:
DER GROSSE SPIELER. EIN BILD UNSERER ZEIT
DR. MABUSE, DER SPIELER TEIL 2:
INFERNO. EIN SPIEL VON MENSCHEN UNSERER ZEIT

DEUTSCHLAND 1921/22

Drehbuch Thea von Harbou, Fritz Lang, nach dem gleichnamigen Roman von Norbert Jacques
Kamera Carl Hoffmann
Ausstattung Carl Stahl-Urach, Otto Hunte, Erich Kettelhut, Karl Vollbrecht
Kostüme Vally Reinecke
Darsteller Rudolf Klein-Rogge, Aud Egede Nissen, Gertrude Welcker, Alfred Abel, Bernhard Goetzke, Paul Richter, Robert Forster-Larrinaga, Hans Adalbert Schlettow, Georg John, Karl Huszar, Grete Berger, Julius Falkenstein, Lydia Potechina, Julius E. Herrmann, Karl Platen, Anita Berber, Paul Biensfeldt, Julie Brandt, Auguste Prasch-Grevenberg, Adele Sandrock, Gustav Botz, Erner Hübsch
Produzent Erich Pommer
Produktion Uco-Film der Decla-Bioscop AG, Berlin
ca. 155 Minuten/ca. 115 Minuten, Schwarzweiß

... Eine Serie von Porträtaufnahmen, wie Karten gehalten von einer Hand, so beginnt der Film. Als man den sieht, der sie hält, ist die Einstellung nur ein weiteres dieser Porträts, die denselben, Vielgesichtigen zeigen. Mabuse hat kein Gesicht, er ist ein Fächer von Masken. Auch der Name ist nicht besser verbürgt als die anderen, die er sich zulegt, wie Hugo Balling und Sandor Weltmann.

Sein Darsteller, Rudolf Klein-Rogge, sah ihn als «Exponent des sich auflösenden Europa, bewaffnet mit allen gefährlichen Kenntnissen und Zivilisationserrungenschaften seines Erdteils. Er erhebt sich bewußt, um in die moralische Uniformiertheit seiner Zeit Bresche zu schlagen, weniger des materiellen Vorteils wegen. Er will sich als Treibender fühlen, als Schöpfer, wenn auch nur im Zerstören. Mit einem Wort, er will, was in unserer Zeit vom Einzelmenschen auf die Gesamtheit übergegangen ist – Macht. Er ist ein Romantiker des Bösen. Aber er ist kein ganz echter Romantiker. Er ist nicht genug Trieb. Zuviel Verstand, zuviel Mechanismus. An dieser Überschätzung des Mechanismus, des Rechenexperiments, geht er zugrunde.»[1]

Mabuse ist Teil seiner eigenen Inszenierung, seines großen Spiels. Sein Ziel ist nicht der gesicherte Besitz der Macht, er ist eher ein Subversiver als ein Autokrat. Ihn reizt das ständig erneuerte Spiel mit der Macht, die Untergrabung der öffentlichen Ordnung. Politik, Wirtschaft, Psychologie sind für ihn Inszenierung einer sperrigen Materie. Interessant ist nur das Spiel mit Menschen und Menschen-Schicksalen (Zwischentitel). Dabei spielt das äußere Maß des Erfolges keine Rolle. Wer nach dem gewaltigen Börsencoup der ersten Episode, der Mabuse Millionen bringt, den Griff nach noch mehr öffentlicher Macht erwartet, sieht sich getäuscht. Die zweite Episode zeigt Mabuse am Spieltisch beim Versuch, sein Gegenüber zu hypnotisieren. Die Anwendung seiner hypnotischen Fähigkeiten erscheint deshalb als Steigerung gegenüber dem Börsenmanöver, weil Mabuse hier nicht über Mittelsmänner handelt, sondern sich selbst physisch-psychisch einsetzt. Weil er sich selbst in sein Spiel einbringt, ist Mabuse verwundbar. Sein Gegenspieler, der Staatsanwalt von Wenk, leistet eigentlich nicht viel mehr, als daß er sich von Mabuse nicht hypnotisieren läßt. Mabuses Scheitern mündet konsequenterweise in Wahnsinn.

Wie Mabuse kein Gesicht und keinen verbürgten Namen hat, so ist auch kein Verlaß auf Bilder und

DR. MABUSE, DER SPIELER TEIL 1: DER GROSSE SPIELER. EIN BILD UNSERER ZEIT, 1921/22

DR. MABUSE, DER SPIELER TEIL 2: INFERNO. EIN SPIEL VON MENSCHEN UNSERER ZEIT, 1921/22

Objekte, sie deckt kein objektiver Gehalt, sie symbolisieren nicht, sie funktionieren. Zeitungsberichte waren noch in den SPINNEN Informationen für den Zuschauer. Von den Mabusefilmen an wirken sie im Handlungszusammenhang, unabhängig vom «objektiven Inhalt», den sie transportieren. Mabuse lanciert Schlagzeilen, um die Börse zu manipulieren. Er schafft Tatsachen im Hinblick auf das zu gegenwärtigende Presseecho, das wiederrum neue Tatsachen im Gefolge hat. Einen Wirtschaftsvertrag läßt er stehlen und wieder auftauchen, damit die Meldungen darüber an der Börse zu Baisse und Hausse führen, wie er sie braucht. Was die Zeichen zum Ausdruck bringen, ist nichts als Arrangement des Inszenators.

Einmal stoppt eine aufgebrachte Menschenmenge einen Polizeitransport, um einen angeblich inhaftierten Volksführer zu befreien. Der Polizeioffizier weiß sich nicht anders zu helfen, als der Menge die wahre Identität des Inhaftierten zu offenbaren. Als er den Häftling der Menge zeigt, wird dieser von einem verborgenen Schützen getötet. Er war ein Mitwisser Mabuses, den dieser so aus dem Weg räumen ließ. Die Enthüllung des objektiven Tatbestands, die realistische Schaustellung als Teil eines Mordplans – das ist ein kleines Lehrstück über die Funktion des Augenscheins im Kino Fritz Langs. ...

Frieda Grafe
«Fritz Lang»
Film Band 7, Reihe Hanser, München 1976

1 nach Alfred Eibel (Hrsg): «Fritz Lang». Paris, 1964

Es läßt sich nicht leugnen, bei der Uraufführung im Ufa-Palast war der Beifall um ein Vielfaches stärker und begeisterter als vor wenigen Wochen beim WEIB DES PHARAO, und wenn nicht alles täuscht, wird DR. MABUSE das große Geschäft. Es hat sich damit wieder einmal erwiesen, daß der aktuelle Zeitfilm, jener Film, der aus dem Leben unserer Tage mit besonderen Problemen, Ideen und Auswüchsen entstanden ist, das Publikum am unmittelbarsten zu packen vermag. Das ist hier restlos gelungen. Der Untertitel dieses ersten Teils EIN BILD DER ZEIT sagt alles. Die Großstadt der Nachkriegszeit wird hier mit den markantesten Strichen eines Könners gezeichnet. Natürlich mit einigen Unterstreichungen (Übertreibungen wäre zuviel gesagt), aber sonst milieuecht bis zum Äußersten, und dergleichen muß eigentlich immer wirken.

Dieser Dr. Mabuse ist so etwas wie eine Idealgestalt unserer Tage. Nicht etwa der mit plumpen Mitteln arbeitende Verbrecherkönig von einst; es ist kein Zufall, daß er Doktor ist, er hat alle Geisteskräfte seiner akademischen Bildung in den Dienst seiner gewaltigen Pläne gestellt. Er ist ein erstaunlich feiner Psychologe und weiß die Fehler und Schwächen seiner Mitmenschen einzigartig für seine Zwecke auszunutzen. Er will nicht etwa nur große Schätze sammeln, ihm schwebt vielmehr als höchstes Ziel die geistige Herrschaft über die Menschheit vor. DER SPIELER heißt nicht nur wörtlich, daß er in Spielklubs zu Hause ist, die Erklärung für dieses Beiwort gibt vielmehr ein Zwischentitel, in dem es heißt, «er spielt mit Menschenschicksalen und am grausamsten mit sich selbst». Seine Beziehungen erstrecken sich ungeahnt weit, an der Börse gibt er ebenso den Ton an wie an den Stätten des verborgenen Nachtlebens. Er hat seine eigene Münzwerkstatt, allenthalben warten seine ihm blindlings ergebenen Mitarbeiter nur auf seine Befehle; selbst unter dem Deckmantel des Wissenschaftlers, eines Psychoanalytikers, wirkt er auf die Massen ein. Immer hat er etwas Faszinierendes, Bezwingendes an sich, das ihm den Erfolg in die Arme treibt. Sein raffiniertes Werkzeug ist die Tänzerin Cara Carozza, mit deren Hilfe er sich den reichen Edgar Hull gefügig macht, ohne daß dieser sich dessen bewußt wird. In dem Staatsanwalt Wenk findet Dr. Mabuse dann schließlich seinen Meister.

Diese Handlung ist mit reichen Mitteln inszeniert und in eine so gediegene Form gegossen, daß man darüber fast vergißt, daß das Ganze im Grunde genommen hart an Kitsch grenzt; die Schöpfer des Films machen geradezu ein Kunstwerk daraus. Da ist zunächst Fritz Lang, dessen Spielleitung ungemein feinsinnig ist; man spürt den Regisseur des MÜDEN TOD. Er hat es auch hier wieder verstanden, ein fein abgetöntes Ganzes zu schaffen. Vor allen Dingen war er recht glücklich in der Wahl seiner Mitarbeiter, die Bauten von Stahl-Uhrach bedeuten einen Höhepunkt der Filmarchitektur, und Carl Hoffmann holte sich mit seinen photographischen Effekten bei den unvergleichlich gut gelungenen Nachtaufnahmen einen Sonderapplaus. ...

Fritz Olimsky
«Der Kinematograph», Nr. 794, 7. Mai 1922

DIE NIBELUNGEN
TEIL 1: SIEGFRIED
TEIL 2: KRIEMHILDS RACHE

DEUTSCHLAND 1922/24

Drehbuch Thea von Harbou, Fritz Lang
Kamera Carl Hoffmann, Günther Rittau, Walter Ruttmann
Ausstattung Otto Hunte, Erich Kettelhut, Karl Vollbrecht
Kostüme Paul Gerd Guderian, Änne Willkomm
Musik Gottfried Huppertz
Darsteller Gertrud Arnold, Margarethe Schön, Hanna Ralph, Paul Richter, Theodor Loos, Hans Carl Müller, Erwin Biswanger, Bernhard Goetzke, Hans Adalbert Schlettow, Hardy von Francois, Georg John, Frida Richard, Georg Jurowski, Iris Roberts, Fritz Alberti, Georg August Koch, Grete Berger
Produzent Erich Pommer
Produktion Decla-Bioscop AG, für Universum-Film AG
ca. 149 Minuten/ca. 130 Minuten, Schwarzweiß

«Dem deutschen Volke zu eigen»
Schwer, majestätisch, in dunkel flackender Pracht rauschte es vorüber, fünf Stunden lang, ein Epos in zwei Teilen und vierzehn Gesängen, «dem deutschen Volke zu eigen» und seit Jahrzehnten von seinem Eigentümer vergessen. Fritz Langs Film DIE NIBELUNGEN, 1924 entstanden, 1933 von den Nationalsozialisten verstümmelt und als SIEGFRIEDS TOD völkisch verwertet, wurde nach der Wiederaufführung vor drei Monaten im Müncher Gasteig nun auch an der Frankfurter Oper in restaurierter Form dargeboten. «Man stellt Denkmäler nicht auf den flachen Asphalt», hat Lang in einem Aufsatz über seinen Film geschrieben, eine Maxime, der das Frankfurter Gastspiel des «Nibelungen»-Spektakels vortrefflich gerecht wurde. Nicht zu einer «kleinen Musik», wie sie Thomas Manns «Zauberberg»-Insasse Hans Castorp im Davoser Bioskop-Theater klingen hörte, zogen die Burgunderfürsten in den Untergang, sondern zur Originalmusik von Gottfried Huppertz, gespielt vom Symphonie-Orchester Graunke unter der Leitung von Berndt Hellers, der die Partitur für Salonorchester anhand der Noten aus Huppertz' Nachlaß und anderer, zum Teil veränderter Tonfassungen rekonstruiert hatte. Mit dem Vorhang, der sich im Opernsaal vor der mächtigen Leinwand öffnete, riß die Aufführung den Schleier ideologischer Verzerrungen von Langs Werk, das seit Kracauer als eine der wesentlichen Stationen auf dem Weg «von Caligari zu Hitler» (so der Titel seines Standardwerkes) gilt. Ein Menschenalter später sind die «Nibelungen» ein ästhetisches Erlebnis erster Ordnung, mitreißend und museal, rührend und unberührt von zeitgenössischer Aktualität, ein Genuß, wie ihn nur die Nachgeborenen kennen.

Alles ist Sprache in diesem Film, obwohl kein Wort zu hören ist. Lang erzählt die Nibelungensaga nicht als historisches Drama, sondern als Kampf der Embleme und Zeichen. So bekommt Siegfried in den authentischen Zwischentiteln des ersten «Nibelungen»-Teils den Adler zugewiesen, der sich jeweils um den Anfangsbuchstaben seiner Rede rankt; Kriemhild wird durch ein Einhorn symbolisiert, für Brunhilde steht die Schlange, für Hagen der Wolf. Gunthers Wappentier, der Löwe, erscheint nicht zufällig immer dann mit eingezogenem Schweif, wenn der Burgunderkönig mit Brunhilde spricht. Im Duell der Symbole spiegelt sich die mythische Übermacht der Versucherin. So ist dieser Stummfilm schon in seinen Inschriften beredt. Lang distanziert sich von der blutigen Sage, indem er sie aufs äußerste stilisiert. Gerade der erste Teil des Films, die «Siegfried»-Erzählung, aus der man im Dritten Reich ein Heldendrama herauszufiltern versuchte, spricht der Vorstellung vom einzelnen als Macht der Geschichte Hohn. Den Drachen erschlägt Siegfried, wie später den Zwergenkönig Alberich, eher zufällig, wie im Spiel einer Laune; so rennt dieses Sonntagskind auch später spielerisch in sein Verderben. Gegen das Lichtwesen Siegfried steht die steinerne Welt des Burgunderhofes. Sein Werk würde hinter ihm zu Stein, hat der Zwerg in jener großartigen Szene prophezeit, in der man wahrhaftig die Träger des Nibelungenhortes im Fels erstarren sieht; das mythische Reich ist zerstört, nun erhebt es sich zu Worms in realer, dämonischer Gewalt. Mit der betrügerisch bezwungenen, halb noch dem Märchenreich entragenden Brunhilde zieht der Schrecken nach Burgund.

Die psychoanalytische Lesart Langs läßt die Nibelungenwelt zum Tableau menschlicher Verblendungen gefrieren. In den Massenszenen, den pompösen Aufmärschen der Ritter hat die Kamera keinen subjektiven Ort; sie registriert nur, aus einem Blickwinkel, der über der Geschichte steht. Lang läßt die Menschen in seinen Kulissen verschwinden. Das Ornament der höfischen Räume geht mitten durch die Figuren hindurch, sein Zackenmuster setzt sich auf Kriemhilds Gewand und Gunthers Ornaten fort. Alle Pfeile aber weisen auf Hagen, den einäugigen Wotan und Hüter des Gesetzes. Hagens Schatten fällt auf seine Umgebung ebenso wie auf ihre Embleme. Als Kriemhild beim Anblick des toten Siegfried die Vision eines Totenschädels in einem Apfelbaum sieht, gleicht das verwitterte Gestrüpp für einen Moment Hagens leerer, von Haaren überwachsener Augenhöhle. Man könnte dieser Zeichensprache unendlich weiter nachgehen. Alle Bilder verweisen aufeinander, keines steht für sich. Die theaterhafte Kulisse ordnet sich zu Archetypen des Terrors. Das ist ebenso zynisch wie genial.

Die Musik von Gottfried Huppertz folgt diesem Filmprinzip in leitmotivischen Reihen, sie bildet unter der Schicht der Sinnbilder einen zweiten Resonanzboden. Die übertrieben expressive Gestik der Darsteller klingt mit den musikalischen Themen auf eine Weise zusammen, die die Mängel beider Elemente aufhebt. Schlagend offenbar wird die Bedeutung der Filmmusik freilich erst in ihrem Verstummen. Als in KRIEMHILDS RACHE, dem zweiten Teil des Films, in dem es sehr viel bewegter und naturalistischer zugeht als zuvor, das brennende Dach der Etzelburg die Nibelungen begräbt, stimmt Volker seine Leier zum letzten Klagegesang. «Volker singt», sagt Kriemhild verzückt zu Etzel, dem Barbaren, dem vor Staunen über das Schwanenlied des Übermenschen der Mund offensteht. Dann fliegt ein Pfeil durch die Tür der Halle. Und die Musik – verstummt. Volker ist tot. Dieser tonlose Augenblick nimmt das Ende der Erzählung vorweg. Der ursprüngliche Schluß des Films sollte den Tod Etzels zeigen, der mit Kriemhilds Leiche auf dem Arm von den Trümmern seiner Burg erschlagen wird. Das Material dieser Szene konnte Enno Patalas, der Leiter des Münchner Filmmuseums, der den Film in jahrelangen Recherchen wieder zusammenstellte, nicht mehr auftreiben. So sehen wir ein erstarrtes Bild, ein Standfoto: Dietrich von Bern, Hildebrand, Etzel und Kriemhild auf den Stufen der brennenden Ruine. Die Geschichte versteinert, den menschlichen Rest frißt der Weltbrand. Der Zuschauer aber verläßt das Opern-Kino mit dem betäubenden Glücksgefühl, einmal gesehen und gehört zu haben, was längst verloren schien: das Original.

Andreas Kilb
«Frankfurter Allgemeine Zeitung», Nr. 115, 21. Mai 1986

DIE NIBELUNGEN. TEIL 1: SIEGFRIED, 1922/24

DIE NIBELUNGEN. TEIL 2: KRIEMHILDS RACHE, 1922/24

METROPOLIS

DEUTSCHLAND 1925/26

Drehbuch Thea von Harbou, Fritz Lang
Kamera Karl Freund, Günther Rittau
Ausstattung Otto Hunte, Erich Kettelhut, Karl Vollbrecht
Plastiken Walter Schulze-Mittendorf
Kostüme Änne Willkomm
Darsteller Alfred Abel, Gustav Fröhlich, Rudolf Klein-Rogge, Fritz Rasp, Theodor Loos, Erwin Biswanger, Heinrich George, Olaf Storm, Hanns Leo Reich, Heinrich Gotho, Brigitte Helm, Fritz Alberti, Margarete Lanner, Max Dietze, Georg John, Walter Kühle, Arthur Reinhard, Erwin Vater, Grete Berger, Olly Böheim, Ellen Frey, Lisa Gray, Rose Lichtenstein, Helene Weigel, Beatrice Garga, Anny Hintze, Helen von Münchhofen, Hilde Woitscheff
Produzent Erich Pommer
Produktion Universum-Film AG
149 Minuten, Schwarzweiß

Lang 1925 auf die Frage nach dem künstlerischen Filmnachwuchs in Deutschland: «Wir haben Architekten – der ganze Rest ist hoffnungslos schlecht.»

«An die Stelle des Dekorateurs tritt hinfort und für immer der Architekt. Das Kino wird als treuer Interpret den kühnsten Träumen der Architektur dienen.» So Buñuel zwei Jahre später, in der Madrider «Gaceta literaria» über METROPOLIS.

Den Anstoß gab eine Begegnung mit realer Architektur, die dem Europäer phantastisch vorkommen mußte, mit den Wolkenkratzern Manhattans. Einen ganzen Tag sei er in den Straßen herumgelaufen. «Die Gebäude erschienen mir wie ein vertikaler Vorhang, schimmernd und sehr leicht, ein üppiger Bühnenhintergrund, an einem düsteren Himmel aufgehängt, um zu blenden, zu zerstreuen und zu hypnotisieren. Nachts vermittelte die Stadt ausschließlich den Eindruck zu leben: sie lebte, wie Illusionen leben. Ich wußte, daß ich über all diese Eindrücke einen Film machen mußte.»

Einige Kühnheiten, die am Anfang der Erfindung von METROPOLIS standen, nahm Lang schon im Drehbuch wieder zurück. «Ich habe in meinem Leben in so viele Dinge hineingerochen, so auch in die Magie. Frau von Harbou und ich hatten in das Drehbuch zu METROPOLIS einen Kampf zwischen moderner Wissenschaft und Okkultismus, der Wissenschaft des Mittelalters, hineingeschrieben. Der Magier war das Böse hinter allen Geschehnissen: in einer Szene stürzten alle Brücken ein, sie waren Flammen, und aus einer gotischen Kathedrale kamen all diese Geister und Gespenster und Ungeheuer. Ich sagte: Nein, das geht unmöglich. Heute würde ichs machen, aber damals hatte ich nicht den Mut. Nach und nach schnitten wir die ganze Magie heraus, und vielleicht hatte ich deshalb den Eindruck, daß METROPOLIS zusammengeflickt ist ... Die Hauptthese war von Frau von Harbou, aber ich bin wenigstens zu fünfzig Prozent verantwortlich, weil ich den Film gemacht habe. Ich war damals nicht so politisch bewußt, wie ich es heute bin. Man kann keinen gesellschaftlich bewußten Film machen, in dem man sagt, der Mittler zwischen Hand und Hirn sei das Herz – ich meine, das ist ein Märchen – wirklich. Aber ich interessiere mich für Maschinen ...»

Feuerzauber, Okkultismus und Gespenster hätten METROPOLIS der Nähe zu anderen Zukunftsentwürfen entrückt, die ihn jetzt weitgehend als reaktionären Thesenfilm erscheinen läßt. Sie hätten deutlicher werden lassen, daß Zukünftiges hier so wenig spekulativ behandelt wir wie Vergangenes in den NIBELUNGEN.

Wie man den Film jetzt sehen kann – in der Paramount-Bearbeitung von Channing Pollock, von 4189 Meter gekürzt auf 2826 –, ist er vor allem ein Stück animierter phantastischer Architektur, ein Konstrukteurs-Alptraum mit raucherfüllten Zellen, in dem aus dem Asphalt Wasser bricht wie Blut aus Poren. Ausdruck des fragmentierten Raum- und Zeitempfindens des modernen Städters sind Langs Filme immer, die Western nicht ausgenommen. Der Kampf zwischen mittelalterlicher und moderner Wissenschaft hätte der sozialen Etagenkonstruktion vielleicht eine historische eingezogen: das Mittelalter als das Verdrängte des aufgeklärten Bewußtseins, wie das Proletariat das gesellschaftlich Verdrängte der Bürgerherrschaft ist. Das mehrstöckige Architekturmodell – mit den vergessenen Katakomben, in denen die Arbeiter, die Maulwürfe der Revolution, sich heimlich treffen, an der Basis und den mondänen Vergnügungsparks der Leisure class in den Wolken – wäre dann deutlicher nicht nur als Raum-, sondern auch als Zeit-Maschine zu sehen.

Frieda Grafe
«Fritz Lang»
Film Band 7, Reihe Hanser, München 1976

... Diejenigen, die das Kino als einen diskreten Erzähler von Geschichten betrachten, werden bei METROPOLIS eine tiefe Enttäuschung erfahren. Was uns hier erzählt wird, ist trivial, schwülstig, pedantisch und voller altmodischer Romantik. Aber wenn wir dem «plastisch-fotogenen» Hintergrund vor der «Anekdote» den Vorzug geben, dann wird METROPOLIS alle Wünsche erfüllen und uns als das wunderbarste Bilderbuch entzücken, das man hat zusammenstellen können. ... Es ist nicht das erstemal, daß wir einen so verwirrenden Dualismus in den Filmen von Lang beobachten. Ein Beispiel: in dem unvergleichlichen Poem DER MÜDE TOD waren vollkommen abwegige, geschmacklose Szenen eingeschoben. Wenn Fritz Lang hierbei eine Komplizenrolle zukommt, so deshalb, weil es seine Ehefrau, Thea von Harbou, ist, die wir als Urheberin dieser eklektischen Versuche von gefährlichem Synkretismus erkennen.

Ein Film sollte ähnlich einer Kathedrale anonym sein. Menschen aller Klassen, Künstler aller Genres sind beteiligt, diese ungeheure Kathedrale des modernen Films zu errichten. Alle Industrien, alle Techniker, Menschenmengen, Akteure, Drehbuchautoren; Karl Freund, das «As» der deutschen Kameraleute, und mit ihm eine Plejade von Kollegen; Bildhauer, Ruttmann, der Schöpfer des «absoluten Films». An der Spitze der Architekten steht Otto Hunte, ihm und Ruttmann sind in Wahrheit die gelungensten «visuellen Offenbarungen» zu verdanken. Aber auch der Bühnenbildner, als ein letztes dem Film vom Theater überlassenes Überbleibsel, ist hier noch beteiligt. Sein Mitwirken fällt uns in den schlimmsten Momenten von METROPOLIS auf, etwa in jenem, das sehr hochtrabend »die ewigen Gärten» genannt wurde, angelegt mit beispielloser Geschmacklosigkeit in einem wahnwitzigen Barockstil. An die Stelle des Bühnenbildners tritt künftig und für immer der Architekt. Der Film wird den kühnsten Träumen der Architektur dienen.

Die Pendeluhr in METROPOLIS umfaßt nur zehn Stunden. Es sind die Arbeitsstunden. Und in diesem Zweizeiten-Rhythmus rollt das Leben der ganzen Stadt ab. Die freien Menschen von Metropolis tyrannisieren die Sklaven, eine Art von Stadtnibelungen, die in einem fortwährenden «elektrischen Tag» in den Tiefen der Erde arbeiten. In dem Räderwerk dieser Republik fehlt nur das Herz, die Gefühle, die fähig sind, derart entfremdete Extreme zu vereinen. Zum Ausklang aber werden wir sehen, wie der Sohn des Direktors von Metropolis (das Herz) seinen Vater (das Gehirn) mit dem Werkmeister (dem Arm) in einer Umarmung zusammenbringt. Mischt solche symbolischen Ingredienzien mit einer gehörigen Portion von Schreckensszenen, fügt das übertriebene, theatralische Spiel der Akteure hinzu, schüttelt das Ganze durcheinander – und Ihr werdet die Argumentation von METROPOLIS erhalten.

Aber was für eine begeisternde Sinfonie der Bewegung als Ausgleich! Wie die Maschinen inmitten bewundernswerter Transparenz und «Triumphbögen» durch die elektrischen Entladungen ihr Lied anstimmen! Alle Kristallfabriken der Welt, auf romantische Weise in Reflexe zerlegt, scheinen sich in die modernen Kanons der Leinwand eingenistet zu haben. Das lebhafte Funkeln des Stahls, die rhythmische Aufeinanderfolge von Rädern, Kolben, jemals geschaffenen mechanischen Formen, das alles ist eine bewunderungswürdige Ode, eine für unsere Augen gänzlich neue Poesie; Physik und Chemie verwandeln sich auf wunderbarste Weise in Rhythmik. Nicht der mindeste statische Augenblick! Sogar die Zwischentitel, die sich auf und ab bewegen, sich drehen, in Licht zerlegt und in Schatten aufgelöst werden, verschmelzen mit der allgemeinen Bewegung, auch sie werden zu Bildern. Unserer Meinung nach besteht der Hauptfehler des Films darin, daß der Regisseur nicht der berühmten Idee von Eisenstein in seinem PANZERKREUZER POTEMKIN gefolgt ist, sondern einen Akteur, der voller neuer Möglichkeiten ist, vergessen hat: die Masse. Das Thema von METROPOLIS bot sich jedoch dafür an. Wir mußten demgegenüber eine Reihe von Personen ertragen, die voller willkürlicher, vulgärer Leidenschaften und mit einem Symbolismus beladen waren, dem sie nicht in genügendem Maße entsprachen. Das bedeutet nicht, daß die Menschenmassen in Metropolis abwesend sind. Aber sie scheinen eher einer dekorativen Notwendigkeit zu gehorchen, der Notwendigkeit eines gigantischen «Balletts». Sie wollen uns mehr durch ihre bewundernswerten, ausgeglichenen Bewegungen begeistern, als daß sie uns ihre Seele zu erkennen geben.

Dennoch gibt es Augenblicke – Babel, die Revolution der Arbeiter, die abschließende Verfolgung des Androiden –, in denen sich die beiden Extreme auf grandiose Weise verwirklichen.

Otto Hunte konfrontiert uns mit reiner Kolossalvision von der Stadt des Jahres 2000. Sie könnte falsch sein und sogar unmodern, wenn man die jüngsten Theorien über die Stadt der Zukunft berücksichtigt. Vom Standpunkt des Fotogenen aber bleiben die erregende Kraft, die zuvor nie dagewesene, überwältigende Schönheit, unvergleichliche Elemente einer Technik, die so perfekt ist, daß sie einer längeren Prüfung standhält, ohne daß man nur einen Augenblick lang den Entwurf erraten kann.

METROPOLIS hat 40 Millionen Goldmark gekostet. An Schauspielern und Statisten haben etwa 40.000 Personen mitgewirkt. Die augenblickliche Länge des Films beträgt 5.000 Meter, aber es sollen insgesamt zwei Millionen gewesen sein. Am Tag der Premiere kostete der Sitzplatz 80 Goldmark. Erscheint es angesichts solcher Mittel nicht demoralisierend, daß Langs Werk kein Modell an Perfektion geworden ist? Vergleicht man METROPOLIS und NAPOLEON, die beiden aufwendigsten vom modernen Kino produzierten Filme, mit anderen, bescheideneren, zugleich aber perfekteren, reineren Filmen, so kann man daraus die Lehre ziehen, daß Geld nicht das Wesentliche der modernen Filmproduktion ist. (...) Zuerst Sensibilität, dann Intelligenz, und danach erst das Obrige, einschließlich des Geldes.

Luis Buñuel
«Gazeta literaria de Madrid», 1927;
dt. in: «Film und Fernsehen» (DDR), Januar 1984

METROPOLIS, 1925/26

SPIONE, 1927/28

SPIONE

DEUTSCHLAND 1927/28

Drehbuch Thea von Harbou, Fritz Lang, nach Harbous gleichnamigem Roman
Kamera Fritz Arno Wagner
Musik Werner R. Heymann
Ausstattung Otto Hunte, Karl Vollbrecht
Darsteller Rudolf Klein-Rogge, Gerda Maurus, Lien Deyers, Louis Ralph, Craighall Sherry, Willy Fritsch, Paul Hörbiger, Hertha von Walther, Lupu Pick, Fritz Rasp, Julius Falkenstein, Georg John, Paul Rehkopf
Produzent Fritz Lang
Produktion Fritz Lang-Film GmbH, Universum-Film AG
ca. 150 Minuten, Schwarzweiß

Zur amerikanischen Premiere wurde der Film im Luftschiff gebracht. Das paßt zu einem Film, in dem die modernsten Transport- und Kommunikationsmittel selbst eine hervorragende Rolle spielen.

Das Flugzeug, das den Spion schneller ans Ziel bringt als der Zug den Polizeiagenten, transportiert auch den Film weiter. Dabei interessiert Lang nicht das Tempo, ihn interessieren die Relationen, die Verschiebungen zwischen dem schnelleren und dem langsameren Fahrzeug. Bei Fahrtaufnahmen bleibt Langs Kamera vorzugsweise auf gleicher Höhe mit den Fahrzeugen, so daß es aussieht, als ob nicht sie sich bewegten, sondern der Hintergrund. Der rasende Kurier auf dem Motorrad, gleich in einer der ersten Einstellungen des Films, ist eine ganz starre, festgefügte Einstellung, in die Bewegung nur kommt durch den Bildaufbau und ein leichtes Vibrieren.

Mit den SPINNEN verbindet SPIONE, über die frühen Mabusefilme hinweg, nicht nur die Alliteration im Titel. Auf das Stahlhaus verweist das Bankhaus Haghi. Der Aufsicht auf die Bürozellen, in denen Lio Shas Agenten wimmeln, entspricht der Querschnitt des Treppenhauses, das die offizielle Vorderseite des Gebäudes mit der geheimen Rückseite verbindet, die Bank mit der Spionagezentrale.

Die Verschiebung gegenüber den frühen Mabusefilmen besteht in der stärkeren Delegierung der Kräfte, die die Aktionen bewegen. Mabuse als Zentrum eines subversiven Machtwillens, der sich zu dessen Durchsetzung einer Bande von Ausgeflippten, vor allem aber seiner eigenen psychischen Kräfte bediente, wird weitgehend ersetzt durch den Apparat, den der Bankier Haghi als Krüppel unter der Aufsicht einer Krankenschwester von seinem Schreibtisch aus dirigiert. Auch das Gegensystem der legalen Macht gewinnt objektivere Züge. Nicht indem er die Kräfte seines Ichs mobilisiert, wie der Staatsanwalt von Wenk, sondern durch Kooperation bringt Polizeichef Burton Jason Haghi zu Fall. Was man als Langs Wendung vom «Expressionismus» zum «Realismus» verstanden hat, ist diese Objektivierung der Machtmittel auf beiden Seiten, die zu Erzählmitteln des Films werden.

Spionage ist für Lang nicht das Thema von ein oder zwei Filmen (sechzehn Jahre später: MINISTRY OF FEAR), sie ist eine Grundkategorie seiner Kinowelt. Sie bezeichnet die Durchlöcherung scheinbar festgefügter, abgeschirmter Organismen. Manifest wird sie in all den Bildern mit durchlöcherten Wänden, durch die Fremdes oft von weit her eindringt und Eigenes abgesogen wird. Aus dem Guckloch in der Wand, durch das Lio Sha in den Konferenzraum späht, sind schon in METROPOLIS Fernsehschirme geworden, durch die die Chefs die Arbeiter bespitzeln. Statt durch Unterwerfung fremder Willen unter den seinen, wie der «Psychoanalytiker» Mabuse, unterminiert Haghi, ebenfalls in der Verkörperung durch Klein-Rogge, die Gesellschaft durch seine geheimen Informationskanäle. Spionage ist hier kein Mittel fremder Mächte, sie ist selbst die fremde Macht. SPIONE steht darin M und den weiteren Mabusefilmen näher als den frühen.

Frieda Grafe, «Fritz Lang»
Film Band 7, Reihe Hanser, München 1976

Ein ungenannt bleibendes europäisches Land. Zwei Verträge wurden von einem Spionagering gestohlen. Beim Versuch, sie zurückzubekommen, sind die besten Agenten des Geheimdienstchefs Burt Jason erschossen worden. Jason lässt den Detektiv Donald Tremaine kommen, der als Stadtstreicher verkleidet erscheint. Der führende Kopf der Diebe ist Haghi, offenbar ein Krüppel. Er leitet eine Bank und hat einen Spionagering aufgebaut, hauptsächlich mit heimlich aus dem Gefängnis geholten Kriminellen. Nun beauftragt er Sonia, über Tremaine in Erfahrung zu bringen, wenn ein neuer Vertrag unterzeichnet werden soll. Sie flüchtet sich in Tremaines Hotelzimmer, nachdem sie auf einen Mann geschossen hat, von dem sie behauptet, er habe sie angegriffen. (Der Mann überlebt dank einer Brieftasche, die die Kugel abgefangen hat.) Sonia bringt Tremaine dazu, sie zu verstecken, bald beginnt sie, ihm zu gefallen. Ihrerseits ebenfalls angetan, bittet sie Haghi, sie aus dem Auftrag zu entlassen. Der aber zwingt Sonia, einen Brief an Tremaine zu schreiben, den er ihr diktiert. Tremaine trifft sie in ihrem Haus und sie verabreden sich zum Abendessen in einem Restaurant, aus dem Haghi Sonia wegrufen lässt. Mit einer Kette, die sie hat liegen lassen, macht sich Tremaine schnellstens zu ihrem Haus auf, um es vollkommen leer geräumt vorzufinden. Von seinem Geheimdienstkollegen Dr. Matsumoto erfährt er, dass Sonia eine Spionin ist. Haghi, der mittlerweile weiß, dass der Vertrag unterschrieben worden ist, wird von Matsumoto mit Hilfe dreier Agenten ausgetrickst, die dieser mit falschen Diplomatentaschen losgeschickt hat. Nun beauftragt Haghi seine Agentin Kitty, den richtigen Vertrag zu beschaffen. Sie gibt sich als arme junge Obdachlose aus, wird von Matsumoto mit nach Hause genommen und stiehlt das Dokument. Daraufhin begeht Matsumoto Harakiri. Jason trifft sich mit Tremaine und Nemo dem Clown. Er beauftragt Tremaine, noch eine Kopie des Vertrages zu beschaffen und bucht für ihn eine Fahrt mit dem Europaexpress. Haghi verspricht Sonia, dass er Tremaine verschonen wird, wenn sie für ihn eine Nachricht über die Grenze schmuggelt. Trotzdem arrangiert er ein Zugunglück, um Tremaine töten. Aber Sonia eilt zur Unglücksstelle und rettet ihn aus den Zugtrümmern. Sie wird von Haghis Leuten entführt, von Tremaine wieder befreit. Als sie entdecken, dass Nemo der Clown eigentlich Haghi ist, treiben ihn Jason und Tremaine während einer seiner Vorstellungen in die Enge. Zum Höhepunkt seiner Clownnummer erschießt er sich.

Abgesehen von wiederholten Nahaufnahmen, die Haghis in Zigarettenrauch gehülltes Gesicht zeigen, steht ein anderes Bildmotiv im Mittelpunkt von SPIONE: ein kreuz und quer verlaufendes Netzwerk aus eisernen Treppen und vier übereinander gestaffelte Galerien entlang der Innenhofwände seines geheimen Hauptquartiers. Zu verorten irgendwo im Gebäude der Bank, erinnern die dicht gedrängten Durchgänge auch an ein Gefängnis. Dieser Eindruck wird genährt, wenn wir sie das erste Mal sehen, als eben ein unter mysteriösen Umständen vor dem Galgen geretteter Gefangener geradewegs in den Unterschlupf des Schurken verbracht wird, als neuester Zuwachs für dessen Spionagering. Noch sonderbarer mutet es an, wenn die Auftritte einer älteren Krankenschwester und Haghis Abhängigkeit vom Rollstuhl immer wieder an ein Krankenhaus denken lassen.

Als Beweis für die Überlegenheit von Langs deutschen Werken über die aus seiner Zeit in Hollywood wäre dieser entschieden metaphysisch gemeinte, einem geträumten ähnliche Ort der Übergänge bereits völlig zureichend. Zu finden in einem gering geschätzten Thriller, von Bogdanovich und anderen völlig verworfen, zeigt sich hier in aller Deutlichkeit, wie um solche nicht tagseitig vernünftigen, sich wie ein roter Faden durch den Film ziehende Darstellungseinheiten herum der ganze Film angelegt wurde.

[...]

SPIONE ist zum einen die verdichtete und ausgeklügeltere Version von Langs erstem großen Mabuse-Film, in welchem die Schurkereien Klein-Rogges aufgrund ihrer schieren Willkürlichkeit eher zu einer Art Abstraktion gerieten. Gleichzeitig findet sich hier auch die glänzende Vorwegnahme der découpage [Französisch im Originaltext] von M die verschiedene gesellschaftliche Kräfte zu einem Montage-Muster zusammenfügt, angeordnet um eine zentrale Figur herum, die ihrerseits diese Kräfte in Bewegung setzt und ihnen letztendlich zum Opfer fällt. So werden mit SPIONE die Grundformen des Spionage-Thrillers freigelegt und im Verlauf dieser Klärung die darin wirksamen Mechanismen erkennbar gemacht. (In den «Cahiers du Cinéma», Nr. 99, merkte Lang gegenüber Rivette und Domarchi an, dass es in einem derartigen Film «nur um die Empfindung von Eindrücken geht. Eine Entwicklung der Charaktere gibt es nicht.») Wenn so etwa der dicke Kapitalist tatsächlich durch das dicke Bündel von Wechseln in seiner Tasche vor den tödlichen Folgen des Schusses bewahrt bleibt, zeichnet sich die Funktion des Thrillers als indirekter Stellungnahme zur Gesellschaft sehr deutlich ab. (Ein Zug, der sich bis zu Feuillade zurückverfolgen lässt. In dessen TIH MINH zum Beispiel unterstreicht der Einfallsreichtum der Diener die Hilflosigkeit ihrer Dienstherren, die die Hauptrollen spielen.) Gleichzeitig wird die politische Intrige unter Weglassung aller Einzelheiten in allgemeinster Form abgehandelt. So finden sich Inhalt und Bedeutung der Verträge, um die so wichtig getan wird, nirgends auch nur erwähnt. Und die ganz unterschwelligen Anspielungen auf Haghis Macht und Allgegenwart – er ist Bankeigentümer, «Gefängniswärter», Invalide, Kuppler/Voyeur und Clown, um nur einige seiner Erscheinungen zu nennen – machen ihn zum idealen Anschauungsgegenstand in Bezug auf eine Gesellschaftsanalyse, die allenthalben bedeutet aber nirgends ausdrücklich ausgesprochen wird.

Auf einer noch entschiedener aufs Formale beschränkten Ebene gelingt es durch den bemerkenswert elliptischen Schnitt, die außerordentliche Dichte der einander überlappenden Ränkespiele zu einem anschaulichen Gefüge zu ordnen. (So etwa ganz offenbar zu Beginn des Films, wenn sich der badende Tremaine aus einem Stadtstreicher in einen romantischen Liebhaber von Welt verwandelt, und eben durch den Einsatz der oben zitierten Schlüsselbilder des Plots.)

All das war Quelle der Anregung und Anschauungsunterricht für viele nachfolgende meisterliche Erfinder von Plots: von Hitchcock und Graham Greene bis zu Rivette, Straub und Thomas Pynchon. So, wie die Turm-von-Babel-Sequenz in METROPOLIS zu einem entscheidenden Orientierungspunkt für das abgesonderte, wahnhafte Universum in PARIS NOUS APPARTIENT wird, ist die zentrale Sequenz aus MACHORKA-MUFF eine Frucht der Zeitungsnachrichten-Montage in SPIONE, während die verschlüsselten Mitteilungen, erotischen Intrigen und vielfältigen Nebenhandlungen einen direkt zu Aufbau und Zergliederung der Welten aus OUT 1: SPECTRE und *«Gravity's Rainbow»* führen. (Wobei Letztgenannter bezeichnenderweise nicht nur Langs deutsches Werk in seinem umfassenden Spionagenetzwerk unterbringt, sondern auch noch die Neubabelsberger Studios, in denen SPIONE gedreht wurde.) Unterstützt durch die ins Volle greifenden Darstellungen von Klein-Rogge, Deyers, Pick und Maurus (die hier in ihrer ersten Rolle oftmals Ähnlichkeit mit Janet Leigh hat), erhält SPIONE seine formale Folgerichtigkeit aufrecht mit Hilfe zahlloser traumartiger Bilder, von denen viele im Sinne der Erzählung ans Widersinnige grenzen oder etwas Unheimliches haben. (Wenn etwa Haghi für einen Moment im Nachtclub zu sehen ist, unmittelbar nachdem Sonia eine Mitteilung zugespielt wurde, die sie in sein Büro bestellt; ihr ausgeräumtes Haus, nach und nach entdeckt im Lichtkegel von Tremaines Taschenlampe; Haghi, der Sonia ein Glas anbietet, um das eine schimmernde Perlenkette gewunden ist; Matsumotos wahnhaft-eingebildete Schau seiner drei toten Agenten, die, über sich die japanische Flagge, unter lauter fallenden Papierblättern hindurch mit den gefälschten Verträgen zurückkehren; sein sich daran anschließender, eindrucksvoll in Szene gesetzter Selbstmord; Haghi/Nemos seltsame Clown-Nummer, bei der eine Dekoration aus großen ausgeschnittenen Notenzeichen und Gerätschaften Verwendung findet.)

Aber dank der zentripetalen Struktur des Films finden sich diese und andere Einzelheiten mitten in den meisterhaft spannenden Handlungseinheiten so am Platz, dass sie als beitragende Bestandteile den Entwurf eines inneren Zusammenhangs mit erwirken. Dieser ist nicht weniger umfassend, als der, den Haghi darstellt und herstellt. Um die Bilder, die einmal seine Gegenwärtigkeit veranschaulichen, wie sie ebenso jene Durch- und Übergangswege zeigen, ist das Einzelteilige in einer Weise geordnet, dass es sowohl für je Bedeutetes steht wie es auch die Bedeutung von Übergang und Verwandlung annimmt. Das bringt die Machenschaften und Händel eines bösartigen Universums ohne Zusammenhang aufs Genaueste in Stellung.

Jonathan Rosenbaum
«Monthly Film Bulletin», Mai 1976
Übersetzung von Julia Bantzer

FRAU IM MOND

DEUTSCHLAND 1929

Drehbuch Thea von Harbou, Fritz Lang, nach Harbous gleichnamigem Roman
Kamera Curt Courant, Oskar Fischinger, Otto Kanturek, Konstantin Tschetwerikoff
Wissenschaftliche Mitarbeiter Prof. Dr. Gustav Wolff, Joseph Danilowatz, Prof. Hermann Oberth
Musik Willy Schmidt-Gentner, Lieder von Fritz Rotter
Ausstattung Emil Hasler, Otto Hunte, Karl Vollbrecht
Darsteller Klaus Pohl, Willy Fritsch, Gustav von Wangenheim, Gerda Maurus, Gustl Starck-Gstettenbaur, Fritz Rasp, Tilla Durieux, Hermann Vallentin, Max Zilzer, Mahmud Terja Bey, Borwin Walth, Margarete Kupfer, Max Maximilian, Alexa von Porembsky, Gerhard Dammann, Heinrich Gotho, Karl Platen, Alfred Loretto, Edgar Pauly, die Maus Josephine
Produzent Fritz Lang
Produktion Fritz Lang-Film GmbH, Universum-Film AG
ca. 185 Minuten, Schwarzweiß

Eine messianische Parabel

[...] Dem Anschein nach gehört FRAU IM MOND in den Bereich der Science-Fiction, genauer, einer glaubwürdigen Science-Fiction, die in die unmittelbar bevorstehende Zukunft weist. Legendär geworden ist die technische Exaktheit des Films, etwa hinsichtlich des Countdown, der für ihn erfunden werden musste, oder der Mondrakete, welche die späteren, wirklichen vorwegnimmt[1] usw. Dieser Nimbus stört geradezu etwas die heitere Stimmung, die man beim Sehen des Films ansonsten empfindet. Doch haben die besten Interpreten bereits darauf hingewiesen, dass die technischen Errungenschaften in Langs Werk nur äußerlich sind. Es gibt eine Vielzahl wissenschaftlicher Ungereimtheiten, die gar nicht unbeabsichtigt sein können. So war schon 1928 allseits bekannt, dass es auf dem Mond keinen Sauerstoff gibt. Und der Wissenschafts-Unsinn, den zu Beginn des Films der alte Gelehrte gegenüber seinen belustigten Kollegen verzapft, fügt sich nahtlos ein in die theatrale Märchenwelt der Szenen auf dem Mond, die nur allzu offensichtlich im Studio gedreht worden sind. Der Expressionismus hat hier seinen Teil beigetragen, gleichzeitig lässt die Mischung der verschiedenen Töne, die angeschlagen werden, an Méliès denken. Man hat zurecht gesagt, dass der Film auf halbem Wege zwischen Jules Verne und dem Magier von Montreuil [in Montreuil, einer Gemeinde nahe Paris, hatte Georges Méliès sein Filmstudio; Anm. d. Übers.] angesiedelt sei. Wenn die «technischen» Szenen (erläuternde Schemata der Umlaufbahn, Fotos des Mondes, der Raketenabschuss) diesem Eindruck widersprechen, dann weil sich der Film in einer Spannung befindet zwischen dem Bezug auf eine Wissenschaftlichkeit, die der Zeitgeschmack irrational bejubelte (die Szene des Raketenstarts, wo eine riesige Menschenmenge von Scheinwerfern angestrahlt wird, lässt an Bilder von Lindberghs Landung 1927 denken), und dem Verlangen nach einem Aufbruch ins ganz und gar Unzeitgemäße, Traumhafte.

Die Begeisterung über Reisen zu den Sternen und die Poesie unerforschter Räume sind dem Film nicht fremd, dennoch hat er nichts Episches. Ab der zweiten Hälfte beschränkt sich die Erzählung wie der Raum immer mehr auf die Gruppe, später auf das Paar. Nachdem der Raketenstart ausführlich gezeigt wurde, findet das weitere Geschehen im engen und isolierten Bereich des Raumschiff-Innern statt. Nur einige kurze Ansichten der Erde oder der Mondoberfläche, beides durch ein Bullauge gesehen, lockern diesen Teil auf. Auf dem Mond schließlich drängen Konflikte und Gefühlsprobleme der Figuren die wissenschaftliche Operation in den Hintergrund, und auch der Mond und das All vermitteln nie einen Eindruck von Unendlichkeit. Überdies finden sich die Helden bald darauf in einer Höhle eingeschlossen – ein typisch langsches Motiv, das sich vom MÜDEN TOD bis zum INDISCHEN GRABMAL durch sein Werk zieht. Man hat

Lang diesen Rückzug auf eine sehr konventionelle Gefühls-Story oft zum Vorwurf gemacht. Warum werden Figuren derart in die Ferne geschickt, fragte man sich, wenn ihre Konflikte die gleichen sind wie zuhause? Diese Handlungsverengung ist dem Drehbuch jedoch durchaus ein Anliegen. Der Gedanke, dass ein Mensch seine Probleme überall hin mitnimmt, ist ja nicht nur Thema eines einzelnen Autors, sondern einer der großen Gemeinplätze der Reiseliteratur. Es ließe sich sogar überlegen, ob sich das Science-Fiction-Kino hier nicht zum ersten Mal seiner annimmt.

Der Gedanke stützt einen ziemlich bleiernen, weil allzu merklichen Diskurs. Zum einen lenkt die metaphysische Intention das Schicksal der Figuren – sie werden entweder ins Verderben geführt (Mansfeldt, Turner), bringen sich selbst zum Opfer (Windegger), oder sie erfüllen eine geheimnisvolle Mission, deren Sinn sie nicht begreifen (Helius, Frieda und das Kind). Zum anderen ist der Diskurs selbst mit einem bleiernen Moralismus beladen, wenn es etwa um die Bestrafung des alten Gelehrten geht, der zu gleichen Teilen Opfer seiner Gier nach Gold wie nach Wissen wird. Diese Verwirrung ist weitreichend und sagt etwa: Wer zuviel wissen will, will auch zuviel besitzen. Das faustische Motiv, jenes urdeutsche Thema, lässt sich zwischen den Zeilen lesen, wo es um das Schicksal des alten Professor Mansfeldt geht. Um seine Ziele erreichen zu können, verjüngt er sich in Person von Helius, seinem jugendlichen Double. Doch anders als dieser tut der alte Astronom keine Buße und stirbt schließlich auf seinem Berg von Gold. Die Erlösung kann erst der nächsten Generation zuteil werden, wie man weiter unten sehen wird.

Und dennoch liegt dieser Diskurs nur an der Oberfläche. Aus diesem Grund entzieht sich der Film der Science-Fiction, enttäuscht sie und behält ihr gegenüber das letzte Wort. Es geht ihm um die Reduktion des Kollektivs auf das Individuum, und so wie er sie darstellt, ergibt sie Sinn in sich selbst, auch ohne das Genre. Im ersten Teil wird die Unternehmung von einem großen kollektiven Willen getragen. Wenn die Rakete startet, zeigt die Kamera riesige, von Scheinwerfern angeleuchtete Menschenmengen, die im Nachhinein an Bilder des Nürnberger Reichsparteitages denken lassen. Dann aber gibt es statt gemeinschaftlicher Dynamik nur noch enge Innenräume. Eine solche Abkapselung konnte 1929 nicht bedeutungslos sein.

Der erste Teil (der vollständigen Version) setzt sehr ausdrücklich die Stimmung im Deutschland der Krise und Inflation ins Bild. Der alte Wissenschaftler ist am Verhungern, Privatwohnungen bieten keinen Schutz, auf den Straßen herrscht Unsicherheit. Um das Geldproblem zu lösen, muss eine internationale Vereinigung gebildet werden ...

Unser Held lässt nichts unversucht, seiner eigenen dekadenten und verwickelten Umwelt zu entfliehen. Der Teil des Films, der dem Start vorausgeht, legt deutlich den Finger auf die Schwierigkeit, den weltlichen Anziehungen zu entfliehen, sich von der gemeinen Wirklichkeit loszureißen. Um dies schaffen zu können, muss die Rakete zunächst in ein riesiges Wasserbassin versenkt werden. Die Astronauten wiederum werden, wenn es losgeht, durch den Beschleunigungsdruck fast zerquetscht. Wenn diese Details auch der Wissenschaft Hohn sprechen, darf man dennoch ihre Symbolbedeutung nicht übersehen. Der verstärkte Druck, dem die Reisenden beim Start ausgesetzt sind, lässt sie in einen komatösen Schlaf fallen (der als Zeichen für ihren Stillstand im sozialen Miteinander gesehen werden kann), eine Art provisorischen Tod, der für jeden Initiationsritus nötig ist. Als sie aufwachen, lernen sie die Freuden der Schwerelosigkeit kennen, welche auch für ihre (provisorische) Befreiung von den weltlichen Eventualitäten steht.

Die Rakete beherbergt fünf offizielle Passagiere: Mansfeldt, Helius, Frieda, ihren Verlobten Windegger und den Spion Turner, zu denen noch ein Junge hinzukommt, der versteckt mitreist, sowie eine kleine Maus. Wie in jeder Reisegeschichte kann diese Mikro-Gesellschaft als Menschheit im Kleinen verstanden werden. Den vielleicht besten Kommentar zu FRAU IM MOND stellt «Schritte auf dem Mond», der Tim-und-Struppi-Comic von Hergé, dar. Im einen wie im anderen Fall sind die Passagiere typisiert: Es gibt den alten verrückten Gelehrten (Mansfeldt / Bienlein), den jungen Helden (Helius / Tim), den verräterischen Spion (Turner / Wolf), den blinden Passagier (das Kind / Schulze und Schultze) und sogar je ein Tier als Reisebegleiter. Man muss die Analogie nicht strapazieren: Es gibt bei Hergé keine Frau oder Kind (obwohl diverse Psychologen, die sich seit neuestem mit Hergé befassen, diese Leerstellen zu füllen wüssten), doch sind die Haupthandlungslinien in beiden Werken die gleichen: die Intrigen um den Raketenstart herum, die Ohnmacht durch den Beschleunigungsdruck, Konflikte, die Suche nach Wasser, die Höhle unter der Mondoberfläche, schließlich das Opfer, das einer der Passagiere bringen muss, da es für die Rückreise nicht genug Sauerstoff gibt.

Man weiß, dass Lang und Von Harbou, nicht anders als Hergé, sich mit Esoterik beschäftigt haben, was der Film etwa durch die Rollennamen unterstreicht: Helius (Sonne) und Frieda (Frieden) begeben sich auf den weiblichen Erdtrabanten (obwohl dieser im Deutschen männlich ist), um eine Art kosmologische Vermählung zu vollziehen. Die Reise zum Mond ist eine Suche – nach Wasser und nach Gold –, die jedwede symbolische Leseweise möglich macht, gerade auch eine alchimistische. Hier findet sich das faustische Motiv wieder. Auch ragt die Freimaurerei immer etwas in Langs Werk hinein. Diese Flucht ins Symbolische, obwohl man doch von sozialer Wirklichkeit und Technologie ausgegangen war, darf verstanden werden als Wunsch-Projektion einer Gesellschaft, die ihren eigenen unüberwindbaren Widersprüchen ausgeliefert ist. In einer Zeit, die er ansonsten aber auch «Zeit der Stabilisierung» genannt hat, spricht Kracauer von der «Lähmung der Kollektivseele», die in der «dekorativen Hoffnungslosigkeit» vieler ästhetischer Werke jener Zeit zum Ausdruck komme.

Der Film bietet daher in seinem weiteren Verlauf einen Ausweg an. Zunächst erscheint der Mond als ebenso steriles wie schutzbietendes Anderswo. Die Wüste, ein weiteres langsches Motiv, ist ein Ort der Prüfung, wo der Mensch eine Wandlung durchmacht. Doch wie im MÜDEN TOD muss man von dort auch wiederkehren und die unsichtbare Grenze noch einmal überqueren, in entgegengesetzer Richtung. Und an dieser Stelle wird FRAU IM MOND erst wirklich vielschichtig. Der verräterische Spion und Sündenbock findet natürlich den Tod. Windegger, der Rivale des Helden, wird durch Losentscheid gezwungen, auf dem Nachtgestirn zurückzubleiben. Diese Bilder sind die beunruhigendsten des Films. Als drittes Opfer verschwindet der alte Gelehrte in einer Spalte der goldhaltigen Höhle.

Bleiben Helius und Frieda, die nun ein Paar sind. Das Happy-End wollte, dass sie als einzige das Abenteuer überleben. Tatsächlich schenkt ihnen das Drehbuch einen Kindersatz, nämlich den Jungen, der ohne das Wissen der anderen an Bord gegangen war und während der Reise einem Raumanzug entsteigt, in dem er sich versteckt hatte. Er sollte es sein, der als einziger auf die Erde zurückkehrt. In einer der beiden Versionen[2] entschließt sich Helius, sich für Frieda zu opfern, da der Sauerstoff höchstens für zwei Passagiere ausreicht. Sie geht jedoch nicht an Bord, sondern bleibt lieber an seiner Seite auf dem Mond. Ich möchte hierin weniger eine Verherrlichung des Paares oder der Amour fou sehen, als vielmehr hervorheben, dass das Kind an dieser Stelle eine schicksalhafte Offenbarung als Messias erfährt. Durch das freiwillige Opfer der Eltern-Generation wird es vor dem sicheren Tod gerettet ... Hinsichtlich der psychischen Prädisposition der Generation von 1929 eröffnet diese Lesart ganz neue Horizonte. Die Figur des Faust teilt sich in zwei: einmal ist er ein Greis, der nichts anderes als die Verdammnis verdient, das andere Mal ein junger Mann, dem durch einen Mittler – seinen Sohn – Erlösung zuteil wird.[3]

François de la Bretèque
«Les Cahiers de la Cinémathèque», Dezember 1985
Übersetzung von Stefan Flach

1 Siehe Lotte H. Eisner: «Fritz Lang», Paris 1984, S. 120–133, und Peter W. Jansen, Wolfram Schütte (Hrsg.): «Fritz Lang», München 1976, S. 98–99.

2 Wenn man Lotte Eisner (op. cit.) glauben darf, war noch ein weiteres, optimistischeres Ende angedacht.

3 Es dürfte nicht nötig sein, auf die (seltsam verwandelte) biblische Thematik in diesem Ende hinzuweisen.

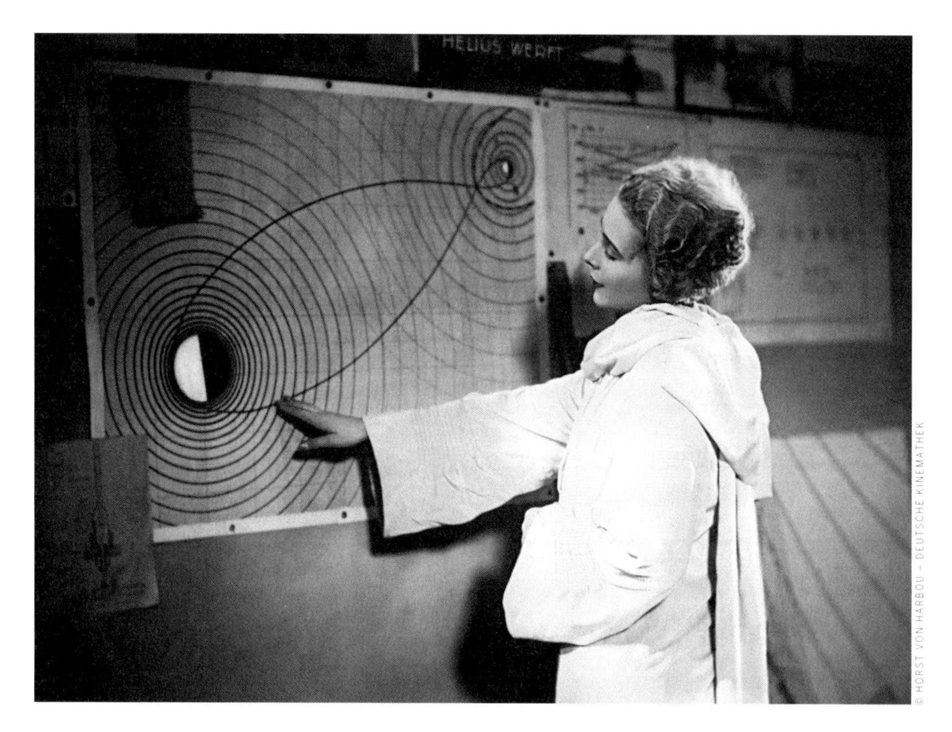

FRAU IM MOND, 1929

M, 1931

M

DEUTSCHLAND 1931

Drehbuch Thea von Harbou, Fritz Lang
Kamera Fritz Arno Wagner
Musik Motiv aus Peer Gynt von Edward Grieg, gepfiffen von Fritz Lang
Schnitt Paul Falkenberg
Ausstattung Emil Hasler, Karl Vollbrecht
Darsteller Peter Lorre, Ellen Widmann, Inge Landgut, Gustaf Gründgens, Friedrich Gnass, Fritz Odemar, Paul Kemp, Theo Lingen, Ernst Stahl-Nachbaur, Franz Stein, Otto Wernicke, Theodor Loos, Georg John, Rudolf Blümner, Karl Platen, Gerhard Bienert, Rosa Valetti, Hertha von Walther, Josef Almas, Carl Balhaus, Hans Behal, Josef Dahmen, Hugo Döblin, J.A. Eckhoff, Else Ehser, Karl Elzer, Erwin Faber, Ilse Fürstenberg, Heinrich Gotho, Heinrich Gretler, Günther Hadank, Robert Hartberg, Ernst Paul Hempel, Oskar Höcker, Albert Hörrmann, Albert Karchow, Maja Norden, Edgar Pauly, Klaus Pohl, Franz Polland, Paul Rehkopf, Hans Ritter, Max Sablotzki, Wolf Trutz
Produzent Seymour Nebenzahl
Produktion Nero-Film AG, Vereinigte Star-Film GmbH, Berlin
110 Minuten, Schwarzweiß

GERO GANDERT: Wie kamen Sie eigentlich auf das Thema von M? War es 1931 aktuell? Ist es richtig, daß es für Ihren Kindermörder Beckert zeitgenössische Modelle gab: Haarmann etwa, Großmann, Kürten?
FRITZ LANG: Ich bin ein mehr als aufmerksamer Zeitungsleser, lese nicht nur die Zeitungen *eines* Landes und versuche vor allem, zwischen den Zeilen zu lesen. Ich habe mich in meinem Leben für tausend Dinge interessiert, und aus diesen Interessen für tausend Dinge kam ein Hauptinteresse: der Mensch. Und nicht nur, was er tut – in Schuld oder Unschuld – sondern was ihn zu seinem Tun bewegt, what makes him tick! Und mit dem Versuch, dies zu erkennen, wächst nicht nur persönliche Erkenntnis, sondern, viel wichtiger, Mitgefühl. Damit bereichert sich der eigene Gedankenkreis, erweitern sich in Gegenwirkung die Assoziationen mit allen Dingen, mit denen man sich in einem langen Leben beschäftigt hat.

Wer kann ehrlich sagen, wie er zu einem Thema kommt? Was ihn beeinflußt? Das kann ein fallendes Blatt von einem Baum im Herbst sein, eine plötzliche Windstille oder ein plötzlicher Gewittersturm ... Wenn ich einmal an ein Thema glaube – «von ihm besessen bin» –, mache ich sehr viel research-work. Ich möchte über jede Kleinigkeit (nichts ist eine Kleinigkeit) so viel wie möglich wissen, bis in die letzten Einzelheiten hinein. Und da zu der Zeit, als ich mich für das Thema von M entschied, in Deutschland sehr viele Massenmörder ihr Unwesen trieben – Haarmann, Großmann, Kürten, Denke –, habe ich mir natürlich die Frage gestellt: Was bewog diese Menschen zu ihren Taten? Zeitgenössische «Modelle», wie Sie sich ausdrücken, waren sie nicht, keiner von ihnen war ein Kindermörder. Doch geschahen zu dieser Zeit in Breslau grauenhafte Verbrechen an Kindern, ohne daß der oder die Täter je gefaßt wurden.

Bei M lag mir nicht nur daran, zu untersuchen, was einen Menschen zu einem so entsetzlichen Verbrechen wie Kindermord treibt, sondern auch das Für und Wider der Todesstrafe aufzurollen. Der Tenor des Filmes ist aber nicht die Verurteilung des Mörders, sondern die Warnung an die Mütter: «Man muß halt besser uffpassen uff de Kleenen.» Der menschliche Akzent lag meiner damaligen Frau, der Schriftstellerin Thea von Harbou, besonders am Herzen; sie schrieb mit mir gemeinsam die Manuskripte zu fast allen meinen deutschen Filmen vor M und hatte natürlich auch an der Entwicklung dieses Stoffes maßgeblichen Anteil. Lange Jahre war sie mein wichtigster Mitarbeiter und Helfer.
GERO GANDERT: Gab es für Kommissar Lohmann

ein Vorbild in der Wirklichkeit? Haben Sie überhaupt mit der Kriminalpolizei zusammengearbeitet? Hatten Sie Berater? Sind auch Psychoanalytiker oder Mediziner konsultiert worden?
FRITZ LANG: Ihre Frage, ob es für Lohmann ein Vorbild gab, kann ich eigentlich nur mit Nein beantworten, das heißt, so weit es seine menschlichen Eigenschaften, seine Jovialität, seinen Humor anbelangt. Aber natürlich bin ich von Mitgliedern der Kriminalpolizei (vom «Alex») über die Methoden der Polizei bei ihren Fahndungsaktionen beraten und belehrt worden. Genau so, wie ich mich natürlich lange mit Psychiatern und Psychoanalytikern über die Mentalität von Triebmördern unterhalten habe.
GERO GANDERT: Kritiker haben behauptet, daß Ihre Filme romantische Elemente enthalten. In diesem Zusammenhang hat man besonders auf M und die Szenen in der Bettlerbörse hingewiesen. Würden Sie einer solchen Deutung zustimmen?
FRITZ LANG: Ich finde diesen Hinweis, wie manche Kritiken überhaupt, ziemlich oberflächlich. Ich glaube nicht, daß in M oder in FURY oder in anderen Filmen, die ich in Amerika gemacht habe, wie zum Beispiel THE WOMAN IN THE WINDOW (GEFÄHRLICHE BEGEGNUNG, USA 1944), SCARLET STREET (STRASSE DER VERSUCHUNG, USA 1945), WHILE THE CITY SLEEPS (DIE BESTIE, USA 1955), THE BIG HEAT (HEISSES EISEN, USA 1953), romantische Elemente enthalten sind, vielleicht pittoreske, aber nicht romantische. Andererseits, wenn man ein «romantisches Thema» behandelt, wie zum Beispiel in DER MÜDE TOD (Deutschland 1921) oder in dem im siebzehnten Jahrhundert spielenden Film MOONFLEET (DAS SCHLOSS IM SCHATTEN, USA 1954), dann muß man in der Inszenierung dieser Romantik gerecht werden, was nicht bedeutet, daß man die Gefühle der handelnden Personen im romantischen (üblen) Sinn verfälscht.

Wenn die Szenen in der Bettlerbörse in M für romantisch gehalten werden, ist dagegen zu sagen, daß diese Bettlerbörse in Berlin existiert hat. Es gab sogar ein Kriminalmagazin, dessen Name mir leider entfallen ist, das damals Artikel über diese Bettlerbörse und Fotos von ihr veröffentlicht hat.
GERO GANDERT: Die Kritik weist immer wieder auf die Einflüsse von Bertolt Brechts «Dreigroschenoper» hin, die in M spürbar seien. Gibt es solche Einflüsse Ihrer Meinung nach?
FRITZ LANG: Ob Bert Brecht mich beeinflußt hat? Sicherlich. Wen nicht, der sich ehrlich mit der Zeit, in der er lebt, auseinandersetzen will. Kann man an einem Genie wie Brecht einfach vorübergehen? Was aber nicht heißt, daß man sich unbedingt seine Anschauungen zu eigen machen muß. Man entwickelt sich doch nur unter den Einflüssen, die von außen an einen herantreten.
GERO GANDERT: Die Behandlung des Tons als dramaturgisches Mittel in M ist oft gerühmt worden. Man hat fast den Eindruck, als ob man auf diesem Gebiet in den Anfängen des Tonfilms weiter war als heute.
FRITZ LANG: M war mein erster Tonfilm. Damals haben wir in Deutschland kaum mehr Tonfilme sehen können, als sich an den Fingern einer Hand herzählen lassen. Ich habe natürlich versucht, mich mit dem neuen Medium Ton auseinanderzusetzen. Ich fand zum Beispiel, daß ich, wenn ich allein in einem Straßencafé sitze, natürlich das Geräusch der Straße höre, daß aber im Augenblick, wo ich mich mit einem Gesprächspartner in ein interessantes Gespräch vertiefe oder eine Zeitung lese, die mein Interesse völlig in Anspruch nimmt, mein Gehirn, oder wenn Sie wollen, meine Gehörorgane dieses Geräusch nicht mehr registrieren. Ergo: die Berechtigung, eine solche Konversation filmisch darzustellen, ohne besagtes Straßengeräusch dem Dialog zu unterlegen. Damals kam ich auch zu der Erkenntnis, daß man Ton als dramaturgisches Element nicht nur verwenden kann, sondern unbedingt sollte. In M zum Beispiel, wenn die Stille von Straßen (das optionelle Straßengeräusch ließ ich absichtlich weg) plötzlich durch schrille Polizeipfiffe zerrissen wird, oder das unmelodische, immer wiederkehrende Pfeifen des Kindermörders, das seinen Triebgefühlen wortlos Ausdruck gibt. Ich glaube auch, daß ich in M zum erstenmal den Ton, respektive einen Satz vom Schluß einer Szene auf den Anfang der nächsten, überlappen ließ, was nicht nur das Tempo des Films beschleunigt, sondern auch die dramaturgisch notwendige Gedanken-Assoziation zweier aufeinanderfolgender Szenen verstärkt. Zum erstenmal wurde auch der Dialog zweier kontrapunktischer Szenen (die Besprechung der Ringvereinsmitglieder zwecks Auffindung des Kindermörders und der zur gleichen Zeit im Polizeipräsidium versammelten Kriminalbeamten) so gehandhabt, daß der Gesamtdialog gewissermaßen ein Ganzes bildet. Das heißt, wenn zum

Beispiel einer der Verbrecher einen Satz beginnt, daß ihn dann einer der Kriminalbeamten sinngemäß zu Ende spricht. Und umgekehrt. Beide Methoden wurden später allgemein verwendet. Wenn andererseits der blinde Straßenhändler die fehlerhafte Melodie einer Drehorgel hört, sich die Ohren zuhält, um sie nicht mehr zu hören und plötzlich der Ton der Drehorgel wegbleibt, obwohl der Zuschauer sie eigentlich hören müßte, dann ist das ein Versuch, der sicher seine Berechtigung hat. Was aber nicht besagt, daß so ein Versuch eine Regel aufstellt. Ich glaube überhaupt nicht, daß Film an irgendwelche Regeln gebunden ist. Er ist immer neu, und ein Prinzip, das in einer Szenenfolge richtig ist, kann bereits in der nächsten völlig falsch sein.

GERO GANDERT: Siegfried Kracauer schreibt in «Von Caligari zu Hitler», daß M ursprünglich unter dem Titel «Mörder unter uns» herauskommen sollte. Georges Sadoul berichtet in seiner Geschichte der Filmkunst: ein Abgesandter der Nazipartei habe wegen dieses «für die Deutschen beleidigenden Titels» den Boykott des Films angedroht; Sie hätten daraufhin nachgegeben. Treffen diese Angaben zu?

FRITZ LANG: Ausnahmsweise hat Siegfried Kracauer nicht unrecht, von seiner Behauptung abgesehen, daß M ein Film über den Düsseldorfer Kindermörder Kürten sei. Erstens war Kürten kein ausgesprochener Kindermörder, zweitens war das Manuskript zu M fertig, bevor Kürten verhaftet wurde. Was Georges Sadoul schreibt, ist völlig aus den Fingern gesogen. Ich änderte den ursprünglichen Titel «Mörder unter uns» während der Drehzeit des Filmes zu M, beeinflußt durch die Szene, in der der eine Verfolger sich mit Kreide ein «M» auf die Handfläche malt, um den Kindermörder durch einen Schlag auf die Schulter mit einem Kreideabdruck für zukünftige Verfolger zu kennzeichnen. Außerdem hielt ich den Titel M für interessanter und wirksamer.

GERO GANDERT: Gewisse Motive und Grundstimmungen scheinen in Ihren Filmen wiederzukehren: da waltet ein unerbittliches Schicksal; Schuldig-Unschuldige werden verfolgt; die Protagonisten sind dumpfen Trieben und Instinkten ausgeliefert; der Tod ist stärker als sie. Können Sie dafür eine Erklärung geben?

FRITZ LANG: Der Kampf des Individuums gegen das Schicksal liegt wohl allen meinen Filmen zugrunde, das Ringen des (primär guten) Menschen gegen höhere, überlegene Gewalt, sei es die Gewalt einer allgemein akzeptierten Ungerechtigkeit, sei es die Gewalt einer korrumpierten Organisation, Gesellschaft oder Obrigkeit. Oder sei es die Gewalt seiner eigenen bewußten oder unbewußten Triebe. Wenn Sie sagen, meine Filme zeigten, daß der Tod stärker sei als alles andere, haben Sie, meine ich, nicht recht. Was den Tod anbelangt, so glaube ich, daß er manchmal einem Leben unter lebensunwürdigen Umständen vorzuziehen ist, und daß man für das, was man für sich als richtig erkannt hat, kämpfen muß, selbst gegen überlegene Kräfte, auch wenn am Ende Tod droht. Der Kampf, die Auflehnung ist wichtig.

Gero Gandert
«M (Protokoll)», Cinemathek 1963

Probleme der Tonfilmgestaltung

Fritz Lang sieht vorerst aus kleinen einzelnen Möglichkeiten die Anfänge einer Tonfilm-Dramaturgie, die in der Nicht-Identität von Ton und Bild einen gewissen «Moralismus» mit sich bringt:

Schon die Tatsache, daß das Ohr Geräusche ja gar nicht zu erkennen vermag, wenn sie ihm nicht schon durch Gewöhnung geläufig sind, führt zu einem gewissen Unrealismus einer tonlichen Untermalung.

Zum Beispiel glaubte er auf einem Spaziergang einmal das glucksende Geräusch einer unstetig arbeitenden Gartenspritze zu hören, und es stellte sich beim Näherkommen heraus, daß – Holz verbrannt wurde und knackte.

Dann bringen die unvollkommenen Möglichkeiten der Technik von selbst eine weitere Unrealität des Klanglichen mit sich: Die Geräusche der Natur selbst werden im Apparat nur höchst selten ein tonlich identisches Abbild des aufgenommenen Ereignisses geben; man ersetzt sie durch künstlich schon in bezug auf die Möglichkeiten der Technik aufzunehmende Geräusche, die im Ursprung dem Gewollten unähnlich und im Endeffekt dieses jedoch ergeben.

Aus beiden, der Phantasiebegabtheit des Ohres und den Verzerrungen der Technik kann sich vielleicht im Einzelfall eine «Ton-Sprache» ergeben.

Daß eine Klangsymbolik generell durchzuführen sei, glaubt Fritz Lang nicht. Mit dem gesprochenen Wort bleibt ein Faktor des Realen, der Sprechbühne sogar, der nie zu umgehen sein wird.

Aus diesem Grunde wird es oft schwer sein, die Bildmontage auf das Tonliche zu übertragen; denn der Ton breitet sich als Kugelwelle aus, ist überall der gleiche, keine Ton-«Einstellung» vermag *einer* tonlichen Äußerung ein anderes Gepräge zu geben – während man an das Bildliche von vielen Seiten herangehen konnte und immer einen anderen Ausdruck erhielt.

Von einzelnen Köpfen der noch über den Streik Beratenden wird man, je näher dessen Ausbruch kommt, über Lärm der Menschenmassen und Maschinengeräusche, stets im Tonlichen steigernd, und dieses Tonliche auch bei Bildern der Beratung beibehaltend, zu immer lauteren, in ihrem Eigenklang nicht mehr zu identifizierenden Klangformen kommen, die alle Sprache, alles einzelne der Vorgänge unverständlich machen, und im Augenblick des Streikausbruches zu einem explosiv ähnlichen Höhepunkt führen, und plötzlich abbrechen, um darzulegen, daß die Arbeit ruht.

Dies wäre ein Beispiel von kleinen, gelegentlichen Möglichkeiten einer Klangsymbolik.

Eine Abkehr von der unbedingten Identität von Bild und Ton, die man vielleicht als solche «Unrealität» des Tonfilmischen bezeichnen kann, hat nur den Zweck aller Kunst, der Phantasie der Betrachtenden möglichst großen Spielraum zu schaffen; ausgeschaltet wird diese in jedem Fall durch alles «nur» reden.

Hier sind vielleicht die Wege einer neuen Dramaturgie: Außengeräusche nur zu bringen, wenn sie Beziehung zur Handlung haben, also ein Türklappen nur, wenn es für die Handlung von Wichtigkeit ist: jetzt ist er draußen, ohne das Bild zu zeigen; Schritte nur, wenn etwa ein anderer auf den Kommenden wartet und der Augenblick des Kommens für den Fortgang der Handlung von unbedingter Notwendigkeit ist; oder das *Spiel* einer ganzen Szene auf ein Gesicht zu konzentrieren, dessen Regungen die Reaktion auf Vorgänge bringt, die man *nur* hört ... Dies alles sind vorerst kleine Wege, von der phantasietötenden Identität des Bildlichen zu einer gewissen Unrealität zu kommen, *die den Zuschauer wieder zwingt, seine Phantasie mitarbeiten zu lassen, statt ihm präzise alles a priori zu geben.*

«Die Filmwoche», Nr. 21
Berlin, 20. Mai 1931

DAS TESTAMENT DES DR. MABUSE

DEUTSCHLAND 1932/33

Drehbuch Thea von Harbou, Fritz Lang, nach dem gleichnamigen Roman von Nobert Jacques
Kamera Fritz Arno Wagner, Karl Vash
Ton Adolf Jansen
Musik Hans Erdmann
Schnitt Conrad von Molo, Lothar Wolff
Ausstattung Karl Vollbrecht, Emil Hasler
Kostüme Hans Kothe
Darsteller Rudolf Klein-Rogge, Oskar Beregi, Karl Meixner, Theodor Loos, Otto Wernicke, Klaus Pohl, Wera Liessem, Gustav Diessl, Camilla Spira, Rudolf Schündler, Theo Lingen, Oskar Höcker, Paul Henckels, Georg John, Ludwig Stössel, Hadrian Maria von Netto, Paul Bernd, Henry Pless, A.E. Licho, Gerhard Bienert, Josef Dahmen, Karl Platen, Paul Rehkopf, Franz Stein, Eduard Wesener, Bruno Ziener, Heinrich Gotho, Michael von Newlinski
Produzent Seymour Nebenzahl
Produktion Nero-Film AG, Berlin, Deutsche Universal-Film AG
121 Minuten, Schwarzweiß

Ein schummriger, schmutziger Raum, erfüllt vom dumpfen Dröhnen einiger Maschinen, die man nicht sieht: Regale, die nur halbgefüllt sind; Kanister und Kartons; Papier, das einfach herumliegt; leere Flaschen, die wackeln und klirren und den Rhythmus der Maschinen ins Bild bringen; fleckige Wände; und allerlei Krimskrams; und ein Mann mit weit aufgerissenen Augen und mit Schweißperlen auf der Stirn; die Pistole in seiner Hand; seine dreckige, verbeulte Jacke; und eine große Kiste, die Wichtiges enthält, hinter der sich der Mann aber auch verstecken kann. Die Kamera blickt, sich vorwärts bewegend, durch den Raum, ohne dadurch Raum zu schaffen. Zu viel ist im Weg. Die entgrenzende Arbeit der kinematographischen Apparatur trifft auf das Begrenzende der Dinge. Da kann der Ausweg nur eine Falle sein.

Wie eine Demonstration wirkt der Anfang des TESTAMENTS: Daß der Blick alles, was man sieht, zu «Zeug Dingen» (Sartre) macht, daß für die Kamera die Gegenstände ihre eigenen Geschichten erzählen und daß diese Geschichten genauso wichtig sind wie die der Figuren. Nur die Körper zählen. Und nur aus den Varianten der Körper, aus ihrer An- und Zuordnung und aus ihren sichtbaren Verbindungen untereinander kommt der Stoff, aus dem der Blick der Kamera dann seine Geschichten formt.

Wie der Blick auf die «Zeug Dinge» begriffen wird als eigenständiges Element der ästhetischen Realität, begriffen auch als eigenständiges Element der ästhetischen Organisation; und wie dem Blick auf die Dinge, auf die Körper der Gegenstände und der Figuren gleichermaßen, die gleiche Bedeutung zukommt wie den Dingen selbst. Auch darum geht es im Kino. Auch darum geht es in Fritz Langs TESTAMENT DES DR. MABUSE.

DAS TESTAMENT DES DR. MABUSE wurde 1932 gedreht und in Nazi Deutschland sofort verboten, obwohl Joseph Goebbels noch in einem späteren Gespräch mit Lang «seine Zufriedenheit mit METROPOLIS zum Ausdruck (brachte), ohne seine Mißbilligung des neuen Mabuse Films auch nur zu erwähnen, woraufhin Lang es für angezeigt hielt, Deutschland zu verlassen» (S. Kracauer). 1933 wurde der Film in Wien uraufgeführt, 1943 kam er in New York in die Kinos, 1951 wurde er in der Bundesrepublik erstaufgeführt. Nun, 1981, bringt der kleine Nürnberger Fantasia Verleih den Film erneut in die Kinos.

DAS TESTAMENT ist Langs zweite Beschäftigung mit dem Propagandisten der «Herrschaft des Verbrechens». Voraus ging dem 1921/22 der zweiteilige MABUSE DER SPIELER (Teil 1: DER GROSSE SPIELER – EIN BILD DER ZEIT; Teil 2: INFERNO,

EIN SPIEL VON MENSCHEN UNSERER ZEIT). 1960 folgte noch DIE TAUSEND AUGEN DES DR. MABUSE, der letzte Lang Film überhaupt. DR. MABUSE – für Lang ist die vierteilige Serie über 39 Jahre hinweg eine Frage des Geldes: «Die Produzenten haben mit dem Mabuse unheimlich viel Geld gemacht, deshalb wollten sie eine Fortsetzung. Als die Deutschen mir vorschlugen, einen dritten Mabuse-Film zu drehen, habe ich ihnen gesagt: Was soll ich machen, der Bursche ist tot! Dann hat man schließlich dem Mabuse einen Sohn gegeben. Wenn es nötig wird, bekommt er auch noch eine Tochter und vielleicht sogar noch einen Enkel.»

Im nachhinein, 1943, in einem anderen Land, wo er dann andere Filme machte, behauptete Lang, das TESTAMENT sei als «Allegorie» gedacht, um Hitlers Terrormaßnahmen zu zeigen. Schlagworte und Doktrinen des Dritten Reichs sind den Verbrechern des Films in den Mund gelegt worden. Gelegentlich aber, was schön ist, sprechen die Filme eine andere Sprache als die Absichten und Erklärungen ihrer Autoren. Im TESTAMENT geht es um die Faszination, die vom absoluten Willen zur Macht ausgeht, um die Faszination dessen, der erklärt, der Staat sei er, also lehne er jegliche Anerkennung staatlicher Gewalt ab, und um die Schwierigkeiten, dagegen anzugehen. Mabuse und der Psychiater, der besessen ist von der «schmale(n) Grenze zwischen Genie und Wahnsinn»; der Psychiater und seine Besessenheit und der Polizeikommissar; der Polizeikommissar und seine Suche nach Mabuse und dem Psychiater. Dazwischen nur Menschen, die abhängig sind. Einige wehren sich dagegen. Die meisten aber sind zufrieden mit ihrer Lage. Einmal erklärt einer der Verbrecher, der eine erpresse, und der andere sorge für die Alibis, pünktlich kriege er sein Gehalt, also was wolle er noch mehr.

Im TESTAMENT geht es auch «um gestörte Kommunikation» (Enno Patalas). Vor allem aber geht es darum, wie der Film formuliert, was allein Filme zu formulieren vermögen. Wie bei einer Autofahrt die Bewegung entsteht durch Lichtstreifen, die über die Gesichter huschen. Wie die Zeichen, obgleich ihr Material vorliegt, erst entziffert werden müssen, bevor man sie versteht. Etwa, wenn die Kratzer auf einer Fensterscheibe erst gekippt und gewendet werden müssen, «bis die Botschaft dechiffriert ist. Niemand war gleich darauf gekommen, daß die Hieroglyphen Spiegelschrift» (Frieda Grafe) und, was noch anzufügen ist, auch linkshändig geschrieben waren. Wie eine Doppelbelichtung offenbart, daß ein Mann, wo er selbst sich noch in der therapeutischen Distanz wähnt, längst schon besessen ist von der «furchtbaren Logik der Herrschaft des Verbrechens». Wie die Verfolgungsjagd zweier Autos durch ständigen Blickwechsel Rasanz und Atmosphäre bekommt. Der starre Blick, wie er manchmal registriert und manchmal akzentuiert, und der bewegte Blick, wie er den dargestellten Bewegungen folgt und wie er selbst Bewegung artikuliert, und der ständige Wechsel dieser Blickformen: Was die Illusion von Raum vermittelt und ein Gefühl für Entfernung und Geschwindigkeit. Und wie auch die Aussparung von Handlung Spannung schafft – mit der geduldigen Registrierung der Handlungsergebnisse. Etwa, wenn auf einen Mann geschossen wird, der an einer Kreuzung in einem Auto sitzt, und man den Erfolg der Tat sieht, dadurch daß das Auto an der Kreuzung stehenbleibt, während ringsherum die anderen Autos zügig weiterfahren.

Was man im TESTAMENT noch entdecken kann: Wie die Zeichen, die den Sinn der Bilder stiften, gelegentlich so deutlich werden, daß sie bar jeglichen Geheimnisses sind. Kontradiktorisch zur eigenen ästhetischen Arbeit, der es auch um die Produktion von Geheimnissen geht – mit den Mitteln der deutlichsten Signifikation: der puren Abbildung. Etwa, wenn Sequenzübergänge wie Enthüllungen funktionieren. Da murmelt der Polizeikommissar noch, was da wohl wieder dahinterstecke, und schon zeigt eine Überblendung, was und wer dahintersteckt. Da wird noch über den Mann hinter den Kulissen gerätselt, und schon enthüllt ein Schnitt das Geheimnis – mit dem Blick auf die Pappfigur, die für Mabuse steht, inzwischen wasserumflutet und von zerfetzten Gardinen umweht. Und wie die Bilder immer schon weiter sind, wo doch die Figuren die Worte für ihre Situationen gerade erst finden.

Norbert Grob
«Die Zeit», 8. Mai 1981

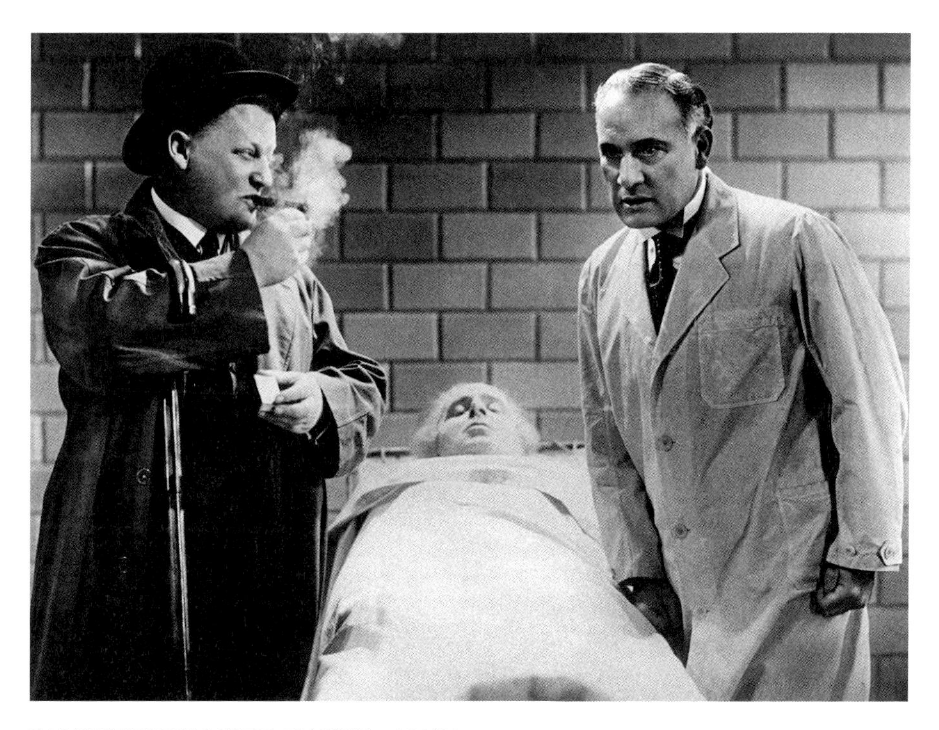

DAS TESTAMENT DES DR. MABUSE, 1932/33

LILIOM, 1933/34

LILIOM

FRANKREICH 1933/34

Drehbuch Fritz Lang, Robert Liebmann, nach dem Theaterstück von Ferenc Molnár
Kamera Rudolph Maté, Louis Née
Ton Eugène Zylberberg
Musik Jean Lenoir, Franz Waxman
Schnitt Fritz Lang
Ausstattung Paul Colin, René Renoux, Ferdinand Erle
Darsteller Charles Boyer, Madeleine Ozeray, Florelle, Robert Arnoux, Roland Toutain, Alexandre Rignault, Henri Richaud, Richard Darencet, Antonin Artaud, Raoul Marco, Alcover, Léon Arvel, René Stern
Produzent Erich Pommer
Produktion S.A.F./Fox Europa, Paris
117 Minuten, Schwarzweiß

Langs erster nichtdeutscher und letzter europäischer Film, bevor er nach Hollywood ging, spielt zwischen Himmel und Erde, *Between Worlds*, wie DER MÜDE TOD zuerst in Amerika hieß. Ziemlich genau die Hälfte führt das Erdenverhalten seines Helden, Charles Boyer, vor, eines charmanten Tunichtguts aus der Pariser Vorstadt, der, um nach einem mißglückten Überfall auf einen Bankboten der Verhaftung zu entgehen, Selbstmord begeht und den himmlischen Autoritäten vorgeführt wird.

Das Jenseits als dargestellte Fiktion, «machina» zur Lösung realistisch nicht lösbarer Konflikte, wie im MÜDEN TOD. Ganz ähnlich wie dort ist der Übertritt aus einer Sphäre in die andere inszeniert: durch ein sternförmiges Loch schwebt Liliom hinüber. Drüben bekommt er seinen Prozeß. (Es ist nicht das einzige Mal, daß ein Langscher Held seinen Prozeß nicht vor einem realen Gericht bekommt. Redgrave in SECRET BEYOND THE DOOR sieht sich im Wachtraum dem Richter konfrontiert, selbst sein eigener Verteidiger und Ankläger.) Wie in Langs nächstem Film werden inŚlilioms himmlischem Prozeß Filmaufnahmen als Beweismaterial vorgeführt, die demonstrieren, wie er grundlos seine Frau geohrfeigt hat. Er wird verurteilt und nach Verbüßung seiner Strafe einer guten Tat wegen auf die Erde entlassen, damit er seine inzwischen herangewachsene Tochter sehen kann. Die Szene wiederholt sich, Liliom, unverbesserlich, ohrfeigt auch seine Tochter. Erneute Strafe droht ihm, doch die Tränen zweier Frauen, die sich liebend seiner erinnern, fallen auf die Waage der himmlischen Gerechtigkeit und geben den Ausschlag zu seinen Gunsten, gegen das Gesetz von Schuld und Sühne.

Der Himmel erscheint als Verlängerung und Spiegelung der Erde. Der Dekor des irdischen Polizeireviers kehrt im Himmel wieder als Glasarchitektur. Mit Glaskäfigen sind die späteren Langfilme durchsetzt, sie sind eine Variante der Architektur in der Architektur, der in sich selbst verdoppelten Formen, wie früher schon in den Doppelbelichtungen, in denen Siegfried unter Alberichs Tarnkappe oder die Geistererscheinung Mabuses im TESTAMENT als Chimäre aus ihren Körpern heraustreten.

Frieda Grafe, «Fritz Lang»
Film Band 7, Reihe Hanser, München 1976

«– *Ich bedaure es, dass wir uns nicht schon früher begegnet sind*, sagt Goebbels.
– *Ja.*
– *Werden Sie Schwierigkeiten haben, zum Ausgang zu finden?*
– *Nein.*»
So stellt sich ein junger amerikanischer Szenarist[1] das Ende des berühmten Dialogs zwischen Goebbels und Fritz Lang vor. Dieser findet den Ausgang so gut, dass er einige Minuten später in einem Zug nach Paris sitzt. Wir schreiben das Jahr 1934 und Lang wird nie dem Nazi-Film vorstehen. Im Zug von 17.30 Uhr, auf dem Weg zum Gare du Nord, ist Lang

schon derjenige, der den Film gegen sich selbst wendet und gegen die Strafe mit den Waffen der Überwachung selbst angeht. Er ist der erste Cineast, der die Bedrohung durch das audiovisuelle Panoptikum gesehen hat, der erste Moralist der noch in der Zukunft liegenden Medien, er überlässt das im Werden begriffene Fernsehen Leni Riefenstahl und den Göttern des Stadions [OLYMPIA]. Er hat seine «amerikanische Periode» noch vor sich, um zu zeigen, dass der Film, streng gehandhabt, nützlich sein kann.

Deshalb gibt es auch heute nichts Nützlicheres, als sich die Filme von Fritz Lang wieder anzuschauen. Und sie im französischen Fernsehen wiederzusehen. Zu einem Zeitpunkt, wo dieses vor simulierten Prozessen und Massen-Video-Erlösungen überquillt und fernsehgerechte Remakes der Prozesse gegen Pétain oder Barbie noch vor sich hat, ist die Wiederbegegnung mit Lang wohltuend, der viele Prozesse gefilmt und oft den Film als Zeugen herbeizitiert hat. Wenn der Prozess aus FURY bekannter ist als der aus LILIOM, so deshalb, weil LILIOM selten zu sehen ist und Lang offenbar auch nicht so nahe steht. In Paris, vor der Abreise nach Kalifornien, für seinen Freund Pommer gedreht, ist LILIOM eine Adaptation des Stücks von Molnár – und dieser Prozess findet auch nicht auf Erden, sondern im Himmel statt.

Liliom ist ein harmloser Strolch, der durch das Leben geht wie ein Pariser Pithekanthropus und also nie weiß, wohin mit seinen Armen. Es handelt sich um die Arme von Charles Boyer, die mehr als eine Frau umarmt haben und die deshalb nichts anzufangen wissen mit dem zarten Körper und der beharrlichen Liebe von Madeleine Ozeray. Liliom lässt sich von Alfred (dem grandiosen Alcover) zu einem Überfall überreden, der so schlecht ausgeht, dass der Arm Lilioms nichts anderes zu tun weiß, als ein Küchenmesser in das Herz Lilioms zu stoßen, der daraufhin stirbt.

Lang gehörte nicht zu jenen, die glaubten, der Tod wische das wiedergutzumachende Unrecht aus («Das wäre denn doch zu bequem. Und die Gerechtigkeit?»). Deshalb wird der noch warme Liliom ein zweites Mal verhaftet – von zwei präwenderschen Engeln («Wir sind die Polizei Gottes»). Weit, sehr weit von der Erde entfernt wird der Tote zu einem himmlischen Kommissariat geführt, dessen Personal (ausgestattet wahrhaftig mit kleinen Flügeln) dasselbe wie auf Erden ist. Dem einfältigen Liliom, immer noch mit hängenden Armen, sitzt der Schalk im Nacken – vergeblich trägt er dick auf vor dem Kommissar. Vergeblich deshalb, weil dieser unerwarteterweise eine Karte aus seiner Manschette zieht – die Karte des Kinos.

Auf der Leinwand der himmlischen Kinemathek taucht also der Filmbeweis über das Leben von Liliom Zadowski auf – eine Szene insbesondere. Am 17. Juli, um 8.40 Uhr, hat Liliom Julie geohrfeigt, denn sie hat ihn den ganzen aufgebrühten Kaffee austrinken lassen (sagt er), um ihn zu beschuldigen und sich selbst als Opfer darzustellen. Der Zuschauer hat diese Szene schon gesehen und sie für schön befunden, so wie er alle Szenen mit den beiden Darstellern schön gefunden hat (mit einer langschen Kamera, die manchmal ein Detail heraushebt und es dann wieder verlässt). Der Zuschauer sieht diese Szene also erneut, in einer Privatvorführung und in Gesellschaft des verdutzten Liliom. Er sieht sie diesmal als Juror oder sagen wir als Filmkritiker. Er sagt sich nicht mehr, Lang habe Stil und dieser Stil sei phänomenal, er fragt sich jetzt, wozu dieser Stil dient – er fragt nach der Nützlichkeit dieser Kamera, die ein Detail heraushebt, und dieses Auges, das einen Blickpunkt sucht, um sich darauf zu stürzen.

Lang war ehrgeizig, aber bestimmt nicht bis zu dem Punkt, mit dem Auge Gottes zu rivalisieren. Dieses Auge ist übrigens ein Ohr. Der Mensch hat die unruhigen Körper des stummen Kinos erfunden, dann das befriedigende Reden des sprechenden Kinos. Er hat nicht die tönenden Gedanken des tauben Kinos erfunden. Es ist allein der liebe Gott in seiner Weisheit (und in seiner Kinemathek), der im Besitz der wirklich originalen Version ist – mit den Gedanken von Liliom, die verdeutlichen, was es mit den Armen Lilioms auf sich hat, man muss sie nur hören, die Gedanken, und diese Arme werden menschlich. Tatsächlich macht sich ja seine innere Stimme während dieser ganzen Beweisszene Vorwürfe, er versteht selber nicht mehr, wie er seine Frau, die er doch liebt, ohne es ihr sagen zu können, hat schlagen können.

Was Liliom rettet, ist das Kino (das uns so schrecklich zu fehlen beginnt).

Serge Daney
17. Januar 1989
Übersetzung von Johannes Beringer

1 Howard A. Rodman, «Langopolis». Roman, Weinheim/Berlin 1990; Zitat Seite 209 (aus dem Englischen von Siegrid Toth).

FURY

USA 1936

Drehbuch Fritz Lang, Bartlett Cormack, nach der Kurzgeschichte «Mob Rule» von Norman Krasna
Kamera Joseph Ruttenberg
Ton Douglas Shearer
Musik Franz Waxman
Schnitt Frank Sullivan, William LeVanway
Ausstattung Cedric Gibbons, William A. Horning, Edwin B. Willis
Kostüme Dolly Tree
Darsteller Spencer Tracy, Sylvia Sidney, Walter Abel, Bruce Cabot, Erward Ellis, Walter Brennan, George Walcott, Frank Albertson, Arthur Stone, Morgan Wallace, George Chandler, Roger Gray, Edwin Maxwell, Howard Hickman, Jonathan Hale, Leila Bennett, Esther Dale, Helene Flint
Produzent Joseph L. Mankiewicz
Produktion Metro-Goldwyn-Mayer, Loew's Inc., New York
94 Minuten, Schwarzweiß

Fritz Lang: In unserem ersten Drehbuch-Entwurf sollte Spencer Tracys Figur ein Rechtsanwalt sein. Ich dachte, ein Anwalt könne seine Gefühle und Gedanken besser ausdrücken als ein einfacher Arbeiter. Und so schrieben wir (wenn ich «wir» sage, meine ich damit, dass ich zwar hier und da Vorschläge machte und mitredete, dass aber alles Geschriebene von [Drehbuchautor Bartlett] Cormick kam oder aus Zeitungsberichten) die ersten zehn Seiten und gaben sie einem Produzenten bei MGM zu lesen. Und der sagte: «Das geht überhaupt nicht.» Ich fragte, warum nicht? Und da hörte ich zum ersten Mal die Namen Joe (sic) und Jane Doe. Er erklärte mir etwas, was ich eigentlich schon hätte wissen sollen. Ich vergaß, es Ihnen vorhin über Comic-Strips zu sagen: Auch dort ist es immer Joe Doe, dem alles widerfährt. Einer wie du und ich, niemand aus der Oberschicht. Und der Produzent erklärte mir, dass der Held in amerikanischen Filmen immer ein Joe Doe sein müsse, ein Mann aus dem Volk. Und das sah ich als eine Art Ausdruck der Demokratie. In Deutschland, unter dem Einfluss des Militärs – ich spreche nicht von Hitler, sondern schon vorher, unter der Militärregierung des Kaisers (es gibt den Begriff «Kadavergehorsam», der nicht ins Englische übersetzt werden kann und bedeutet, dass sogar Ihr tot daliegender Körper noch unbedingt gehorchen muss) –, unter diesem Einfluss und Nietzsches ist der Held in Deutschland immer ein Übermensch gewesen. So machte ich zum Beispiel eine Serie über einen Kriminellen namens Dr. Mabuse, er war ein Übermensch. Hier in den USA galt das Gleiche für Al Capone nicht. In einem totalitären Staat oder einem Staat, der von einem Diktator, Kaiser oder König regiert wird, ist dieser Führer ebenfalls eine Art Übermensch; er darf einfach nicht fehlgehen, oder jedenfalls durfte er es seinerzeit nicht. Daher sollte dort drüben der Held eines Films ein Übermensch sein, während er in einer Demokratie Joe Doe ist. Das erfuhr ich damals zum ersten Mal und glaube, dass es absolut richtig ist.

Peter Bogdanovich: In FURY gebrauchen Sie einige Symbole, was Sie in späteren amerikanischen Filmen nicht mehr tun. Warum?

FL: In Deutschland arbeiteten wir viel mit Symbolen. Ein Symbol muss etwas erklären. In DIE NIBELUNGEN etwa sitzen die Geliebten unter einem blühenden Baum – alles war voller Blüten. (Nun dürfen Sie nicht vergessen, dass in Deutschland jeder die Nibelungen-Sage kennt, nicht anders als in den USA jedes Kind weiß, was Custer zugestoßen ist. Die Geliebten sind dem Untergang geweiht, das wissen alle.) Nachdem sie den Baum verlassen haben, blickt sie aus ihrem Fenster, alle Blüten welken dahin und ein Totenkopf erscheint. Das war ein Symbol für die aufkommende Gefahr. In FURY hatte ich eine Szene, in der getratscht wird: Eine

Frau fängt damit an, dann kommt eine zweite, eine dritte – und ich blendete über auf einige Gänse, die entsprechende Geräusche machten. Der gleiche Produzent, der mir von Joe Doe erzählt hatte, sagte: «Fritz, Amerikaner mögen keine Symbole. Sie sind nicht so dumm, dass sie etwas nicht auch ohne Symbole verstünden.» Und er hatte recht. Ich weiß nicht mehr, ob ich die Szene schließlich wegließ, aber er hatte vollkommen recht. Jeder weiß, was tratschende Frauen tun.

PB: Sie glauben aber nicht, dass Amerikaner intelligenter sind als Deutsche?

FL: Sagen wir, es ist eine Frage der Bildung. Ich kann es nicht wirklich sagen. Aber es gibt sicher verschiedene Arten von Symbolen. Wenn in M das Kind getötet wird, rollt aus dem Gebüsch ein Ball und bleibt dann liegen, die Kamera schwenkt nach oben und man sieht, wie der Luftballon, den der Mörder für das Kind gekauft hatte, davonschwebt, sich in Stromleitungen verfängt, einen Moment hängenbleibt und schließlich wegfliegt. Jeder versteht, dass er für das Leben dieses Kindes steht. Aber ist er ein Symbol? Ich weiß nicht, er ist noch etwas anderes.

PB: Der Ballon ist kein Smybol, das eine Aussage verstärkt, sondern er trifft seinerseits eine Aussage, unabhängig.

FL: Genau, er trifft eine Aussage. Damit liegen Sie vielleicht richtig – ein Symbol sollte nicht etwas anderes verstärken, sondern ein autonomes Argument sein.

PB: Warum stellt sich Tracy, Ihrer Meinung nach?

FL: Man hat mich oft gefragt, ob Tracy sich stellt, weil ihn sein soziales Gewissen oder Ähnliches plagt. Das denke ich nicht. Ich glaube, dieser Mann stellt sich, weil er nicht ewig mit einer Lüge leben kann. Damit käme er nicht durchs Leben. Es ist zu einfach, wenn man sagt, dass jemand seinem sozialen Gewissen wegen handelt. Man handelt, weil man Gefühle hat, eigene Gefühle.

Peter Bogdanovich: «Fritz Lang in America», London 1967, S. 21 ff.; Übersetzung dieser und aller folgenden Textstellen aus «Fritz Lang in America» von Stefan Flach.

FURY ist Herrn Fritz Langs erster amerikanischer Film. Die Einfuhr von Regisseuren aus Europa ist allemal eine kitzlige Angelegenheit, weil Hollywood derart viel an technischen Möglichkeiten bietet, (so dass ein gewitzter Playboy wie Lubitsch aus seiner Versetzung Nutzen zieht) und gleichzeitig so wenig an Unterstützung von Seiten der Jasager und Beutelschneider des Unterhaltungsgeschäfts, wenn es um Einbildungskraft geht.

So würde es M, die Darstellung eines Kindermörders, bis zu FURY Herrn Langs bisher bester Film, schwerlich an Hollywoods leitenden Angestellten vorbei geschafft haben. METROPOLIS, SPIONE, DOKTOR MABUSE hingegen, diesen melodramatischen Filmen aus Herrn Langs Lehrjahren, hätte man als amerikanischen Produktionen eine womöglich noch kaltstrahlendere Wirksamkeit geben können.

Und so ging ich mit gemischten Gefühlen und der Befürchtung in FURY, dass es Herrn Lang wieder zum Melodrama hingezogen haben könnte (wobei seine Melodramen unendlich viel gelungener sind als beispielsweise die von Mister Hitchcock). Aber mit dieser Geschichte eines unschuldigen Mannes, der unter dem Verdacht, ein Kidnapper zu sein, inhaftiert und vom Mob in einer kleinen Südstaatenstadt gelyncht wird, ist FURY ein erstaunlicher Film, der einzige, den ich kenne, den ich mit dem Prädikat «groß» bedenken würde. Es hat andere Filme gegeben – der erste, der mir einfällt, ist KAMERADSCHAFT [Georg Wilhelm Pabst, 1931] – wo ein Thema von großer Tragweite, eine geistige Unbestechlichkeit trotz der Beschränkungen der Leinwand vermittelt werden konnten. Aber es gibt keinen anderen Film, der es sich derart nicht gestattet, etwas von seinem Gehalt einzubüßen, der in Ton und Bild, besser als in jedem anderen Medium, so vollkommen Jammer, Angst und Schrecken der Geschichte vermittelt. (Das letzte Drittel des Films, das auf die gekünstelte Aufgeräumtheit des Happy End hinausläuft, bleibt nicht ganz auf gleicher Höhe, obwohl der Film insgesamt nie unter das Niveau eines gut gemachten Melodramas absinkt.)

Herr Spencer Tracy als das Opfer, ein einfaches, ehrliches, freundliches Wesen, Betreiber einer Garage, der Geld zusammenspart, um heiraten zu können; Miss Sylvia Sidney als sein Mädchen, Lehrerin in einer Stadt in den Südstaaten; Mister Edward Ellis als der Sheriff, hart, aufrecht, bereit, wenn nötig sogar unter Einsatz seines Lebens seinen Gefangenen bis zur letzten Tränengasbombe zu verteidigen. Trotzdem einer, der zur selben Stadtgemeinde wie der Mob gehört, der jeden Einzelnen mitsamt seinem Zuhause, seinem Büro, seinem Barbierstuhl kennt, der sich bei der Gerichtsverhandlung, die auf das Lynchen folgt, weigert, auch nur einen Schuldigen zu identifizieren: All diese Darsteller geben ihr Bestes. Insbesondere Miss Sidney. Nie hat sie Schmerz und eine um Ausdruck ringende Empfindlichkeit besser vermittelt. Da gibt es nichts von Leinwand-Leidenschaftlichkeit, keine Übersteigerung ganz normaler menschlicher Gefühle. Wenn etwa die beiden Liebenden vor dem strömenden Regen unter der Hochbahn Schutz suchen, sich am Bahnhof «Auf Wiedersehen» sagen, Hände und Gesichter an die nassen, beschlagenen Scheiben gepresst, ist es wiedererkennbar Alltägliches, das sie quält, in Leben, wie sie eben gelebt werden. Genauso stark ist, wie die wahrheitsgetreuen Einzelbeobachtungen eingefangen werden, die der Lynchszene ein kaum auszuhaltendes Grauen geben. Ich versuche, nicht zu übertreiben, aber das Gehirn zuckt mit jedem kurzen Schlag, den ihm ein weiteres Stück Wahrheit versetzt, zusammen, wie unter dem unablässigen Hämmern eines elektrischen Schlagbohrers: das fürchterliche Gelächter und die aufgeblasene Vornehmheit der guten Bürger, die jungen Leute, die einen Rammbock schwingen und schreien: «Jetzt wollen wir ein bisschen Spaß haben!», die geschlossene Truppe aus Männern und Frauen, die genau auf die Kamera zulaufen, einer beim anderen untergehakt, lachend und aufgekratzt wie Rekruten am Tag einer Kriegserklärung, der Junge, der vor dem Sheriff heraussingt, «Ich bin Popeye, der Matrose», schließlich wird der erste Stein geworfen und bis das ganze Gefängnisgebäude in Flammen aufgeht, ist der unschuldig Gefangengehaltene hinter den Gitterstreben dabei, zu ersticken, und eine Mutter hält ihr Baby in die Höhe, damit es das Feuer sehen kann.

Jeder andere Film, der dieses Jahr herauskommt, wird von Herrn Langs außerordentlicher Leistung vermutlich in den Schatten gestellt werden: Kein anderer Regisseur erfasst so vollkommen die Möglichkeiten seines Mediums, ist sich so unausgesetzt des gegenpoligen Zusammenspiels von Ton und Bild bewusst.

Graham Greene
«The Spectator», 03. Juli 1936; zit. n. G. G.:
«The Pleasure Dome, The Collected Film Criticism 1935–40», London 1972
Übersetzung von Julia Bantzer

FURY, 1936

YOU ONLY LIVE ONCE, 1936/37

YOU ONLY LIVE ONCE

USA 1936/37

Drehbuch Gene Towne, Graham Baker, nach einer Kurzgeschichte von Gene Towne
Kamera Leon Shamroy
Ton Frank Maher
Musik Alfred Newman, «A Thousand Dreams of You» von Louis Alter
Schnitt Daniel Mandell
Ausstattung Alexander Toluboff, Louis Aleter, Paul Webster
Kostüme Helen Taylor
Darsteller Sylvia Sidney, Henry Fonda, Barton MacLane, Jean Dixon, William Gargan, Warren Hymer, Charles Sale, Margaret Hamilton, Guinn Williams, Jerome Cowan, John Wray, Jonathan Hale, Ward Bond
Produzent Walter Wanger
Produktion Walter Wanger-Productions, United Artists Corp., New York
86 Minuten, Schwarzweiß

PB: Sind Sie mit dem Film zufrieden?

FL: Eher ja als nein. Er ist ein wenig «konstruiert», nicht wahr? Ich habe ihn gern gemacht. Aber sehen Sie, wenn man ehrlich ist, bleibt jeder noch so gute Film, wenn er einmal fertig ist, so weit hinter den eigenen Wünschen und Vorstellungen zurück, dass man ihn nur allzu leicht kritisieren kann. Ich habe in meinem Leben einige Filme gemacht, die ich nicht mochte, und doch war ich, wenn ich sie 15 Jahre später durch Zufall wiedersah, überrascht, wie gut sie sich über Wasser hielten.

PB: Waren die Worte des Priesters, die man am Ende hört: «Du bist frei, Eddie, die Tore stehen dir auf ...» ein ironischer Kommentar oder ernst gemeint?

FL: Ernst gemeint. Sie mögen lachen, aber vergessen Sie bitte nicht, dass ich seit meiner Geburt Katholik bin. Vielleicht kein guter im Sinn der Kirche, doch wird man die katholische Erziehung (wie wahrscheinlich jede Erziehung, die mit Ethik zu tun hat) nie mehr los. Und ich glaube, dass es für diese beiden Menschen die Wahrheit bedeutet: die Tore SIND nun auf – das war nicht ironisch.

Peter Bogdanovich: «Fritz Lang in America», S. 35ff.

Wen die Bewunderung der jungen Cinephilen für das amerikanische Kino stört, dem sollte man klarmachen, daß viele der besten Hollywoodfilme von Leuten wie dem Engländer Hitchcock, dem Griechen Kazan, dem Dänen Sirk, dem Ungarn Benedek, dem Italiener Capra, dem Russen Milestone, den Wienern Preminger, Ulmer, Zinnemann, Wilder, Sternberg und Fritz Lang stammen!

Wie unser QUAI DES BRUMES und viele andere Vorkriegsfilme beruht YOU ONLY LIVE ONCE, der 1936 entstand, auf der Idee von Schicksal und Fatalität. Die Handlung beginnt damit, dass Henry Fonda aus dem Gefängnis kommt, fest entschlossen, nach zwei oder drei kleineren Vergehen wie Autodiebstählen nun auf dem geraden Weg zu bleiben. Er heiratet die Sekretärin seines Anwalts, der ihm auch eine neue Stellung als Lastwagenfahrer besorgt hat.

YOU ONLY LIVE ONCE erzählt, wie einer ins Räderwerk gerät. Alles scheint gut zu gehen, in Wirklichkeit jedoch geht alles schlecht, und wenn Fonda gegen seinen Willen umfällt, wenn er rückfällig wird, dann nicht, weil «wer ein Ei stiehlt, auch einen Ochsen stiehlt», sondern weil die Gesellschaft dekretiert hat, daß wer ein Ei stiehlt, auch einen Ochsen stehlen *muß*. Anders gesagt, die ehrbaren Bürger, die in ihm immer nur den ehemaligen Sträfling sehen, schicken Fonda ins Gefängnis zurück, indem sie ihn erst aus einem Hotel werfen und dann aus seinem Job. Er wird wegen eines Überfalls angeklagt, an dem er nicht beteiligt war, und zum Tod auf dem elektrischen Stuhl verurteilt; er bricht in genau dem Augenblick aus, in dem seine Unschuld endlich erwiesen ist, tötet einen Priester, der sich ihm entgegenstellt, und flieht mit seiner Frau in die Wälder, wo beide unter Polizeikugeln sterben.

Man sieht, der Film ist zugleich aufrührerisch und menschlich, er folgt dem Prinzip: die ehrbaren Bürger sind die wahren Schurken. Das nämlich ist die erste Aufgabe des Künstlers: die Schönheit dessen zu beweisen, das als häßlich gilt, und umgekehrt. Fritz Lang beweist den ganzen Film hindurch die niedere Denkungsart der «guten Gesellschaft» und den Adel des asozialen Paares. Nachdem sie kein Geld mehr haben, füllen Eddie und Joan ohne zu zahlen mit vorgehaltenem Revolver den Tank ihres Wagens. Eben sind sie weg, da ruft der Tankwart die Polizei an und behauptet, sie hätten auch die Ladenkasse gestohlen. Als das Auto eine erste Polizeisperre sprengt, fährt eine für Joan bestimmte Kugel in eine Dose Kondensmilch: Milch bedeutet Reinheit, und ihre Reinheit schützt unsere Helden eine Zeitlang.

Im Wald bekommt Joan ihr Kind, dem sie keinen Namen geben wollen: «Wir nennen es Baby ...» Denn Personalien sind eine Erfindung der Gesellschaft.

Das alles geht natürlich nicht ganz ohne eine gewisse Romantik ab, aber wenn die Geschichte von YOU ONLY LIVE ONCE heute auch etwas veraltet wirkt, so ist der Film selbst doch ohne jede Falte, dank seiner außerordentlichen Nüchternheit, seiner Strenge und seiner ehrlichen Gewalttätigkeit, die auch heute noch überrascht.

Immer schon hat Fritz Lang mit der Gesellschaft abgerechnet. Seine Hauptgestalten sind immer außerhalb, daneben. Schon der Held von M wurde als Opfer gezeigt und gefilmt. 1933 flieht Lang vor dem Nazismus überstürzt aus Deutschland; von da an spürt man in seinem ganzen Werk, die Western und Thriller inbegriffen, den Bruch, und zum Thema der Verfolgung kommt das der Rache. Eine ganze Reihe der Hollywood-Filme von Fritz Lang folgt dem Grundprinzip: Ein Mann nimmt einen Kampf ganz allgemeiner Natur auf, als Polizist, Wissenschaftler, Soldat oder Widerstandskämpfer; der Tod eines nahestehenden Menschen, einer geliebten Frau, eines Kindes, macht den Konflikt zu einem individuellen, emotionalen, und die Sache selbst tritt zurück hinter die ausschließlich persönliche Rache: MAN HUNT, CLOAK AND DAGGER, RANCHO NOTORIOUS, THE BIG HEAT.

Lynchjustiz, schematische Rechtsprechung und Selbstzufriedenheit sind Obsessionen für Fritz Lang, und da sich sein Pessimismus mit jedem Film weiter ausbreitet, ist sein Werk in den letzten Jahren das bitterste der Filmgeschichte geworden. Daher auch der sympathischen Gestalten mehr in den letzten Filmen Langs, in WHILE THE CITY SLEEPS und BEYOND A REASONABLE DOUBT, alle sind berechnend, ehrgeizig, korrupt, das Leben ist für sie nichts weiter als eine Roller-catch-Bahn.

In BEYOND A REASONABLE DOUBT scheint Fritz Lang für die Beibehaltung der Todesstrafe zu plädieren. Ein Journalist, Dana Andrews, läßt sich eines Verbrechens beschuldigen, um eine Pressekampagne gegen die Todesstrafe zu führen. Er sammelt alle Indizien gegen sich und läßt sich zum Tode verurteilen. Gerade noch rechtzeitig vor der Hinrichtung wird seine Unschuld nachgewiesen, er wird entlassen, aber als er mit seiner Verlobten spricht, verrät er sich, und ihr wird klar, daß er wirklich der Mörder des Chorusgirls ist. Die Idee mit der journalistischen Untersuchung war ihm gekommen, um der Bestrafung zu entgehen und seine Spuren zu verwischen. Seine Verlobte zögert daraufhin nicht, ihn zu denunzieren! Man kann sich vorstellen, daß die ganze Kritik empört war über eine so ungewöhnliche Handlung, die dabei doch recht genau den Vorstellungen eines Mannes entspricht, den das Weltgeschehen, Nazismus, Krieg, Verschleppung, McCarthyismus bestärkten in seiner Revolte, aus der ein grenzenloser Ekel wurde.

Den ungereimten Geschichten zum Trotz, die man ihm anträgt und die er verbessert, nicht im Sinn einer verfeinerten Psychologie oder größerer Wahrscheinlichkeit, sondern indem er sie auf seine Obsessionen hin ausrichtet, äußert sich Lang mit Freimut, und ich weiß, wenn ich WHILE THE CITY SLEEPS, einen Auftragsfilm, gesehen habe, mehr über ihn, was er ist und was er denkt, als ich von René Clément weiß, wenn ich GERVAISE gesehen habe, einen gelungenen Qualitätsfilm, in dem aber der Dekorateur, der Star und Dialogschreiber ebenso wichtig sind wie der Regisseur.

In WHILE THE CITY SLEEPS sehen wir etwa zehn Personen – was sie tun, wie sie sich verhalten –, die alle mit einer großen Zeitung zu tun haben. Nach dem plötzlichen Tod des Direktors bietet sein Sohn, ein degenerierter und unfähiger Snob, den Posten demjenigen der drei Kandidaten an, der einen Frauenwürger findet, den Lang, der hier keinen Ratekrimi veranstaltet, uns schon vor dem Vorspann in voller Aktion gezeigt hat. Das Aufregende an dem Film ist Fritz Langs Blick auf die Personen, seine außerordentliche Härte: Verdammt sind sie alle! Nichts ist weniger rührend und weniger sentimental, nichts grausamer als eine von Fritz Lang inszenierte Liebesszene. Da ist Dana Andrews, ein guter Journalist, der einzige, der sich weigert, an dem wenig rühmlichen Wettbewerb teilzunehmen – taugt er deshalb mehr als die anderen? Nein. Man betrachte sein Verhältnis zu seiner Verlobten, Sally Forest. Sie ist Jungfrau und bemüht, einen Ehemann in guter Position zu finden. Dana Andrews ist der Richtige, aber er ist mehr daran interessiert, sie zu seiner Geliebten als zu seiner Ehefrau zu machen. So steckt in seinem Verhalten etwas von sexueller Erpressung; von Mal zu Mal geht er ein wenig weiter in seinen Annäherungsversuchen. Sally ihrerseits läßt sich an die Beine fassen, schon um ihn nicht völlig zu entmutigen, aber alles weitere soll bis zur Hochzeit warten. Schließlich gibt Dana Andrews nach, nicht ohne zuvor ziemlich heftig mit Ida Lupino geflirtet zu haben, der Klatschtante der Zeitung, einer unabhängigen Frau, die nur darauf aus ist, ihre Position zu verbessern. Die Frau des Chefs gibt jedesmal, wenn sie zu ihrem Geliebten geht, vor, ihre Mutter zu besuchen. Einmal, während sie sich von ihm massieren läßt, muß sie ihren Mann so belügen, daß sie sich dabei lieber die Sonnenbrille aufsetzt.

Fritz Lang stattet seine Figuren mit allen möglichen abscheulichen Eigenschaften aus, nicht in satirischer oder parodistischer Absicht, sondern aus Pessimismus. Von allen vor den Nazis geflohenen deutschen Filmern kann er sich am wenigsten abfinden, um so mehr als ihn Amerika, das ihn immerhin aufgenommen hat, abzustoßen scheint.

Für Fritz Lang steht es außer Frage, daß der Mensch böse ist von Geburt an, und die entsetzliche Traurigkeit, die aus seinen letzten Filmen spricht, erinnert an Alain Resnais' NUIT ET BROUILLARD. «Das ist alles, was übriggeblieben ist, um uns die von Appellen und Ungezieferkontrollen zerrissene Nacht in Erinnerung zu rufen, eine Nacht, die mit den Zähnen schlägt. Man muß schnell schlafen. Mit Knüppeln geweckt, stößt man einander vorwärts, sucht seine gestohlenen Sachen ...» Weiter Resnais in diesem außerordentlichen Film: «Man schafft es sogar, sich politisch zu organisieren, den Strafgefangenen die innere Kontrolle über das Leben im Lager streitig zu machen.» Am besten hat Jean Genet, unser größter Schriftsteller, jedenfalls unser einziger Moralist, in einer verbotenen Rundfunksendung mit dem Titel «Das kriminelle Kind» die Rache des Strafgefangenen am ehrbaren Bürger erklärt: «Die Zeitungen bringen immer noch Photos von Leichen, die über die Ränder der Gruben quellen oder übers Land verstreut sind, gefangen in Stacheldrähten oder Gaskammern; sie zeigen ausgerissene Nägel, tätowierte Haut, gegerbt, um Lampenschirme daraus zu machen: das sind die Hitlerverbrechen. Aber niemand erinnert sich, daß die Folterer seit jeher schon in Frankreichs Kinderstraflagern und Gefängnissen Kinder und Männer gequält haben. Es kommt nicht darauf an, zu wissen, ob im Sinne einer allzumenschlichen oder nur menschlichen Justiz die einen unschuldig und die anderen schuldig sind. In den Augen der Deutschen waren die Franzosen schuldig ... Diese ehrbaren Leute, die heute ein goldener Name auf Marmor sind, klatschten Beifall, wenn wir vorbeikamen mit Handfesseln um die Gelenke und ein Polizist uns in die Seite stieß.»

Eben diese Idee, daß niemand Recht hat, irgendwen zu verurteilen, daß alle schuldig sind und alle Opfer, illustriert mit hartnäckigem Genie das Werk Fritz Langs, in dem YOU ONLY LIVE ONCE einer der wichtigsten Angelpunkte ist.

Der Stil Fritz Langs? Ein Wort genügt, um ihn zu beschreiben: unerbittlich. Jede Einstellung, jede Kamerabewegung, jeder Ausschnitt, jede Bewegung eines Schauspielers, jede Geste ist entschieden und unnachahmlich. Ein Beispiel: die Einstellung aus YOU ONLY LIVE ONCE, in der Fonda hinter der Sprechscheibe seine Frau bittet, ihm einen Revolver zu besorgen. Flüsternd, übertrieben die Lippen bewegend, die Kinnladen zusammenziehend, läßt Fonda von seinem Satz nur die konsonanten hören: «Get me a gun!»; man nimmt nur das Klicken wahr, das in diesem Satz die beiden «g»'s und das «t» machen, und das alles mit einem Blick von unglaublicher Intensität.

Man muß also YOU ONLY LIVE ONCE und in seinem Licht, dringender noch, die letzten Filme Fritz Langs sehen oder wiedersehen, denn dieser Mann ist nicht nur ein genialer Künstler, sondern auch der isolierteste und unverstandenste unter den heutigen Filmautoren.

Francois Truffaut
«Arts», 12.–18. Februar 1955;
dt. in: «F. T.: Die Filme meines Lebens»,
Frankfurt a. M. 1997

YOU AND ME

USA 1938

Drehbuch Virginia Van Upp, nach einer Kurzgeschichte von Norman Krasna
Kamera Charles B. Lang jr.
Ton Harry Lindgren, Walter Oberst
Musik Kurt Weill, Boris Morros
Schnitt Paul Weatherwax
Ausstattung Hans Dreier, Ernest Fegté, A.E. Freudeman
Darsteller Sylvia Sidney, George Raft, Robert Cummings, Barton MacLane, Roscoe Karns, Harry Carey, Warren Hymer, George E. Stone, Guinn Williams, Vera Gordon, Carol Paige, Bernadene Hayes, Egon Brecher, Joyce Compton, Cecil Cunningham, Williard Robertson, Adrian Morris, Harlan Briggs, Paula de Cardo, Harriette Haddon
Produzent Fritz Lang
Produktion Paramount Pictures, New York
94 Minuten, Schwarzweiß

PB: Hat Brecht am Drehbuch mitgeschrieben?

FL: Nein, Brecht hat erst später mit mir bei HANGMEN ALSO DIE! gearbeitet. Aber er war zweifellos für einen Großteil von YOU AND ME verantwortlich, allerdings auf seltsame Weise. Meiner Meinung nach ist Brecht bis heute eines der größten Talente, das Deutschland in diesem Jahrhundert hervorgebracht hat. Er erfand das epische Theater wie auch das Lehrstück – ein Schauspiel, das etwas lehrt. Und ich wollte einen Film machen, der auf unterhaltsame Weise etwas lehrt, mit Songs. Es geht los mit «You Cannot Get Something for Nothing» (die Musik war von Kurt Weill), woraufhin ich zeige, dass ein Ladendieb im häufigsten Fall gefasst wird. In einem Song mit gutem Text und guter Musik kann man gut etwas lehren: «You cannot get something for nothing, You have got to lay it onthe line. / You like to have this lovely sparkling gem? / Remember they cannot belong to you, / Until you pay for them. / You must suply the dough, the doray-me ...» Und das betrifft alles – das Leben hat die Eigenart, dass du für alles, was du bekommst, bezahlen musst. Und das predigt der Song fortwährend, doch hoffe ich, dass das Predigen auch amüsant ist. Das wollte ich erreichen. Doch leider war YOU AND ME von Anfang an eine unglückliche Angelegenheit. Sie kennen das, wenn in manchen Dingen einfach der Wurm steckt. Mitten in den Dreharbeiten ließ uns Weill sitzen. Er wollte nicht länger bleiben und ging nach New York. Das war sehr bedauerlich.

PB: YOU AND ME ist die einzige Komödie, die Sie gemacht haben.

FL: Der Film war ein Märchen. Ist es denkbar, dass ein Ladenbesitzer frühere Häftlinge einstellt? Natürlich nicht! Aber ich habe immer versucht, lustige Elemente in meinen Filmen zu haben. Ich will mich ja um Gottes Willen nicht mit Shakespeare vergleichen, aber man kann von ihm lernen. Einmal hatte ich eine englische Ausgabe von «Othello» und fand darin eine Stelle, wo nach einer tragischen Szene in Klammern stand: «Der Bär kommt herein.» Ich schüttelte den Kopf. Was sollte das heißen? Schließlich fand ich jemanden, der es mir erklärte. Es war ein Überbleibsel aus einer viel älteren Ausgabe, das ein späterer Korrekturleser übersehen hatte. An dieser Stelle fand Shakespeare jedenfalls, dass das Publikum etwas Leichtes brauche, sodass «der Bär hereinkam», wahrscheinlich mit einem Bändiger und einigen Leuten, die tanzten. Sie machten irgenwelche Späße, die Anspannung war weg und konnte danach wieder neu aufgebaut werden. Shakespeare hätte nicht von Anfang an nur immer nur alles steigern können. Oder man kann es schon tun, aber es ist sehr fraglich, ob das Publikum da mitgeht.

Peter Bogdanovich: «Fritz Lang in America», S. 37ff.

Über Sylvia Sidney hatte Truffaut einmal die nicht unbedingt schmeichelhafte, in Zusammenhang mit Lang aber belustigende Aussage gemacht, dass sie ihn immer ein wenig an Peter Lorre erinnerte – der ebenso schönen wie hervorstehenden Augen wegen. In Langs ersten drei US-Filmen spielt Sidney jeweils die weibliche Hauptrolle, und allemal zwischen den Zeilen entwickelt sie ihre Figuren von einem zum nächsten Film immer weiter. Man möchte meinen, dass es eigentlich die gleiche Figur sei, die immer mehr an Stärke und Eigenverantwortlichkeit gewinnt.

In FURY muss sie noch tatenlos dabei zusehen, wie ihr Verlobter Spencer Tracy zuerst um ein Haar gelyncht wird und dann seine Häscher an den Justiz-Galgen zu bringen versucht – für den einen wie die anderen ist die Frau bei dem Konflikt nicht mehr als ein Zaungast. In YOU ONLY LIVE ONCE ist sie erneut konfrontiert mit einem hässlichen Schicksal, das diesmal ihrem Gatten Henry Fonda zuteil wird, doch wird sie selbst zum Outlaw, wenn sie mit ihm, dem Geächteten, durchs Land flieht, soweit es eben nur geht. Wieder agiert sie an der Seite des Mannes, dem alles widerfährt, doch ist ihr Entschluss, ihn nicht wie alle anderen im Stich zu lassen, eindeutig ihr eigener und von großer Aktionskraft. Die beiden, Vorfahren von Bonnie und Clyde, doch von ihrem Regisseur mit größerer Anmut gesehen, sind eines der kompromisslosesten Paare der Filmgeschichte: zwei Menschen, die wirklich beieinander sein wollen.

Das kleine Wunder, das YOU AND ME schließlich vollbringt, ist, dass Sidney hier zunächst wiederum als absolut freundliche und liebenswerte kleine Frau erscheint und dies am Ende immer noch tut – dann jedoch erweitert um eine «dunkle», gemeinhin nur den Männern zugestandene Seite. Sidneys Figur Helen Roberts war nämlich, bevor sie Joe Dennis (George Raft) sah, traf und heiraten wollte, nicht weniger kriminell als dieser und hat drei Jahre im Knast gesessen. Kurz vor Ende stellt sich heraus, dass unter all den Ganoven, die sich um Joe scharen, sie die Gerissenste ist. Wenn sie der Bande an der Schultafel vorrechnet, wie wenig sich ihr Kleinkriminellentum auszahlt, ist offenbar, dass sie es mindestens so dick hinter den Ohren hat wie die schweren Jungs. Es ist darüber hinaus Helen, die den Konflikt in erster Linie zu tragen hat und trägt. Lang lässt uns mehr von ihrer Vergangenheit wissen als Joe, für den sie – auch – eine Projektionsfläche ist. Da er seine eigene «dunkle» Vergangenheit negiert, verlangt er umso mehr, dass Helen «sauber» ist. Wenn ihre Wahrheit schließlich rauskommt, ist er im Wortsinn ent-täuscht und meidet seine Frau nun wie ein rotes Tuch. Erst wenn sie sich, wie in einem Hawks-Film, tatsächlich als echter Profi erweist und als solcher klüger handelt als seine Kumpane und er selbst, kann er sich ihr gegenüber wieder öffnen. YOU AND ME meint es mit seinem Titel wörtlich – das Paar besteht aus zweien: Es gibt sie und ihn, dich und mich – und ist gleichzeitig ein im besten Sinne feministischer Film. Denn der Konflikt wird nur dadurch gelöst, indem das «Unsaubere» von Sidneys Figur, vor dem beide Angst hatten (Joe, weil es ihn um seine Illusionen bringen würde, Helen, weil sie genau dies ahnte und deshalb glaubte die Wahrheit verschweigen zu müssen) zum Vorschein und zur Geltung kommt. Ja, vielleicht hat Sidney in den drei großartigen Filmen der «sozialen Trilogie» tatsächlich die gleiche Figur gespielt und vielleicht ist sie von Mal zu Mal eigenständiger und reifer geworden. Vielleicht hat Lang – der in allen drei Fällen fremde Drehbücher vorgesetzt bekam – dies gar nicht bewusst so inszeniert oder überhaupt wahrgenommen. Und doch gibt es diese Entwicklung, die Frucht einer vollendet gelungenen Zusammenarbeit eines Regisseurs, einer Schauspielerin und ihrer Partner, und wann immer wir das Glück haben die Filme zu sehen, können wir Anteil an ihr nehmen.

Stefan Flach

YOU AND ME, 1938

THE RETURN OF FRANK JAMES, 1940

THE RETURN OF FRANK JAMES

USA 1940

Drehbuch Sam Hellman
Kamera George Barnes, William V. Skall
Ton W.D. Flick, Roger Heman
Musik David Buttolph
Schnitt Walther Thompson
Ausstattung Thomas Little, Richard Day, Wiard B. Ihnen
Kostüme Travis Banton
Darsteller Henry Fonda, Gene Tierney, Jackie Cooper, Henry Hull, J. Edward Bromberg, Donald Meek, Eddie Collins, John Carradine, George Barbier, Ernest Whitman, Charles Tannen, Lloyd Corrigan
Produzenten Darryl F. Zanuck, Kenneth Macgowan
Produktion 20th Century Fox
92 Minuten, Farbe

FL: Das war eine Auftragsarbeit, aber sie interessierte mich; es war auch mein erster Western. Für einen Regisseur wie mich ist es immer interessant etwas zu tun, was ich noch nie getan habe. Es gab einige Szenen in einem Theater jener Zeit – den Achtzigern des letzten Jahrhunderts –, was mir unbekannt und fremd war. Wie ich Ihnen schon sagte, bin ich ständig mit meinem Auto im Südwesten herumgefahren. So kam ich nach Tombstone. Damals gab es da noch so ein altes Theater, ich ging hinein und hatte außerdem einige Ausgaben der «Tombstone Gazette», oder wie immer sie hieß, mit dabei. Als ich im Theater saß, fing ich (und das ist vielleicht eine Gabe, ohne die ich womöglich nicht Regisseur geworden wäre) seine Atmosphäre ein. Ich sah mir die alten Logen an und stellte mir etwa vor, wie da ein Barmädchen mit einem Goldgräber zusammen saß, und fragte mich: Wie konnten die dort Sex machen? Waren sie vom restlichen Publikum genug abgeschirmt? Als ich in der Loge nur Bänke vorfand, hatte ich meine Antwort: wohl kaum. Aber das ist ein sehr grobes Beispiel und nichts, was ich in dem Film wollte.

Vergessen wir nicht, dass der Western nicht nur die Geschichte dieses Landes darstellt, sondern auch dem entspricht, was die Nibelungen-Sage für den Europäer ist. Ich glaube, die Entwicklung dieses Landes wäre undenkbar gewesen ohne den Wilden Westen.

Peter Bogdanovich: «Fritz Lang in America», S. 39 ff.

A. Presentation

I. Der Regisseur: Fritz Lang

THE RETURN OF FRANK JAMES ist der dritte Film, den Fritz Lang in den USA gemacht hat. F. Lang war nach der Machtergreifung Hitlers aus Deutschland verjagt worden und nach Frankreich geflohen (wo er LILIOM drehte), bevor er nach Hollywood ging, wo er seit 1939 lebt. Heute ist Lang ein alter Stammgast der kalifornischen Filmstudios und hat sich, wie auch sein Landsmann Otto Preminger, bestens akklimatisiert. Er ist der letzte große Vertreter jener glorreichen Zeit, die solche Talente wie Griffith, Eisenstein und Murnau vereint hervorgebracht hat (nachschauen, auch in der Filmgeschichte, was für eine Rolle F. Lang zur Zeit des deutschen Expressionismus gespielt hat).

Nachdem er schon in jungen Jahren fasziniert war vom «Far West», bereitete er von 1938–40 einen Film vor, der die gesamte Geschichte des amerikanischen Westens schildern und eine breit angelegte romantische Dokumentation werden sollte, ähnlich dem, was Eisenstein für Mexiko und Welles für Brasilien versucht hat. Das Projekt scheiterte, doch Langs starkes Interesse für den Far West brachte den Direktor der 20th Century Fox Darryl Zanuck dazu, ihm die Regie eines typischen Western anzutragen, THE RETURN OF FRANK JAMES, der Fritz Langs erster Farbfilm ist.

II. Der Western

Man macht einen Fehler, wenn man den Western als eigenständiges Genre ansieht. Western unterscheiden sich von anderen Filmen bloß durch den Rahmen, der der Handlung gegeben ist. Tatsächlich gibt es historische Western, Krimi-Western, Komödien-Western und auch die Psychologie der Cowboys kann ebenso genau gezeichnet sein wie die der Bauern bei Bernanos und der Abenteurer bei R. L. Stevenson. Zugegeben, die Figuren der Western gehören zu den «typischsten» des ganzen Kinos, was aber damit zu tun hat, dass ein Gutteil Mythos in sie eingeht. Jesse James (siehe JESSE JAMES, Henry King 1939, von dem THE RETURN OF FRANK JAMES die Fortsetzung ist), der «Bandit, den alle mochten», oder «The Durango Kid» sind vor allem Helden der Legende, welche die Drehbuchautoren auch als solche behandeln, nicht anders als die des «Rolandsliedes» oder der «Geste de Guillaume». Dies erklärt auch die Parallelen, die gern zwischen ihren und den Verhaltensweisen der Figuren bei Corneille gezogen werden: Die einen wie die anderen sind bestrebt, einem Ehrenwort, das sie einmal gegeben haben, in ihrem Handeln treu zu bleiben, und zollen der ungeschlachten Moralvorstellung, die hinter dem Gefühl der Ehre steht, den gleichen Respekt.

III. Praktische Ratschläge

Bevor die Vorführung beginnt, könnte man die Schallplatte «Rocky Mountains Ol' Time Stompers» (Vogue EPL 7201) auflegen, um ein «Klima» zu schaffen, das den Zuschauer bereits in eine freudige Stimmung bringt. Auf der Platte finden sich viele berühmte Lieder des Far West, etwa «Oh, Susannah», «Old Faithful», «Down in the Valley» u.a.

B. Diskussion

I. Dramatischer Gehalt

a) THE RETURN OF FRANK JAMES ist die Geschichte einer Rache. Nachdem sie im Westen viel von sich reden gemacht haben, führen die Brüder James ein ruhiges Leben. Doch dann erfährt Frank von einem seiner Freunde, Clem, dass Jesse von den Brüdern Ford, ihren alten Feinden, ermordet worden sei, wonach diese freigesprochen wurden. Frank, der von Clem begleitet wird, schwört Rache für seinen Bruder und begibt sich auf die Spur der Fords. Da sie Geld brauchen, bemächtigen sie sich der Kasse eines kleinen Bahnhofs, dabei führt eine Ungeschicklichkeit Clems zum Tod eines der Angestellten. Frank wird wegen Mordes gesucht. Um die Fords zu überlisten, stellt Frank sich tot, wobei Clem ihm hilft, ebenso wie Eleanor Stone, eine angehende junge Reporterin, deren Artikel über den Tod des berühmten Frank James im ganzen Land Furore machen. Die argwöhnischen Fords, die ihn ohne Unterlass verfolgen, werden so von ihm aufs Glatteis geführt. Einmal gibt es einen Kampf, bei dem einer der Fords zu Tode stürzt, ein anderer, Bob, jedoch davonkommt. Als Frank versucht, Clem, dem der Tod des Angestellten zur Last gelegt wird, zu befreien, fällt Frank in die Hände der Sheriffs. Während ihm der Prozess gemacht wird, erscheint Bob und verspottet seinen Gegner. Doch Frank wird freigesprochen, dank eines alten Anwalts, den seine Freunde bestellt hatten. Bob Ford läuft davon, sobald das Urteil gesprochen ist, Frank setzt ihm nach. Der junge Clem versucht Ford zu stoppen, wird aber seinerseits von dessen Kugel getroffen und stirbt Franks Armen. In einer großen Scheune erliegt Ford seiner eigenen Verletzung. Nachdem Frank Rache genommen hat, heiratet er die hübsche Journalistin Eleanor.

b) Die Rache ist Langs bevorzugtes Motiv (man findet sie in all seinen Werken, etwa im zweiten Teil der NIBELUNGEN, in MAN HUNT, RANCHO NOTORIOUS, THE BIG HEAT): Ein Mann lebt ein ruhiges und einfaches Leben, er mischt sich nicht in fremde Angelegenheiten, doch eines Tages wird ihm ein Mensch, der ihm nahe steht, genommen. Daraufhin macht er es sich zur Aufgabe, Gerechtigkeit herzustellen, und zwar nicht im Namen der Gesellschaft, sondern in seinem eigenen.

Alle Drehbücher Langs bauen auf der gleichen Situation auf: Der Zufall zwingt eine Figur dazu, ihr individualistisches Schneckenhaus zu verlassen und schließlich zu einem tragischen Helden zu werden, indem er gegen das Schicksal, das ihn herausfordert, «die Hand erhebt».

II. Kinematografischer Wert

a) Fritz Langs Inszenierung ist von einer Genauigkeit, die ans Abstrakte rührt. In seiner Decoupage [Aufteilung von Szenen im Drehbuch, Auflösung von Szenen in der Inszenierung, Gliederung von Szenen im Schnitt – verstanden als ein ganzheitlicher Prozess; Anm. d. Ü.] hat die Intelligenz ein größeres Gewicht als die Empfindsamkeit. So wie

Hitchcock interessiert sich Lang eher für eine Szene im Ganzen als für Details in ihr. Das Dekor spielt in gleich welchem seiner Filme eine entscheidende Rolle, wobei man sich erinnern möge, dass er sich schon früh für Architektur interessiert hat. Ein einziges Bild ist imstande die Ästhetik Fritz Langs beschreiben: Ein Polizist zielt auf einen Banditen und wird ihn töten; um den Aspekt des Unausweichlichen hervorzuheben, lässt Lang auf der Waffe ein Zielfernrohr anbringen wie auf Präzisions-Gewehren. Sofort weiß der Zuschauer, dass der Schütze gar nicht verfehlen kann und der Flüchtige mit mathematischer Gewissheit sterben muss.

b) Wenn THE RETURN OF FRANK JAMES anders als viele andere Filme Langs mit einem «Happy end» aufhört, dann sollte man darin keine Konzession an die amerikanische Zensur sehen. Nach dem Moralisten trifft Lang in seinen Figuren wieder auf den Sünder, was auch seine Bitterkeit erklärt. Doch jenseits des Sünders ist es vor allem der wieder zu Kräften gekommene Mensch, der den germanischsten aller amerikanischen Regisseure am meisten reizt. Wenn der eiserne Individualist Frank James schließlich sein Glück findet, dann nur, weil er zuvor moralisch für seine Leiden entschädigt worden ist. «Warum bist du heute so froh?», fragt ihn seine Verlobte. «Weil ich seit heute Morgen wieder in den Spiegel schauen kann, ohne mich vor mir selbst zu schämen», antwortet der alte Bandit.

III. Ergänzende Dokumentation

«Le Western, ou le cinéma américain par excellence», J.-L. Rieupeyrout, A. Bazin (Éd. du Cerf)

Jean-Luc Godard
«Informations-Blatt der UFOLEIS für Vorführungen in Pariser Filmclubs, Image et Son»,
Oktober–November 1956
Übersetzung von Stefan Flach

WESTERN UNION

USA 1940

Drehbuch Robert Carson, nach dem gleichnamigen Roman von Zane Grey
Kamera Edward Cronjager, Allen M. Davey
Ton Bernard Freericks, Roger Heman
Musik R.H. Bassett, David Buttolph
Schnitt Robert Bischoff
Ausstattung Richard Day, Wiard B. Ihnen, Thomas Little
Kostüme Travis Banton
Darsteller Robert Young, Randolph Scott, Dean Jagger, Virginia Gillmore, John Carradine, Slim Summerville, Chill Wills, Barton MacLane, Russell Hicks, Victor Kilian, Minor Watson, George Chandler, Chief Big Tree, Chief Thundercloud, Dick Rich, Harry Strang, Charles Middleton, Addison Richards
Produzenten Darryl F. Zanuck, Harry Joe Brown
Produktion 20th Century Fox
95 Minuten, Farbe

PB: Waren Sie beeinflusst von den Western anderer?

FL: Nein. Im Gegenteil. Zur damaligen Zeit hatte man noch nie Indianer gesehen, die Kriegsbemalung trugen – jedenfalls nicht in Farbe. Ich war eng befreundet mit Kenneth Macgowan (dem Produzenten u. a. von MAN HUNT), der heute tot ist, und wurde durch ihn mit Fachmännern in indianischer Folklore bekannt. (Ich selbst wusste bereits ein wenig und hatte, wie ich schon sagte, eine Weile glücklich im Kreise der Navajos und Hopis gelebt.) So gebrauchte ich ganz authentische Farben der Kriegsbemalung für die Indianer. Es gibt da eine Einstellung (deren Idee nicht ich hatte, sondern Edward Cronjager, ein extrem guter Kameramann, der unseligerweise an TB gestorben ist) in einer Szene, wo Randy Scott, Dean Jagger und Robert Young in einem Pferdefuhrwerk des Weges kommen und in Richtung der Telegraphenmasten blicken: die Kamera schwenkt hoch zu einem Mast mit einem lose herabhängenden Draht und runter zu einem Drahtbündel, in dessen Mitte ein federngeschmückter Speer steckt. Unvermittelt schwenkt die Kamera 90° zur Seite (die ganze Einstellung umfasst 180°), wo in Farbe zweihundert kriegsbemalte Indianer stehen. Das war für die Zuschauer einen Schock und hatte gleichzeitig für all jene, die sich mit Indianern auskannten, etwas Authentisches.

PB: Glauben Sie, dass diese durchgehende Kamerabewegung eine bessere Wirkung auf das Publikum hatte, als wenn Sie geschnitten hätten?

FL: In diesem Fall schon. Ich glaube ehrlich, dass es für jede Kamerabewegung einen Grund geben muss. Meiner Meinung nach ist es falsch, die Kamera der Bewegung willen zu bewegen. Wenn Sie grundlos einen 300°-Schwenk machen, mag das ein technisches Meisterstück sein, aber mehr auch nicht. Die bewegte Kamera muss etwas ausdrücken. Vielleicht ist auch ein kleiner Trick mit im Spiel. Sagen wir, ich brauche in einem Restaurant eine Bewegung von einem Tisch zum anderen und möchte sie ohne offensichtlichen Schnitt. Ich stelle die Kamera also an den ersten Tisch und lasse im Hintergrund einen Kellner zum nächsten Tisch gehen, wobei ich ihm folge (es ist natürlich noch besser, wenn es eine Hauptfigur ist). Aber nur wenn man etwas folgt, das sich selbst bewegt, wird das Publikum die Bewegung nicht merken. Bei Zooms, die keine Bestimmung haben, ist es das Gleiche. Jeder Bildbewegung muss auch ein Motiv, einen Beweggrund haben.

Peter Bogdanovich: «Fritz Lang in America», S. 47ff.

Ist das jetzt ein Fritz-Lang-Film oder ein Hollywood-Film? Ich würde sagen: ein Hollywood-Film, dessen Qualitäten durch Langs Mise en Scène noch etwas gehoben wurden (aber nicht sehr: das «mittlere»

Niveau dieser auf vollen Touren laufenden Studioproduktion war schon relativ hoch). Die Franzosen haben als erste – im Zuge der «politique des auteurs» – erkannt, welche Autoreigenschaften einem Regisseur auch in Hollywood zukommen können (die Beispiele sind bekannt) und haben Langs Regieleistung früh bewundert und anerkannt (siehe das Buch, das Luc Moullet 1963 in der Reihe «Cinéma d'aujourd'hui» zu Fritz Lang herausgegeben hat, sich auf frühere Arbeiten stützend). Aber damals, sozusagen noch im Forscherstadium, wusst man auch, dass man nicht immer und durchgehend nur nach Autoren-Kontinuitäten Ausschau halten und Parallelitäten im Werk herbeizwingen muss – schließlich gab und gibt es auch noch Existenzgründe, die selbst einem Regisseur vom Kaliber Fritz Langs Bewährungsproben auferlegten und innerhalb der Tretmühle der Fließbandarbeit und des Erfolghabenmüssens keine besondere Schonung angedeihen ließen. (Fritz Lang hat das selbst in seinen Interviews mit den jungen Franzosen, obschon von ihrem Enthusiasmus eingenommen, hie und da angesprochen.)

Mit WESTERN UNION hat Lang diese Bewährungsprobe in meinen Augen aufs Schönste bestanden: Das ist ein «heller» Film, also languntypisch, schon wegen der weiten Landschaften im Mittelwesten – und vor allem, weil er in Technicolor ist. Aber auch die Geschichte selbst (nach dem Buch von Zane Grey), die Gesetze des Genres einhaltend, ist über weite Strecken humoristisch angelegt: Man sieht regelrecht, welche Freude es Lang gemacht haben muss, mit diesem Typenarsenal an hervorragenden Hollywood Extras zu arbeiten. Das waren zum größten Teil sehr knorrige, gestandene Gestalten, wunderbar geeignet dieses Westernpersonal zu verkörpern – bis hin zur Figur des ängstlichen, immer fluchtbereiten Kochs (Slim Summerville), der den Fehler macht, zu beschreiben, auf wieviele Arten man Hammelfleisch – ohne Haare – zubereiten kann und nun mit Gejohle gepackt und gewaltsam engagiert wird. Diese Art derbe Komik gibt es dann immer wieder, über den Film hinweg.

Langspezifischer könnte man die «harten» Szenen nennen: Randolph Scott, als Scout bei der Western Union, wird von seinen alten Südstaatenkumpanen nächtens gefesselt im Wald zurückgelassen, weil er nicht mehr zu ihnen hält (sie machen sich auf, das Lager und die Niederlassung der Western Union niederzubrennen) – nun wälzt er sich zur Feuerstelle, facht das Feuer wieder an, hält seine auf dem Rücken gefesselten Hände in die Flamme. Der Loyalitätskonflikt (doch wieder eine sehr langsche Kategorie) wird dann im Showdown gelöst: Randolph Scott, der von den Western-Union-Leuten des Verrats verdächtigt wird (das Lager ist vollständig niedergebrannt), macht sich auf in die Stadt, um mit seinem Bruder, dem Anführer der Bande, und den andern Mordgesellen abzurechnen. Der erwartet ihn – klassische Szene – im Friseursalon, die Pistole schussbereit unter dem weißen Tuch: Scott macht die Verbände von seinen verbrannten Händen ab und stellt sich der Auseinandersetzung – obwohl er chancenlos ist und den Tod des Outlaws stirbt, der sich gegen das «mörderische Alte» und die «Blutsbande» stellt.

Die Emanzipation des Westernhelden Scott geschieht nicht nur durch Teilhabe am Fortschritt – dem Ausbau der Telegrafenleitung durch Indianergebiet von Omaha nach Salt Lake City (während der Bürgerkrieg im Gang ist) –, sondern vor allem durch die Begegnung mit andern Menschen, der Aufnahme eines neuen Lebensgefühls: Es gibt da ja dieses Greenhorn aus dem Osten (Robert Young), das in Harvard studiert hat und sich nun überraschend gut bewährt – sich ebenso wie Scott um die hübsche Telegrafistin (Virginia Gilmore), Schwester des leitenden Ingenieurs, bemüht. Es wird dann im Verlauf des Films nicht nur sehr viel telegrafiert (einmal in lebensrettender Weise), sondern auch sehr viel Süßholz geraspelt. Beim Showdown ist es der Ostler, der dem bereits tödlich verletzten Freund beisteht und den Anführer der Bande erledigt: Scott erhält so etwas wie ein Ehrengrab auf dem mit Leichen gepflasterten Weg von Fortschritt und Zivilisation. (Die späteren Boetticher-Western stehen dazu im Gegensatz: Dort lebt die von Randolph Scott so ideal verkörperte Western-Figur von Film zu Film fort – verkörpert einen Ehrbegriff und innere moralische Werte, die unantastbar bleiben.)

Nachdem man den Film gesehen hat, sollte man sich nochmal an den Anfang zurückbesinnen, denn da ist schon die Schlüsselstelle, deren Tragweite sich bei einmaligem Sehen nicht so ohne weiteres erschließt. Die erste Begegnung zwischen Randolph Scott und dem Ingenieur oder Landvermesser dieser Western-Union-Niederlassung (Dean Jagger) findet nämlich auf freier Wildbahn statt: Scott, auf der Flucht, muss sein lahmendes Pferd ersetzen und stößt auf den Ingenieur, der mit zwei Pferden unterwegs ist. Als er, schon auf dem neuen Pferd sitzend, abdrehen will, wirft er einen Blick zurück und sieht, dass der Ingenieur schwer verletzt zusammengesunken ist – dieser Blick, könnte man sagen, wird ihn später das Leben kosten. Denn er hilft dem Verletzten in selbstloser Weise, versorgt ihn und liefert ihn an der nächsten Poststelle ab. Als sie sich später wiederbegegnen, gibt es eine Art stummen Pakt zwischen den beiden: Der Ingenieur «vergisst» die dunkle Vergangenheit des Outlaw, weil der ihm das Leben gerettet hat, und stellt ihn bei Western-Union an. (Hier werden die ersten Pflöcke für die neuen Kommunikations- und Übertragungstechniken eingeschlagen.) Der Edelmut liegt aber wiederum auf Seiten des Gesetzlosen (der Ingenieur handelt eher aus Eigennutz und im Interesse der Unternehmung), denn er allein weiß, was ihn die Loslösung von seinem vorherigen Leben kosten wird.

Das ist ein Thema, das bei Zane Grey sicher des Öfteren eine Rolle gespielt hat – jedenfalls habe ich schon als Kind ein Groschenheft mit dem Titel «Der edle Wilde» gelesen, in dem ein Indianer in selbstloser Weise sich für einen Weißen opfert. Eine Erzählung, die einem das Wasser in die Augen trieb, nüchtern betrachtet aber nichts anderes war als eine Verbrämung dessen, was da auf dem Weg von Technik und Fortschritt alles so angerichtet worden war. Da war eine Schuld abzutragen – aber anerkannt wurden ja nicht die vielen Opfer, sondern das eine, das sein Leben für die «richtige Seite» gegeben hatte und deshalb erhöht wurde. Mysteriös musste nur der Grund bleiben, weshalb das geschehen war: Was konnte denn wertvoller sein als das mit dem eigenen Leben gleichgesetzte eigene Interesse? «... und nichts aus der Vergangenheit wird in ihre Gegenwart hinein überleben» (Paul Valéry, 1929)[1].

Johannes Beringer

1 Paul Valéry, Werke, Bd. 7, Frankfurt am Main 1995, S. 204.

WESTERN UNION, 1940

MAN HUNT, 1941

MAN HUNT

USA 1941
Drehbuch Dudley Nichols, nach dem Roman «Rogue Male» von Geoffrey Household
Kamera Arthur Miller
Ton Eugene Grossman, Roger Heman
Musik Alfred Newman, Lieder von Manning Sherwin, Jack Strachey
Schnitt Allen McNeil
Ausstattung Thomas Little, Richard Day, Wiard B. Ihnen
Kostüme Travis Banton
Darsteller Walter Pidgeon, Joan Bennett, George Sanders, John Carradine, Roddy McDowall, Ludwig Stössel, Heather Thatcher, Frederick Worlock, Roger Imhof, Egon Brecher, Lester Matthews, Holmes Herbert, Eily Malyon, Arno Frey, Frederik Vogeding, Lucien Prival, Herbert Evans, Keith Hitchcock, Bruce Lester
Produzent Kenneth MacGowan
Produktion 20th Century Fox
100 Minuten, Schwarzweiß

PB: Joan Bennetts Figur in MAN HUNT ist sehr bewegend.

FL: Jeder weiß, dass ich Frauen sehr, sehr gern habe und jeden Mann verachte, der Frauen so behandelt, als wären sie geringer als er. Oft sage ich dann: «Wenn du glaubst, dass eine Frau eine Art Tier sei, begehst du dann, wenn du mit ihr schläfst, nicht Sodomie?» Daher blicke ich auf das älteste Gewerbe der Welt nicht mit dem erhobenen Zeigefinger, wie wenn ich sagen wollte: «Das ist doch was Furchtbares ...» Und die von Joan Bennett gespielte Straßendirne, die sich in Pidgeon verliebt, hatte offen gesagt meine ganze Sympathie. Ich glaube, sie verstanden zu haben, was ebenso aber mehr noch für Joan galt. Diese Liebesgeschichte – damals konnte man noch «Liebe» sagen ohne dafür ausgelacht zu werden –, all die Zärtlichkeit, die darin lag ... Die Frau weint wie ein Kind, weil der Mann, den sie so sehr will, nicht mit ihr schläft. Darin liegt so viel: Scham – «vielleicht bin ich nicht gut genug für ihr», Verlangen – «warum können wir es nicht tun?» Und ich glaube, die Geschichte war schön geschrieben.

Aber natürlich fand das Hays Office, dass man eine Prostituierte nicht verherrlichen oder überhaupt zeigen könne. (Sie sagten, sie dürfe ihre Handtasche nicht hin und her schwingen.) Wissen Sie, wie wir dem ausgewichen sind? Wir mussten in ihrer Wohnung deutlich sichtbar eine Nähmaschine zeigen, wodurch sie keine Hure mehr war, sondern eine «Näherin». Soviel zur Authentizität.

Peter Bogdanovich: «Fritz Lang in America», S. 56f.

Wir sollten versuchen zu vergessen, dass der Film MAN HUNT auf dem Buch «Rogue Male» basiert. Es ist noch nie etwas Gutes beim Vergleichen rausgekommen, außer dass dabei verantwortungsvoll Unklarheiten ausgeräumt oder Effekte beurteilt werden. In diesem Fall standen Dudley Nichols und Fritz Lang als Autor und Regisseur vor dem Problem, einen Stoff, der vor allem mit seelischem Befinden zu tun hat, zu Handlung zu verarbeiten.

MAN HUNT beginnt mit einem englischen Amateur-Jäger, für den Tiere als Großwild uninteressant geworden sind, als er sich plötzlich in etwa 450 Meter Entfernung zum Feriendomizil des Führers befindet. Er glaubt sich selbst nicht, dass er wirklich schießen wird: will sich nur beweisen, dass er dazu imstande wäre und den Mann in seinem Zielfernrohr fixieren kann. Doch er wird von der Gestapo überrascht und in die Mangel genommen. (Einwand Nummer eins: Man hätte vielleicht mehr von der Pirsch und weniger von der Befragung danach zeigen sollen, denn so ist das Spiel zu einfach und die Aussage nicht ganz nachvollziehbar.)

Die Folter bringt kein Ergebnis, die Gestapo beschließt, einen Unfall zu inszenieren, gibt sich dabei aber nicht genug Mühe, eine Verfolgungsjagd zieht sich durch ganz Deutschland und über ein englisches Schiff bis nach England. Der Verfolgte trifft ein Cockney-Mädchen, mit dessen Hilfe er den deutschen Agenten entkommt, die ihm auf den Fersen sind. Das bedeutet, er kann nicht nur persönliche Motive dafür haben, den Feind umbringen zu wollen. Wie im Buch lernt er langsam, dass sein abenteuerlicher Versuch nicht einfach nur Jagdsport war, sondern dass sich dahinter das unbewusste Gefühl verbarg, dass diese Leute und ihre Methoden einem anständigen, feinen Mann wie ihm zuwider sind. Als er schließlich einen der Agenten umbringt, London hinter sich lässt, und erfährt, dass seine Verfolger das Mädchen gefangen genommen und getötet haben, will er es noch einmal versuchen, und diesmal meint er es todernst, er wird sich keinen Fehler leisten.

Mittlerweile hat man ihn in seinem Versteck irgendwo auf dem englischen Land ausfindig gemacht und der zuständige Gestapomann setzt zur letzten seiner Schikanen an, wird endgültig diskreditiert und schließlich reingelegt. Das Ende des Films wird eingeleitet, als unser Held bei Kriegsbeginn den Militärdienst antritt und nach einem Sprung aus einem britischen Flugzeug ein weiteres Mal auf deutschem Jagdgebiet landet. (Einwand Nummer zwei: Als Höhepunkt des Films hätte diese Szene besser aufgebaut, sicherer eingeleitet und nicht so hastig umgesetzt werden sollen. Für den Zugang zum Versteck und das Versteck selbst gab es ein hervorragendes Set, doch wir befinden uns so unmittelbar mittendrin, werden nicht weiter vorbereitet als durch ein, zwei Überblendungen, und all die schöne Spannung, die das Buch erst auf das Verstecken, dann auf die Flucht hin minutiös aufgebaut hatte, fällt hier weg. Der Film ist mindestens zehn Minuten zu lang, die bereits erwähnte Befragung hätte gekürzt werden müssen.)

Es ist ganz klar Fritz Langs Film, seit Jahren seine erste gute Gelegenheit, an ein gutes Drehbuch und einen guten Autor zu kommen. Er hatte die besten Leute für Kameraarbeit, Musik und Schnitt; aber auch ohne das zu wissen oder ihn zu kennen ist man in der Lage, die kreative Präsenz eines Künstlers zu spüren, der mit seinem Medium vertraut ist. Jede seiner Szenen hat Tiefe; er ist ein sorgfältiger, gründlicher Mann, mit Liebe zum Detail; er ist sehr darauf bedacht, dass jedes Fragment in sich stimmig und unmittelbar ist, wenn es auf den Zuschauer wirkt, seinen Eindruck hinterlässt, einen mit jedem Ereignis durch die Geschichte führt und die Vorstellungskraft auf Zukünftiges hin ausrichtet. Er ist einer der Besten im Umgang mit Menschenmengen, also mit dem Drumherum einer Handlung. Bei der Arbeit mit den Schauspielern achtet er darauf, der Szene selbst mehr Bedeutung beizumessen als einer einzelnen Phrase oder Reaktion, damit Kamera, Licht und Hintergrund einer Handlung Form und einer Situation Bedeutung verleihen. Es wäre leeres Geschwätz zu behaupten, er zerlege jeden kleinsten Handgriff in seine Bestandteile und gebrauche dafür Schritt-für-Schritt-Skizzen: A hier, B dort, Kamera hier, X kommt rein; damit bliebe das eigentlich Wichtige nur oberflächlich angedeutet, nämlich, dass er sein Handwerk versteht, er will damit die Wahrheit des Lebens und den Zauber der Bewegung ausdrücken.

Walter Pidgeon und George Sanders sind die beiden Hauptdarsteller, John Carradine ist als hartnäckiger Verfolger hervorragend besetzt. Joan Bennett ist kein perfektes Cockney-Imitat, aber ihr kleines Intermezzo ist von einer solchen Anmut, dass ihre Schwachstellen kaum ins Gewicht fallen. Zudem wurde ihr Abschied äußerst originell geschrieben, gespielt und gedreht (das Mädchen im Buch war, wenn Sie sich erinnern, nur Einbildung und wirkte eher aufgesetzt). Andere Schauspieler könnten ebenfalls genannt werden, jeder auf seine Art gut. Aber mehr noch als viele andere Filme ist dieser ein Gemeinschaftswerk von Autor und Regisseur, dessen Stärken und Schwächen in eben diesen beiden Schaffensbereichen liegen. Seine Schwäche ist, dass er kein durchgängiges Melodram ist, etwas gerät im Ablauf aus dem Lot, es ist, als ob man auf einer großen Veranstaltung wäre, die doch nicht groß genug ist. Seine Stärke ist, dass er so sorgfältig und tadellos gemacht ist, dass er nicht mehr melodramatisch sondern wahrhaftig zu sein scheint. Die dunklen, erbarmungslosen Kräfte werden auf dem Schachbrett so gekonnt manipuliert, dass es einem den Atem verschlägt. Der Film ist von einer solchen Lebhaftigkeit, dass man sich wünscht, er wäre irgendwie noch eindringlicher und furchtbarer.

Otis Ferguson
«New Republic», 23. Juni 1941
Übersetzung von Annika Wisniewski

HANGMEN ALSO DIE!

USA 1942/43

Drehbuch Fritz Lang, Bertolt Brecht, John Wexley
Kamera James Wong Howe
Musik Hanns Eisler, Lied «No Surrender» von Hanns Eisler und Sam Coslow
Ton Fred Lau, Jack Whitney
Schnitt Gene Fowler jr.
Ausstattung William Darling
Kostüme Julie Heron
Darsteller Brian Donlevy, Walter Brennan, Anna Lee, Gene Lockhart, Dennis O'Keefe, Alexander Granach, Margaret Wycherly, Nana Bryant, Billy Roy, Hans von Twardowski, Tonio Selwart, Jonathan Hale, Lionel Stander, Byron Foulger, Virginia Farmer, Louis Donath, Sarah Padden, Edmund MacDonald
Produzenten Fritz Lang, Arnold Pressburger, T.W. Baumfield
Produktion Arnold Productions, United Artists Corp.
135 Minuten, Schwarzweiß

FL: Brecht lebte hier – ich hatte ihn herübergebracht – und ich erzählte ihm die Idee und fragte ihn, ob er mit mir daran arbeiten wollte. Das war zehn Tage nach dem Attentat auf Heydrich. Sie wissen ja bereits, dass ich Brecht sehr, sehr schätze, aber im Filmbereich hatte ich mehr Erfahrung als er und wusste besser, was das amerikanische Publikum schlucken würde. Ebenso hatte ich gewisse Ideen, und wir arbeiteten wirklich Hand in Hand. Nachdem wir einen genauen Entwurf beendet hatten, mussten wir, da Brecht kein Englisch sprach, versuchen einen Drehbuchautor zu finden. Wir einigten uns auf (John) Wexley, der perfekt Deutsch sprach, sodass sie gut zusammen arbeiten konnten. Leider kam es viel später zu einem scheußlichen Kampf zwischen Wexley und Brecht, weil Wexley die alleinige Namensnennung für das Drehbuch haben wollte. Und die bekam er auch, und zwar obwohl der Komponist (Hanns) Eisler und ich beide zur Screen Writers Guild gingen und schworen, dass viele, viele Szenen offenkundig von Brecht stammten, da niemand sonst auf der Welt, und schon gar nicht Mr. Wexley, sie geschrieben haben konnte. Aber man sagte uns: «Mr. Brecht wird zurück nach Deutschland gehen, Mr. Wexley aber hierbleiben. Daher ist die Namensnennung für ihn viel wichtiger als für Mr. Brecht.»

Um Ihnen ein Beispiel zu geben: Da gibt es eine Szene, in der Walter Brennan (der als Professor ganz wunderbar war) mit seiner Tochter spricht und ihr sagt, dass sie nun sehr aufpassen müsse ... auf dieses ... auf jenes ... auf etwas anderes ... und noch etwas anderes ... und auf die Gestapo. Das ist etwas, das nur Brecht schreiben konnte. Auch die Szene, in der Brennan (verhaftet von der Gestapo) einen Abschiedsbrief an seinen Sohn diktiert, den seine Tochter auswendig lernen muss, konnte nur von Brecht stammen. Ebenso das Gedicht am Ende und die Szenen im Gefängnis der Geiseln, für die Mr. Wexley (den ich persönlich sehr mochte) später die Urheberschaft beanspruchte. Es ist lächerlich.

PB: Gehen die Figuren der Nazis auf Ihre persönlichen Erfahrungen zurück?

FL: Nicht mit Nazis selbst – aber ich bin sicher, dass auch Sie solche Leute kennen. So geht der Mann, der seine Fingerknöchel knacken lässt, auf einen sadistischen Lehrer zurück, den ich einmal hatte. Mit dem anderen, der sich einen Pickel ausdrückt, wollte ich zeigen, dass dieser verkommene Nazi-Beamte a) Syphilis hat, und b) sich einen Teufel darum schert, was er in Gegenwart von Frauen tut, weil er vermutlich ein Homosexueller ist. (Ich habe prinzipiell nichts gegen Homosexuelle – das meine ich ernst –, solange sie Kindern oder sonst irgendwem kein Leid zufügen.) Drittens wollte ich seine Missachtung für das Leben der Gefangenen zeigen; die Frau fleht um das Leben ihrer Nähesten, aber er interessiert sich viel mehr für diesen verdammten Pickel. Wenn man das auf diese Weise zeigt, trifft es ein Publikum viel stärker als vier Seiten Dialog.

Peter Bogdanovich: «Fritz Lang in America», S. 61f.

Die Handicaps des Schreibens von Filmen über den Kampf gegen die Nazis in den verschiedenen besetzten Ländern liegen auf der Hand: Die Variabilität des Themas ist sehr begrenzt, und Wiederholungen aus der großen Zahl bereits produzierter Filme sind oft unvermeidbar. So bedeutete es bereits in der vergangenen Woche für EDGE OF DARKNESS (AUFSTAND IN TROLLNESS, von Lewis Milestone) so etwas wie einen Triumph, über seinen Vorgängern zu stehen. Aus dem gleichen Grund ist es für HANGMEN ALSO DIE! ein noch größerer Triumph. Die Szene ist nun nicht mehr Norwegen, doch die tschechischen Zustände sind die gleichen. Auch hier die tapferen Einwohner, die brutalen Eroberer, die verhaßte Gestapo und die Erschießung von Geiseln. Diese Geschichte basiert teilweise auf der Erschießung des Henkers Heydrich, der das Massaker von Lidice folgte. Die Szene hier ist Prag, und das Blutbad ist verhältnismäßig kleiner. Da der Film in der Hauptsache eine Familiengeschichte erzählt, könnte man es rechtfertigen, wenn mehr Unterhaltung als Aufregung geboten würde. Aber weit gefehlt. Die Überraschung ist der Hand von Fritz Lang zu danken, dem deutschen Regisseur, der seit einigen Jahren in unserem Land arbeitet. Er hat zusammen mit Bert Brecht die Geschichte geschrieben, und er hat eine seiner besten Regiearbeiten geliefert.

In Langs Regie treten die Gestapoleute aus der üblichen anonymen Brutalität heraus und werden zu echten Charakteren, das Grauen wird personalisiert. Sowohl der Detektiv, gespielt von Alexander Granach, wie auch Heydrich in der Darstellung durch Hans Twardowsky und Gene Lockhart als tschechischer Verräter sind außerordentlich deutliche Charaktere. Auf der Gegenseite Brian Donlevy als Dr. Svoboda, Walter Brennan als Professor Novotny, Anna Lee als seine Tochter und Jonathan Hale als Dedic – alle sehr eindrucksvoll. Tatsächlich, es gibt in dem ganzen Film keinen schwachen Darsteller.

HANGMEN ALSO DIE! zeigt alle diese Figuren konfrontiert mit einer extremen Situation, die sie selbst herbeigeführt haben. Dieser Fakt und die knisternde Spannung des Streifens machen den Film zu einem der bemerkenswertesten Ereignisse dieses Kinojahres. Das Interesse des Zuschauers wird von den gleichen Fragen wie in einem Kriminalroman wachgehalten: Wird der Mörder gefaßt werden? Löst der Detektiv den Fall? Noch mehr: Kann es gelingen, die Tschechen zum Verrat des Täters zu zwingen?

Fritz Lang zeigt erneut sein unzweifelhaftes Talent für die bedeutsame Szene. Er setzt Gewalt gegen Gewalt und bringt dabei einen solch starken Zorn ein, wie man ihn in keinem anderen englischsprachigen Anti-Nazi-Film gesehen hat. Man gewinnt den Eindruck, der Regisseur realisiert nicht nur ein Buch, sondern er bringt mit seiner ausgeprägten Intelligenz Theorie und Praxis zusammen. Er arbeitet von innen heraus. Er weiß, was er porträtiert, und er hat ein starkes Gefühl des Hasses. Deshalb gleitet dieser Film kaum ins Melodram ab, auch in Szenen, wo dies sehr leicht möglich wäre. Statt dessen entsteht ein Manifest des Hasses, wie das auch einige russische Filme auf ihre Weise geleistet haben. Aber Langs Haß verrät genauere Kenntnis des Gegenstandes.

Aus diesem Grund ist HANGMEN ALSO DIE! der beste Fall seines zahlenmäßig umfangreichen Genres, und er wird es wohl auch bleiben.

nicht gezeichnet
«New York Post», 16. April 1943

HANGMEN ALSO DIE!, 1942/43

MINISTRY OF FEAR, 1943/44

MINISTRY OF FEAR

USA 1943/44

Drehbuch Seton I. Miller, nach dem Roman «The Ministry of Fear» von Graham Greene
Kamera Henry Sharp
Ton W.C. Smith, Don Johnson
Musik Victor Young, Miklós Rózsa
Schnitt Archie Marshek
Ausstattung Hans T. Dreier, Hal Pereira
Kostüme Eddie Schmidt
Darsteller Ray Milland, Marjorie Reynolds, Carl Esmond, Dan Duryea, Hillary Brooke, Percy Waram, Erskine Sanford, Thomas Louden, Alan Napier, Helene Grant, Aminta Dyne, Rita Johnson, Mary Field, Byron Foulger, Lester Matthews, Eustace Wyatt, Connie Leon, Jessica Newcomb, Harry Allen, Frank Leigh
Produzent Seton I. Miller
Produktion Paramount Pictures Inc.
87 Minuten, Schwarzweiß

Luke des Lichts

Der Stil Fritz Langs hat mit Evidenz zu tun, mit Klarheit ohne Schatten, mit unzweideutigen Äußerungen. Bloßer Raum, gut definierte Dekors, klar umrissene Situationen. Das Unerbittliche darin baut auf die Einfachheit. Manchmal befindet man sich sogar in einer so schematischen Situation, dass man sich fragt, woraus denn nun die Intrige hervorgehen soll.

Dann folgen andere Evidenzen, andere widersprüchliche Wahrheiten den ersten, die ebenso evident und auch ebenso einfach sind.

In MINISTRY OF FEAR findet diese Thematik, in obsessiver Weise Erklärungen, Demonstrationen, sich aufdrängende Wahrheiten zu liefern, eine höchst expressive Gestalt auf der Fläche der Leinwand im Spiel von Licht und Dunkelheit. Mehrmals wird die schwarze Leinwand von einem Lichtstrahl durchbrochen, von einer Flamme durchquert, brüsk illuminiert. Wie von einer Offenbarung. Endlich ein Bild im blinden Raum, da wir doch zu sehen da sind. Ein Bild, also eine Realität, an die man sich klammern kann, eine Wahrheit der Welt. Brüsk, gewaltsam, wie wenn es nichts Vermittelndes gäbe, kein einführendes Verfahren. Auch da, vor dem Bild, das sich aufdrängt, springt das Licht, es geht von einer Evidenz zur nächsten. Und aus dieser Abwesenheit des Zweifels, dieser Verbindung von widersprüchlichen Gewissheiten geht ein viel radikalerer Unglaube hervor – weil eben nicht mit dem Vorgang selbst verbunden, sondern mit dem eigentlichen Statut der Wahrheit.

Beispiele dieser Art gibt es zur Genüge in Langs Werk; zitieren wir nur die Lichtpforte in der Mauer in DER MÜDE TOD, durch die man augenblicklich vom Reich der Lebenden in das Reich der Toten hinüberwechseln kann. Eine Wahrheit hinter der anderen, zwei einander entgegengesetzte Bereiche. Blendung und Finsternis: zwei blindmachende Äquivalente. In MINISTRY OF FEAR wird das Verfahren systematisch angewendet. Ein Zugabteil wird plötzlich dunkel; der Salon bei einer spiritistischen Sitzung wird verdunkelt; der Kriminelle löscht das Licht im Zimmer, um seine Flucht abzusichern. Jedes Mal geht es in Lichtsprüngen weiter. Wer nicht diese Schlusseinstellung gesehen hat, in der die Verwicklungen sich buchstäblich auflösen im Lichtpunkt auf der Leinwand, hat die Geburt des Kinos nicht erlebt, weiß nichts von dieser Welt, die sich, ontologisch, im Strahl des Projektionslichts auftut.

Doch alles ist falsch. In der ersten dieser Szenen sieht der Blinde; in der zweiten ist der Tote ganz und gar lebendig. Weshalb also, in der dritten, an den Tod und an das Licht glauben, die sich aufeinander beziehen?

An die verschiedenen Elemente der Intrige glauben oder nicht glauben, ist die Regel des Spiels.

Aber an das Licht glauben, ist unabdingbar. (Man kann ein Bild nicht negieren, heißt es in der entstehenden und noch ziemlich grünen Kommunikationswissenschaft.) Und meistenteils ist es das Sichtbare, das die Wahrheit mit sich führt. Diesbezüglich kann man sich auf die Skrupel von Hitchcock besinnen, der das lügenhafte Flash-back in STAGE FRIGHT bedauerte: Die klassische Konvention des Genres schreibt vor, dass das, was gezeigt wird, wahr sein muss. Bei Lang ist das Licht und das, was es zu sehen gibt, also nicht mit der Wahrheit verbunden. Die Prozesse, in denen etwas enthüllt wird, sind ebenfalls im Wesentlichen trügerisch: Man müsste die Rolle der Prozesse und der Fotografie in seinen Filmen untersuchen, um die höchst aleatorische Beziehung festzustellen, die sie zur Wahrheit unterhalten. Wo doch in beiden Fällen exponiert, niedergelegt wird. Es genügt, die Fotos aus BEYOND A REASONABLE DOUBT oder vom Prozess in HOUSE BY THE RIVER zu erwähnen, damit deren vergleichsweise Dürftiges auffällt.

Es ist im Übrigen das ganze technische Vokabular der Fotografie, das hier aufgerufen ist im Prozess der Wahrheitssuche, den Lang von Film zu Film betreibt und besonders in MINISTRY OF FEAR: das «Licht, das strahlt», die «Entwicklung», der «Entwickler». Ontologie der neu zu sehenden Welt. Silberner Puder in die Augen: Das Fotografische weist nicht das Reale vor.

Was aber noch fundamentaler ist, ist die fehlende Tür zum Ausgang; die fehlende Tiefe, in der sich das unsichtbare Anderswo verstecken könnte. Im Gegensatz zu so und so vielen anderen (und dem, was gewisse andere sagen) hält der deutsche Regisseur nicht Sichtbares und Unsichtbares, nicht Licht und Schatten gegeneinander als wäre es Lüge und Wahrheit. Bei ihm sind sie Rücken an Rücken. Keine Ambiguität, in die sich ein mögliches Rettendes einschleichen könnte, keine unvernünftigen Erklärungen. Es ist gesagt worden, der Zuschauer schließe sich in MINISTRY OF FEAR der Sicht eines Geisteskranken oder vorgeblich Geisteskranken an, und das könne die offensichtlichen Ungereimtheiten der Handlung erklären. Nichts ist falscher: Von Beginn an, der Szene im Zug, erfahren wir Dinge, welche die Filmfigur nicht weiß (die vorgebliche Blindheit des Reisenden), wir wissen also, dass er nicht verrückt ist. Die Ungereimtheiten bleiben nichtsdestoweniger bestehen. Weder der Wahnsinn noch die paroxystische Emotion noch das Liebes-Pathos sind bei Lang also deformierte Erklärungen der Welt, wie sie das bei Murnau, Hitchcock oder Welles sein können. Bei Lang ist die Vernunft immer gegeben mit dem Licht, und genügen tut sie nie. Deshalb ist sein Kino von einer so schneidenden Grausamkeit wie kein anderes.

Vincent Amiel
«Positif», November 1994
Übersetzung von Johannes Beringer

THE WOMAN IN THE WINDOW

USA 1944

Drehbuch Nunnally Johnson, nach dem Roman «Once Off Guard» von James Harold Wallis
Kamera Milton Krasner
Ton Frank McWhorter
Musik Arthur Lange
Schnitt Marjorie Johnson
Ausstattung Duncan Cramer, Julia Heron
Kostüme Muriel King
Darsteller Edward G. Robinson, Joan Bennett, Raymond Massey, Dan Duryea, Edmond Breon, Thomas E. Jackson, Arthur Loft, Dorothy Peterson, Carol Cameron, Bobby Blake, Frank Dawson, Harry Hayden
Produzent Nunnally Johnson
Produktion International Pictures/Christie Corp., RKO Radio Pictures Inc.
99 Minuten, Schwarzweiß

PB: Warum haben Sie entschieden, dass sich das Ganze als Traum herausstellt? Endet der Roman nicht anders?

FL: Ich glaube ja. Aber sehen Sie, was würde passieren, wenn wir das Ganze nicht als Traum betrachteten? Ein Mann ist unglücklich, weil seine Frau und seine Kinder, die er sehr liebt, ohne ihn auf Reisen gegangen sind. Er ist allein in New York, es ist sehr heiß. Er geht in seinen Club, trinkt etwas zu viel und lässt sich mit einer jungen Frau ein, die ihn mit zu sich nachhause nehmen möchte. Nichts passiert – ich glaube, sie küssen sich nicht einmal –, doch dann kommt ein wütender Liebhaber herein und versucht den Mann zu erwürgen. Er greift zum nächsten Gegenstand, den er erreichen kann, eine Schere, und ersticht den anderen. Das ist noch kein Mord, es ist Notwehr. Es gibt noch keine wirkliche Schuld. Die Schuld beginnt erst, als er die Leiche loszuwerden versucht – was sehr verständlich ist für einen Mann, der sich fürchtet und nicht viel vom Leben weiß. Dann kommt Dan Duryea als Erpresser hinzu und es geschehen zwei oder drei Morde. Und wofür? Es gibt keinen wirklich guten Grund, so etwas zu zeigen. Daher entschloss ich mich, einen Traum daraus zu machen. Ich hatte einen fürchterlichen Kampf mit Nunnally Johnson, der das Drehbuch schrieb und der sogenannte Produzent war. Sie wissen so gut wie ich, dass dieser Trick mit dem Traum so alt ist, dass man ihn eigentlich nicht mehr verwenden sollte. Aber ich hatte die Idee – und das stellte alles auf den Kopf –, dass die Figuren des Traums Leuten entsprechen, die der Mann auch im wirklichen Leben kennt, was wir aber erst bemerken, nachdem er wieder erwacht ist. [...]

Was uns noch einmal zum Unbewussten bringt. Jahre zuvor hatte mir Erich Pommer DAS CABINET DES DR. CALIGARI (Robert Wiene 1920) angeboten, den ich aber nicht machen konnte. [...] Die Geschichte war bereits geschrieben, und mein einziger Beitrag bestand darin, dass ich zu Pommer sagte: «Sehen Sie, wenn die expressionistischen Dekors für die Welt der Wahnsinnigen stehen und Sie sie von Anfang an zeigen, bedeuten sie nichts mehr. Warum gestalten Sie den Prolog und den Epilog des Films nicht normal?» So beginnt der Film nun im Garten eines Irrenhauses und wird normal erzählt. Wenn die Geschichte aber den Blickpunkt der Insassen einnimmt, wird es expressionistisch. Am Ende normalisiert sich alles wieder und wir sehen, dass der Bösewicht der Geschichte, Dr. Caligari, ebenfalls der Doktor des Irrenhauses ist. Was ist dieses Ende von CALIGARI – wo wir Leuten begegnen, die wir auch «im Traum» gesehen hatten – anderes, als das Ende von WOMAN IN THE WINDOW? Aber auch dies war unbewusst – ich hatte gar nicht daran gedacht, dass ich mich selbst kopierte, als ich die Idee für WOMAN IN THE WINDOW hatte.

Peter Bogdanovich: «Fritz Lang in America», S. 63f.

Über Freud hinaus

Vor vierzig Jahren fragte sich Jacques Bourgeois, wie man THE WOMAN IN THE WINDOW unter den frisch importierten Hollywood Produkten einordnen müsse, «nicht nur» ein simpler Thriller, sondern ein tragischer Film, ein «drame noir», wie man damals sagte («La Revue du cinéma», Nr. 2, November 1946). Auf der profunden «Nicht-weiter-Entwicklung» von Lang seit M insistierend, fand er «diese Anhäufung von kleinen, wie durch die Lupe eines Untersuchungsrichters vergrößerten Details geistig schwer erträglich». Es gibt objektiv gesehen allerdings sehr viel weniger Großaufnahmen in THE WOMAN IN THE WINDOW als in M; ich bin nicht einmal sicher (nach einem einmaligen Wiedersehen des Films), ob es mehr als zwei oder drei sind, die sich stricto sensu so qualifizieren lassen. Gewöhnliche Objekte wie eine Schere, durch Straßenschmutz fahrende Pneus, ein Stacheldrahtzaun werden hier zu Fallen und zu Beweisen, welche den Begriff der Schuld übersteigen. Erstaunlich also, dass der Kritiker daraufhin Lang in die «pränazistische» (sic) Kultur des vorherigen Nachkriegs zurückverweist, die angeblich von «Romanschreibern wie Ewers» repräsentiert worden sei, welche versucht hätten, «vor allem ein Maximum an starken Emotionen zu provozieren, indem sie die brutalen Seiten im Leser ansprachen unter dem Vorwand, ihn so in seinen tiefern Schichten zu erreichen.»

Tatsächlich kommt THE WOMAN IN THE WINDOW ein besonderer Status im Gesamtwerk von Lang zu, und dies nicht nur, weil Lang mit dem Film erstmals «associate producer» von Walter Wanger wurde (dem Ehemann von Joan Bennett) und damit eine «Serie» von vier «psychoanalytischen» Filmen inaugurierte. Ich muss gestehen, dass ich mich mit gemischten Gefühlen an den Film erinnerte, und dies wegen der langsamen, gedämpften, hie und da schwatzhaften, sehenden Auges «leimenden» Exposition – mein Gedächtnis war noch eingenommen von der Souveränität, der berühmten «Brutalität» so vieler Filme nach DAS TESTAMENT DES DOKTOR MABUSE. Aber Lang hat nie aufgehört ein experimentierender Cineast zu sein (und nicht nur aus Gründen des «run for cover» wie Hitchcock), eine Tendenz , die für einen Künstler seiner Statur das Gegenmittel zur Tendenz des «Sich-Wiederholens» war. THE WOMAN IN THE WINDOW erscheint so als einziger Versuch Langs im Bereich der «terror comedy», ein im Wesentlichen britisches Genre oder Subgenre, dem sich Nunnally Johnson bei passender Gelegenheit wohl nicht zufällig in den Jahren 1943/44 zugewandt hat. Die psychoanalytische Mode war da definitiv in Amerika angekommen – Freud hatte keine Gelegenheit mehr, seinen berühmten Satz «Sie wissen nicht, dass wir ihnen die Pest bringen» auszusprechen. Der Held der Geschichte ist jedoch ein vom Freudianismus befallener Kriminologe, kein wirklicher Analytiker (der sich nie und nimmer hätte foppen lassen von seinen «Fehlleistungen»: glaubt, er habe seinen Hut verlegt, das «Hohelied» liest, nachdem er gesagt hat, dass er einem Striptease-Auftritt – zu Hause – zustimmt, und anderem mehr!). Das satirische Element ist vorgegeben: Wanley ist durchschnittlich verheiratet und hat augenscheinlich klein beigegeben (seine beiden Kinder, ein Junge und ein Mädchen – die beispielhafte «Projektion» ihrer Eltern –, setzen sich auf die Koffer, indem sie sich den Rücken zudrehen). Er ist nicht sehr befähigt, seinen beruflichen und gesellschaftlichen Verpflichtungen nachzukommen (im sehr «englisch» aussehenden Klub schläft er ein), und sein leichter Masochismus (oder seine unverbesserliche Art des Verdrängens) wird dadurch signalisiert, dass die «Bösen» in seinem Traum ihm gegenüber im Leben diskret und servil sind. Kurz und gut, der Konformismus dieser (durchaus sympathischen) Person wird «auf Herz und Nieren geprüft», bis zur Prüfung des Traums. Dieser ist nicht nur angelegt als Kompensation seiner erotischen Neigungen: Nach Langs ausdrücklicher Absicht sollte der Traum so funktionieren, als «bürste» er die freudsche Sublimation «gegen den Strich», von Wanleys Seite aus ist er der Versuch (und das Scheitern), ein Kunstwerk zum Substitut einer frustrierenden Existenz zu machen. Halber Psychoanalytiker, der er ist, ist er nahezu auch halber Künstler (in der bürgerlichen Vorstellungswelt wenigstens) durch die Spuren seiner sinnlichen Genüsse: der Zigarre, dem Alkohol, der «orientalischen» Träumerei, schließlich durch sein Interesse am Bild Joan Bennetts. Nicht das erste Mal (seit dem wunderbaren «Traum» von Bussy d'Amboise in «La Dame de Monsoreau» von Dumas) geschieht es, dass ein Mann, in wirklicher oder supponierter Verdammnis, zu sehen glaubt, wie das Bildnis einer Frau sich vor seinen Augen animiert. In dieser Hinsicht gibt es einen verwirrenden Bezug von THE WOMAN IN THE WINDOW zu LAURA insofern, als der Nichtkünstler Mark und der gescheiterte Künstler Waldo Lydecker, sich um ein vergöttertes Bildnis an der Grenze von Schlaf und Tod streitend, nichts anderes sind als die zwei Gesichter ein und desselben Menschen, mithin des Zuschauers: Der Film von Preminger ist genau zeitgleich mit dem Film von Lang, der sich dann von Vera Caspary inspirieren ließ zu einem seiner düstersten Filme, THE BLUE GARDENIA.

Weil aber Fritz Lang alles, was er anfasst, ernst nimmt, sieht er zu, dass keine vulgäre «Fantastik» in seine Erzählung einfließt (wie jene, die 1945 der Vorwand von DEAD OF NIGHT war, einem der überzogensten Filme aller Zeiten). Und weil dieser Ernst sich ebenso auf die Psychoanalyse erstreckt (die er, vergessen wir das nicht, beinahe aus erster Hand kennt), gibt der Cineast im «Rahmen» der einführenden Exposition und der finalen Pirouette einer veritablen «Verkehrung» der Prinzipien des Thrillers Raum, einer Verkehrung, die frei von Ironie ist (außer beim Auffinden der Leiche durch einen Pfadfinder, wobei die Albernheit des im Entstehen begriffenen Televisionellen auf den hellsichtigen Teil der Albernheit des Traums trifft ... was uns zur Warnung dienen sollte!): Der Thriller geht mit latent psychoanalytischen Figuren um und zieht eine Metaphysik aus den Untiefen der «Seele», der Traum in THE WOMAN IN THE WINDOW reduziert diese Figuren auf ihr manifestes, «schreckliches» Dasein, «exploriert» jedoch diese selben Untiefen als reines Spektakel, in dem die Metaphysik sich in Kunst «vervollkommnet».

Dieses Wort ruft, da es sich um Lang und das Verhältnis zu dessen Klarsicht handelt (die für uns heute tatsächlich, in der Konfusion des Jahrhunderts, eine invertierte Klarsicht ist), das der Moral auf – erinnert sei daran, dass Lang (gegen seinen Szenaristen-Produzenten, der ihm später recht gab) sich entschieden hat, den Film mit dem Aufwachen des Helden zu beenden. Die Kräfte, die Wanley zum Verbrechen führen, haben demnach nicht die notwendige Größe und Universalität, um auf der Höhe von Verbrechen und Strafe zu sein (der für das Ausgangsmaterial Verantwortliche war mithin weder Shakespeare noch Dostojewski noch ... Fritz Lang), nach Lotte Eisner hat das Publikum lediglich eine «flüchtige Trauer» verspürt. Diese kritische Dimension, die einige amerikanische Filme tatsächlich von jenen der deutschen Periode trennt, «fehlt» jedoch völlig beim schönsten Film der psychoanalytischen Serie, SECRET BEYOND THE DOOR, obwohl das Skript sich der feuilletonistischen Literatur bedient, deren kinematografische Validität REBECCA eben demonstriert hatte. (Wahr ist allerdings, dass der Misserfolg dieses letzten Films das Ende der Produktionen Wanger-Lang bedeutete.) Peter Bogdanovich gegenüber bemerkt Lang recht hinterlistig, das Einfügen des Traums in eine banale Situation habe etwas mit seinem einzigen Beitrag zu DAS CABINETT DES DOKTOR CALIGARI zu tun: Er habe geraten, das expressionistische Delirium zwischen einen «normalen» Prolog und Epilog zu stellen.

Während der Prolog von THE WOMAN IN THE WINDOW kaum etwas voraussehen (wohl aber ahnen) lässt vom Dramatischen der Begegnung, gibt der Epilog ein wunderbares Beispiel für einen «Lapsus», das Freud gefallen hätte. Professor Wanley, auf dem Bürgersteig von einem Straßenmädchen um Feuer gebeten, flieht mit den Worten: «Nein, nicht für tausend Dollar!» Das Komödiantische der Szene verweist dennoch auf seinen Wahn: Die Zurückweisung des sexuellen (symbolischen) Akts und die Verkehrung der Verrichtung (im Bezahlen) erreicht hier einen Höhepunkt der Verneinung. Sie hat faktisch, so wie es bei einem Alptraum (und danach) zu erwarten ist, den ganzen Film hindurch unterschwellig Bestand gehabt: Es gibt nie eine Umarmung zwischen den «Liebenden» (Lang zu Bogdanovich); Wanley steht einer Frau von unsicherem sozialen Status gegenüber, wie sie die Zensur, ab dieser Epoche, nur in Thrillern tolerierte. Sie ist weder vulgäre Prostituierte noch wirkliche Künstlerin (doppelt ideal für Wanley selbst) – sie ist ein weiblicher Narziss; der über dem Bett angebrachte Spiegel spricht sowohl für ihren erotischen Exhibitionismus wie für ihre Situation als hintergründig ausgehaltene Frau. (Die hyper-silberne und leuchtend-schwarze Fotografie kommt hier der unwirklichen Schönheit von Joan Bennett perfekt zugute.) Die psychologisch beängstigendste Episode (vor dem «Suizid») – die der Gegenüberstellung, die nicht gelingt – beruht, mit einer außergewöhnlichen Kenntnis der Mechanismen des Traums, auf derselben Verleugnung (des Begehrens und der Schuld): eine große Lektion im Übrigen, was die Mise en Scène von Lang betrifft, alles ist ja vom Blickpunkt des Protagonisten aus gesehen (THE WOMAN IN THE WINDOW ist ein Film-Limit, der sich auf die eine Person stützt) und doch gibt es einen «höheren» Standpunkt. Die Verknüpfung der sexuellen Bezüge gehorcht derselben «unglücklichen» Logik: Der Champagner-Korken bricht (vorzeitige Ejakulation), «provoziert» den Regen (der, wie Lang betont, im vorher gesehenen Straßen-Dekor nicht gefallen ist und eine unbestimmte Angst aufkommen lässt, später verstärkt durch die verräterischen Spuren im Schmutz der Straße) und «führt» den mysteriösen Liebhaber von Alice «ein». Wanley verteidigt sich gegen ihn mit Stichen der Schere, der Schere, die dazu dienen sollte, den Champagner zu entkorken, oder genauer, um den durch Wanleys Ungeschick schadhaft gewordenen Korken zu entfernen: Das Werkzeug, das Zugang zum Vergnügen verschaffen sollte, verwandelt sich so (klassischerweise) in eine Waffe der Unterdrückung (Kastration) des «anderen Mannes»[1], und vermittelt das Fantasma, jederzeit potent zu sein, in der doppelten Bedeutung des Wortes. Wanley hat es mit seinem Vater, oder mit Gott, zu tun: mit seinem Über-Ich, wenn man so will, das ihm eingibt, er sei Herr über die Zeit und könne über eine hübsche Frau verfügen. Als er aufwacht, fragt er als erstes nach der Zeit, er ist im Klub aus Gründen des Verweilens geblieben, und entscheidet sich nicht nur der inoffensiven erotischen Bilderwelt wegen für das Salomon zugeschriebene Buch. Dem Lesebeflissenen (dem E.G. Robinson, immer exzellent, wenn er sich nicht als «Bösewicht» karikiert, sozusagen ein «Zuviel» an Intelligenz und Selbstsicherheit verleiht) ist bewusst, dass Salomon in der Legende die Verjüngung (durch Sulamit) und die Dauer beherrschen will (durch den Tempel). Während die körperliche Anwesenheit Alices im Traum nach und nach schwindet (sie wird dafür zu einer falsch Verdächtigten, die man nur von Ferne sieht), zieht die Erpressung (Dan Duryea), eine besonders perverse Art der sich selbst-widersprechenden Selbstverleugnung, die Schlinge um den Hals des unglücklichen Wanley zusammen. Er kann sich noch so sehr eine Zufallslösung «vorstellen» (den «akzidentiellen» Tod des Leibwächters auf den nassglänzenden Straßen, in denen der Regen aufgehört hat) – ein Hindernis bleibt bestehen und drängt ihn zum Selbstmord. Er würde also, Puritaner, der er eigentlich ist, den berühmtesten Satz des Poems umkehren: «... denn die Liebe ist stark wie der Tod.» Er «klammert sich» an ein unbedeutendes Detail vom Vortag (die Erwähnung des Herzmittels), so dass er für uns, in der Realität der Erzählung, im Nachhinein, immer noch klassischerweise, nie so nah am Aufwachen ist wie im Moment der schlimmsten Angst. Doch der Mensch wird, in dieser Mischung aus Respekt und Verachtung, welche die Würze des langschen Denkens ausmacht (und früher so viele simplifizierende Interpretationen provozierte), in der Weise gezeigt, dass die «schlimmste Angst» durch den Tod aufgehoben wird ... oder durch das Leben. Den symbolischen Verneinungen des Traums lässt Lang einen technischen Kraftakt folgen, welcher die «Wahrscheinlichkeit» oder den «Realismus» zum Vorwand nimmt, um der Geschichte, die er an uns weitergibt, ihre Würde zurückzuerstatten (und also auch ihrem Helden). Auf der Leinwand gibt es weder Tricksereien noch eine Lösung für den Übergang vom Traum ins Leben. Der Mensch, der «stirbt», aufersteht in identischer Weise, die Details des Dekors und der Kleidung sind dieselben. In gleicher Weise ist uns Alice Reed zuerst als fast identisch mit ihrem Porträt erschienen, sich neben ihm in der Scheibe spiegelnd. Der Film saugt, über die Skrupel seines Autors hinaus, seine eigenen Bestandteile wieder in sich auf (durch den Erfolg vermittelte Skrupel, obschon jener ja dazu führte, dass dieselben Karten für den inferioren SCARLET STREET neu gemischt wurden). Mehr als im Nachzeichnen einer wenig wahrscheinlichen Stimmung, basiert diese «Frau im Fenster» (per Definitionem unerreichbar) «auf der Entscheidung» zum besten schwarzen Humor oder eben auf Langs beständigem Umgang mit seiner geheimen Thematik: Gleichwertigkeit von Illusion und Denunziation dieser Illusion, radikales Risiko des Mordes als Selbstbestätigung, (minutiöser und gefährlicher) Zugang zur menschlichen Arbeit über und durch das Bild – mit einer Evidenz, welche sich aus «natürlicher» Notwendigkeit ergibt. Dieselbe, die Freud in den Träumen (blind) am Werk zu sehen glaubte.

Gérard Legrand
«Positif», November 1987
Übersetzung von Johannes Beringer

1 Vgl. den Suizid des «Schneiders» Dan Duryea in MINISTRY OF FEAR, im selben Jahr 1944.

THE WOMAN IN THE WINDOW, 1944

SCARLET STREET, 1945

SCARLET STREET

USA 1945

Drehbuch Dudley Nichols, nach dem Roman/Theaterstück «La Chienne» von Georges de la Fouchardière
Kamera Milton Krasner
Ton Bernard B. Brown
Musik Hans J. Salter
Schnitt Arthur Hilton
Ausstattung Alexander Golitzen
Kostüme Travis Benton
Darsteller Edward G. Robinson, Joan Bennett, Dan Duryea, Margaret Lindsay, Rosalind Evan, Samuel S. Hinds, Jess Barker, Arthur Loft, Vladimir Sokoloff, Charles Kemper, Russell Hicks, Anita Bolster, Cyrus W. Kendell, Fred Essler, Edgar Dearing, Tom Dillon, Chuck Hamilton, Gus Glassmire, Howard Mitchell, Ralph Littlefield, Sherry Hall
Produzenten Fritz Lang, Walter Wanger
Produktion Diana Productions, Universal International
102 Minuten, Schwarzweiß

FL: Meiner Ansicht nach ist Robinsons Verhängnis in dem Film das eines Künstlers, der mehr an seinen Gemälden interessiert ist, als daran, mit ihnen Geld zu verdienen. Es gibt eine Szene, in der er Joan Bennett erlaubt, ihren Namen auf seine Gemälde zu setzen, und am Ende wird er zu einem Penner. Zwar wissen wir, dass der Wert seiner Bilder in die Höhe geschossen ist, doch ist er selbst von allen vergessen. Er ist ein unbekanntes Genie. Er schläft auf einer Parkbank im Central Park, es ist kalt, ein Polizist kommt und gibt ihm einen Klapps auf die Schuhsohlen. Er ist ein unrasierter alter Mann, in dessen Geist weiterhin Joan Bennett herumspukt, die er getötet hat, die er geliebt hat und die er nicht vergessen kann. Er geht eine Straße hinunter und wir hören «Jingle bells, jingle bells ...», alle sind glücklich. Aus einer Kunstgalerie wir sein letztes Gemälde getragen, das Porträt der Frau, und jemand sagt: «Es war sehr billig, es kostete mich nur soundsoviel tausend Dollar». Und da sehen wir den Penner, der es gemalt hat, was niemand weiß, und er geht die Straße hinunter, wobei immer noch ihre Stimme in seinen Ohren klingt.

PB: Hatten Sie bei diesem Ende Probleme mit der Zensur, da Robinson, der ja ein Mörder ist, nicht offiziell für sein Verbrechen verurteilt wird?

FL: Komischerweise nein. Ich habe irgenwo gelesen, dass das Hays Office von einem Jesuiten gegründet worden war. Und Hays selbst war Katholik. Ich hatte nicht das geringste Problem mit dem Film, und dies weil Robinson sehr wohl bestraft wird – in einem höheren Sinn.

Peter Bogdanovich: «Fritz Lang in America», S. 66f.

Vom Bilderfälschen

Von der Kälte gebeugt streicht ein alter, zerlumpter Mann durch die winterlichen Straßen von Manhattan. Apathisch, teilnamslos starrt der obdachlose Streuner die glitzernden Auslagen der Schaufenster – bis sein Blick auf das Ausstellungsstück einer teuren Galerie fällt. – Formatfüllend das Gemälde einer Frau, en face in strenger Pose porträtiert. Die flächige, dekorative Malweise läßt ihre Schönheit puppenhaft erstarrt erscheinen. Wie ein direkter Blick zwischen zwei Figuren stoßen die Bilder aufeinander. Der Mann selbst hat dieses Gemälde geschaffen, das – wie er früher im Film gesagt hat – wie jedes Bild eine Liebeserklärung ist. Eine falsche Signatur macht aus seinem Bild ein angebliches Selbstporträt. Und zum letztenmal, wie vorher schon so oft, wird der Mann stummer, demütiger Zeuge, wie über den Wert, den Preis seiner Bilder gesprochen wird. Eine elegante Frau im Pelz hat das Bild gekauft, es wird zu ihrem Wagen getragen und verladen. Gebrochen schlurft der Mann weiter, verschwindet in der Menge, während in seinem Kopf endlos die Stimme der Frau auf dem Bild widerhallt, um derentwillen er zuerst zum Dieb und dann zum Mörder wurde.

Alptraumhaft endet SCARLET STREET, düster wie ein Nachtmar. Doch schon zu Beginn des Films ist dieser Christopher Cross, den Edward G. Robinson spielt, ein wahrlich armer Kerl. In seinem Betrieb wird der brave Kassierer für seine langjährige Betriebszugehörigkeit und seine treuen Dienste mit einer goldenen Uhr abgespeist. Zu Hause malträtiert ihn seine zänkische Ehefrau mit Vorwürfen, er verdiene zuwenig, versorge sie nicht richtig. Dann kommandiert sie ihn zum Tellerwaschen; gehorsam bindet er die Schürze um. Um zu malen, verkriecht er sich jeden Sonntag im Badezimmer. In seiner Malerei sucht er nach der Schönheit und Liebe, die er in seinem Alltagsleben nicht erfahren kann. Durch die Begegnung mit dem Straßenmädchen Kitty (Joan Bennett) wird ihm auch dieser letzte Ausweg zerstört werden. Was ihm zuerst wie eine große Hoffnung erscheint, wie die Möglichkeit auf ein ganz anderes, freieres Leben, in dem sich seine Liebe zu dem Mädchen und seine Malerei verbinden könnten, ist von Anfang an nur auf Betrug und Geldgier aufgebaut. Und bald kommandiert ihn Kitty herum, genau wie seine Frau. Als er sie malen möchte, sagt sie nur «paint my nails» und streckt das Bein aus. Gehorsam kniet er vor ihr nieder und lackiert ihr die Fußnägel.

[...]

Als Vorlage für das Drehbuch diente das Theaterstück «La Chienne» von Georges de la Fouchardière. Jean Renoir hatte daraus 1931 einen wundervollen Film gemacht, und Lubitsch wollte unbedingt ein amerikanisches Remake drehen. Paramount hatte daher für ihn die Rechte gekauft. Nachdem alle vorherigen Versuche zur Adaption gescheitert waren, schrieb Dudley Nichols das Drehbuch für die unabhängige Produktionsfirma Diana, die Fritz Lang mit Walter Wanger und dessen Ehefrau Joan Bennett gegründet hatte. Fatalistisch sind in der amerikanischen Version alle Personen in ihren Positionen festgelegt, ausweglos gefangen in den engen, verschachtelten Innenräumen. Chris ist schwach und muß deshalb leiden. Johnny ist die Inkarnation des Bösen und bekommt die Strafe, die er verdient, auch wenn es für eine Tat geschieht, die er nicht begangen hat. Und auch Kitty findet keinen Weg zu sich selbst. Keine der Figuren hat wirklich eine Chance. Hoffnung keimt nur auf, wenn zum einzigen Mal in diesem reinen Studiofilm die Natur auftaucht. Christopher Cross und Kitty sitzen in dieser Szene draußen in einem winzigen Gartenlokal. Die Kamera hoch oben über der Szene, quasi in dem unsichtbaren Baum, in dem ein Rotkelchen singt. Robinson imitiert den Vogel perfekt, und Joan Bennett ist von dieser Leistung beeindruckt. Die Kamera schwenkt herab, auf das Paar zu, und wenn Cross jetzt von seiner Jugend spricht, wenn er in einfachen, aber bewegenden Worten von seiner Malerei erzählt, da scheint – für einen kurzen Moment nur – die Möglichkeit einer Nähe zwischen den Figuren auf. Die Worte scheinen Kitty wirklich zu erreichen, zu berühren. Aber kaum stellt sich die Frage, ob dieses Paar vielleicht doch eine Chance hat, da ist schon wieder alles vorüber. Es ist nur der materielle Wert der Bilder, der Kitty reizt. Ihr Interesse an Cross beruht ausschließlich darauf, daß sie ihn für einen wohlhabenden Mann hält.

Immer wieder machen sich die Personen ein Bild voneinander, und nie stimmt dieses Bild mit der Realität überein. Und den Bildern, die Erward G. Robinson malt, fehlt die Perspektive. Die Kunsthändler und Kunstkritiker, an der Verwertbarkeit seiner Malerei interessiert, finden dieses an den Stil von Rousseau erinnernde Element gut. Er selbst aber empfindet es als ein Problem, einen Mangel, den er nie beheben konnte. Seine Bilder werden dann noch einmal Abbild, Reproduktion der Reproduktion, wenn Lang sie als Drucke in der Zeitung zeigt. Am Schluß wird das falsche Selbstporträt ein weiteres Mal in der Zeitung erscheinen und die falsche Meldung über den Mord an Kitty illustrieren. Der Film führt vor, wie die Realität alle Stufen der Reduktion, Verzerrung und Verfälschung in ihrer Darstellung durchläuft. Und wie die Menschen darauf reagieren. Oder, wie es Frieda Grafe über Fritz Langs Filme geschrieben hat: «Seit wir das Kino haben, können wir die Zeichenhaftigkeit der Realität darstellen.»

Jochen Brunow
«Zeitung Deutsche Kinemathek», Berlinale 1990

CLOAK AND DAGGER

USA 1946

Drehbuch Albert Maltz, Ring Lardtner jr., nach dem Roman «Cloak and Dagger. The Secret Story of the O.S.S.» von Corey Ford, Alastair MacBain
Kamera Sol Polito
Ton Francis J. Scheid
Musik Max Steiner
Schnitt Christian Nyby
Ausstattung Max Parker, Walter Hilfort
Kostüme Leah Rhodes
Darsteller Gary Cooper, Lilli Palmer, Robert Alda, Vladimir Sokoloff, J. Edward Bromberg, Marjorie Hoshelle, Ludwig Stössel, Helene Thimig, Dan Seymour, Marc Lawrence, James Flavin
Produzent Milton Sperling
Produktion United States Pictures, Warner Bros.
104 Minuten, Schwarzweiß

FL: Das Bedeutsamste an dem Film war das Ende. Er hört jetzt damit auf, dass der italienische Wissenschaftler durch den Untergrund gerettet wird. Das britische Flugzeug landet und der amerikanische Geheimdienst-Mann (eine Figur, die Oppenheimer nachempfunden war) hat seine Mission erfüllt; das Flugzeug fliegt ab, das Mädchen winkt, er winkt, und es ist klar, dass sie sich nach dem Krieg wiedersehen werden. Das ursprüngliche Ende sollte dagegen so aussehen, dass der italienische Wissenschaftler im Flugzeug an einem Herzinfarkt stirbt, und das Einzige, was den anderen bleibt, ist ein Foto des letzteren mit seiner Tochter, auf dem im Hintergrund ungewöhnliche Bergformationen zu sehen sind. Die Geheimdienste Englands und der USA beraten sich und kommen zu dem Schluss: «Das kann nur in Bayern sein.» Sie begeben sich dort hin (übrigens filmte ich all das, die Fallschirmspringer usw.) und finden eine getarnte Straße und einen mit Strom geladenen Stacheldrahtzaun. Sie sind sehr vorsichtig, aber der Strom ist sowieso schon abgestellt. Sie finden Pillendosen, Zeug, das offenbar einfach liegen gelassen worden ist. Schließlich finden sie eine große Höhle, die leer steht. Sehen Sie, wir wussten ja bereits, dass die Deutschen mit Schwerem Wasser experimentiert hatten, um Atomkraft zu gewinnen – und wussten, dass es schon ein Kraftwerk in Norwegen gab –, aber Los Alamos war, wie Sie sich erinnern werden, noch ein großes Geheimnis. Nach einem Gespräch folgern sie, dass das Kraftwerk inzwischen irgendwo anders sein muss, vermutlich in Argentinien. Ein Sergeant kommt und erzählt, dass man 60.000 Sklavenarbeiter tot unter der Höhle gefunden habe. Gary Cooper geht nach draußen und sieht einen Fallschirmspringer – einen amerikanischen Jungen, der auf einem Grashalm kaut. Die Sonne scheint und Vögel singen. Da sagt Cooper so etwas wie: «Das ist das erste Jahr des Atomzeitalters. Möge Gott uns beistehen, wenn wir glauben, dass wir dieses Geheimnis vor der Welt verbergen und für uns behalten können.» Und DAS war der Grund, warum ich den Film machen wollte. Die gesamte Rolle wurde rausgeschnitten. Ich glaube nicht, dass sie noch existiert.

PB: Was glauben Sie, warum sie rausgeschnitten wurde?

FL: Das müssen Sie Warners fragen, ich weiß es nicht. Vielleicht war es, weil Hiroshima und Nagasaki noch nicht lange zurücklagen.

Peter Bogdanovich: «Fritz Lang in America», S. 69f.

Spiegel und Geste

Mit CLOAK AND DAGGER kommt jene Filmreihe zum Abschluss, die Hollywood der Propaganda gegen die Nazis gewidmet hatte. Gleichzeitig mit

Fritz Langs CLOAK AND DAGGER lief Alfred Hitchcocks NOTORIOUS. In beiden Filmen suchen Vertreter übler Mächte nach einer Möglichkeit, sich Kernkraft für ihre Zwecke nutzbar zu machen. Ebenso lassen beide Filme, das eine Mal mit Gary Cooper als Wissenschaftler und Akademiker, das andere Mal mit einer genusssüchtigen Ingrid Bergman Amateurspione auftreten, die in ihrem persönlichen Einsatz bis zum Äußersten gehen.[1]

Die gegen den Nazismus gerichteten Filme aus damaliger Hollywoodproduktion verfolgen das Thema in zwei Richtungen. In Frank Borzages THE MORTAL STORM etwa oder Fritz Langs HANGMEN ALSO DIE! (an dessen Drehbuch Bertold Brecht mitgearbeitet hatte) wurde der Widerstand gegen den Faschismus dargestellt, die Filme erhoben Anspruch, wenn nicht auf Übereinstimmung mit der Wirklichkeit, so doch wenigstens auf eine gewisse Glaubwürdigkeit. Dann gab es die Spionagefilme, hier steuerten wiederum Lang mit MANHUNT und MINISTRY OF FEAR und Alfred Hitchcock mit FOREIGN CORRESPONDENT und SABOTEUR eindrückliche Werke bei. Der Erfolg dieser Filme wird nicht eben in ihrer Glaubwürdigkeit zu suchen sein, vielmehr in ihrem unerschöpflich sprudelnden geistvoll unterhaltsamen Schwung, dies eine schöpferische Eigenheit beider großer Kinomänner, wie sie sich schon in Langs Mabuse-Filmen und Hitchcocks THE 39 STEPS gezeigt hatte. 1946, ein Jahr nach Ende des Krieges, sorgten dann eben diese beiden Regisseure für ein letztes Aufleben eines von der Geschichte bereits überholten Genres.

Fritz Lang vertraute Peter Bogdanovich an[2], dass die von Warner Bros. herausgegebene Version von CLOAK AND DAGGER, so wie wir sie kennen, eine verstümmelte sei, der Schluss wurde herausgeschnitten. Jetzt schließt der Film mit der Rettung des italienischen Wissenschaftlers Polda. Tatsächlich hatte Lang die versuchte Rettung Poldas mit seinem Tod scheitern lassen. Danach kehrte Alvah Jasper (Gary Cooper) nach Deutschland zurück, um eine an der Gewinnung von Kernkraft arbeitende Fabrik zu zerstören. Was Lang interessierte, war gerade eine Geschichte, die mit einem Scheitern endet, nachdem bereits zu Anfang in einer eindringlichen Betrachtung vor der atomaren Bedrohung gewarnt wurde. Robert Oppenheimer gab für Lang und seine Drehbuchautoren Albert Maltz und Ring Lardner Jr., (beide sehr links und fernerhin auf der «Schwarzen Liste») die Anregung zu dieser Figur ab, man begreift, welche Bedeutung für sie die schließliche Einsicht des Wissenschaftlers gehabt hätte. Unter dem Schock, den die Atombombenabwürfe über Hiroshima und Nagasaki ausgelöst hatten, entschied der Studiovorstand, seinerseits unter Druck der amerikanischen Regierung, leider Gottes die Weglassung dieses Endes[3] zu erzwingen. Dieser Eingriff und die schlechten Beziehungen zu Lilli Palmer, die das erste Mal in Amerika drehte, verstimmten Lang. Und obwohl er nicht müde wurde, Gary Cooper mit Lob zu bedenken und sich sehr zufrieden zeigte mit der Sequenz des lautlos begangenen Mordes, bewahrte er eine zwiespältige Erinnerung an den Film.

Die Mordsequenz ist tatsächlich ein starker Moment, wir werden später noch darauf zurückkommen. Nicht besonders herausgestrichen, erweist sich hier doch sicherlich die Kunst einer Regie, die eine Figur reichhaltig macht, indem sie das darzustellen sucht, was die Figur verbirgt oder der Film nicht zeigen darf. Beispiel dafür ist Langs planvoller Einsatz von Spiegeln, um die Figur auszubauen, die Gary Cooper ansonsten mit dieser bewundernswerten Kuleschow'schen [Leo Kuleschow, sowjet-russischer Regisseur und Filmtheoretiker] Zurückgenommenheit spielt, die man von ihm kennt. In einer stehenden Einstellung ergreift Lang Besitz von einem Dekor: darin Gary Cooper, sitzend oder aufrecht stehend, während sein Gesprächspartner, ganz oder teilweise außerhalb des Bildes, in einem Spiegel zu sehen ist. Dieses Verfahren findet sich mindestens dreimal in beispielhafter Weise angewandt. In einer Szene mit einem amerikanischen Spion trennt ein solches Bild im Bild Gary Cooper von den Geheimdienstangehörigen, mit denen er zusammenarbeitet: Ihr Kampf ist der gleiche, aber nicht ihre Beweggründe. In der Szene, in der Cooper der Nazispionin zu erkennen gibt, dass er sie in die Falle gelockt hat, wird uns so die Kaltblütigkeit vorgeführt, deren seine Figur fähig ist: In der Tat scheint der Spiegel jede Verbindung zwischen den beiden aufgehoben zu haben. Noch betont wird die Kälte durch die Art, wie Cooper es sich den ganzen Szenendialog über in einem Sessel bequem macht. In der längsten Zweier-Szene schließlich, mit Lilli Palmer in deren winziger Wohnung, wird der Abstand zwischen den beiden veranschaulicht, ihre Unfähigkeit, einander zu lieben. Wenn sie bei ihrer Trennung versprechen, einander wieder zu sehen, wird dieses aufgesetzte Happy End den Eindruck des Geschieden-Seins nicht vergessen machen, den die starken Bilder einer unerbittlichen Geometrie hinterlassen haben.

Dass Regisseur und Schauspieler Verbündete sind – man spürt es in den Szenen, die wir schildern wollen – ist im Übrigen zweifelsohne der Grund für Langs Zufriedenheit mit der Mordszene. Tatsächlich hatte er beschlossen, darin Darsteller einzusetzen, die Jiu-Jitsu oder Karate beherrschten, Kampftechniken, die für den damaligen westlichen Zuschauer noch etwas vollkommen Neues waren. Er überredete Gary Cooper, sich beim Drehen der Szene nicht doubeln zu lassen, wozu dieser sich, ganz Mann vom Fach, bereit erklärte. Es genügt, sich die Szene anzuschauen, um Langs Dankbarkeit zu begreifen. Die Schönheit der blitzschnellen Bewegung darin gründet auf einem Wissen um den Bewegungsausdruck des Körpers. Gewalttätig, sehr genau, sehr zielsicher, ist dieser Ausdruck von gleicher Art, wie eine Mise en Scène, die sich dem Wesentlichen annähert, ohne sich die geringste Abirrung zu gestatten. Lilli Palmer und Gary Cooper bemerken auf offener Straße den von den Nazis gedungenen Mörder Mark Lawrence. Eine Gruppe Musikanten singt ein bekanntes Lied. Cooper und Palmer beschließen, sich Lawrence vom Hals zu schaffen: Die junge Frau beschäftigt die Aufmerksamkeit des Mörders damit, dass sie direkt vor ihm so tut, als müsse sie sich einen Nylonstrumpf hochziehen. Darauf drängt Cooper ihn in den Eingang eines Gebäudes. Während von draußen weiterhin das Lied zu hören ist, geht Cooper seinen Widersacher mit grausamem Ungestüm an, wobei ihm während des Kampfes nicht auch nur der geringste Laut entschlüpft. Als das Lied zu Ende ist, tötet er den anderen.

In einer Einstellung, die in ihrer verblüffend jähen Art bezeichnend für Lang ist, greift Lilli Palmer, die den Aufpasser gemacht hat, ein, indem sie mit einem Fußkick einen Revolver beiseite schlittern lässt, weil er beim Abfeuern zu viel Lärm gemacht hätte. Nur was dieser Aktion unmittelbar vorausgeht, stückelt Lang in der Montage, die Geste zeigt er als ununterbrochenes Ganzes in einer sehr kurzen Einstellung. An anderer Stelle finden wir diese Kunst des Gestischen wieder, die nach Lang so wesentlich ist für die Arbeit mit den Schauspielern: in Großaufnahmen nah beieinander die Gesichter der beiden Kämpfenden. Die Finger von Mark Lawrence krallen sich in Coopers Gesicht, dicht an seinen Augen bis aufs Blut. Eine außerordentlich starke Geste, wobei der Höhepunkt der Szene der Moment ist, wenn Mark Lawrences Körper ganz sanft zwischen die gespreizt stehenden Beine Coopers gleitet[4]. Der Schluss wird eingeleitet mit Hilfe eines Gegenstandes, der für einen Übergang steht, ein Verfahren, mit dem Lang hervorragend umzugehen versteht[5]. Die Kamera verharrt in einer festen Einstellung, in der ein Ball über die Stufen einer Treppe herunterspringt: Wird der Mord entdeckt werden? Die Gelassenheit, mit der erst ein Kind, dann seine Mutter dem Ballon nachgeht, verneint die Frage, aber noch wissen wir nicht, wie Cooper es angestellt hat, sein Verbrechen zu verbergen. Die Kamera folgt dem Kind und seiner Mutter, wie sie sich in der Nähe Coopers bewegen. Dieser hat den Leichnam auf ein Fass gesetzt und ihm eine Zeitung zwischen die Hände gesteckt, in der er jetzt über dessen Schulter hinweg zu lesen scheint.

Einfach und schnörkellos, mit ihrer Verbindung aus Kunstvollem (die Geometrie) und Instinktivem (vollendeter Umgang mit dem Gestischen), begeistert die Kunst Langs immer wieder von neuem. Hält man sie eben noch für kühl, ist sie im nächsten Moment brennend heiß. Scheint sie einer schnurgeraden Linie zu folgen, lässt eine Gebärde sie plötzlich davon abweichen. Wirkt sie trocken, trifft uns mit einem Schlag ihre ganz handfeste Gewalt. Trotz des Drucks, den das Studio ausgeübt hat, beweist CLOAK AND DAGGER uns in aller Deutlichkeit, dass diese Kunst sich kraftvoll über jedes Hindernis hinwegsetzt.

Christian Viviani
«Positif», November 1994
Übersetzung von Julia Bantzer

1 Alfred Hitchcock gab gegenüber Truffaut zu, in Lang einen der ganz wenigen Kinomacher zu finden, die ihm eine Quelle der Anregung seien. Sicherlich hat er an CLOAK AND DAGGER gedacht, als er an TORN CURTAIN arbeitete. Dies gesagt – es wird nur selten angemerkt – sieht man deutlich, dass diese beiden ganz großen und sehr verschiedenen Kinomänner zur selben Künstler-Familie gehören: der, die Formen schaffen.

2 Fritz Lang in America, Studio Vista, London 1967

3 Ganz so, wie bei Alfred Hitchcocks NOTORIOUS, wo einige zu genaue Einzelheiten weggelassen wurden.

4 Dazu mögen einem die Hände des sterbenden Wolfgang Kieling einfallen, wie sie in TORN CURTAIN einige Augenblicke vor dem Gesicht Paul Newmans flattern und zappeln.

5 Siehe auch den Luftballon in M und den Melonen-Hut in HANGMEN ALSO DIE!.

CLOAK AND DAGGER, 1946

SECRET BEYOND THE DOOR ..., 1947

SECRET BEYOND THE DOOR ...

USA 1947

Drehbuch Silvia Richards, nach der Kurzgeschichte «Museum Piece No. 13» von Rufus King
Kamera Stanley Cortez
Ton Leslie I. Carey, Glenn E. Anderson
Musik Miklos Rozsa
Schnitt Arthur Hilton
Ausstattung Max Parker, Russell A. Gausman, John Austin
Kostüme Travis Banton
Darsteller Joan Bennett, Michael Redgrave, Anne Revere, Barbara O'Neil, Natalie Schaefer, Paul Cavanagh, Anabel Shaw, Rosa, Rey, James Seay, Mark Dennis, Donna Di Mario, David Cota, Tom Chatterton, Ralph Littlefield
Produzenten Fritz Lang, Walter Wanger
Produktion Diana Productions Inc., Universal Pictures International
99 Minuten, Schwarzweiß

FL: Es war nicht meine Idee, den Film zu machen. Wanger [Walter Wanger, Produzent] hatte einige alte Drehbücher und alles war verhext von Anfang an – es gab Ärger mit dem Chefkameramann, Ärger mit dem Drehbuch. Aber ich werde Ihnen sagen, was eigentlich die Idee war. Erinnern Sie sich an die wundervolle Szene in REBECCA (Alfred Hitchcock 1940), wo Judith Anderson über Rebecca spricht und Joan Fontaine deren Kleider und Pelzmäntel usw. zeigt? Als ich den Film sah (ich bin ein sehr guter Zuschauer), war Rebecca ANWESEND. Ich sah sie. Es gab die Kombination aus einer brillanten Regie, einem brillanten Drehbuch und wundervollem Schauspiel. Da hatte ich – sprechen wir über Diebstahl – das Gefühl, dass ich in diesem Film etwas Ähnliches machen könnte, wenn Redgrave von den verschiedenen Zimmern erzählt. Aber seien wir offen, bei mir hat es nicht wirklich geklappt. Ebenso hatte ich die Idee, dass die Stimme des Unbewussten – wenn wir Joan Bennetts Gedanken hören – von einer anderen Schauspielerin gesprochen werden sollten. Denn sie WAR dann eine andere; in uns allen gibt es etwas, das wir vielleicht nicht kennen. Aber Joan sagte mir, dass sie sehr unglücklich wäre, wenn ich das tun würde, also ließ ich es bleiben. Aber vermutlich hätte ich es doch tun sollen. Einmal stritt ich mich mit einem befreundeten Autor, der den Film im Fernsehen gesehen hatte. Ich sagte: «Außerdem finde ich, dass die schnelle Heilung am Ende, nachdem er versucht hat sie mit dem Schal zu erdrosseln, völlig lächerlich ist. Kein Kranker kann so schnell geheilt – oder überhaupt nur gestoppt – werden!» Und er sagte, «Naja, Fritz, in jenen Tagen war man psychoanalytisch noch nicht so bewandert.» Ich allerdings schon!

Peter Bogdanovich: «Fritz Lang in America», S. 73f.

Der Geist der Orte

Während einer Reise nach Mexiko begegnet Celia, eine reiche Erbin, die im Begriff steht, den Rechtsanwalt der Familie zu heiraten («um ein Ende zu machen»), einem dilettierenden, architekturbegeisterten Schriftsteller und verliebt sich in ihn. Ihre Begegnung steht im Zeichen des Todes: ein Duell mit Messern zwischen zwei Zigeunern fügt der jungen Frau beinahe eine Wunde zu. Die Ehe ist von seltsamen Umständen begleitet: Celia entdeckt nach und nach, dass Mark, ihr Mann, Opfer einer morbiden Obsession ist und den Wunsch hat, sie zu töten, weil er glaubt, früher seine erste Frau getötet zu haben, in der er ein eifersüchtig geliebtes mütterliches Wesen gefunden hatte. In letzter Minute bewegt Celia ihren Mann, «seine Vergangenheit auszugraben», entreißt ihm seine Wahrheit und heilt ihn: Happy End.

Dieses fast karikaturhafte Resümee der Intrige situiert SECRET BEYOND THE DOOR dort, wo man den Film nicht situieren sollte: in die Reihe von REBECCA, von JANE EYRE und in die Nähe der von Hitchcock zur selben Zeit realisierten psychoanalytischen Filme; wenn es hier Spuren einer «Rückwirkung» von Hitchcock auf Lang gibt (Prägungen gingen von jenem auf diesen nicht nur wegen der UFA aus, «unserer gemeinsamen Mutter»), so ist es doch sinnvoller, darauf zu insistieren, welcher Transmutation Lang das «feministische» Szenario unterzogen hat. Eine Transmutation im Übrigen, die zweifellos den kommerziellen Misserfolg des Films provoziert hat.

Der emotionalste Moment in SPELLBOUND kann als Bezugspunkt dienen: Gregory Peck umarmt Ingrid Bergman, und plötzlich öffnet sich, in seinem Bewusstsein, eine unendliche Flucht von Türen zum Hintergrund hin ... Das ist Liebe und gleichzeitig Ahnung eines furchtbaren Enigmas, in symbolischer Form.

Bei Lang nichts dergleichen: Die Türen, die sich hier öffnen und schließen, sind keine Metaphern. Vergeblich würde man ein Symbol in dem Film suchen: Der Flieder, der für den Hauptdarsteller eine fatale Erinnerung heraufbeschwört, ist immer nur Flieder. Wenn er eine ihm ergebene Sekretärin entlässt, dann deshalb, weil er die Lüge verabscheut (sie hatte vorgegeben, verletzt zu sein, um seine Zuneigung zu gewinnen). Wenn sich am Ende ein so bedrohliches Gewitter entlädt, als stürze das Universum ins Chaos (ein Deckenleuchter schwankt und flackert), dann weniger deshalb, um in analoger Weise die mentale Verwirrung zu bezeugen, welche alle Personen befallen hat, als um mit der Anrufung der Natur, zwischen dem Aufkommen von dichtem Nebel und einem reinigenden Feuer, fortzufahren.

Die zentrale Szene des Films ist die «seltsamste»: Es werden Zimmer, in denen Verbrechen verübt worden sind, der Reihe nach aufgesucht, Zimmer, die der Hausherr mit großer Sorgfalt hergerichtet hat. Diese architektonische Kollektion entspringt dem Interesse, das Mark, als raffinierter Psychopath, dem entgegenbringt, was er «Ambiance des Dekors» nennt, mythologisch ausgedrückt dem «Geist der Orte». Es gibt da zwar [in der Besuchergruppe] eine intellektuelle «Sub-dep» (sic, im Abspann!) mit Brille (vgl. die kleinen Schwestern bei Hitchcock!), die ihm zur Psychoanalyse rät – doch Lang legt die Zurückweisung des Freudianismus ironisch dem Kriminellen in den Mund, genau in dem Moment, als sein Gegenüber zufällig den wunden Punkt trifft.

Das persönliche, autobiografische Interesse Langs für die Architektur fällt hier einmal mehr zusammen mit dem, was man sehr wohl seine «Metaphysik des Raums» nennen muss, und mit seiner wiederholten Bekräftigung, dass potenziell in jedem Menschen ein Mörder stecke, der Cineast ein Mensch sei, der sich durch das Künstlerische in der Hinsicht besser aus der Affäre ziehen könne als andere. Die vorzeitige Errichtung eines Grabmals für eine gestorbene Liebe, angelegt seit dem MÜDEN TOD, hier ganz klar dargestellt, wird der Gipfel der menschlichen Pyramide im TIGER VON ESCHNAPUR sein. Die Ansichten, die Mark über das Verhältnis von Verbrechen und Umwelt äußert, sind Ansichten des Regisseurs[1]; im Übrigen (und Verbrechen beiseite) träumt man, was Lang wohl aus FOUNTAINHEAD gemacht hätte. Seine besondere Hingabe an diese (schwer vorstellbare) Sequenz, die dann durch seine Kunst wie selbstverständlich gelingt (dank der Mediokrität der Besuchergruppe), kommt schön zum Ausdruck in der von Miklós Rózsa (Alfred Eibel, «Fritz Lang») erzählten Anekdote: Lang, der von ihm eine Musik verlangt hatte, die den Charakter dieses «Besuchs» ausdrückte, akzeptierte eine Partitur, deren Aufnahme rückwärts abgespielt wurde – von Rózsas Aufnahme blieb dann etwas Stoßweises, Zerstückeltes, das ebensogut mit der Unruhe der Hauptpersonen wie mit dem Vorrang korrespondierte, den Lang Fragen des Raums vor denen der Dauer zusprach.

Indessen wandte Lang für SECRET BEYOND THE DOOR ja den «inneren Monolog» an. Allerdings auf eine eigenartige Weise, die dem Film eine befremdliche erzählerische Note verleiht. Die Kamera verbindet sich nicht mit der Sprache. Wenn die erste Einstellung das «Unbewusste» direkt heraufbeschwört – Wasserblumen, ein Kinderschiffchen, wo war das? –, so gleitet die Sprache danach mit der Kamera über Details der Kirche und trennt sich dann: Wir hören die Stimme von Joan Bennett fortfahren in ihrem Monolog, sehen sie aber gleichzeitig aus der Sakristei kommen, in einer etwas näheren Einstellung. Das ist, wie wenn sie sich im Traum sähe, als doppelte Person – man kann hier nicht mehr von «subjektiver Kamera» reden. Zu keiner Zeit sind wir eingeladen, uns, komme, was da wolle, mit der «Erzählstimme» zu identifizieren wie in DARK PASSAGE oder der Promenade durch das Hotel in MARIENBAD: Fritz Lang übernimmt sehr schnell die Kontrolle über diese von der Heiratszeremonie beunruhigte Erinnerung. Bemerkenswert ist auch, dass, nachdem im ersten Teil des Flashbacks, insbesondere dem Duell, das Pittoreske ins Irreale verwandelt worden ist (dank der überbelichteten Fotografie von Stanley Cortez), die Haupttendenz schon in Richtung «Ausradieren» der Effekte geht. Selbst die Episode, in der Celia, um sich in das für sie bestimmte Zimmer zu schleichen, sich den Abdruck des Schlüssels besorgt, endet in einem solchen Ausweichen.

Die Logik der Anschlüsse, die Lang so sehr zu seiner eigenen gemacht hat – jede Einstellung oder jede Szene geht aus der anderen so hervor, als ob dieses Folgen immer am Rand eines tödlichen Risses stehe –, transformiert die «Theatercoups» (das Erscheinen der Sekretärin oder des Jungen, der sich wie ein Erwachsener benimmt) in Exempel dramatischer Entschiedenheit: Bei SECRET BEYOND THE DOOR ist das umso eigentümlicher, als Lang sich ständig durch «Expressionismus» (Schattenspiele) bedroht sah, der in der anderen Übung in Psychoanalyse, THE WOMAN IN THE WINDOW, manchmal starke Spuren hinterlassen hat. Seine Geometrie ist von größter Strenge. Als Celia entdeckt, dass Mark seine Frau nicht umgebracht hat, dass aber das Zimmer, wo sie dieses Todes zu gedenken glaubte, das ihre, sorgfältig rekonstituierte ist, und sie, zwei Vorhänge vor einer schrecklichen Mauer wegziehend, diese Einrahmung zum Vorschein kommen sieht, ist das genau jene, durch die sie wiedererscheinen wird als Totgeglaubte (einem anderen «inneren Monolog» Marks folgend, der sich im Voraus von einem Schattengericht verurteilt sieht und im Namen seiner Liebe zu Celia protestiert: eine bewundernswert «veraltete» Szene, dank der geschmeidigen Interpretation von Michael Redgrave).

Schließlich tendiert dieser Film paradoxerweise zur Harmonie. Nachdem Celia zurückgekommen ist, opferbereit, weil sie ohne Mark, den sie liebt, nicht leben kann, und es ihr gelingt, den Mord zu verhindern, steht das Haus/das Museum in Flammen – von der eifersüchtigen Sekretärin, die einmal Marks Sohn aus einem andern Feuer gerettet hat, in Brand gesteckt; Mark gelingt es, sich zu retten und die halb-erstickte Celia ebenfalls noch aus dem Haus herauszuholen – unter den Augen der Kriminellen, die dachte sich (telefonisch) versichert zu haben, dass nur Celia anwesend ist, und sich nun mit dem Satz begnügt: «Ich glaubte, Sie wären allein.» Schlusseinstellung auf das mexikanische Hotel und auf die Hängematte, die ein versöhntes Paar wiegt. Das ist alles. Mit der Verzweiflung einer frustrierten Frau sind die Schimären, die Mark quälten, verschwunden (gewiss, Lang lässt eine Ambiguität bestehen: für wie lange?). Die Welt hat sich von psychologischen «Anmutungen» zu entleeren begonnen. Fritz Lang, ein aufrichtiger Bewunderer der Psychoanalyse («ich überlasse Ihnen mein Unbewusstes»), übernimmt von ihr nur das, was notwendig ist für die Dramatisierung des Konflikts und lässt ihre Wendungen im weiteren Verlauf weg, was hier leicht zu studieren ist anhand der unmerklich verschobenen Kameraperspektiven und der wenigen Kamerabewegungen. Die gestalterische Schönheit von SECRET BEYOND THE DOOR wird noch unterstrichen durch die Schönheit Joan Bennetts, die, wenig glücklich als «verrückte Erbin», zu sich kommt, ernst und bewegend wird, als sie das «Geheimnis» von Blaubart entdeckt. Grausam und kokett am Anfang, sich wünschend, zwei Männer würden sich um sie schlagen, erhebt sie sich im Verlauf des Films zu der Art von völliger Opferbereitschaft, in der schon jene von Debra Paget in DER TIGER VON ESCHNAPUR durchscheint.

Gérard Legrand
«Positif», April 1968
Übersetzung von Johannes Beringer

1 Im Vertrauen mitgeteilt scheint auch diese, schwarzhumorige Äußerung: «Ich habe genug davon, mich in meinem Leben von Frauen herumkommandieren zu lassen.»

HOUSE BY THE RIVER

USA 1949

Drehbuch Mel Dinelli, nach dem Roman «Flood Tide»von Alan Patrick Herbert
Kamera Edward Cronjager
Ton Dick Tyler
Musik George Antheil
Schnitt Arthur D. Hilton
Ausstattung Boris Leven, Charles Thompson, John McCarthy jr.
Kostüme Adele Palmer
Darsteller Louis Hayward, Lee Bowman, Jane Wyatt, Dorothy Patrick, Ann Shoemaker, Jody Gilbert, Peter Brocco, Howland Chamberlain, Margaret Seddon, Sarah Padden, Kathleen Freeman, Will Wright, Leslie Kimmel
Produzenten Howard Welsch, Robert Peters
Produktion Fidelity Pictures, Republic Pictures Corp.
89 Minuten, Schwarzweiß

FL: In einer Szene ist Louis Hayward allein in einem Haus, als sich im ersten Stock plötzlich eine Tür öffnet, aus der ein Mädchen kommt. Sie hält ein Handtuch vor sich oder hat höchstens einen Bademantel an – offenbar hat sie gerade gebadet – und sieht ausgesprochen sexy aus. Sie kommt die Treppe runter, er stoppt sie am Absatz und versucht sie zu küssen, sie weicht zurück. In diesem Moment sieht er durch ein großes französisches Fenster eine Nachbarin, die sehr geschwätzig ist, und als das Mädchen sich entwinden will, hält er ihr eine Hand vor den Mund. Er hat Angst, die Frau könnte sie hören und die ganze Sache falsch auffassen. Er erstickt die Schreie, das Mädchen beißt ihn, er drückt ihr den Hals zu und sie stirbt ... Zwei Dinge: Ich wollte von Anfang an, dass sie schwarz ist. Keine Chance, zu keinem Zeitpunkt. Ich kämpfte wie ein Trojaner, aber konnte nichts ausrichten. Dann sagt der Mann nach dem Mord sowas wie: «Oh mein Gott!» Zwei Tage gab es wütende Diskussionen mit dem Hays-Office. «Er kann aber nicht sagen: ‹Oh mein Gott!›» «Warum nicht?» «Na, weil das bedeuten würde: ‹Oh mein Gott, mach bitte, dass ich für diesen Mord nicht bestraft werde›». «OK», sagte ich, «ich verstehe Ihren Standpunkt, aber was sollte er denn sagen?» «Um Himmels willen!», war ihre Antwort. «Moment mal», sagte ich, «selbst ich als Ausländer weiß, dass das Unsinn wäre. Ich möchte nicht, dass das Publikum anfängt zu lachen.» Nach zwei Tagen hatte der Mann, der seinerzeit das Office leitete (ich habe seinen Namen vergessen – ein sehr netter Mann), eine Lösung: Aus «Oh mein Gott» wurde so etwas wie «Großer Gott» – also praktisch das Gleiche.

Aber es ist immer das Gleiche mit der Zensur: Du versuchst etwas Gutes zu machen, musst aber dasitzen wie ein Schuljunge, der einen Fehler gemacht hat und nun auf den Lehrer wartet, der dir sagt: «Und jetzt bekommst du die Strafe, die du verdienst».

Peter Bogdanovich: «Fritz Lang in America», S. 74f.

Ein junger Mann versucht sich erfolglos als Schriftsteller. Unvermittelt erhält er einen entscheidenden Hinweis, der ihm den Weg aus seiner Erfolglosigkeit weist. Um seine Leser zu interessieren, müsse er über etwas schreiben, was er kennt. Er begeht einen Mord an einer jungen, anziehenden Bediensteten, die in seinem Haus arbeitet und versucht den Mord zu vertuschen, indem er den Leichnam der Frau in einen Sack verschnürt und ihn von einem Boot aus mitten in den Fluss wirft, an dessen Ufer sein Haus steht. Hierzu versichert er sich der Mithilfe seines älteren Bruders, der unmittelbar nach dem Mord zufällig in seinem Haus erscheint. Offenbar schon oft Retter in letzter Minute, will der entsetzte Bruder diesmal nicht helfen, sondern sofort die Polizei verständigen. Eine geschickt erfundene Lüge des Mörders stimmt ihn um. Jener behauptet, dass seine Frau schwanger sei, umso schlimmer wäre es, ihr Leben jetzt zu ruinieren, indem man ihren Mann des Mordes überführte. Nur wenige Stunden nach dem Mord findet ein Fest statt. Der ältere Bruder ist angewidert, wie munter sich der Jüngere gibt, obendrein erfährt er, dass dessen Frau nicht schwanger ist. Dennoch gelingt es dem Mörder, seinen Bruder mit der starken Sympathie, die dieser für die Frau hegt und mit der Mittäterschaft bei der Beseitigung des Mordopfers zu erpressen. Eine Verkettung weiterer Zufälle bewirkt, dass schließlich der ältere Bruder selbst in den Verdacht gerät, den Mord begangen zu haben. Der jüngere Bruder, der diese falsche Schuldzuschreibung raffiniert unterstütz, hat währenddessen begonnen, die Geschichte seiner Tat und ihrer Folgen zu schreiben. Überzeugt, nun endlich sein Meisterwerk zu verfassen, versteckt er in panischem Misstrauen das Manuskript vor seiner Frau und dem älteren Bruder, früher seine ersten und schärfsten Kritiker. Um endlich sicher und frei zu sein, beschließt er, auch diese beiden noch umzubringen ...

So wie die wahre Geschichte des Mordes im Geheimen geschrieben wird, enthüllt Langs dunkle Leinwand Veränderung und Vorgeschichte gegenseitiger Beziehungen der Haupt- und Nebenfiguren, die neben alltäglicher Familiarität und Vertrautheit ebenso gut von Misstrauen, Verstörtheit, Verkennung und Missbrauch geprägt sind. Was der Mord in Gang gebracht hat, verkehrt sich zugleich in das, was den Mord hat geschehen lassen.

Gleichsam aus der Heimat der in Deutschland verinnerlichten Bildordnungen in die «Neue Welt» Hollywood-Amerikas verpflanzt, erprobt Lang weiterhin ein neues Verhältnis zu seiner Bildfläche. Vormals geordnet nach Maßgabe eines romantischen Expressionismus, eines Konstruktivismus, der vom Bauhaus bis zu Albert Speer reicht, und um zentrale Führergestalten, scheint er hier die seltsam andere, «demokratische» Beweglichkeit des fremden Landes in eine Art mythologische Physik zu übersetzen. Das Licht der Tatsachen zersplittert er in Reflexe, die in der bevorzugt aufgesuchten Dunkelheit des Hauses und auf dem dunklen Wasser des Flusses ein Zwischenreich des Unvorhersehbaren schaffen. Im Licht sagt keiner die Wahrheit, dort gibt es das falsche Spiel, den lähmenden Alltag, die Entfremdung sich selbst und den nahe und ferner stehenden Mitmenschen gegenüber. Die Wahrheit kommt in der Dunkelheit ans Licht um einen hohen Preis, zerstörerisch und quälend, lässt sich eine ungewisse Befreiung und Läuterung ahnen.

Julia Bantzer

HOUSE BY THE RIVER, 1949

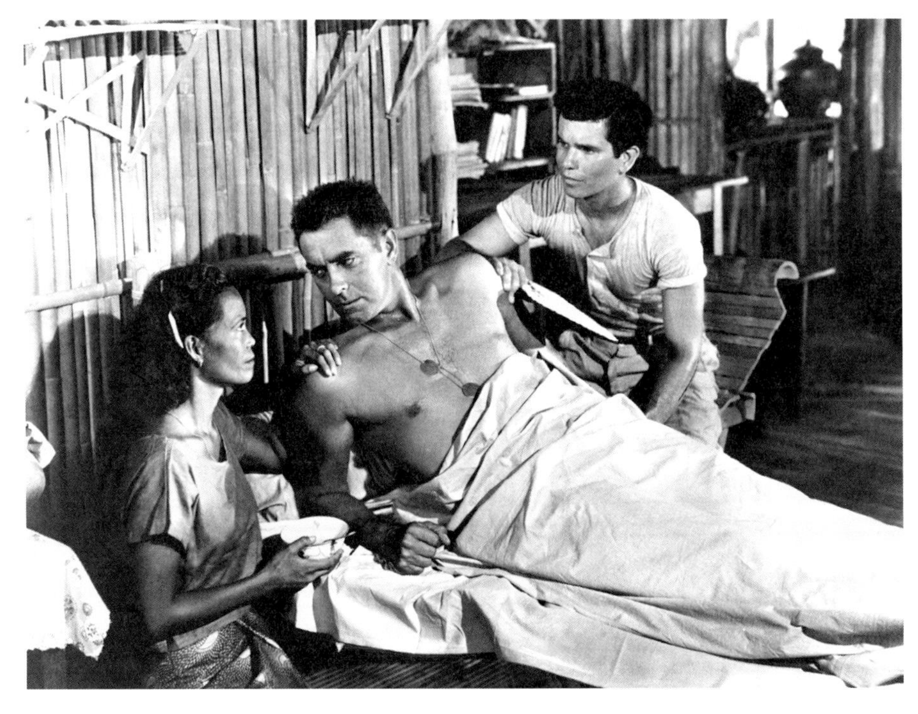

AMERICAN GUERRILLA IN THE PHILIPPINES, 1950

AMERICAN GUERRILLA IN THE PHILIPPINES

USA 1950

Drehbuch Lamar Trotti, nach dem gleichnamigen Roman von Ira Wolfert
Kamera Harry Jackson
Ton Bernard Freericks, Harry M. Leonard
Musik Cyril Mockridge
Schnitt Robert L. Simpson
Ausstattung Lyle Wheeler, J. Russell Spencer, Thomas Little, Stuart Reiss
Kostüme Travilla
Darsteller Tyrone Power, Micheline Presle, Jack Elam, Bob Patten, Tom Ewell, Tommy Cook, Robert Barrat
Produzent Lamar Trotti
Produktion 20th Century Fox
105 Minuten, Farbe

Dieser Kampf handelt vom Kampf amerikanischer Guerillas gegen die japanischen Besatzungstruppen auf den Philippinen. Er spielt 1942/43, ist aber nicht während des Krieges, sondern erst 1950 gedreht. Im Vorspann wird für die Mitwirkung des US-Verteidigungsministeriums gedankt – sie ist nicht zu übersehen: Bombenflugzeuge am Himmel, ausgesucht häßliche Japaner, immer wieder amerikanische Flaggen, Einmarsch der Befreiungstruppen mit Fähnchen und Coca Cola am Schluß und ein Kommentar, in dem es heißt, dann endlich, nach siebeneinhalb Monaten, seien die Versprengten, Übriggebliebenen aus ihrer Lethargie erwacht: denn «wir hatten die ersten Japaner getötet».

Das Verteidigungsministerium läßt sich nicht weginterpretieren, und nichts ist in dem Film, das einen sagen ließe, der große Fritz Lang habe hier Heldentum ja nicht darstellen sondern entlarven wollen. Aber: Wer nicht meint, er kritisiere Ideologie, wenn er sich für alles andere blind macht, der kann in diesem Film mancherlei wahrnehmen: die Schönheit, die Weite, das Blau des Meeres; einen Marsch durch tropische Urwälder, in langsam ineinandergleitenden Bildern. Ein Bild: Während ringsum Kampf ist, steckt ein Philippino um den Kopf eines verwundeten Amerikaners zum Schutz Palmblätter in die Erde. Ein anderes Bild: Man sieht japanische Soldaten auf das Haus eines verratenen Widerstandskämpfers zugehen, während im Hintergrund ein alter Mann wie jeden Tag säuberlich Laub vom Rasen kehrt. Was soll das heißen? Es heißt nicht: Der Film ist «gut gemacht» – diese Aussage ist fast immer leer. Es heißt: In diesem Film ist die Realität mehr gegenwärtig in Bildern und Augenblicken, die etwas ganz anderes und für den, der sich nicht verschließt, viel stärker Wahrnehmbares sind, als Ideologie.

Weit weg von Ideologie ist dieser Film – anders als der schreckliche METROPOLIS – durch seinen Rhythmus, durch die Gelassenheit, mit der die Bilder aufeinander folgen. Etwas wie Freiräumlichkeit teilt sich mit. Wer auf so «unbestimmte» Realitäten nicht achten mag, von ihnen nichts halten mag, wird bei Filmern selten sehen, was die wahren von den falschen unterscheidet. Als Ganzes betrachtet ist dieser Film des Emigranten Fritz Lang kein Kriegs-, sondern ein Widerstandsfilm und natürlich auch ein Stück Langscher Philosophie. Plötzlich, wenn Philippinos angstvoll den lauernden Japanern gegenüberstehen, denkt man an Furcht und Elend des Dritten Reiches. Und wenn am Ende die ankommenden amerikanischen Truppen bejubelt werden, kann man daran denken, daß sie einstmals wirklich als Befreier gekommen sind, zum Beispiel 1945 in München. Und wenn man sieht, wie die Guerillas Stacheldraht als Telegraphendraht nehmen und alte Sodaflaschen als Isolatoren, aus Palmensaft Benzin destillieren und scharf gespitzte Bambusstöcke zwischen hohes Gras stecken, dann ist es wie ein Film für die vietnamesische Befreiungsfront.

Helmut Färber
«Süddeutsche Zeitung», Nr. 20, 23. Januar 1969

RANCHO NOTORIOUS

USA 1951

Drehbuch Daniel Taradash, nach der Kurzgeschichte «Gunsight Whitman» von Silvia Richards
Kamera Hal Mohr
Ton Hugh McDowell jr., Mac Dalgleish
Musik Emil Newman, Lieder von Ken Darby
Schnitt Otto Ludwig
Ausstattung Robert Priestley
Kostüme Joe King, Dan Loper
Darsteller Marlene Dietrich, Arthur Kennedy, Mel Ferrer, Gloria Henry, William Frawley, Lloyd Gough, Lisa Ferraday, John Raven, Jack Elam, Dan Seymour, George Reeves, Rodric Redwing, Frank Ferguson, Charles Gonzales, Francis MacDonald, John Kellogg, Stuart Randall, Roger Anderson
Produzenten Howard Welsch
Produktion Fidelity Pictures, RKO
89 Minuten, Farbe

FL: Ich wollte einen Film machen über eine alternde (aber immer noch sehr begehrenswerte) Frau, die in Dance Halls auftrat, und einen in die Jahre gekommenen Revolverhelden, der nicht mehr so schnell zieht wie früher. Also konstruierte ich diese Geschichte. Nun lehnte Marlene es aber vehement ab, würdevoll in eine neue, ein wenig fortgeschrittenere Altersklasse zu wechseln. Sie machte sich immer jünger und jünger, so lange bis es schließlich hoffnungslos war. Auch verbündete sie sich mit Schauspieler gegen einen anderen; es war alles nicht sehr erfreulich.

Ich sage ungern Schlechtes über Marlene. Sie selbst hat oft schlecht über mich gesprochen und geschrieben und war verantwortlich für viele missliche Dinge in meinem Leben. Aber ich konnte mich eben immer wieder nicht mir ihr einigen. Sie stand noch stark unter dem Einfluss von Sternberg und sagte öfters: «Moment mal, Sternberg würde das aber anders machen ...», worauf ich erwiderte: «Das mag ja sein, ich bin aber Lang.» (Sternberg ist intelligent und ein guter Regisseur; er hat einige extrem gute Filme mit Marlene gemacht.) Es war sehr, sehr unangenehm. Vielleicht habe ich in meinem Hochmut gedacht, ich könnte etwas für Sie tun. Wenn Sie mir allerdings ein wenig vertraut hätte ... Als die Dreharbeiten zum Ende kamen, redeten wir nicht mehr miteinander.

Wir hatten ein sehr kleines Budget und entschieden uns, alles im Studio zu drehen (es stand auf dem Gelände von General Service; Howard Hughes war der Geldgeber). Nun ist es sehr schwierig, einen Western im Studio zu drehen (auch wenn wir es nicht ausschließlich taten – alle Straßenszenen wurde auf der Western Street von Republic gefilmt). Doch hatten wir nicht genug Geld, um einen Berggipfel bauen zu lassen, von dem aus man einen Blick auf die Ranch und die Wüste gehabt hätte, wenn sich Marlene mit Kennedy trifft. Mein Architekt Wiard Ihnen, der viele wunderbare Dinge für MAN HUNT und andere meiner Filme gebaut hatte, kannte sich aus mit Hintergründen und Perspektiven, aber diesmal war das Ergebnis nicht so gut und außerdem schlecht ausgeleuchtet. Der Hof des Ranch-Gebäudes war leicht zu bauen, doch fehlte es ihm des fehlenden Geldes wegen an Größe; er stand mitten im Studio.

Peter Bogdanovich: «Fritz Lang in America», S. 77f.

Der Vorliebe Langs fürs schicksalhaft Melodramatische im menschlichen Leben mußte die Wes-ternwelt mit einer Geschichte von Rache, Liebe und Tod sehr entgegenkommen. Trotzdem hat sein Verhältnis zu ihr etwas Brüchiges. Ein Western ist eine Erzählung von Längstvergangenem, während etwa John Ford gelassen epische Szenerien ausmalt und noch eine derbe Prügelei als liebgewordene Erinnerung darstellt, zieht sich durch Langs ganzen Film eine gesungene Ballade, die gleichsam nur stellenweise, in elliptisch knappen Szenen, näher ausgeführt wird. Situationen zerfallen wieder, ohne sich recht verdichtet zu haben, Farben und Dekor sind von eigentümlicher Kälte und Künstlichkeit, ja manchmal möchte man fast nicht glauben, daß diese Helden wirklich so gut schießen. Man sieht die Westernwelt und sieht sie doch nicht: man sieht sie zerrinnen.

Konkret Gestalt geworden ist diese Stimmung von Resignation, Leere und Vergänglichkeit in den beiden Hauptfiguren. Beide sind ihrem Typ nach legendäre Westerngestalten, und beide sind es schon nicht mehr, denn sie sind alt geworden. Der einst weithin gefürchtete, der unbesiegbare Scharfschütze fühlt immer deutlicher, daß es bald auch ihn einmal erwischen wird. Und seiner Gefährtin, die vor Jahren in allen Saloons umjubelt war, wird die Liebe zu einem anderen, Jüngeren, der sie für einen Augenblick nachgibt, zum Verhängnis. Diese Sängerin spielt Marlene Dietrich – für sie vor allem hat Fritz Lang seinen Film gemacht. Wie Marlene Dietrich, zwei-, dreimal erscheint sie auch hier in raffinierten Roben, Liebe und Tod einer gealterten Westernschönheit – nicht etwa psychologisch glaubhaft darstellt, sondern faszinierend spielerisch mimt, darin liegt, wenn man sie sucht, mehr «menschliche Wahrheit» als meistens dort, wo man Wert darauf legt, daß alles recht bedeutend ist.

Helmut Färber
«Süddeutsche Zeitung», 4. Oktober 1965

RANCHO NOTOTIOUS, 1951

CLASH BY NIGHT, 1951/52

CLASH BY NIGHT

USA 1951/52

Drehbuch Alfred Hayes, nach dem gleichnamigen Theaterstück von Clifford Odets
Kamera Nicholas Musuraca
Ton Jean L. Speak, Clem Portman
Musik Roy Webb
Schnitt George J. Amy
Ausstattung Albert S. D'Agostino, Caroll Clark, Darrell Silvera, Jack Mills
Kostüme Michael Woulfe
Darsteller Barbara Stanwyck, Paul Douglas, Robert Ryan, Marilyn Monroe, J. Carroll Naish, Keith Andes, Silvio Minciotti, Roy Darmour, Gilbert Frye, Nancy Duke, Sally Yarnell, Irene Crosby, Dan Bernaducci
Produzenten Harriet Parsons, Jerry Wald
Produktion Wald-Krasna Productions, RKO Radio Pictures Inc.
105 Minuten, Schwarzweiß

FL: Ich mochte das Stück, ich mochte Clifford Odets (sein erstes Stück «Waiting for Lefty» hatte mich sehr beeindruckt). Ich habe ihn nie persönlich getroffen, aber hatte großen Respekt vor ihm. Jerry Wald [der Produzent des Films], der alles von Odets mochte, war besonders angetan von CLASH BY NIGHT. Die einzige Veränderung, die er wollte, war eine Verlegung des Schauplatzes in ein Fischerdorf. Doch ist das Hauptmotiv im Film ein ganz anderes als im Stück, dessen gesellschaftlicher Hintergrund die Arbeitslosigkeit ist und das mit einem Mord endet: Ehemann tötet Liebhaber. Alfred Hayes schrieb das für den Film um und ließ auch Dinge heraus, um einen neuen Aspekt einzuführen. Ich selbst betrieb, soviel wie ich konnte, Nachforschungen über die Untreue von Ehefrauen und las in einem der führenden Frauenmagazine, dass 75 Prozent aller verheirateten Frauen ihre Gatten mit anderen Männern betrogen. Das wurde zum Hauptmotiv des Films.

PB: Wie kam es zu der atmosphärischen und fast dokumentarischen Eingangssequenz?

FL: Jerry Wald hat mich gefragt: «Glauben Sie, dass Sie als Europäer etwas mit einem Fischerdorf anfangen können?» Und ich sagte: «Schauen Sie, Jerry, entweder man ist ein Regisseur oder ist keiner.» Noch bevor das Drehbuch fertig war, fuhr ich nach Monterey (und natürlich hatte ich auch Steinbecks Bücher gelesen, «Canary Row» und andere). Und wie gesagt, entweder man hat eine gewisse Gabe oder hat keine; man kann vieles lernen, aber nicht, Regisseur zu sein. Man geht also an einen Ort und stellt Kontakt zu ihm her – unmittelbar. Während also Alfred Hayes, ein hochinteressanter Mann, der sehr angespannt war und immer versuchte, etwas Gutes zu schaffen, am Drehbuch schrieb, fuhr ich nach Monterey. Aber natürlich war nichts mehr so, wie Steinbeck es beschrieben hatte. Ich schaute mich um, was interessant war. Als ich zurückkam und alles fertig war, das Drehbuch geschrieben, die Vorbereitungen angelaufen, und im Studio die Sets gebaut wurden, fuhren Nicholas Musuraca (ein wunderbarer Kameramann und enger Freund von mir) und ich allein nach Monterey, niemand sonst war dabei. Ich langweilte mich und sagte: «Komm, drehen wir Dokumentarmaterial, das wir vielleicht verwenden können.» Erst filmten wir Möwen, dann die einlaufenden Fischerboote und fühlten uns, als drei Tage um waren, so in die Arbeit hineingezogen, dass wir wie neu verliebt waren ins Filmemachen. Später sagte ich: «Oh-oh, wir haben 3000 Meter Film verdreht. Man wird uns zusammenstauchen wie keinen vor uns.» Wir verschickten das Material und warteten auf den Rest des Teams. Ich fühlte mich unwohl. Dann kam ein Telegramm von Jerry Wald, das ich nie vergessen werde – Gott segne ihn: «Wahnsinnig aufregendes Material. Ihr habt Erstaunliches geleistet. Außerordenlich.» Und aus dem Material stellte ein wunderbarer Cutter namens George Amy eine

300 Meter lange Einleitung zusammen, wie es sie noch nie gegeben hatte: einen echten kleinen Dokumentarfilm über Fischerboote, die mechanische Arbeit in den Konservenfabriken usw. Ich glaube, das verlieh dem Film eine einzigartige Atmosphäre. Als ich den Film im Fernsehen wiedersah, war diese gesamte Sequenz weggeschnitten worden.

Peter Bogdanovich: «Fritz Lang in America», S. 80ff.

Ungewöhnlich für Lang, beginnt dessen nächster Film mit einer on-location gedrehten dokumentarischen Einführung, welche die Geschichte in einen realen Kontext von Arbeit und Produktion stellt, ein kleiner Film über den Weg der Fische vom Fang auf hoher See bis in die Konservendose – ein typisch langscher Mechanismus. Aber das Vergnügen, das Lang und sein Kameramann Musuraca bei den Aufnahmen im Freien hatten – sie drehten das Dreißigfache dessen, was sie brauchten –, teilt sich mit und strahlt auf den Film über. Er ist reich an Außenaufnahmen und auch an Nebenfiguren, welche die Fixierung auf die «Heldin», das «Paar» und das «Dreieck» verhindern.

Durch Bodenluken läßt Lang seine Personen gern heraufsteigen – auch in dem Holzhaus in Monterey, Kalifornien, in dem der größte Teil des Films spielt. Und Barbara Stanwyck steigt auch in den Film ein wie durch eine Bodenluke, ein Loch in der Gegenwart. Nach zehn Jahren kehrt sie in das heimatliche Fischerstädtchen zurück, zurück in die Enge, aus der sie als junges Mädchen geflüchtet ist. Nach dem Glück der Weite, das sie nicht gefunden hat, sucht sie die Sicherheit der Zelle. Sie sagt: «Home is where you come to, when you run out of places.»

Einmal mehr nimmt Lang einen Schlußpunkt als Ausgangspunkt. «Wenn Sie für Ihre Liebe kämpfen, zum Beispiel, und wenn Sie es schaffen, alle Widerstände zu überwinden, dann beginnt der wahre Kampf, wenn Sie schließlich verheiratet sind, das Leben mit ihr!» Ein Kreis hat sich geschlossen. Barbara Stanwyck bringt in den Film das Image der souveränen Frau ein, die sie seit zwanzig Jahren spielte – als tough baby in den Dreißigerjahren, als femme fatale in den Vierzigern. Sie versucht, sich ein neues Leben zu bauen, mit einem älteren, zuverlässigen Mann, der sie schon als Mädchen geliebt hat – Paul Douglas –, mit dem Kind, das sie von ihm bekommt. Gefährdet wird dieser Versuch durch einen anderen, der ihr ihren Jugendtraum vom Ausbruch in die Weite noch einmal, aber wie in einem schwarzen Spiegel, vorhält. Es ist der projectionist des Kinos an der Ecke – Robert Ryan –, ein endgültig Gescheiterter, Gebrochener, der sie mit in seine pathetische Resignation ziehen will. Dem widersetzt sie sich. Und am Ende schließt sich der Kreis für sie zum zweitenmal, sie kehrt zurück, erkennt und akzeptiert ihre Verantwortung.

Den Frauen im MÜDEN TOD und in den NIBELUNGEN wird der Verlust des Geliebten zum Schicksal. Wie die Königskinder im Märchen scheinen sie füreinander bestimmt, der andere ist unersetzlich, sein Verlust läßt die Überlebende selbst den Tod suchen oder zum Unmensch werden. CLASH BY NIGHT handelt von einer Frau, die ihren «Siegfried» vergeblich gesucht hat, und von einer Freiheit, in der «Kriemhild» nicht mehr auf «Siegfried» angewiesen ist. Die Frauen bei Lang, ihr Elend und ihre Chance: daß sie nicht in die männlichen Systeme integriert sind, nicht integrierbar sind, keine Repräsentanten, keine Inkarnationen von etwas anderem, Höherem.

Enno Patalas
«Fritz Lang»
Film Band 7, Reihe Hanser, München 1976

THE BLUE GARDENIA

USA 1952/53

Drehbuch Charles Hoffman, nach der Novelle «The Gardenia» von Vera Caspary
Kamera Nicholas Musuraca
Ton Ben Winkler
Musik Raoul Kraushaar, Lied «Blue Gardenia» von Bob Russell, Lester Lee
Schnitt Edward Mann
Ausstattung Daniel Hall
Kostüme Maria P. Donovan, Izzy Berne
Darsteller Anne Baxter, Richard Conte, Ann Sothern, Raymond Burr, Jeff Donnell, Richard Erdman, George Reeves, Ruth Storey, Ray Walker, Nat King Cole, Celia Lovsky, Frank Ferguson, Alex Gottlieb, Fay Baker
Produzent Alex Gottlieb
Produktion Blue Gardenia Productions/Gloria Films, Warner Bros. Pictures Inc.
90 Minuten, Schwarzweiß

Ein bösartiger Wirklichkeitssinn

Wie unlängst SCARLET STREET verwirrt dieser Film diejenigen, die dem Regisseur von METROPOLIS das Recht absprechen, seine Themen und seinen Stil neu zu fassen. Genauer gesagt findet man nämlich – François Truffaut hatte es in Bezug auf THE BIG HEAT angemerkt – dass es in fast allen von Lang verfilmten Geschichten, gleichgültig, ob sie von Thea von Harbou oder von irgendeinem Hollywood-Drehbuchschreiber verfasst sind, ein einfach zu bestimmendes Leitmotiv [deutsch im Originaltext] gibt. Es ist die Vorstellung von einem Willen, der je nachdem sich durchsetzt oder gebrochen wird, sich verkehrt oder auf Rache ausgeht. Ich für meinen Teil würde hier eine Fülle von Anregungen und Möglichkeiten aufblitzen sehen, die sich, so wenigstens mag es auf den ersten Blick scheinen, in eine verkehrte Richtung entwickeln. Kein Heldentum und keine Phantastik mehr, dafür ein hundertprozentiger Realismus, aber einer *alla tedesca* [etwa: nach deutscher Art, Anm. d. Übers.], weit entfernt vom Naturalismus nach Art der französischen Schule, und genauso von einer rechtgläubig-streng geforderten Nähe zum Leben des «einfachen» Volkes. Lang geht es seinen Figuren gegenüber auf gar keinen Fall um eine sachliche Darstellung, wie sie bei vielen unserer Autoren gleichbedeutend mit Unvermögen ist: Wenn er die Figuren weder liebt noch überhöht, muss er sie geißeln, und das mitleidlos, denke ich.

Es soll mir genügen, auf diesen Zug von Bösartigkeit hinzuweisen, den man ohne weiteres auf den Bildern der deutschen Primitiven und, darauf kann man sich wohl einigen, weniger gelungen auf denen der sogenannten expressionistischen Schule der zwanziger Jahre entdecken könnte. Auf jeden Fall ist das der notwendige Schlüssel zum rechten Verständnis eines Films, den für banal, wenn nicht gar dürftig zu halten man guten Grund hätte.

Gewiss dürftig sind Haupt- und Nebenfiguren dieses Dramas, aber das ohne jede Hoffnung auf ein paar Glanzlichter durch diesen falschen «Lyrismus des Alltäglichen», von dem man derzeit in Europa den Hals gar nicht voll genug bekommt. Und wenn es in der Darstellung Komisches gibt, kehrt sich die ganze Komik gegen die Figuren, mit einer großartigen Hartnäckigkeit, die nichts Lächerliches an sich hat.

Nun möchte ich die Geschichte darstellen, so, wie sie zumindest meines Erachtens nach der Regisseur aufgefasst hat: Ein reizendes und etwas einfältiges Mädchen (Anne Baxter) tröstet sich so gut es geht darüber hinweg, dass ihr Verlobter sich von ihr getrennt hat. Das führt sie geradewegs von einem Nachtlokal in die Junggesellenwohnung eines malenden Schönlings, wo der Alkohol ein Übriges tut ... Aber am nächsten Morgen wacht sie bei sich zu Hause auf, keusch geblieben, mit der Erinnerung an eine handgreifliche Auseinandersetzung, die durch die Auffindung des ermordeten Verführers unheilvolle Farben annimmt. Soweit scheint uns alles sonnenklar, ein bisschen dick aufgetragen, wenn wir nicht an die, ich möchte wirklich sagen: Schlüpfrigkeit dessen denken, was dann folgt. Unser junges Mädchen in Ängsten, sie glaubt felsenfest daran, dass sie den Galan umgebracht hat (– der, wie uns das Ende lehrt, Opfer der Eifersucht einer seiner Geliebten wurde, einer unerträglich jämmerlichen Gestalt). Die Nachforschungen, die nicht so recht vorankommen, bis ein junger Journalist auf der Suche nach einer Story darauf verfällt, einen Brief an die unbekannte Täterin zu veröffentlichen. Im Stil der «Leser fragen um Rat»-Spalte abgefasst, soll er gleich darauf zum Dreh- und Angelpunkt werden. Die Polizei lässt sich die Gelegenheit nicht entgehen und dem Journalisten, der sich beim ersten Treffen sofort verliebt hat, bleibt eben noch Zeit, sich auf die Finger zu beißen. Das ermöglicht, mit der Entlarvung der wirklichen Schuldigen in letzter Minute, ein Happy End, bei dem nicht zu knapp aufgefahren wird. Nun sollte keinem Zuschauer einfallen, sich ob der völligen Unglaubwürdigkeit dieser Auflösung zu ereifern, weil – aber man muss den Film gesehen haben, um das nachzuempfinden – niemand mit dem Gefühl, dass unsere junge Dame kriminell und unschuldig ist, würde zurückbleiben wollen.

Ich weiß nicht, ob ich mich verständlich gemacht habe. Wie viele andere amerikanische Filme findet auch dieser ein gutes Ende, weil aus dem Ungeheuerlichen, der Grausamkeit der Situation nichts anderes erwachsen kann, als ein Pessimismus, dessen die Kunst nun wirklich nicht bedarf. Dagegen erkenne ich in so manch hochgelobt traurigen Filmschlüssen nur den schlichten Versuch, die Drehbücher gerade noch über das Niveau von «Veillées de chaumières» [französische Frauenzeitschrift, A.d.Ü.] zu heben. Die Gewalt eines Dramas liegt nicht so sehr in seinem widerwärtigen Ausgang, als in der Spannung zwischen den im Spiel befindlichen Kräften. Langs Kunst besteht, vor allem in seinen zuletzt entstandenen Werken, RANCHO NOTORIOUS, THE BIG HEAT, THE BLUE GARDENIA, genau darin, eine Situation bis zu einem Höchstmaß an Schrecklichkeit zu steigern und auf etwas körperlich Abstoßendes zu blicken (hier denke ich an das verbrühte Gesicht von Gloria Grahame in THE BIG HEAT), um daraus dennoch mit sauberen Händen wieder herauszukommen, elegant, man könnte sogar sagen mit Anmut. Anmutig ist Anne Baxter, wenn sie sich betrinkt und willenlos immer mehr nachgibt. Die «Verführung» im Atelier des Malers mag nicht diesen verschwenderischen Prunk aufbieten können, wie die entsprechende berühmte Szene in QUEEN KELLY, aber sie wird ihr ebenbürtig in ihrem «suspense» und Zynismus.

So in etwa könnte man, entgegen dem ersten Eindruck, den Stoff selbst dieses Filmwerks verteidigen und mehr als das. Es schmälert das Verdienst des Films nicht, wenn ich gerne zugebe, dass Lang hier im Stoff nur einen Vorwand gesehen haben mag, und es ihm eher darum ging, sich eingehend mit den Charakteren zu befassen, als die Ereignisse zu begründen. Aber wie reichhaltig ist dabei die Beobachtung von Einzelheiten, was für eine köstliche Zeichnung der Lebensumstände dreier junger amerikanischer Angestellter, die so viel deutlicher und richtiger vor uns stehen, als die drei Verschwörerinnen aus HOW TO MARRY A MILLIONAIRE. Und was für eine moderne Auffassung vom Schnitt zeigt sich in den Szenen, die in der Wohnung spielen: Woanders außer in unlängst herausgekommenen Cinemascope-Filmen würde man vergeblich nach derart beweglichen, luftigen Bildeinstellungen suchen! Vielleicht nicht gerade der Lang, als der er üblicherweise gesehen wird, dafür einer, der es mit dem Besten eines [Jacques] Becker aufnimmt, oder mit diesem ganz Seltenen, wie wir es, sagen wir, bei einem de Sica finden. Fritz Lang, der den Neorealismus auf dessen eigenem Gebiet schlägt!? Eine ziemlich gewagte Behauptung. Und dennoch ...

Maurice Schérer (Eric Rohmer)
«Cahiers du Cinéma», Juni 1954
Übersetzung von Julia Bantzer

THE BLUE GARDENIA, 1952/53

THE BIG HEAT, 1953

THE BIG HEAT

USA 1953

Drehbuch Sidney Boehm, nach dem gleichnamigen Roman von William P. McGivern
Kamera Charles B. Lang jr.
Ton George Cooper
Musik Daniele Amfitheatrof
Schnitt Charles Nelson
Ausstattung Robert Peterson, William Kiernan
Kostüme Jean Louise
Darsteller Glenn Ford, Gloria Grahame, Jocelyn Brando, Alexander Scourby, Lee Marvin, Jeanette Nolan, Peter Whitney, Willis Bouchey, Robert Burton, Adam Williams, Howard Wendell, Chris Alcaide, Michael Granger, Dorothy Green, Carolyn Jones, Ric Roman, Dan Seymour, Edith Evanson, Norma Randall
Produzent Robert Arthur
Produktion Columbia Pictures Corp.
88 Minuten, Schwarzweiß

PB: Wie in M zeigen Sie auch hier die gewaltsamsten Dinge gerade nicht.

FL: Nehmen wir einmal an, dass ich in M dieses furchtbare Sex-Verbrechen tatsächlich hätte zeigen können. Zunächst ist das eine Frage des Geschmacks – und des Anstands. Denn man kann so etwas nicht zeigen! Ich gehöre nicht zu denen, die sagen, dass Filme unterhalten müssen, sondern ich finde, sie sollten unterhalten, aber nicht nur. (Auch glaube ich, dass, wenn man in einen Film ein Problem einbringt – die sogenannte «Botschaft» –, es auch dem Erfolg an der Kinokasse zugutekommt, denn die Leute haben dann etwas, worüber sie mit anderen reden und streiten können. Das Bonmot «Wenn du eine Botschaft willst, geh zu Western Union» ist meiner Meinung nach eines der dümmsten überhaupt.) Also, es geht um Geschmack und Anstand. Wenn ich zeigen könnte, das für mich am Allerschrecklichsten ist, müsste es das nicht auch für andere sein. Dagegen empfindet jeder im Publikum – und selbst derjenige, der sich nicht einmal vorzustellen wagt, was dem armen Kind widerfährt – bei der Szene einen Schrecken, es läuft ihm kalt über den Rücken. Gleichzeitig hat jeder ein anderes Gefühl, da sich das Schreckliche, das dem Kind widerfährt, in der eigenen Vorstellung abspielt. Und genau das wäre nicht möglich gewesen, wenn ich es gezeigt hätte, da ich es nur auf eine Weise hätte tun können, etwa wenn das Kind aufgeschlitzt worden wäre. Stattdessen bringe ich das Publikum dazu, mein Kollaborateur zu werden: Indem ich etwas suggeriere, erreiche ich stärkere Eindrücke, eine größere Beteiligung, als wenn ich es zeigte. Auf einen einfachen Nenner gebracht: Ein halb angezogenes Mädchen ist viel sexier als ein nacktes. Und da ist nochwas anderes. In THE BIG HEAT sitzt Glenn Ford im Haus und spielt mit dem Kind, die Frau geht hinaus, um das Auto in die Garage zu fahren. Die Explosion geht hoch. Indem sie aber nicht gezeigt wird, entsteht zuerst der Schock: Was war das? Ford läuft hinaus. Er bekommt die Autotür nicht auf. Er kann bloß auf die Katastrophe blicken. Und sogleich (weil wir all das durch seine Augen sehen) fühlt das Publikum mit ihm.

Anders gesagt: Was ich zeige, ist das Resultat der Gewalt. Also, das mit dem Kaffee (Lee Marvin schüttet Gloria Grahame kochenden Kaffee ins Gesicht) stand schon in dem Roman, nach dem der Film entstanden ist. Es wäre nicht möglich gewesen, hätte der Kaffee nicht hundert Grad erreicht gehabt. Während die Gang in einem Zimmer sitzt und Poker spielt, zeige ich also, wie der Kaffee auf einem Herd dampft. (Natürlich – aber warum soll ich mich selbst kritisieren – hätte Gloria Grahame sich später auch einer Schönheits-OP unterziehen können.) Auf eine Weise ist das auch eine Gefahr – wenn man eine Sache zu überzeugend darstellt, glauben die Leute, dass sie so auch in Wirklichkeit ist. Ich frage mich, wie viele Frauen nach dem Film ihren Ehemännern heißen Kaffee ins Gesicht geschüttet haben, vom Ergebnis jedoch enttäuscht waren und schließlich sagten: «Lang ist doch ein lausiger Regisseur».

Ich habe einen Artikel zur Verteidigung der Gewalt geschrieben. Grundsätzlich haben sich, durch all die Kriege in diesem Jahrhundert, manche Dinge verschlechtert. Denken Sie, dass es heutzutage noch viele Leute im Publikum gibt, die an eine Bestrafung nach dem Tode glauben? Nein. Also, wovor haben sie Angst? Da kann es nur eines geben: Schmerzen, etwa bei der Folter in einem Lager der Nazis. Angst nicht so sehr vor dem Tod auf dem Schlachtfeld, als vielmehr Angst verwundet zu werden, verstümmelt. An diesem Punkt wird die Gewalt zu einem ganz legitimen dramatischen Mittel, damit das Publikum zu einem Kollaborateur wird und damit es etwas fühlt.

Peter Bogdanovich: «Fritz Lang in America», S. 86f.

Fritz Lang lieben

Eben im Begriff, einen Artikel zu überarbeiten, den er allgemeingültig und ins Einzelne gehend, erschöpfend und gut belegt haben will, kommt der Filmkritiker nicht umhin, seinen Literatur-Kollegen zu beneiden. Wenn dieser Bevorteilte nämlich etwas überprüfen oder zitieren möchte, stehen ihm wohlfeil die ganzen Gesamtwerkswälzer zur freien Verfügung, wie sie hoch und runter die Wände der Bibliotheken zieren.

Dass in vergleichbarer Weise die Filme eines Filmschaffenden verfügbar sind, hat dagegen tatsächlich Seltenheitswert. Entsprechend weiß ich den Zufall zu schätzen, der uns diesen Dezember, im Jahr 1953, nicht nur einen neuen Fritz Lang beschert: THE BIG HEAT, sondern gleichzeitig in den Stadtteilkinos RANCHO NOTORIOUS und CLOAK AND DAGGER ankündigt, während im Parnasse SCARLET STREET wieder aufgeführt wird und die Cinémathèque an aufeinander folgenden Abenden Langs letzten deutschen Film, DAS TESTAMENT DES DOKTOR MABUSE, (mit dänischen Untertiteln) und seinen ersten amerikanischen, FURY, (mit flämischen Untertiteln) zeigt.

Ein Mensch, der mit seiner Moral alleine dasteht, der als Einzelner den Kampf gegen ein halb feindliches, halb gleichgültiges Universum aufnimmt, ist Langs bevorzugtes Thema. Dass er diesem Thema treu bleibt, bezeugt sich sogar noch bis in die Titel seiner Filme hinein: M [franz. Titel: Le Maudit, deutsch etwa: der Verfemte, der Verfluchte, A.d.Ü.], FURY [deutsch etwa: Wut, Ungestüm, Raserei, A.d.Ü.], YOU ONLY LIVE ONCE [franz. Titel: J'AI LE DROIT DE VIVRE, deutsch: ich habe das Recht, zu leben. A.d.Ü.], MAN HUNT [Menschenjagd] etc. ...

Ein Mensch nimmt den Kampf auf, sei es, weil er als Polizist, Soldat oder Wissenschaftler dazu verpflichtet ist, sei es, weil er sonst nichts weiter zu tun hat. Immer kommt der Moment, wo die Kampfeslust nachlässt, wo sein Vorhaben ins Wanken gerät. Er ist so weit, dass er aufgeben will, bis ein Umstand eintritt, der ihn das Duell wieder aufnehmen lässt, ihn gar dazu bringt, sich selbst zu opfern. Dieser Umstand ist so gut wie immer der Tod eines Außenstehenden, oftmals der einer Frau, manchmal der einer geliebten Frau (Joan Bennet in MAN HUNT, die alte Dame in CLOAK AND DAGGER, Kennedys Verlobte in RANCHO NOTORIOUS, Jocelyn Brando in THE BIG HEAT).

Nun ist der Konflikt ganz und gar zu dem eines Einzelnen geworden, persönliche Beweggründe haben sich an die Stelle von gesellschaftlichen und politischen gesetzt. Fing alles mit Pflicht- und Verantwortungsgefühl an, geht es am Ende einzig und allein darum, Rache zu nehmen. [...]

All das entsteht und vergeht bei Lang im Innern eines zutiefst moralischen Universums. Die herkömmliche Moral hat daran gewiss keinen Anteil und die sie vertretenden Kräfte (Polizei, Armee, Widerstandsgruppen) werden uns so gut wie immer als gemein, nachlässig und feige gezeigt, während die ehrbaren Leute und die Gesellschaft allgemein oft glauben, bei ihnen Schutz und Sicherheit zu finden. Langs Helden stehen tatsächlich abseits dieser Gesellschaft, weshalb die Spionage (als heimliches Grenzgängertum und Auskundschaften) hier eine so schöne Rolle spielt. Mit Melodrama hat das gar nichts zu tun, da der Held nur noch Richter und Racheengel in eigener Sache ist, er verteidigt keine Schwachen und Unterdrückten, er stellt keine Forderungen, was er rächen will, ist ein Opfer (weiblich), das der Film gefordert hat. Einzig um außerordentliche Menschen ist es Lang zu tun, wobei das Außerordentliche aus Schamhaftigkeit die unscheinbare Gestalt einer Animierdame anzunehmen wusste, oder die einer Spionin, die eines Polypen oder eines ungehobelten Cowboys.

Von einem «zutiefst moralischen Universum» habe ich weiter oben gesprochen – «ein ganz gewöhnlich geordnetes und geregeltes» werden es, nicht zu Unrecht, einige andere nennen. In seinen Filmgeschichten wirft Lang das gewöhnlich Gültige ebenso gut aus dem Spiel, wie er sein Spiel damit treibt. Seine Figuren sind in einem Zwiespalt befangen, der die Wirklichkeit dem Ungeheuerlichen eng benachbart und sie infrage stellt. Die Figuren dringen immer weiter in die sie umnachtende Dunkelheit vor, dabei mit solcher Wucht bis auf den Grund ihrer selbst gestoßen, dass aus Bösewichtern übelste Schurken werden, während die Guten es bis zur Erhabenheit bringen.

Immer finde ich das Gefühl angesprochen und herausgefordert, aber in einer Weise, dass einer schon traurig auf dem hohen Ross säße, wollte er sich nicht gelegentlich als jenen Schöpfer träumen, der den einen heimsucht, den anderen errettet. Und wer will es Lang verübeln, dass er sich schließlich selbst an Gottes Stelle setzt, hat er es doch die ganze Geschichte über so schön verstanden, sich das eine Mal zu unterwerfen, um das nächste Mal das Szepter in die Hand zu nehmen, immer abwechselnd Beherrschter oder Herrschender zu sein.

Wenn der Zeitgeschmack bis ins Kino hinein allenthalben Verwirrung stiftet, weil er sich in Niedergedrücktheit gefällt, wenn Gefühle herausgekitzelt werden, weil es reizvoll erscheint, sie in die Irre zu führen, gefällt es mir wiederum ganz gut, dem gegenüber Fritz Lang hochzuhalten: einen Moralisten ganz eigener Prägung, einen sozusagen Balzac'schen Kinomann, der es nicht verschmäht, zu klären und schlusszufolgern. Bei Lang antwortet jede Einstellung auf ein Wie und Warum. Die Männer lieben die Frauen, die sie ihrerseits wiederlieben, die Erde ist rund und sogar drehen tut sie sich, und zwei und zwei gibt immer noch vier.

THE BIG HEAT ist ein schöner Film. Er ist eine sehr genaue Übertragung des hervorragenden RANCHO NOTORIOUS in die Gattung des Thrillers. Als ausgezeichneter Schauspieler-Regisseur (oder besser noch als Schauspielerinnen-Regisseur) verschafft Lang Gloria Grahame endlich ihren großen Auftritt. Sie kauert sich auf die Couchen, als wär's ihr eine Wonne, telefoniert, tanzt, macht den Kotau, wird schwer verbrüht, vom Maskenbildner versehrt, und stirbt, oh wehe. Ihr zickig-gereiztes Spiel ist mittlerweile durchgehend vollkommen. Die Geschichte, die erzählt wird, ist ebenso schön wie anspruchslos einfach, die Gewalt darin wie immer extrem.

«RÈGLEMENT DES COMPTES (THE BIG HEAT). Weder schlecht noch besonders gut. Fritz Lang ist nicht mehr Fritz Lang. Das wussten wir bereits seit einigen Jahren. Keine Spur mehr von Symbolismus, von Expressionismus nur noch geringe in den Werken, die der Regisseur von Metropolis mittlerweile verfertigt.» Diese wenigen Zeilen von Louis Chauvet gewähren ausreichenden Überblick über eine Sammlung von Trugschlüssen, die es dringend auszuräumen gilt.

Wenn man Langs Werke wiedersieht, stellt man verblüfft fest, wie viel Hollywood in seinen deutschen Filmen steckt (Spione, Metropolis, Das Testament des Doktor Mabuse) und was er wiederum an Deutschem in seinem amerikanischen Werk hat bewahren wollen (in den Dekors, in einer bestimmten Beleuchtung, in einem Sinn für Bildperspektiven, für ausdrucksstarke Blickwinkel, hier (in THE BIG HEAT) in der Maske von Gloria Grahame, usw ...). Man versteht ohne weiteres, was der Weggang unserer besten europäischen Filmleute nach Hollywood unlängst an Verunsicherung auslösen konnte, und die kindische Versuchung, zu glauben, dass durch das Exil die reinsten Strahlen ihres Genies getrübt würden. Und käme der Chauvinismus nicht andersherum auch auf seine Kosten, würden unsere Kritiker, denen die Gabe, richtig hinzuschauen, wohl auf immer verwehrt bleiben wird, sich des gegenteiligen Vorurteils annehmen und einfach erklären, dass die Mehrzahl der amerikanischen Produktionen europäisch beeinflusst sei (durch Hitchcock, Lang, Preminger, Renoir)?

Eine andere Legende will, dass der amerikanische Filmschaffende so ein «mit allen Wassern Gewaschener» sei, der es «eben noch hinzukriegen» versucht, das Beste aus den «unsäglichen» Stoffen zu machen, die ihm «aufgenötigt» werden. Ist es so gesehen aber nicht seltsam, dass alle amerikanischen Filme von Fritz Lang, deren Drehbücher von ganz verschiedenen Autoren stammen und von allen möglichen Gesellschaften produziert wurden, ganz unverkennbar dieselbe Geschichte erzählen?

Könnte man Lang damit nicht genauso gut für einen echten Filmautor halten? Und ließe sich darin, dass seine Themen und Geschichten uns in der banalen Gestalt eines üblichen Thrillers, eines Kriegsfilms oder Westerns entgegentreten, nicht vielleicht die große Aufrichtigkeit eines Kinos erblicken, das keine Notwendigkeit verspürt, sich mit verlockenden Etiketten zu schmücken? Daraus folgt etwas mit Gewissheit: Um Kino zu machen, muss Schein erweckt werden, oder wenn einem ein anderer Wahlspruch lieber ist: Wer mit dem Produzenten spricht, muss sich auf Travestie verstehen. Und da es sehr wahr ist, dass man immer so tut, als sei man das Gegenteil von dem, was man ist, wird es nicht verwundern, mich diejenigen Filmer vorziehen zu sehen, die unbedeutend tun ...

Man muss Fritz Lang lieben, jeden neuen Film von ihm willkommen heißen, sich darauf stürzen, ihn wieder und wieder ansehen und ungeduldig auf den nächsten warten (der diesmal THE BLUE GARDENIA sein wird).

Notiz:
Erschienen in der «Série Noire» unter dem französischen Titel «Coups de torchons» [meint etwa «mehrmaliges Ab-, Über-, Wegwischen» mit (Trocken-)Tüchern, A.d.Ü.], zeigt sich der Schmöker von William P. McGivern, auf den THE BIG HEAT zurückgeht, dem Film deutlich unterlegen, obwohl dieser sich getreulich an den Roman hält. Es ist ganz einfach so, dass man dem Film seine Figuren und das, was geschieht, «glaubt», während man dem Buch dieselben Figuren, dieselben Ereignisse nicht glaubt. Das Gleiche lässt sich zu BIG SLEEP, DARK PASSAGE usw. anmerken. Es liegt an der amerikanischen Filmzensur, dass Marlowe kein Päderast mehr sein darf, und dass die einen Figuren sich zu liebens-, die anderen zu hassenswerten entwickeln. Denn das ist Notwendigkeit für eine moralisierende Zensur (– die fordert, dass eine Moral angeboten werde). Würde jedoch genau das gleiche Drehbuch für einen Film wie den von Lang in Frankreich geschrieben, das die französische Polizei zu seinem Gegenstand machte, das Drehbuch würde, selbst unter Beibehaltung der letzten Szene (Glenn Ford kehrt zur Polizei zurück), nun ja, es würde nicht einmal durch das Stadium der Vorzensur kommen. Wie Rossellini sagt: Dov'è la liberta?

François Truffaut
«Cahiers du Cinéma», Januar 1954
Übersetzung von Julia Bantzer

HUMAN DESIRE

USA 1953/54

Drehbuch Alfred Hayes, nach dem Roman «La Bête humaine» von Émile Zola
Kamera Burnett Guffey
Ton John P. Livadary
Musik Daniele Amfitheatrof
Schnitt Aaron Stell
Ausstattung Robert Peterson, William Kiernan
Kostüme Jean Louis
Darsteller Glenn Ford, Gloria Grahame, Broderick Crawford, Edgar Buchanan, Kathleen Case, Peggy Maley, Diane DeLaire, Grandon Rhodes, Dan Seymour, John Pickard, Paul Brinegar, Dan Riss, Victor Hugo Greene, John Zaremba, Carl Lee, Olan Soule, Don C. Harvey, John Maxwell, Hal Taggart
Produzenten Lewis J. Rachmil, Jerry Wald
Produktion Columbia Pictures Corp.
91 Minuten, Schwarzweiß

FL: Genau. Hat man je von einem anderen Begehren gehört?

PB: Sie mochten den Titel nicht.

FL: Nun, sagen wir's offen. Jerry Wald [der Produzent des Films] hatte Renoirs LA BÊTE HUMAINE (1938) sehr gefallen. Dessen «Held», gespielt von Jean Gabin, war ein Sex-Psychopath, er konnte mit einer Frau nur schlafen, indem er sie umbrachte. Aber natürlich kann in einem amerikanischen Film der Held kein Sex-Killer sein. Unmöglich. Daher musste Glenn Ford ihn ein wenig so spielen wie Li'l Abner, der aus dem Korea-Krieg kommt – als hundertprozentigen Amerikaner mit einer höchst normalen Sexualität (so es das überhaupt gibt). Jerry Wald war sehr beeindruckt von Renoirs Film, in dem viele Tunnel auftauchen – Jerry sah sie als Sex-Symbole. Zwar bezweifele ich es, dass Renoir 1938 überhaupt über Sex-Symbole nachgedacht hat, aber egal, Jerry glaubte es und verliebte sich seinerseits in Züge. So ging er zur Santa Fe Railroad, zeigte ihnen Renoirs Film und sagte, dass er seinen Film gern auf dem «Santa Fe» spielen lassen möchte, was außerdem eine gute Werbung für die Eisenbahngesellschaft wäre. Sie schauten ihn an und sagten, Renoirs Film sei wundervoll, ihre Antwort aber Nein. Und warum? Jerry konnte erst gar nicht verstehen, dass es doch keine so gute Werbung für den «Santa Fe» wäre, wenn man einen Sex-Besessen sähe, der Leute in ihren Schlafabteilen umbringt. Auch ich ging zu jeder erdenklichen Eisenbahngesellschaft und bekam immer die gleiche Antwort. Man war sehr freundlich, bis sie man von dem Film erfuhr. Später fand ich heraus, dass die Santa Fe Railroad einen warnenden Brief an alle anderen Gesellschaften geschickt hatte, in dem stand: Wenn so ein Hurensohn mit der gleichen Idee auch zu euch kommt, sagt Nein.

Schließlich wurde das Drehbuch geschrieben und alles nach Kanada verlegt, doch war Kanada aus Gründen, die nichts mit diesem Film zu tun hatten, als Drehort gestrichen worden (das lag, glaube ich, an Rita Hayworth, die die Hauptrolle spielen sollte, da Harry Cohn nicht wollte, dass sie das Land verließ, ihrer Scheidung von Aly Khan wegen; am Ende spielte nicht sie die Rolle, sondern Gloria Grahame). Aber man hatte Glück, ein Aktionär von Columbia besaß Aktien einer kleinen Eisenbahngesellschaft, und bei dieser durften wir drehen. [...]

Beim Schreiben des Drehbuchs waren, glaube ich, Alfred Hayes und ich die Einzigen, die den Roman Zolas kannten. Das lässt mich lächeln, denn zwar mag ich Jerry Wald sehr, doch eines Tages bestellte er uns zu sich und sagte: «Ihr habt beide Unrecht». Ich darauf: «Was haben wir diesmal falsch gemacht, Jerry?» Er sagte: «Schaut mal, der Roman heißt ‹La Bête humaine› – Die Bestie im Menschen, aber in eurem Film ist jeder schlecht.» «Natürlich, denn Zola wollte zeigen, dass in jedem Menschen eine Bestie steckt.» Er sagte: «Ihr versteht es einfach nicht. Die Frau ist die menschliche Bestie!» Was soll man gegen einen solchen Produzenten tun? Hayes und ich schauten uns an und versuchten ihn zu überzeugen. Dann machten wir einen Kompromiss und es wurde mal wieder eine Dreiecksgeschichte. Ganz toll. Wissen Sie was? Ich hatte Angst, dass der Film in Paris schwer getadelt würde, weil er Zola verfälscht – entweder man macht Zola richtig oder lässt es ganz bleiben –, aber ich bekam sehr gute Kritiken; fragen Sie mich nicht, warum.

Peter Bogdanovich: «Fritz Lang in America», S. 92ff.

Bahnhofsvorsteher Carl Buckley (Broderick Crawford) wird nach einer Auseinandersetzung mit seinem Vorgesetzten entlassen. Er verlangt von seiner jungen Frau Vicki (Gloria Grahame), sich bei einem einflussreichen Gönner für ihn zu verwenden, den ihre Mutter seit langem und sie selbst seit ihrer Jugend kennt. Als Vicki zurückkommt, ist alles geregelt, aber Carl durchschaut um welchen Preis. Er heckt einen Plan aus, um den Gönner vor Vickis Augen zu ermorden, in dem Zug, der sie alle nach Chicago bringt.

Im Zug werden Carl und Vicki von Jeff (Glenn Ford) bemerkt, der bei der Bahn arbeitet. Carl schickt Vicki zu ihm. Sie soll sich seiner Verschwiegenheit versichern, und natürlich werden die beiden Liebhaber und Mätresse. Jeff erkennt oder ahnt Bruchstücke des tatsächlich Vorgefallenen. Vicki möchte, dass Jeff Carl umbringt, weil das Zusammenleben mit ihrem Mann nach dem Mord unerträglich geworden ist. Aber Jeff bringt es nicht über sich, Carl zu töten, sondern entwendet ihm den Brief, mit dem dieser Vicki «in Schach gehalten» hat. Jeff gibt ihn ihr zurück und teilt ihr mit, dass er sie nicht wiedersehen wolle.

Vicki macht sich auf die Flucht nach Chicago. Sie weiß nicht, dass Jeff der Lokführer des Zuges ist, in dem sie fährt. Carl ist ihr gefolgt und erwürgt sie in ihrem Abteil.

Der geneigte Leser, der den ein oder anderen Film gesehen und das ein oder andere Buch gelesen hat, könnte hierin einigermaßen die Handlungsverwicklungen aus Zolas Roman «La Bête humaine» wiedererkennen, wie auch den Film, den Jean Renoir 1938 danach gedreht hat. HUMAN DESIRE ist eher ein Remake von Renoirs Film denn eine neue Bearbeitung des Romans von Zola. Bei Zola beobachtet Jacques Lantier den vorüberfahrenden Zug, draußen mitten in der Landschaft stehend. Für einen blitzschnellen Augenblick sieht er, wie der Mörder zusticht, während dessen Frau Zeugin der Tat ist. Den Helden in den Gang des Zuges zu stellen und ihn die Frau als Komplizin beobachten zu lassen, ist eine Erfindung Renoirs. In dieser Hinsicht sind die Angaben im Vorspann von HUMAN DESIRE nicht ganz einwandfrei, denn Alfred Hayes, der Drehbuchautor des Lang'schen Remakes, kann gut und gern kein einziges Mal in den Roman von Zola geschaut haben, wohingegen seine vollkommene Vertrautheit mit Renoirs Film offensichtlich ist.

Allerdings wäre es lächerlich, den Film von Fritz Lang «herunterzumachen», weil die Autoren und Produzenten von HUMAN DESIRE es hier an gutem Benehmen und Höflichkeit haben fehlen lassen.

Nur wenige Jahre vorher hatte Fritz Lang mit SCARLET STREET ein Remake von LA CHIENNE gemacht, wiederum ein Renoir! Eingehender betrachtet, sieht es so aus, als hätten Jean Renoir und Fritz Lang beide Geschmack am gleichen Thema: ein alter Ehemann, eine junge Frau und ein Liebhaber. (Bei Renoir in LA CHIENNE, LA BÊTE HUMAINE, THE WOMAN ON THE BEACH; bei Lang in SCARLET STREET, THE WOMAN IN THE WINDOW, HUMAN DESIRE etc.) Ebenso teilen Jean Renoir und Fritz Lang eine Vorliebe für Schauspielerinnen, für Heldinnen, die vom Typ her etwas zwischen Kosekätzchen und Raubtier sind. Gloria Grahame ist die vollendete «yankee»-Antwort auf Simone Simon; und Joan Bennet war Hauptdarstellerin bei Renoir wie bei Lang. Damit sei es genug der aufgezählten Gemeinsamkeiten, denn dem Regisseur von LA BÊTE HUMAINE geht es um ganz andere Dinge als dem Regisseur von HUMAN DESIRE.

Es ist üblich geworden, Renoirs Umgang mit dem Zola'schen Roman enthaltsam zu nennen. Bezogen auf Renoirs Film wiederholt Fritz Lang mit dem seinen diese Enthaltsamkeit. In HUMAN DESIRE findet sich keine Spur mehr vom Atavismus des Helden: Aus Jacques Lantier ist Jeff Warren geworden, er kommt zurück von der Front aus Korea. Beide Versionen der Figur sind ziemlich ähnlich gestaltet, außer dass es nicht mehr Warren selbst ist, der seine Mätresse umbringt, sondern der Ehemann.

Zolas Roman spielt im Jahr 1869, der Film von Renoir 1938 und der von Lang 1954. Aus der Lokomotive ist eine Elektrolok geworden, die Glenn Ford mit der Lässigkeit eines Metro-Zugführers fährt.

Unlängst hat Jean Renoir sich dazu erklärt, wie er zu einer ersten Vorstellung seines Films LA BÊTE HUMAINE kam: «Was mir geholfen hat, LA BÊTE HUMAINE zu machen, sind die Äußerungen des Helden zu seinem Atavismus. Ich habe mir gedacht: Das ist nicht besonders schön, aber wenn ein so schöner Mann wie Jean Gabin das irgendwo draußen sagen würde, mit einem weiten Horizont hinter sich und vielleicht weht der Wind, dann könnte das einen bestimmten Stimmungsgehalt bekommen. Das war für mich der Schlüssel zu diesem Film.»

Und so versucht Jean Renoir, mit einer drolligen Einzelheit eine Art Ausgleich zu etwas Tragischem zu schaffen, wie nach jedem der Morde ein Lied zu hören ist, hinter Jean Gabin Wolken dahinziehen, während er von seinem «Übel» spricht und Lokomotiven vor dem Fenster des kleinen Zimmers von Fernand Ledoux vorbeifahren, und das Misstrauen gegenüber seiner Frau an ihm zu nagen beginnt.

Wenn es hier vor allem um Jean Renoir geht, geschieht das nicht in der Absicht, das Verdienst von Fritz Lang zu schmälern, im Gegenteil. Sein Film wird weniger gefallen als LA BÊTE HUMAINE, aber ich behaupte, dass er diesem, als der noch schmucklosere, nicht unterlegen ist. Mit HUMAN DESIRE hat Fritz Lang einen sehr bitteren, hoffnungslosen Film gedreht. Hier gibt es keine Hintergründe mit vorbeiziehenden Wolken und Lokomotiven, sondern eine unausgesetzt bedrückende Stimmung. Außer grauen Wänden nichts weiter im Dekor, was dem Auge Zerstreuung böte, das Licht ist hart, der massige Körper von Broderick Crawford trifft auf die Zierlichkeit Gloria Grahames.

LA BÊTE HUMAINE besteht aus langen Einstellungen und kurzen Szenen, in HUMAN DESIRE finden sich den ganzen Film über kurze Einstellungen und lange Szenen und damit ein vollkommen anderer Rhythmus.

Das Werk von Fritz Lang teilt sich auf in zwei Themenbereiche. Da gibt es die Rache von Corneille'schem Ausmaß und die unpassende Ehegemeinschaft: die brutale und die perverse. Nach SCARLET STREET und THE WOMAN IN THE WINDOW zeigt HUMAN DESIRE dieselben Qualitäten, die bezeichnend sind für Fritz Lang: Es ist ein gediegener, starker Film, ein schönes, in sich geschlossenes Ganzes, dessen scharfe Kanten den Gesetzen des klassischen Schnitts entsprechen, die Bildeinstellungen sind klar, hart, jede ist von eigener Schönheit. Broderick Crawford und Gloria Grahame «gehorchen der Regie aufs Wort», Kathleen Case ist eine amerikanische Micheline Presle, schön und empfindsam.

Der Zufall, wenn es einer ist, will, dass LA BÊTE HUMAINE neu herausgegeben wird und genau zur selben Zeit über die Pariser Leinwände läuft, wenn ausschließlich hier in Paris HUMAN DESIRE herauskommt.

Die Gegenüberstellung dieser beiden Werke ist außerordentlich reichhaltig. Man kann beobachten, wie zwei der größten Kinomacher der Gegenwart das gleiche Thema bearbeiten, wobei sie in ihrer Auffassung von Inhalt und Form ganz verschiedene Wege gehen. Aber dem einen wie dem anderen gelingt mit ihrem jeweiligen Film einer der besten ihres Werkes.

François Truffaut
«Arts», 13.–19. August 1955
Übersetzung von Julia Bantzer

HUMAN DESIRE, 1953/54

MOONFLEET, 1954/55

MOONFLEET

USA 1954/55

Drehbuch Jan Lustig, Margaret Fitts, nach dem gleichnamigen Roman von John Meade Falkner
Kamera Robert Planck
Ton Wesley C. Miller
Musik Miklós Rózsa, Vicente Gómez
Schnitt Albert Akst
Ausstattung Cedric Gibbons, Hans Peters, Edwin B. Willis, Richard Pfefferle
Kostüme Walter Plunkett
Darsteller Stewart Granger, George Sanders, Joan Greenwood, Viveca Lindfors, Jon Whiteley, Liliane Montevecchi, Sean McClory, Melville Cooper, Alan Napier, John Hoyt, Donna Corcoran, Jack Elam, Dan Seymour, Ian Wolfe, Lester Matthews, Skelton Knaggs, Richard Hale, John Alderson, Ashley Cowan, Frank Ferguson, Booth Colman
Produzent Jud Kinberg
Produktion Metro-Goldwyn-Mayer
87 Minuten, Farbe

FL: Es ist eine romantische Geschichte, die in der Vergangenheit spielt, in der Tradition von Dickens. Vor allem die Stimmung ist romantisch. (Eine Sache im Film ist übrigens von Hogarth abgeschaut: einmal steht in der Taverne jemand auf einem Tisch, was ganz genau einem Tableau bei Hogarth gleicht.) In einem zeitgenössischen Horrorfilm wäre die Stimmung eine völlig andere. Wenn es aber um Gespenster geht (und die gibt es hier, da ja geglaubt wird, dass die Schmuggler Gespenster sind), und sich einiges auf dem Friedhof abspielt, muss es einfach romantisch sein.

PB: Dann muss Ihnen die Geschichte also auch gefallen haben, als ...

FL: Gefallen! Schauen Sie – man unterschreibt einfach einen Vertrag. Wenn ich zurückdenke, habe ich den Vertrag wahrscheinlich unterschrieben, weil ich nach FURY zwanzig Jahre bei MGM verboten war und es eine gewisse Befriedigung für mich dargestellt hat, zurückzukommen. Und wenn man einen Vertrag unterschreibt, muss man auch sein Bestes geben.

PB: War das Ende gedacht als eine Neugestaltung der Legende des Fliegenden Holländers?

FL: Es war etwas anderes: Der kleine Junge liebt und bewundert den Helden, Stewart Granger, der ihm beim Abschied sagt: «Ich werde zu dir zurückkommen». Er stirbt, und ich wollte mit diesem Satz zeigen, dass es das Letzte ist, was der Mann für den kleinen Jungen tun kann. Er segelt davon, während der Junge am Ufer steht, und wir können sehen, dass Granger in dem Boot stirbt, dieses aber dennoch weitersegelt, da er seine Hand immer noch am Segel hat. Das wäre mein Ende gewesen. Aber der Produzent wählte ein anderes, das schon vorher gedreht worden war, und zwar obwohl er mir sein Ehrenwort (haha!) gegeben hatte, dass er es nie verwenden würde: Der Junge kommt zurück mit dem kleinen Mädchen und sagte: «Dies ist mein Landbesitz». Ich finde das furchtbar, und es ist dennoch genommen worden. Aber – natürlich ist es der Regisseur, dem man solche Dinge ankreidet!

PB: Haben Sie vor Ort gedreht?

FL: Alles in Hollywood. Das Draußen in der Heidelandschaft wurde komplett im Studio gebaut, das Draußen der Szenen am Meer drehten wir in Oceanside (Kalifornien). Wenn Sie von einer romantischen Stimmung sprechen, dann möchte ich darauf hinweisen, dass nur aus dem Grund, dass alles – bis aufs Meer natürlich – im Studio gedreht wurde, noch die kleinste Einstellung überhaupt so etwas wie eine romantische Stimmung oder Atmosphäre bekommen konnte.

PB: Drehen Sie lieber im Studio oder vor Ort?

FL: Im Allgemeinen ziehe ich das Studio vor – man hat mehr Kontrolle –, außer für Western, die weite offene Räume brauchen. Lassen Sie mich Ihnen ein Beispiel geben: für HANGMEN ALSO DIE! bauten wir eine Art europäische Stadt nach, die Prag sein sollte, und zwar dort, wo auch Chaplin sein Studio hatte. Ich wollte eine Pfütze zeigen, in deren Wasser die vorbeifahrenden Autos gespiegelt werden, und dann das Mädchen, auf das hochgeschwenkt wird und das dann die Straße überquert. Dies auf einer echten Straße zu filmen hätte viel mehr Zeit in Anspruch genommen und ich sehe auch keinen Grund, warum man dies unbedingt tun sollte.

Ich hatte lange Gespräche in Paris mit Regisseuren der Nouvelle Vague. Einmal hatte ich einen Film gesehen (ich weiß nicht mehr, von wem), in dem zwei Leute in einem sehr beengten Raum schlafen. Erst dachte ich, die Szene spiele in einem Zug, aber nein, es stellte sich heraus, dass es einfach ein Zimmer irgendwo war. Was mich verwirrte, war der Lärm, der von der Straße kam. Der Regisseur glaubte, dass im Film alles so sein müsse, wie es in der Wirklichkeit ist, sodass man etwa Straßengeräusche hört, was aber ganz falsch ist. Als ich 1930 M drehte, kam mir den Ton betreffend eine Einsicht, und sie ist immer noch richtig: Wenn Sie allein in einem Straßencafé sitzen und nichts zu tun haben, schauen Sie auf die Straße und achten dabei vielleicht auf tausend Geräusche – ein vorbeifahrendes Auto, die Absätze einer Frau auf dem Bordstein, das Geräusch von Gläsern auf dem Nachbartisch, ein kleines Gespräch hier und da. Sitzen Sie jedoch mit jemand zusammen, den Sie lieben, oder haben ein Geschäftsessen, dann hören Sie all das nicht mehr, Sie achten nur auf das Gespräch, da Ihr Interesse allein den Worten gilt, die Ihr geliebter Mensch sagt oder den Geschäften oder den Dingen, die Sie selbst zu sagen haben. In M gibt es einen Blinden, der eine Drehorgel hört, die falsche Töne produziert, und er zieht eine Grimasse und hält die Ohren mit beiden Händen zu. Da stoppt auch die Musik, denn er hört sie ja nicht mehr; dann nimmt er die Hände weg und grinst, da nun eine andere Drehorgel spielt. Das ist meiner Ansicht nach die richtige Weise, Ton zu benutzen. Zurück zu jenem französischen Film: Wenn der Nouvelle Vague-Regisseur eine Liebesszene in einem echten Zimmer filmt und man auch alle Geräusche von draußen hört, heißt das für mich letztendlich nur, dass der Mann unfähig ist, mit dem Mädchen zu schlafen. Der Ton – und zwar der Ton allein – kann von sich aus auch ein dramatisches Element sein. Und im Studio hat man darüber mehr Kontrolle.

Peter Bogdanovich: «Fritz Lang in America», S. 96ff.

Wenn man, wie ich, die Mise en Scène fetischisiert, weiß man, dass es da eine Zwischen- oder Randzone gibt, die bewirkt, dass man beim Filmesehen nicht einfach vom realen zum geträumten Leben übergeht, wie es die Surrealisten ein wenig zu naiv angenommen haben – dieser Bereich dazwischen ist eine vermittelnde Zone. Die ganze Politik der Autoren hat darin bestanden, dieses Gegenüber, das der Autor ist, der uns etwas zu vermitteln hat und uns ins Spiel hineinzieht, auf die Probe zu stellen, zu testen. Aus diesem Grund ist MOONFLEET der schönste Film für einen Cinephilen, die positive Version der schrecklichen von THE NIGHT OF THE HUNTER: Der kleine Junge, der einen Vater benötigt, entscheidet sich für jemanden und nötigt ihn, sich wie ein Vater zu verhalten, obschon der ganz andere Dinge im Kopf hat; was er von ihm will, sind Anweisungen in Mise en Scène, das heißt, er will die Topologie kennenlernen, wissen, wie man sich auf dem Gelände bewegt. Und einer der schönsten Sätze im Film von Lang ist dann der, als das Kind sagt: «The exercise has been efficient, Sir ...» Der kleine John Mohune entschließt sich, Fritz Lang zu folgen, genauso wie ich mich entschließe, Fritz Lang zu folgen. Demnach ist also das Bild des Autors ein paternalistisches Bild, in dem der Vater fehlt, und dass der Vater da nicht allzusehr erscheint, ist auch von Vorteil, denn so kann die Figur des Autors fetischisiert werden. Ich, der ich mich für die Biografien der großen Cineasten wenig interessiere, habe mir eher gesagt: Wenn man einem Autor und seiner Art und Weise folgt, sich in der Welt zurechtzufinden, erhält man ein gewisses Quantum an Wahrheit, und das ist jedesmal unterschiedlich, je nachdem, ob es sich um Hitchcock, Lang oder Bresson handelt. Dies wäre für mich die Politik der Autoren.

Serge Daney [im Gespräch mit Serge Toubiana],
«Im Verborgenen. Kino, Reisen, Kritik», Berlin 2000
Übersetzung von Stefan Flach

WHILE THE CITY SLEEPS

USA 1955

Drehbuch Casey Robinson, nach dem Roman «The Bloody Spur» von Charles Einstein
Kamera Ernest Laszlo
Ton Jack Solomon, Buddy Myers
Musik Herschel Burke Gilbert
Schnitt Gene Fowler jr.
Ausstattung Carroll Clark, Jack Mills
Kostüme Norma Koch
Darsteller Dana Andrews, Rhonda Fleming, Sally Forrest, Thomas Mitchell, Vincent Price, Howard Duff, Ida Lupino, George Sanders, James Craig, John Barrymore jr., Vladimir Sokoloff, Robert Warwick, Ralph Peters, Larry Blake, Edward Hinton, Mae Marsh, Sandy White, Celia Lovsky, Pit Herbert
Produzent Bert E. Friedlob
Produktion Thor Productions, RKO Radio Pictures Inc.
100 Minuten, Schwarzweiß

PB: Sind die meisten Zeitungsleute nicht viel verwerflicher als der Mörder? Für ihn hat man Sympathie, dagegen sehr wenig für Figuren wie die von Vincent Price oder Rhonda Fleming.

FL: Sie sind ein großer Romantiker. Das sind ganz einfach Menschen. Vielleicht ist es wie bei Lorre in M – er mordet weil er muss, wohingegen diese anderen Leute (ausgenommen Dana Andrews und Thomas Mitchell) genau das tun, was vermutlich auch Sie tun würden: Sie laufen einem Job hinterher, gieren nach Geld. Wie viele Menschen haben Sie in ihrem Leben getroffen, die ethisch vertretbar waren? Was erwarten Sie also von diesen Leuten in WHILE THE CITY SLEEPS?

PB: Am Ende lassen Sie allerdings die anständigen Leute gewinnen.

FL: Das war womöglich ein Wunschtraum. Aber ich hoffe und glaube.

PB: Sie schrieben einmal einen Artikel, der sich zugunsten des Happy End aussprach.

FL: Heutzutage, wo Menschen vor so vielen Dingen Angst haben (schauen Sie sich nur die Zeitungen an), denke ich, dass ein Happy End – oder das, was wir ein Happy End nennen – für ein Publikum befriedigender ist als ein schlechtes Ende. Am Schluss von DER MÜDE TOD etwa führt der Tod den Jungen und das Mädchen auf eine himmlische Wiese mit vielen Blumen und Sonnenschein, über die sie gemeinsam davongehen. Ein Geschäftsfreund von mir stellte die Frage, ob das für mich ein Happy End sei? Ich sagte, ja. Wissen Sie, was er darauf antwortete? «Aber im Himmel können Sie doch nicht mehr miteinander vögeln.» Das ist auch eine Einstellung. Zwar wird Broderick Crawford von Glenn Ford in HUMAN DESIRE nicht getötet, und doch ist das Ende nicht glücklich. Oder WOMAN IN THE WINDOW: Warum mussten drei Menschen für nichts und wieder nichts sterben? Das Happy End, das es hier gibt, mit einer Portion Humor, passte zu diesem Film wiederum besser. Ich schrieb eine Geschichte mit dem Titel «Death of a Career Girl»: Sie stirbt am Ende nicht, aber ist es deshalb glücklich? Die Frau ist tot gegenüber der Welt, der Mann, den sie liebt, sagt über sie: «Du bist eine lebende Tote, du fühlst nichts mehr, weil dein Wunsch nach Geld und weiß Gott was den Menschen in dir umgebracht hat.» Das Ende ist keineswegs glücklich, obwohl sie am Leben bleibt. Als ich DIE NIBELUNGEN machte, in dem alle getötet werden – nicht einmal ein Hund lebt noch am Ende –, konnte ich daran nichts ändern, weil die Vorlage eine deutsche Sage war. Mein Ende für M (das viele Jahre später von den Rechteinhabern weggeschnitten wurde) sah so aus, dass, wenn das Geheimgericht den Mann lynchen will, man die Polizei nicht einschreiten sieht, aber dennoch weiß, dass sie da ist, weil alle ihre Hände heben. Man sieht eine Hand, die sich auf Lorres Schulter legt, und hört eine Stimme sagen: «Im

Namen ...» – Überblendung auf drei Richter, die die Richterbank betreten: « ... des Volkes ... » – Eine weitere Überblendung auf drei Frauen, die nebeinander sitzen, und eine sagt: «Das macht unsere Kinder auch nicht wieder lebendig! Man muss halt besser aufpassen auf die Kleinen.» Selbst in diesem Fall ist nicht klar, ob der Mörder hingerichtet wird (vor allem, weil ich gegen die Todesstrafe bin). In HANGMEN ALSO DIE! bleiben Held und Heldin am Leben. Ist es deswegen ein Happy End? (Erinnern Sie sich an den Schlusstitel: NOT THE END.) Dagegen sehe ich das Ende von MOONFLEET, wenn der Junge glaubt, dass der Mann am Leben bleibt, als glücklich an, ungeachtet dessen, dass der Mann eigentlich stirbt: Der Junge wird nicht enttäuscht, denn alles, was er in dem Mann sah, hat sich bewahrheitet. Es gibt keine Regeln beim Film. Oder höchstens Kompromisse dem Publikum zuliebe. Aber ich bin gegen Kompromisse.

Peter Bogdanovich: «Fritz Lang in America», S. 102f.

«While the city sleeps», im Dunkel der Nacht, begeht ein Lustmörder Mädchenmorde. Die Nacht, die schlafende Stadt und der Trieb des komplexbehafteten «Lippenstift-Mörders»: Sie eröffnen die Vorstellung von der unerkannt irgendwo im Asphaltdschungel lauernden Bestie Mensch. Die Aufeinanderfolge der Morde ist zwingend wie die von Tag und Nacht, das Verhängnis des Triebtäters absehbar. Der Zyklus des Verlangens und Tötens, das Erscheinen der Polizei am Tatort und der Schlagzeilen in der Zeitung, die Ansprache des Journalisten Mobley im Fernsehen und das Motiv zum Mord an dessen Verlobter Nancy, das diese Ansprache für den angesprochenen Mörder, ihm das Ende bereitend, bildet: Stadien einer Handlungsfolge, wie sie sich als Konvention des Genres der Lustmörder Filme herausgebildet hat. Es ist, wie wenn sich eine Bestimmung – die des Protagonisten und die des Films – gesetzmäßig, im natürlichen Rhythmus, zum Ende hin erfüllt.

«While the city sleeps.» Mythos der Großstadt als eines Lebewesens, das zur Ruhe kommt, schläft und im Morgengrauen, wenn es erwacht, in seinem Schoß eine hübsche Frau hält, für die es kein Erwachen mehr gibt. Die Exposition und der Titel des Films zitieren, beschwören diesen Mythos und jene Abfolge zeremonieller Bilder, die seinen Kern bilden, um dann etwas anderem, Unerwartetem Raum zu geben: der Zerstörung des Mythos vom Journalisten, in Hollywood-Filmen, dem die Wahrheit alles und die Karriere nichts bedeutet. Der Medienkonzern Kyne verliert seinen obersten Häuptling. Der Sohn und Erbe, Walter Kyne jr. (Vincent Price), zeitlebens gehätschelt und ahnungslos in Geschäftsdingen, entschließt sich zum Nächstliegenden, nämlich zur Ernennung eines Direktors, der an seiner Stelle die Arbeit macht. Von den drei leitenden Persönlichkeiten soll der den Posten bekommen, der zuerst die Reportage verbreitet von der Verhaftung des Mädchenmörders. Die drei Bewerber sind Griffith (Thomas Mitchell), Chefredakteur der Kyne-Tageszeitung «The Sentinel» (Der Wächter), ein alter, erfahrener Journalist; Loving (George Sanders), geschmeidiger Karrierist, der die Abteilung Radio/TV unter sich hat; und Kritzer (James Craig), der, sich scheinbar mit der Leitung des Bildarchivs und dem Liebesverhältnis zur Frau des Juniors begnügend, dennoch vom gleichen krankhaften Ehrgeiz besessen ist wie die anderen zwei. Sie alle versuchen den Helden des Films, Edward Mobley (Dana Andrews), für sich einzuspannen. Mobley ist Buchautor und genießt das Ansehen des Pulitzerpreisträgers. Er besitzt Talent, auch eine Spur von der Veranlagung des Mörders, dazu die richtigen Verbindungen zur Polizei und keine Ambition auf den Direktorposten. Seine Entscheidung fällt zugunsten von Griffith, dem einzigen von den dreien, der ihm kein Geld angeboten hat. Sein Appell an den Mörder, über Kyne-TV, nützt zunächst Loving, dessen Ressort die Publicity zugute kommt. Indessen richtet sich die Wut des Mörders, wie geplant, gegen Mobley, der sich veranlaßt sieht, seiner Braut Nancy (Sally Forrest) Polizeischutz gewähren zu lassen. Auf diesen Trick mit Nancy als Köder reagiert Loving, indem er seine Geliebte Mildred (Ida Lupino) mit dem beruhigenden Satz zu Mobley schickt: «Für alles, was du aus Liebe zu mir tust, liebe ich dich nur noch mehr.» Mildred soll Mobley dazu verführen, sich doch noch für Loving, und gegen Griffith, zu entscheiden. Der Zustand von Trunkenheit, in dem sich Mobley befindet, verhindert jedoch, daß er auf die Reize von Mildred im gewünschten Maß reagiert. Dafür erfährt Nancy von dem Techtelmechtel im Taxi, macht Mobley eine Eifersuchtsszene und läuft ihm, von ihrem Leibwächter begleitet, in ihre Wohnung davon. Es ist Tag. «Und am hellichten Tage zu morden», fällt

Mobley ein, «das könnte die nächste Herausforderung des Mörders sein. Vielleicht ist Nancy schon in Gefahr.» Der Leibwächter geht nur mal über die Straße, um eine Kleinigkeit zu essen, und an die Tür klopft der Mörder.

«Wer ist da?»

«Ed!» (Mobleys Vorname.)

Spontan entschließt sich Nancy, ihm zu öffnen, und entscheidet sich dann, so zu tun, als sei sie wegen der Affäre mit Mildred beleidigt. Der Mörder klopft, schlägt mit den Fäusten, tritt mit den Füßen und rennt mit dem ganzen Körper gegen die Tür. Aber die Tür hält stand.

Zufällig wählten Dorothy Kyne (Rhonda Fleming) und Kritzer als ihr Liebesdomizil ein Appartement, das sich gegenüber von Nancys Wohnung befindet. Der Mörder – schon bei früherer Gelegenheit auf die seidenbestrumpften Beine der Junior-Gattin aufmerksam geworden – erblickt plötzlich die Chance, sich bei ihr, statt bei Nancy, gewaltsamen Zutritt zu verschaffen. Dies gelingt ihm, jedoch nicht, die sich mit allen Kräften Wehrende zu morden. Dorothy flieht und sucht Zuflucht gegenüber bei Nancy. Auf der Straße vernimmt Mobley Nancys Rufe, verfolgt den Mörder bis in den U-Bahnschacht und treibt ihn in die Arme der Polizei. Kritzer, zum Rendezvous erscheinend, sieht sich mit Dorothy zu ihrer beider und Nancys Überraschung kompromittiert. «Aber wir sind doch zivilisierte Menschen», sagt Dorothy, «und werden schon eine Lösung finden.» Die Lösung finden sie zu dritt, während Mobley den Bericht an Griffith durchgibt von der Verhaftung des Mörders. Loving ist konsterniert, Griffith schadenfroh. Aber der lachende Dritte ist Kritzer, der davon profitiert, daß Kyne jr. an einer Publikation der wahren Umstände der Verhaftung des Mörders nichts liegt. Das Happy End spielt in Florida, wo Mobley – mit Nancy auf Hochzeitsreise – der Zeitung entnimmt, daß Kyne jr. seinen Entschluß revidiert, Griffith zum Direktor ernannt und auch für ihn, Mobley, einen hohen Posten geschaffen hat, von dem offenbleibt, ob Mobley ihn annimmt. Eine Komödie um Geld und Macht, gegen jede Erwartung dem Film eine Wendung gebend, die seine eigene Voraussetzung, die Teilhabe am Genre der Lustmörderkrimis, unterhöhlt. Als Maître de plaisir fungiert Kyne, dessen Einfall die Aspiranten und Konkurrenten wie die Puppen zum Tanzen bringt: Tanz um das goldene Kalb, Spiel im Spiel, Komödie im Krimi, Theater im Film. Straub hat, in NICHT VERSÖHNT, die Handlung eines so großen Maßes an Kontinuität beraubt, daß die Notwendigkeit, den Film mehrmals zu sehen, aus dem Verlangen sich ergibt, ihn zu verstehen. Das Sehen von NICHT VERSÖHNT ist auch ein Hineinfügen von fehlenden Verbindungen zwischen sehr vereinzelte Handlungsteile. Der Zuschauer, als der den Film letztlich Produzierende, bemächtigt sich des verstehbaren Handlungszusammenhangs als eines Konstruierten. Umgekehrt wie der Straub-Film, wo Handlungsteile in den Film ragen wie die Gipfel einer Eisbergkette, deren Massiv sich dem Auge entzieht, bietet DIE BESTIE den Eindruck eines Zuviel an Handlung. Jedoch analog zur Straubschen Reduktion weist auch die Langsche Überfülle von sich Ereignendem, Überlagerndem und gegenseitig in seiner Wirkung Aufhebendem auf das Zusammengesetzte von Handlung, so wie die Story auf den Mechanismus des sozialen Verfalls durch das Geld. WHILE THE CITY SLEEPS besteht sogar in zwei ganz verschiedenen Filmen, die an jener Stelle sich ineinander verschlingen, wo der Zufall, daß Dorothy/Kritzer ihr Appartement am selben Hausflur haben wie Nancy, anfängt eine Rolle zu spielen. Dieser Knoten fesselt das Mörderschicksal an die Charakterkomödie.

Peter Nau
«filmkritik», Juni 1979

WHILE THE CITY SLEEPS, 1955

BEYOND A REASONABLE DOUBT, 1955/56

BEYOND A REASONABLE DOUBT

USA 1955/56

Drehbuch Douglas Morrow
Kamera William Snyder
Ton Jimmy Thompson
Musik Herschel Burke Gilbert
Schnitt Gene Fowler jr.
Ausstattung Carroll Clark, Darrell Silvera
Darsteller Dana Andrews, Joan Fontaine, Sidney Blackmer, Philip Bourneuf, Barbara Nichols, Shepperd Strudwick, Arthur Franz, Robin Raymond, Edward Binns, William Leicester, Dan Seymour, Rusty Lane, Joyce Taylor, Carleton Young, Trudy Wroe, Joe Kirk, Charles Evans, Wendell Niles, Dorothy Ford
Produzent Bert Friedlob
Produktion Bert Friedlob-Productions, RKO Radio Pictures Inc.
80 Minuten, Schwarzweiß

FL: Ich war sehr besorgt wegen dem Ende. Nachdem ich Dana Andrews über eine Stunde und vierzig Minuten als prächtigen, adretten Mann gezeigt hatte, zeige ich nun in zwei Minuten, dass er eigentlich ein Dreckskerl ist. Ich hatte wirklich Angst.

PB: Ist der Verrat Joan Fontaines an ihm an dieser Stelle nicht noch viel verwerflicher als alles, was Andrews getan hat?

FL: Auch hierüber könnten wir lange sprechen. Aber vergessen wir einmal ihren Charakter – ich glaube ja, dass Sie mit dem, was Sie denken, Recht haben – und stellen wir uns vor, sie wäre eine süße, wunderbare und verständnisvolle Frau, die auf einmal herausfindet, dass der Mann, den sie liebt, ein totales Schwein ist. Würde sie ihn dann nicht auch verlassen?

PB: Ihn verlassen ist eine Sache, ihn verraten eine andere.

FL: Wäre es Ihnen lieber, dass sie zu seinem Komplizen wird? Und dann geht er los und mordet ein zweites Mal? Aber, wie ich schon sagte, hierüber könnten wir lange sprechen.

PB: Und dennoch zeigen Sie sie als eine Figur, die so etwas tut, und gleichzeitig bleibt es vernichtend.

FL: Sie sagen «Sie zeigen sie», und das ist richtig. Das ist ja die Aufgabe eines Regisseurs. Es war nötig, andernfalls wäre am Ende alles in sich zusammengefallen. Außerdem ist sie einfach ein Mensch, sie ist ebenso sehr ein Mensch wie die Leute, die Ihnen in WHILE THE CITY SLEEPS nicht behagen.

PB: Hatten Sie Ärger mit dem Produzenten des Films?

FL: Ich hatte einen höllischen Kampf mit ihm wegen der Szenen im Todestrakt. Er kam zu mir und sagte: «Fritz, machen Sie es bitte realistisch.» Ich erwiderte: «Sie werden Ärger bekommen mit dem Front Office oder den Filmverleihern, denen gegenüber Sie sich verantworten müssen.» Er darauf: «Nein». Dann ging einer dieser typischen kleinen Spione – die sich immer in ein Studio einschmuggeln, in dem man gerade dreht – zum Front Office, und der Produzent musste Rede und Antwort stehen. Als er zurückkam, schäumte er und sagte: «Sie Mistkerl sind hier nicht mehr bei der UFA! Wie konnten Sie solche grausamen Szenen drehen?»

Es war nicht der erste Kampf, es hatte schon andere mit ihm gegeben. Ich war angewidert. Meinem Cutter Gene Fowler erklärte ich noch, was ich wollte, und wusste, dass der Film bei ihm in guten Händen war. Dann ging ich. Als alles fertig war, wurde der Produzent auf einmal wieder süß. «Aber Sie wollen mich doch jetzt nicht verlassen?» «Doch», sagte ich, «ich habe die Nase voll von Ihnen.» Ich blickte zurück auf die Vergangenheit – wie viele Filme waren verstümmelt worden – und da ich nicht vorhatte, an einem Herzinfarkt zu sterben, sagte ich mir, dass ich diese Tretmühle besser hinter mir lasse. Und ich ich entschied, keine Filme in den USA mehr zu machen.

Peter Bogdanovich: «Fritz Lang in America», S. 110f.

Allzu lange haben die Korinthenkacker gegen die letzten Lang-Filme gemault. Es genügt, diesen Film von 1956 wiederzusehen, um sich für sie zu schämen.

Die Welt war einmal zweigeteilt – in die Welt der Kinoamateure und in die kleine Welt der Cinephilen. Es gab diejenigen, welche die letzten Filme von Fritz Lang verhöhnten, und diejenigen, die sie zu den schönsten Filmen überhaupt zählten (ja, aber wie es beweisen?). Letztere lebten in Angst: der Angst, das Gelächter hören zu müssen bei BEYOND A REASONABLE DOUBT (1956), oder die Belustigung über DAS INDISCHE GRABMAL (1959). Denn diese verletzlichen Filme, konsequent abgekehrt, berührten das, was man pompös «die Essenz» des Kinos nennt. Will sagen: Es gibt idiotische Filme, wenn man sie erzählt, und aufwühlende, wenn man sie sieht. Der Film besteht weder aus seinem Szenario noch ist das Kino Literatur.

Auch darüber hinaus hatten diese Filme keinen guten Ruf: Die Filmgeschichtler redeten nur von METROPOLIS, von M und vielleicht noch von FURY – das Establishment der Kritik sah voller Verachtung auf die amerikanische Periode von Lang herab, eine Periode, die unglücklich verlief, mit kleinen Budgets und einer Reihe von Filmen, die immer mehr zu B-Filmen wurden.

Gegen den schlichten Gemeinverstand der Verächter galt es diese Filme zu verteidigen, auch gegen Lang selbst, der nicht sehr stolz auf sie zu sein schien (hatte er nicht, was den TIGER und das GRABMAL anging, von seiner «indischen Scheiße» geredet?). Das ist verwirrend. Da schon trug der alte Meister dieses enttäuschte Lächeln auf dem Gesicht, mit dem man ihn einige Jahre später in LE MÉPRIS/DIE VERACHTUNG sah. Das ein wenig überhebliche Lächeln desjenigen, der gleichwohl weiß (und wer könnte es besser wissen als er, der die Nummer eins des Nazifilms hätte werden sollen?), dass man sich nie überlegen fühlen darf. Dass sich überlegen fühlen selbst schon das Verbrechen ist. Das schmerzliche Lächeln, das den Helden Langs in den schlimmsten Momenten im Gesicht steht – wie Tom Garrett am Ende von BEYOND A REASONABLE DOUBT, als alles verloren ist und ihm nichts anderes einfällt, als einen Schritt auf den Schreibtisch zu zu machen, um einen Blick auf das ihm geltende Gnadengesuch zu werfen, das der Gouverneur nicht unterschreiben wird.

Das Szenario von BEYOND A REASONABLE DOUBT ist die Geschichte eines Szenarios – eines riskanten Streichs, einer Vortäuschung. Ein einflussreicher Journalist (Sidney Blackmer) führt eine Kampagne gegen die Todesstrafe. Er will beweisen, dass es möglich ist, einen völlig Unschuldigen auf den elektrischen Stuhl zu bringen. Ja, aber wie es beweisen?

Er verfällt auf die abwegige Idee (d.h. er glaubt, sie zu haben), seinem zukünftigen Schwager, dem Schriftsteller Tom Garrett (Dana Andrews, einmal mehr ganz bewundernswert-durchtrieben), vorzuschlagen, sich eines Mordes beschuldigen zu lassen, der gerade begangen worden ist, falsche Beweise zu produzieren und sich zum Tod verurteilen zu lassen. In diesem Moment würde er – als *deus ex machina* – die unwahrscheinliche Wahrheit enthüllen, und die Anhänger der Todesstrafe müssten vor Scham in den Boden versinken und sich ins Gewissen reden. Das ist das Szenario der beiden, aber im Film wird das ganz anders ablaufen.

Fritz Lang ist in diesem Film ganz enthalten. Das Thema ist nicht so sehr die Todesstrafe – für die «Dossiers de l'écran»[1] wäre das kein geeigneter Film.

Das Thema ist, wie immer bei Lang, die Idee der Verantwortung. In seinen Filmen gibt es diejenigen, die wissen, dass sie schuldig sind (das ist stärker als sie, pathologisch: von MABUSE über M bis zum «lipstick killer» aus WHILE THE CITY SLEEPS), und diejenigen, die sich für unschuldig halten. Doch von der Reihe seiner Stummfilme über die Ufa-Großproduktionen bis zu den amerikanischen Auftragsarbeiten besteht Lang immer auf dem Nämlichen: Es gibt keine Unschuldigen. Vielleicht hat es mal welche gegeben, aber jetzt nicht mehr. Die Unschuld ist ein Provisorium, sie beweisen zu wollen, macht schon selbst schuldig. Sich sicher sein, der kalten Passion der Ideen und Ideologien verfallen, den überlegen-verächtlichen Ausdruck dessen annehmen, der alles vorausgesehen, auf alles eine Antwort hat – der «vollkommen narrisch» ist –, ist ein gefährlicher Zustand. Gefährlich für die andern.

Der gegen die Todesstrafe kämpfende Journalist und der Staatsanwalt, der die Todesstrafe auf Deubel komm raus anwenden will, sind Brüder im Geiste. Der eine will demonstrieren, wie ein Unschuldiger verurteilt wird, um ihn dann reinwaschen zu können, der andere ist bereit, ihn unschuldig zu verurteilen. Beide haben nicht bedacht, dass der Unschuldige schon der Schuldige ist.

Über die Peripetien von BEYOND A REASONABLE DOUBT werde ich nichts erzählen. Ich habe schon zu viel gesagt. Der Humor des Films wäre nicht so kräftig, wenn wir, als Zuschauer, nicht auch unschuldig und schuldig wären. Unschuldig, weil wir nichts wissen, schuldig, weil wir alles glauben. Die Lang-Maschinerie ist infernalisch: Sie braucht uns als Zuschauer, Zeugen, Juroren und Polizisten. Wir übernehmen alle Rollen in dieser Justiz-Komödie. Aber letztlich machen wir uns lächerlich, und wenn einige spöttisch reagieren, dann aus Verärgerung (man wird nicht gerne von einem Film düpiert, von einem bisschen Zelluloid geleimt). Wir sollten doch wissen, dass es in den Filmen von Lang keine absoluten Beweise, keine Mittel zum Zweck und keine Gewissheit gibt, nur die nüchterne Verkettung von Wirkung und Ursache, von Wörtern und Dingen, von Wortspielen und Fetischobjekten, von Türen und Geheimnissen hinter der Türe, von verrückten Hüs und törichten Hotts. Und das ohne Ende.

Wie sich den Film anschauen? Nicht versuchen, schlauer zu sein als er. Im Kino ist Letzteres kein besonders intelligentes Verhalten. (Nach was sieht das Gesicht eines schlauen Zuschauers im Kino aus? Nach nicht viel, es ist sogar eher lächerlich.) Wenn wir uns auf das paranoide Szenario von BEYOND A REASONABLE DOUBT einlassen, dann vergnügt, spielerisch – nicht um das letzte Wort zu behalten.

Man muss den Film zweimal sehen: Das eine Mal der Spannung wegen und das andere Mal, um seinen «verqueren» Humor zu goutieren. Langs Humor, einzigartig im Kino, besteht darin, dem Zuschauer jede Information zu liefern, deren er bedarf, um alles zu verstehen. Doch die Informationen kommen ungeordnet daher, es ist nichts damit anzufangen. Die Wahrheit ist unwahrscheinlich, weil die Filmfiguren permanent von ihr sprechen, ohne sich dessen bewusst zu sein (oder der Nächste in der Lage wäre, sie sich bewusst zu machen). Sie sprechen ständig – «unschuldig» – die Schlüsselworte aus, um die es in der Geschichte geht. Man stelle sich ein Kreuzworträtsel vor, bei dem die Suchbegriffe und die zu findenden Worte identisch wären. Welch ein Wutanfall (oder Lachanfall), wenn man den Trick entdeckt hat!

Ein einziges Wort, der Vorname der Frau, die er getötet hat, wird Garrett zum Verhängnis, und wenn der Film zu Ende ist, hindert einen nichts daran, sich mit einem genießerischen und retrospektiven Schrecken all jener Dialogwörter zu erinnern, die vielleicht Passwörter, «Versprecher» einer andern Geschichte sind, die mit dieser hier zu tun haben könnte und ebenso tödlich wäre. Das wäre der infernalische Zirkel der eigenen Imagination.

Ich erinnere mich an das erste Mal, als ich den Film gesehen habe. Verdutzt folgte ich dieser Geschichte von Übergeschnappten, in welcher der Unschuldige der Schuldige, der Ermittelnde der Ermittelte ist und der Verbrecher gegen die Todesstrafe angeht. Ich bewunderte die Art und Weise, wie all diese Geschichten in einer einzigen erzählt wurden, als gälte es, ein Theorem aufzustellen (ich wollte diesen Artikel über Lang verfassen, ohne das Wort «streng» zu verwenden: Das ist mir nicht gelungen). Ich bewunderte auch den Respekt Langs für das Publikum: Er traute ihm immer zu, alle Elemente des Films gleichermaßen präsent zu halten, nahm ihm diese Arbeit nie ab. Und dann, plötzlich, als der alte Journalist seinen Wagen aus der Garage herausholt, um zum Gericht zu fahren und den «unglücklichen» Garrett zu entlasten, hatte ich eine Vorahnung. Der Mann fährt im Rückwärtsgang aus der Garage heraus, er hat es eilig, er setzt zurück auf die lichtdurchflutete Straße, die man im Hintergrund sieht. Eine Sekunde später ist die Kamera auf der Straße, der vorherigen Einstellung entgegengesetzt: Ein Lastwagen hat das Auto umgeworfen, es brennt, in ihm der Journalist und seine falschen Beweise. Entsetzen. Entsetzen und Logik: Das, was wir nicht vorausgesehen haben, ist das, was eintreten musste.

Lang ist der Cineast, der Ursache und Wirkung so weit wie möglich kalkuliert und einen, allein durch die Inszenierung, das idiotische Unglück, das einen dann zusammenstaucht, vorausahnen lässt. Eine Sekunde (nicht zwei, nicht drei) bevor es geschieht. Ein Cineast, der sehr abstrakt, und ein Cineast, der sehr physisch ist. Ein Genie (ja, aber wie es beweisen?).

Serge Daney
«Libération», 18. Juli 1981
Übersetzung von Johannes Beringer

1 TV-Sendung bei ORTF 2, danach bei Antenne 2 von 1967 bis 1991, in der das «Thema des Abends» durch einen Film illustriert wurde.

DER TIGER VON ESCHNAPUR / DAS INDISCHE GRABMAL

DEUTSCHLAND/FRANKREICH/ITALIEN 1959

Drehbuch Fritz Lang, Werner Jörg Lüddecke, nach dem gleichnamigen Roman von Thea von Harbou
Kamera Richard Angst
Ton Clemens Tütsch, Jean Teissere
Musik Michel Michelet, Gerhard Becker
Schnitt Walter Wischniewsky
Ausstattung Helmut Nentwig, Willy Schatz
Kostüme Claudia Herberg, Günther Brosda
Choreographie Robby Gay, Billy Daniel
Darsteller Debra Paget, Paul Hubschmid, Walter Reyer, Claus Holm, Sabine Bethmann, Inkijinoff, René Deltgen, Jochen Brockmann, Jochen Blume, Luciana Paluzzi, Guido Celano, Angela Portaluri, Richard Lauffen, Helmut Hildebrand, Panos Papadopoulos
Produzenten Arthur Brauner, Louise de Masure
Produktion CCC Film, Regina Film, Critérion Films, Rizzoli Films
101 Minuten/101 Minuten, Farbe

Der Tiger von Argol

Wenn es befremdlich ist, dass sich ein Künstler am Ende seines Weges mit dem Gedanken trägt, ein Jugendwerk wieder aufzunehmen, wird man zumindest erwarten können, dass die Augen, mit denen er es anschaut inzwischen reichhaltige Erfahrung gemacht haben. So fallen uns bei DAS INDISCHE GRABMAL zunächst die mitunter erstaunlich genauen Entsprechungen zu Motiven auf, die in andere Filme eingeschrieben und darin entwickelt worden sind. Unterirdische Gänge und Gewölbe, eine große Menschenmenge von Statisten, die sich wie Automaten bewegen, laszive Tänze, eine Darstellerin mit maskenhaftem, hartem Gesicht, deren halbgeschlossene Lider die Starre des Blicks betonen: Und man hat METROPOLIS wiedererkannt. Ein zusammenfantasierter, wenn nicht gar völlig ramschiger Orient, der Kampf zwischen einem Mann und einem halbmenschlichen Tiger: Und man erinnert sich an die dritte Episode aus DER MÜDE TOD, so wie man MINISTRY OF FEAR und WOMAN IN THE WINDOW in diesen glänzenden, eisigen Marmorfluren wiederfindet und YOU ONLY LIVE ONCE in jener Spiegelung eines Paares, das am Rande eines Teichbeckens sitzt, dessen Wasser sich plötzlich kräuselt. Was Wunder, wenn Fritz Lang, zumindest gefühlsmäßig, auf ein vierzig Jahre altes Drehbuch und auf den nach langem Exil wiedergefundenen Kontakt mit deutschen Studios angesprochen eher die Gelegenheit genutzt hätte, den Zusammenhang seines Werkes zu bekräftigen und durch diese Anklänge zu zeigen, dass er nichts davon verleugnen möchte.

Heißt das, dass wir zu den Ursprüngen zurückkehren? Wenn in mehr als einer Hinsicht sein neuer Film die Verbindung mit seiner Schaffenszeit in Deutschland wieder herstellt, dann kann man sich wohl darauf einigen, dass Fritz Lang es über viele Jahre hinweg verstanden hat, uns die Suche nach einer Art Gleichgewicht nahezubringen, bei welchem sich Zusammenhalt nicht denken lässt ohne Verschiedenartigkeit. Suche nach Gleichgewicht gerade auch im Aufbau dieses ganz planmäßig gegliederten (und für die Belange des Verleihs auf zwei Teile sozusagen ausgewalzten) Films: zweimal ein Kampf Mann gegen Tiger, zweimal eine Tempeltanz-Szene, zwei «Ausflüge» durch unterirdische Gänge, zwei Zusammentreffen mit Leprakranken. Aber eine Suche nach Gleichgewicht auch zwischen zwei Neigungen dieses Regisseurs, die, wenn sie einander nicht widersprechen, doch wenigstens gegensätzliche sind, wobei die eine durch die ande-

DER TIGER VON ESCHNAPUR, 1959

DAS INDISCHE GRABMAL, 1959

re Kontur gewinnt: Da gibt es die Überfülle, das Ausgefallene, das Wahnhafte, zum anderen die Kahlheit, die planmäßige Ordnung, die Strenge. Weit entfernt davon, sich gegenseitig auszuschließen, unterstützen diese beiden Neigungen einander. Es ist einfach auszumachen, dass der ganz und gar strenge Aufbau gewisser seiner Filme – WOMAN IN THE WINDOW, BEYOND A REASONABLE DOUBT scheinen es sich angelegen sein zu lassen, das zu veranschaulichen – ganz einfach auf etwas in sich Widersprüchlichem beruht. Und wie sollte es sich ein klarer Blick zugutehalten können, mit einem Wahn aufgeräumt zu haben, wenn gerade die Intelligenz alle ihr zur Verfügung stehenden Mittel aufbietet, um dem Wahn mit Sorgfalt Gestalt zu verleihen? Ein solches Ordnungsgefüge verfehlt nicht, auch mit dem, was es notwendigerweise ausgeschlossen hält, eine große Anziehung auszuüben, indes wird es durch dieses Ausgeschlossene von der Wirklichkeit entfernt oder doch wenigstens daran gehindert, an ihr kleben zu bleiben.

Ästhetisch und moralisch gesehen ist das gesamte Werk von Fritz Lang ein Zeugnis für den leidenschaftlichen Versuch eines Künstlers, eine andere Welt zu schaffen, eine, die mit dieser so wenig Ähnlichkeit wie möglich hat. Der Tiger von Eschnapur? Eher der Tiger von Argol und der beißt sich in den Schwanz. Wozu in der Tat dieses Indien, wenn nicht um seiner fantastischen Paläste, seines Prunks, seiner wunderlichen Weisen und Giftmischer wegen, etwas, das eine Fremdheit herstellt, die alles möglich zu machen scheint? Aber warum unternimmt einer im 20. Jahrhundert die Reise nach Indien, nur um von dort mit einem Bild von Indien zurückzukehren, vergleichbar dem, das man sich im 18. Jahrhundert gemacht hat? Ich bin sicher nicht der Einzige, für den Indien etwas ganz Wirkliches bedeutet, einschließlich dessen, was Renoir und Rossellini dort gesehen haben und noch vieles darüber hinaus. Fritz Lang interessiert sich nicht für die Wirklichkeit, werden Sie antworten. Damit bin ich einverstanden und dass ein Blick, der sich eigensinnig zeigt gegenüber den Dingen, sich schließlich durch nichts anderes rechtfertigt als durch die Absicht, den Schein zu durchdringen. Und kann es sich die Handlung angesichts dieser Abkehr von den Dingen nicht zugutehalten, sie uns anders sehen zu lassen: Das Übrige ist nicht mehr als ein schönes Durcheinander von Bildern. Indem er aus Indien einen Vorwand macht, hat der Regisseur sich von jener Abstraktion verabschiedet, die nur Nachbildung des Wirklichen ist.

Dafür hat er sich den Weg zur Fantasie und zur Fülle geöffnet. Hier werden Riten und Zeremonien erfunden, um sie beschreiben zu können, ganz so, wie es Lovecraft mit seinen Bibliografien und Borges mit seinen Labyrinthen gemacht hat. Und im weitesten Sinn fördert dieses ganze Ausstatten das Gedeihen eines Kinos, das sich der körperlichen Gegenwart der Darsteller verschrieben hat, anstatt, wie in SCARLET STREET oder BEYOND A REASONABLE DOUBT geschehen, einzelne Gesten zur Geltung zu bringen. Sicher kann man an Ersterem weniger Gefallen finden als an Letzterem, und an Letzterem wiederum weniger als an einer weiteren Darstellungsform, die sich darauf versteht, auf einem Gesicht die verborgene Seele zum Vorschein zu bringen. Schließen Seele und Tanz einander aus oder, besser gefragt, was ist eigentlich der Tanz und was können seine Bewegungen sagen? DAS INDISCHE GRABMAL bietet uns ein Beispiel für ein Kino, daß in die Freiheit entlassen ist, aber in eine Freiheit, die nur eines zum Gegenstand hat: die reine Befriedigung der Schaulust. Rein in dem Sinne, in dem man von einem «reinen» Zufall spricht oder von «reinem» Pech, das heißt, eine Tatsache wird einfach nur festgestellt, aber sie wird nicht bewertet.

Philippe Demonsablon
«Cahiers du Cinéma», August 1959
Übersetzung von Julia Bantzer

DIE 1000 AUGEN DES DR. MABUSE

FRANKREICH/ITALIEN/DEUTSCHLAND 1960
Drehbuch Fritz Lang, Heinz Oskar Wuttig, nach Jan Fethke und Norbert Jacques
Kamera Karl Loeb
Ton Eduard Kessel
Musik Bert Grund
Schnitt Traute Wischniewsky
Ausstattung Erich Kettelhut, Johannes Ott
Kostüme Ina Stein
Darsteller Dawn Addams, Peter von Eyck, Wolfgang Preiß, Gert Fröbe, Werner Peters, Lupo Prezzo, Andrea Checchi, Reinhard Koldehoff, Howard Vernon, Nico Pepe, David Camerone, Jean-Jacques Delbo, Marieluise Nagel, Werner Buttler, Linda Sini, Rolf Möbius, Bruno W. Pantel, Albert Bessler
Produzent Arthur Brauner
Produktion CCC-Filmkunst, Berlin; Cei-Incom, Rom
103 Minuten, Schwarzweiß

Was Lang, nach einigem Zögern, bewog, Mabuse zum zweitenmal wiederauferstehen zu lassen, waren zwei Zeitungsberichte, der erste über ein von der US-Armee entwickeltes Geschoß, das angeblich keine Spuren im Körper des Getroffenen hinterließ, der zweite über ein von den Nazis geplantes Prominentenhotel, in dessen Zimmern versteckte Mikrophone eingebaut werden sollten. Unsichtbare Zeugen, unsichtbare Projektile: dahinter erkannte Lang Mabuses Geist. Jenes Hotel hat der neue Mabuse bei Kriegsende halbfertig übernommen, zu Ende gebaut (auch er ein Architekt, wenn auch nur ein Epigone Hitlers) und mit hinter Stuck verborgenen Fernsehkameras ausgestattet. Auf den Monitoren seiner verborgenen Zentrale erscheinen die Zimmer simultan, ein synthetisches Schaubild des gesamten Baus: jedes Zimmer in leichter Aufsicht, als sei die Decke abgehoben, das Ganze wie im Querschnitt, die Einblicke in das Stahlhaus der SPINNEN und die Bankzentrale der SPIONE kombiniert. Auf den Monitoren kontrolliert Mabuse die Direktübertragung seiner Inszenierung, die gleichzeitig in allen Zimmern des Hotels läuft. Die glauben, als autonome Individuen zu handeln, die Prominenten, die bei ihm absteigen, sind alsbald Bestandteile seiner unmerklichen Inszenierung.

Der neue Mabuse will, anders als der alte (der kannte die Atombombe noch nicht), die herrschende Ordnung nicht erschüttern und schrittweise der Vernichtung zutreiben. Er will sich ihrer diskret bemächtigen, um sie auf einen Schlag hochgehen zu lassen. [...]

Einer, ein amerikanischer Multimillionär, sieht durch einen durchsichtigen Spiegel hindurch, was im Nebenzimmer vorgeht: wie eine junge Frau, die er kurz zuvor vorm Selbstmord bewahrt und gerade zu schätzen begonnen hat, von ihrem unberechenbaren Mann tödlich bedroht wird. Er greift ein und schießt mit dem bereitliegenden Revolver den Mann nieder. Ein ihm bekannter Arzt stellt einen falschen Totenschein aus, damit die Polizei keine peinlichen Fragen stellt. Der Frau fühlt sich der Millionär nun außer durch Zuneigung auch noch durch Schuld verbunden ... Ein Musterbeispiel für die Regiekunst Mabuses, der vom Selbstmordversuch an alles gestellt, den Mann vor die Rückseite des Spiegels geführt, die mit Platzpatronen geladene Waffe bereitgelegt, den «Leichnam» untersucht, den Totenschein ausgestellt hatte.

[...] Auch die TAUSEND AUGEN zeigen Glanz und Katastrophe einer Konstruktion. Sie sind die Inszenierung einer Inszenierung und davon, wie diese von einem bestimmten Punkt an, der blinden Stelle des Systems, in sich zurückläuft und sich aufhebt.

Enno Patalas
«Fritz Lang»
Film Band 7, Reihe Hanser, München 1976

DIE 1000 AUGEN DES DR. MABUSE, 1960

LE MÉPRIS, 1963

LE MÉPRIS

FRANKREICH/ITALIEN 1963
Regie Jean-Luc Godard
Drehbuch Jean-Luc Godard, nach dem Roman «Il disprezzo» von Alberto Moravia
Kamera Raoul Coutard
Ton William Sivel
Musik Georges Delerue
Schnitt Agnès Guillemot
Kostüme Tanine Autré
Darsteller Brigitte Bardot, Michel Piccoli, Jack Palance, Georgia Moll, Fritz Lang, Jean-Luc Godard
Produzenten Georges de Beauregard, Carlo Ponti
Produktion Rome-Paris-Films
102 Minuten, Farbe

Es war ein Auftragsfilm, der mich interessiert hat. Es war das einzige Mal, daß ich den Eindruck hatte, einen großen Film mit einem großen Budget zu machen. Tatsächlich war es für den Film ein kleines Budget, denn das ganze Geld ging an Brigitte Bardot, Fritz Lang und Jack Palance. Und so blieb nicht viel mehr als das Doppelte dessen übrig, was ich auch sonst für meine Filme hatte, zweihunderttausend Dollar blieben übrig, was damals für mich sehr viel war, aber nicht enorm viel für einen großen Film. Und dann war er nach einem Roman, den es schon gab, es war ein Roman, der mir gefallen hatte, ein Roman von Moravia. Und dann hatte ich einen Vertrag mit Ponti, der nicht mit mir drehen wollte, aber nachdem Brigitte Bardot mich gefragt hatte ... Als ich ihm gesagt hatte, daß Brigitte Bardot gern wollte, wollte er auch. Der Film war dann ein großer Reinfall.

Warum das? Was mich daran interessierte, war, daß er handelte ... für mich war es eine Gelegenheit, etwas zu machen über das klassische Filmmilieu. Ich weiß noch, in dem Roman war die Figur, die Moravia zur Hauptperson gemacht hatte, ein deutscher Regisseur. Moravia hatte dabei an Pabst gedacht, weil Pabst früher mal einen Odysseus oder eine Odyssee gedreht hatte. Jedenfalls hatte ich die Idee von einem deutschen Regisseur beibehalten. Aber alles das waren nicht meine Ideen. Alles hielt sich ziemlich genau an den Roman, und mir erlaubte er, eine klassische Filmgeschichte zu erzählen, im Grunde, als ob es so zuginge beim Film. Ich glaube nicht, daß es so zugeht. Aber ich hatte trotz allem auch meine Ideen, wenn ich einen Regisseur spielen ließ, den ich bewunderte. Letztlich finde ich zum Beispiel, daß es mehr sagt über Fritz Lang. Es ist auch etwas traurig, wenn man ihn sieht. Fritz Lang brauchte Geld, deshalb hat er angenommen. Und es rührte ihn, daß junge Filmer ihn bewunderten, auch deshalb hat er angenommen. Aber gleichzeitig tat er immer so, als billige er, was er gewesen war, im Dienst der großen Firmen – ausgenommen vielleicht nur zu Beginn seiner Karriere. Aber er wollte nicht als Diener der Produzenten erscheinen. Deshalb finde ich, daß es ein wenig sagt über Fritz Lang, jemanden, der gehorcht. Ob es nun gut ist oder schlecht, er gehorcht. Und gleichzeitig konnte es einen schon rühren, daß er bereit war, so zu tun, als sei er der Regisseur eines Films, den er nie gemacht haben würde.

Jean-Luc Godard
«Einführung in eine wahre Geschichte des Kinos»
München/Wien 1981

CINÉASTES DE NOTRE TEMPS: LE DINOSAURE ET LE BÉBÉ

DIALOGUE EN HUIT PARTIES ENTRE FRITZ LANG ET JEAN-LUC GODARD

FRANKREICH 1967

Regie André Sylvain Labarthe
Kamera Gilbert Perrot-Minnot
Schnitt Paul Loizon
Produktion Janine Bazin, André Sylvain Labarthe, Office National de Radiodiffusion/Télévision Francaise
63 Minuten, Schwarzweiß

Jean-Luc Godard: Sie heißen Fritz Lang und ich Jean-Luc Godard. Sie haben viel mehr Filme gedreht als ich ... Wissen Sie, wieviele?
Fritz Lang: Nein.
Godard: Aber ich. Sie haben 42 Filme gedreht.
Lang: Mein Gott!
Godard: Und im Lauf dieser 42 Filme haben Sie sehr viel gesehen, viele Umwälzungen miterlebt, europäische Geschichte und amerikanische. Wenn man Ihnen heute die Frage stellen würde, wenn jemand, der das Kino nicht kennt, Ihnen, Fritz Lang, die Frage stellen würde: «Wie kann man diese Person definieren, die sich Regisseur nennt?» Ist das ein Arbeiter? Was ist das Besondere an ihm?
Lang: Sie wissen, daß ich die Bezeichnung «Künstler» nicht mag. Was ist ein Künstler? Das ist ein Mensch, der viel arbeitet, der sein Métier kennt.
Godard: Ich denke da etwas anders. Meiner Meinung nach ist van Gogh bedeutender als der Schreiner, der die Staffelei hergestellt hat, auf der van Gogh malte, selbst wenn es eine sehr schöne Staffelei war.
Lang: Sie haben natürlich recht, das ist ein extremes Beispiel. Vielleicht habe ich nicht recht, mag sein ...
Godard: Aber Sie betrachten sich lieber als Schreiner denn als ...
Lang: ... nein, nicht als Schreiner, aber als Arbeiter. Das Publikum glaubt, daß das, was man tut, einem zugeflogen ist, daß das ein Vergnügen ist. Es weiß nicht, daß das harte Arbeit ist ... Ich glaube, daß wir etwas gemeinsam haben. Ich glaube, daß Sie ein Romantiker sind, und ich bin es auch. Ich weiß nicht, ob es gut ist, heutzutage ein Romantiker zu sein.
Godard: Heutzutage ist das schlecht, glaube ich.
Lang: Warum?
Godard: Romantisch, das ist sentimental ...
Lang: Ich meine nicht sentimental. Aber ich denke, wenn man kalt wird wie die Technik, hat man nichts mehr zu sagen ...
Godard: ... ja eben, die Technik ist nicht romantisch.
Lang: Kein bißchen. Ich betrachte mich nicht als Maschine, als Automaten. Aber da ist noch was. Sie haben mich gefragt, was ein Regisseur ist. Ich glaube, daß er ein Analytiker sein muß. Er muß auf der Haut des Schauspielers spazierengehen. Er muß wissen, warum seine Darsteller das machen, was sie machen ... Einmal hat jemand zu mir gesagt: «Ich weiß genau was Sie gedacht haben, als Sie M – EINE STADT SUCHT EINEN MÖRDER gemacht haben.» Darauf sagte ich: «Wie können Sie das wissen?» Ich weiß nicht mehr, was er mir geantwortet hat, aber mir ist der Gedanke gekommen, daß wir vielleicht in alle unsere Filme unser Herz, unsere Wünsche, alles, was wir lieben und hassen, hineingeben. Wenn uns eines Tages jemand analysieren könnte, Sie und mich, würde er es herausfinden? Ich weiß nicht, warum ich meine Filme gemacht habe. Wissen Sie es?
Godard: Nein.
Lang: Dieser Mensch wird wissen, warum wir dieses oder jenes gemacht haben ...
Godard: Irgendetwas fasziniert mich immer an einem – wenn Sie mir erlauben, Sie so zu nennen – alten Regisseur ...
Lang: Einem Dinosaurier!

Godard: Was bei einem wie Abel Gance oder auch Renoir fasziniert, ist, daß sie so außergewöhnlich jung bleiben. Sie interessieren sich immer für neue Probleme. Denken Sie, daß ...

Lang: Ich glaube, daß unser Métier, das Kino, nicht nur die Kunst unseres Jahrhunderts ist. Es ist auch die Kunst der jungen Leute.

Godard: Sie glauben, das ist die Kunst der Jugend? Ich glaube es auch.

Lang: Ich habe einen Film geschrieben, den ich nie gedreht habe, in dem ich die Jugend von heute mit meiner vergleichen wollte. Ich glaube, daß man heute viel schneller lebt. Die Stummfilme sind viel langsamer als die Filme, die man dreißig Jahre später gedreht hat. Jetzt spricht der Dinosaurier. Als ich 1919 oder '18 begann – das ist jetzt 45 oder 46 Jahre her – waren die Filme viel langsamer. Als das Leben dann zunehmend schneller wurde, sind auch unsere Filme schneller geworden ... Aus jener Zeit lebt heute fast keiner mehr.

Godard: Es gibt Dreyer, Gance und Sie.

Lang: Ja ... zu der damaligen Zeit verfügten wir noch nicht über den Ton wie Sie heute. Ich glaube, für uns damals war es einfacher als heute für Sie. Wir waren Entdecker. Damals forderten die Geldgeber von uns, einen Film innerhalb von vier Wochen fertigzustellen. Und mit diesen Filmen machte man viel Geld. Ich dachte damals, Filme sind wie frische Brötchen. Sie waren für den sofortigen Verzehr bestimmt. Ich weiß nicht, wie das heute ist.

Godard: Aber ein Film, der in Erinnerung bleibt, ist mehr als ein frisches Brötchen.

Lang: Ich glaube, daß nur das Publikum darüber entscheiden kann, ob ein Film in Erinnerung bleibt. Beispielsweise NAPOLEON von Abel Gance.

Godard: Ja, NAPOLEON ist wahrscheinlich ein Film, mit dem Abel Gance in Erinnerung bleiben wird.

Lang: Dann ist es ein Kunstwerk. Aber wie viele Filme sind so? Von wie vielen Filmen kann man erwarten, daß das Publikum sie heute noch mag?

Godard: Bei Ihnen ist es meiner Meinung nach M – EINE STADT SUCHT EINEN MÖRDER. Glauben Sie das auch?

Lang: Ja, natürlich. Ich glaube nämlich, M ist ein Dokumentarfilm ... Hören Sie, Sie sind ein Baby ...

Godard: Oh ja, ich bin ein Baby. Man gibt Babys immer eins auf den Po. Die Kinder werden immer bestraft.

Lang: Aber nein, wieso denn?

Godard: Wenn das Kino die Kunst der Jugend ist, dann maßregelt man es vielleicht wegen seiner Jugend. Man ist mit ihm strenger als mit anderen. Ich würde gerne von Ihnen erfahren, wie wir uns verhalten sollen gegenüber ... sagen wir nicht Zensur, nennen wir es Tyrannei. Müssen wir, die Kinder, alles zerstören, alles kaputtmachen, oder sollte man sie eher austricksen?

Lang: Ich verstehe nichts von Kindern.

Godard: Und von der Tyrannei?

Lang: Man muß natürlich immer gegen die Tyrannei kämpfen. Ich war immer ein Feind der Zensur. Ich habe einen Film gemacht, der heißt WOMAN IN THE WINDOW ...

Godard: Ja, LA FEMME AU PORTRAIT.

Lang: Und es gab darin eine Traumszene, in der eine Frau einen Mann zu vergiften versucht. Diese Szene wurde geschnitten, zwar nicht in ganz Amerika, aber in Oregon, da es in diesem Staat eine Frau gegeben hatte, die ihren Mann vergiftet hatte. Ich denke, daß ein heute gedrehter Film immer dokumentarisch sein sollte.

Godard: Er ist zwangsläufig dokumentarisch. Wenn er gut ist, muß er dokumentarisch sein.

Lang: Ich sage Ihnen was. Wir hatten in Hollywood eine Zensur. Aber man konnte mit den Leuten reden.

Godard: Das war besser, weil ...

Lang: Kann man hier diskutieren?

Godard: Nein, kann man nicht.

Lang: Wer macht die Zensur? Eine Gruppe von Leuten?

Godard: Ja, eine Gruppe von Leuten, die man nicht kennt.

Lang: Früher, angesichts der Zensur, geschah es oft, daß ich mir nicht wie ein Mann vorkam, der mit seinen Mitarbeitern etwas realisiert, sondern wie ein kleiner Junge, der etwas angestellt hat.

Godard: Vielleicht ist ja auch das Publikum ein bißchen so. Die Zensur sieht die Dinge nicht mit dem Herzen, sondern mit ...

Lang: Romantiker, was? Aber ich denke, Sie haben recht.

Godard: Es gibt einen Satz von Carlo Ponti, der mich immer frappiert hat. Er sagt: «Das Publikum sieht nicht mit den Augen, es betrachtet die Filme mit dem Bauch.» Denken Sie, daß das stimmt?

Lang: Das ist schwierig. Ich glaube nicht, daß das Publikum weiß, ob es die Filme mit den Augen oder dem Bauch sieht. Aber es weiß sehr gut, ob ein Film gut oder schlecht ist. Aber ich glaube ans Publikum, ich arbeite fürs Publikum. Das Kino ist eine Kunst

für die Massen. Wenn ich nicht überzeugt wäre, daß das Publikum einen Film richtig beurteilen kann, dann hätte ich nicht das Recht, welche zu machen.
Godard: Wenn Sie aber einen Film für die Massen machen und die Massen ihn nicht mögen? Wenn Sie dennoch denken, daß der Film nicht schlecht ist, ändern Sie dann ...
Lang: Was? Den Film oder mich selbst?
Godard: Den Film.
Lang: Nein. Keinesfalls. Vielleicht habe ich nicht recht. Vielleicht bin ich im Unrecht. Normalerweise ... aber ich fürchte, das klingt ein wenig prätentiös ... ich habe so gut wie nie das erlebt, was man in Amerika einen Flop nennt.
Godard: Einen Mißerfolg.
Lang: Die Filme, die ich einmal beendet habe, entwickeln ein Eigenleben. Und wenn ich sie nach zehn oder zwölf Jahren wiedersehe, finde ich, daß sie so schlecht nicht sind ...
Godard: Als ich Sie vor sechs oder sieben Monaten in Cannes getroffen habe, wußten Sie nicht, ob Sie nochmal einen Film machen würden, und jetzt haben Sie anscheinend Lust dazu. Können Sie mir sagen ...
Lang: Muß man die Wahrheit sagen?
Godard: Ja, die unwahrscheinliche Wahrheit.
Lang: Wenn man älter wird, hat man Angst, den Kontakt zur Jugend zu verlieren, das ist in allen Berufssparten so. Ich jedenfalls hatte Angst davor. Ich wollte keine Filme mehr machen. Wissen Sie, als ich mit Ihnen für DIE VERACHTUNG gearbeitet habe, sagte ich mir: Das ist das Ende. Aber vor einigen Wochen kamen im Palais Chaillot, in der Cinémathèque française, zwei oder drei junge Leute auf mich zu und sagten: «Herr Lang, Sie haben uns so viel Freude bereitet, so viel Vergnügen, Sie haben uns so viel beigebracht, machen Sie weiter Filme!» Ich war sehr gerührt, und ich denke, ich werde noch einen Film drehen.
Godard: Wie wird er heißen?
Lang: Ich denke, ich werde ihn «Death of the Career Girl» nennen: der Tod eines Mädchens, das nur an seine Karriere denkt. Aber kommen wir zum Dinosaurier zurück. Als wir begannen, Stummfilme zu machen und nicht über die Sprache verfügten, hatten wir nur die Handlung. Und als wir in DIE VERACHTUNG zusammenarbeiteten, fand ich, daß wir sehr verschieden sind. Ich möchte von dem Autounfall sprechen, in dem Bardot stirbt. Ich hätte das Anfahren des Autos gezeigt und wie es an Geschwindigkeit zulegt. Ich hätte die Handlung gezeigt. Sie zeigen die Handlung nicht. Sie zeigen nur den Moment, in dem sie sterben, zerquetscht zwischen zwei Lastwagen. Für Sie waren die Folgen wichtiger als der Unfall selbst.
Godard: Das ist es.
Lang: Ich denke, das ist sehr wichtig. Wenn ich vergleiche ...
Godard: Man sagt mir, daß ich viel improvisiere. Denken Sie, daß das stimmt? In DIE SPINNEN gibt es viel, was Sie gemacht haben und was ich auch gemacht hätte. Das war vor dreißig Jahren, das war ein wenig wie die Nouvelle Vague ...
Lang: Ich freue mich, daß Sie das sagen. Es gibt aber einen großen Unterschied zwischen Ihnen und mir. Sie arbeiten anders als ich. Sie mögen die Improvisation, ich mag sie nicht. Ich denke, daß ein Regisseur ein Schöpfer sein muß. Jedenfalls darf ein Regisseur nicht reden. Er muß das, was er sagen will, durch den Film sagen. Wenn ein Regisseur sich der Worte bedienen muß, um zu erklären, was er sagen will, ist er kein guter Regisseur. Ein Regisseur, der zu dem Schauspieler sagt: «Komm hierher, du gehst durch diese Türe, du machst dies oder das, das ist dein Dialog, wenn du fertig bist, gehst du hier raus ...», der ist für mich ein traffic cop.
Godard: Ein Verkehrspolizist.
Lang: Ja, ein Verkehrspolizist. Kein Regisseur. Warten Sie. *(Er nimmt ein Stück Papier und einen Stift.)* Wenn ich ein Drehbuch habe mit einer Szene in einem solchen Zimmer *(er zeichnet den Plan eines riesigen Zimmers).* Wenn ich zur Ausstattung komme, sage ich: Nein, das geht nicht, ich will vier solche Wände *(er malt das Blatt voll).* Ein Mann sitzt an diesem Schreibtisch *(er zeichnet den Schreibtisch),* hier ist der Schreibtisch. Man braucht auch ein Fenster *(er markiert die Stelle auf der Zeichnung)* und hier eine Tür *(er markiert wieder).* Wenn ich ins Studio komme, weiß ich genau, was ich machen will.
Godard: Weil Sie eine genaue Vorstellung von der Szene haben.
Lang: Ja ... das soll nicht heißen, daß ich nie etwas ändere. Aber nicht sehr oft.
Godard: Sie ändern im Rahmen der Idee.
Lang: Nein, nicht der Idee, aber manchmal sieht man etwas, was besser ist, einen Winkel, den man auf dem Papier schwer darstellen konnte. Ich hätte gern, daß Sie mir erklären ...
Godard: Ich könnte nicht sagen, ob ich den Schreibtisch lieber hier hätte oder lieber dort. *(Er markiert seinerseits zwei Stellen auf Langs Zeichnung.)* Wenn nichts da ist, weiß ich auch nichts. Ich muß alles

sehen. Ich muß es einfach sehen.
Lang: Warum denn das?
Godard: Wenn nichts da ist, weiß ich nichts. Ich muß alles sehen. Ich muß den Schreibtisch sehen, den Sessel, die Tür.
Lang: Hören Sie ...
Godard: Wenn die Tür da ist, sage ich genau wie Sie: Ich habe keine Zeit zu verlieren. Ich kann die Tür nicht ändern. Ich brauche es, daß alles da ist, daß die Wände da sind, daß es die Tür gibt. Und wenn alles da ist, sage ich: Ich kann es nicht ändern. Was ich ändern kann, sind die Leute. Oder, wenn mir die Tür nicht gefällt, suche ich mir eine andere Wohnung in einem anderen Viertel. Erinnern Sie sich an die Wohnung in Rom, in der wir DIE VERACHTUNG gedreht haben?
Lang: Ich muß was sagen. Als ich diese Szene sah – um die Wahrheit zu sagen – ich verstehe sehr gut, daß Sie improvisiert haben, ich finde diese Szene außerordentlich ...
Godard: ... ich hatte zum Beispiel ...
Lang: Lassen Sie mich ausreden! Ich glaube, das ist eine der besten Szenen, die ich je gesehen habe, und Sie wissen, daß ich nicht schmeichle. Sie wissen, was ich von Ihnen halte. Aber in dieser Szene habe ich verstanden, warum Sie manchmal improvisieren. Sie haben immer eine große Vision. Aber warum müssen Sie alles sehen, bevor Sie drehen? Das verstehe ich nicht ganz.
Godard: Also, vielleicht interessiere ich mich mehr für den Gesamtaspekt einer Sache als für eine Einzelheit ...
Lang: Man könnte tagelang darüber reden. Wenn ich einen Film mache, überblicke ich das Ganze, sehe ich alles. Ich versuche eine Szene zu machen, damit hundert Szenen später ... Ich beginne hier mit einer Idee, die dort kulminieren wird *(er markiert zwei voneinander entfernte Punkte auf einem Blatt Papier).* Wenn man improvisiert, wird das sehr schwierig.
Godard: Das ist schlecht, ja.
Lang: Ich sage nicht, daß meine Methode besser ist als Ihre.
Godard: Sagen wir, daß ich einen dokumentarischeren Ausgangspunkt habe als Sie, Sie haben eher einen fiktionalen Ausgangspunkt. Und dann trifft es sich. Man braucht beide.
Lang: Sie haben recht.
Godard: Warum sollte man heute Kino machen?
Lang: Man muß es machen. Ich werde Ihnen was sagen: ich habe nichts gegen Entertainment ...
Godard: ... gegen Zerstreuung ...
Lang: Zerstreuung. Aber wenn ich einen dieser für die Massen produzierten Filme sehe, habe ich sie alle gesehen. Ich habe also keine Gründe, mir KLEOPATRA anzuschauen oder etwas dergleichen. Es ist immer dasselbe. Ich glaube, ein Film muß heute kritisch sein. Er muß den Finger auf etwas legen. Er muß ein Thema haben, das die Jugend interessiert. Ich sage immer: Was ist ein guter Film? Das ist ein Film, den ich einmal, zweimal oder dreimal sehen kann. Er muß unterhaltsam sein, aber es muß etwas besagen. Wenn Sie mir erlauben, von einem meiner Filme, M – EINE STADT SUCHT EINEN MÖRDER, zu sprechen, dann denke ich, daß dieser Film mehrere Schichten der Gesellschaft angesprochen hat. Für den einen war dieser Film die Verfolgung eines Kriminellen, für den anderen zeigte es die Arbeit der Polizei, für den nächsten war es eine Debatte über die Todesstrafe und darüber, daß man besser auf die Kinder aufpassen sollte, als es heutzutage geschieht. Viele Geldgeber sind gegen Filme, die ein Problem behandeln. Sie wollen das Entertainment ... Ich glaube, daß ein Mann oder eine Frau, die hart arbeitet, daß ein Arbeiter ein Recht auf Zerstreuung hat. Wenn man jedoch gleichzeitig ein interessantes Problem berühren kann, werden sie sich darüber unterhalten und vielleicht Lust bekommen, den Film noch einmal zu sehen. Weiß man im Französischen, was das Wort «boxoffice» bedeutet?
Godard: ... Einspielquoten ...
Lang: Der Geldgeber, der sich die Einspielquoten ansieht, sagt sich: Ich verliere Geld, ich bekomme mein Geld zurück oder ich gewinne Geld. Wenn ich die Einspielquoten sehe, freue ich mich, wenn der Film Geld eingespielt hat, aber es geht nicht um das Geld, sondern darum ...
Godard: ... daß viele Leute den Film gesehen haben.
Lang: Ja. Es ist ein Zeichen, daß ich das Publikum erreicht habe, das ich mit meinen Ideen zu erreichen versuche. Man muß die Leute rühren ...
Godard: ... Ja, man muß sie rühren, die Herzen müssen höher schlagen ... und toi, toi, toi für den nächsten Film (Fritz Lang schlägt mit beiden Händen auf den Tisch).

«die tageszeitung», 17. Mai 1990
Aus «Studio», Special Cannes '90
Deutsch von Michaela Ott

LE MÉPRIS, 1963

Dank

Das Österreichische Filmmuseum dankt folgenden Personen und Institutionen für ihre Unterstützung bei der Realisierung der Retrospektive Fritz Lang

Kevin Barrett (Twentieth Century Fox); Fleur Buckley und Andrew Youdell (British Film Institute); Brigitte Capitain und Matthias Bollinger (Deutsches Filminstitut); Clémentine De Blieck (Cinémathèque Royale); Anna Dobringer (Filmarchiv Austria); Stefan Drößler, Klaus Volkmer und Stephanie Hausmann (Filmmuseum München); Bernard Eisenschitz; Richard Flynn (Warner Bros); Andrea Hanke, Felicitas Rohrmoser und Olaf Strecker (WDR); Martin Koerber, Anke Hahn, Dirk Förstner und Julia Riedel (Deutsche Kinemathek); Marleen Labijt und Jata Haan (EYE Film Institute Netherlands); Jurij Meden (Slovenska kinoteka); Giorgio Moroder; Marthe Cordula Paetzel (Schmidt & Paetzel Fernsehfilme); Volker Pantenburg; Luigi Pintarelli, Luzia Valente und Paolo Bernardini (Cinemateca Portuguesa); Carmen Prokopiak, Marcel Steinlein und Jürgen Klein (Friedrich-Wilhelm-Murnau-Stiftung); Nicole Reinhard (Stadtkino Basel); Simone Reuter und Christel Scheffer (SWR); Marc Scheffen (Cinémathèque Municipale de Luxembourg); Hans-Joachim Tunnat; Todd Wiener und Steven K. Hill (UCLA Film and Television Archive); Karel Zima (Národní filmový archiv); Dietmar Zingl und Andrea Groschup-Rosenberg (Cinematograph)